南开大学历史学院教育基金资助 (范曾先生捐赠)

南开大学中外文明交叉科学中心资助

南开史学家论丛

第四辑

经史文存

赵伯雄 著

中华书局

图书在版编目（CIP）数据

经史文存/赵伯雄著. —北京:中华书局,2022.2
（南开史学家论丛.第四辑）
ISBN 978-7-101-15623-2

Ⅰ.经…　Ⅱ.赵…　Ⅲ.中国历史-文集　Ⅳ.K207-53

中国版本图书馆 CIP 数据核字（2022）第 010733 号

书　　名	经史文存
著　　者	赵伯雄
丛 书 名	《南开史学家论丛》第四辑
责任编辑	杜艳茹
出版发行	中华书局
	（北京市丰台区太平桥西里 38 号　100073）
	http://www.zhbc.com.cn
	E-mail:zhbc@zhbc.com.cn
印　　刷	北京瑞古冠中印刷厂
版　　次	2022 年 2 月北京第 1 版
	2022 年 2 月北京第 1 次印刷
规　　格	开本/920×1250 毫米　1/32
	印张 15⅜　插页 2　字数 450 千字
印　　数	1-1500 册
国际书号	ISBN 978-7-101-15623-2
定　　价	78.00 元

出版说明

　　新世纪伊始,南开大学历史学科魏宏运、刘泽华、张国刚等先生与著名国画大师范曾先生商定,设立"范伯子史学基金",资助出版《南开史学家论丛》第一辑,一为纪念南开史学的奠基一代,二为总结南开史学文脉一系,三为传承郑天挺、雷海宗等先生的教泽。第一辑收录了郑天挺、雷海宗、杨志玖、王玉哲、杨生茂、杨翼骧、来新夏、魏宏运等先生的文集(中国日本史、亚洲史研究的开拓者吴廷璆先生,因文集另外出版故暂未收入),九位先生可谓南开史学在 20 世纪 50 年代崛起的奠基一代,令人高山仰止。第一辑于 2002 年由中华书局出版后,产生了良好的学术和社会反响,形成了南开史学的品牌效应。

　　2003 年,《南开史学家论丛》第二辑出版,收录刘泽华、冯尔康、俞辛焞、张友伦、王敦书、陈振江、范曾先生的文集。七位先生是 20 世纪 80—90 年代南开史学持续提升的学术带头人,可谓一时风流。

　　2007 年,《南开史学家论丛》第三辑出版,收录南炳文、李治安、李喜所、陈志强、杨栋梁、王晓德六位先生的文集。确定入选者朱凤瀚、张国刚、李剑鸣先生此时调离南开,王永祥先生英年早逝,四位先生的文集未及编辑。诸位先生皆是南开史学崛起的股肱帅才。

　　《南开史学家论丛》第一至三辑,共收录了自郑天挺、雷海宗先生以下二十一位南开历史学科著名学者的文集,大致可分为三代学人,他们或治中古史、或修中近史、或览欧美文化、或观东洋史实。三代衣钵相继,奠基、传承、发扬,对相关学术方向皆有重要贡献,享誉史林,才有了南开史学近百年的无上荣光。这是一份能激动人心的史学积淀,一份能催人奋进的学脉遗产。

　　有鉴于此,南开大学历史学科学术委员会决定继续出版此套丛书的第四辑，委托江沛教授主持编务，以持续梳理南开史学的学术史，总结学科名家的高水平成果，向 2023 年南开史学的百年华诞献礼。

《南开史学家论丛》第四辑入选学者是：中国史学科的郑克晟、白新良、赵伯雄、张分田、杜家骥、乔治忠、许檀、王先明、常建华，世界史学科的杨巨平、李卓教授。十一位学者在各自领域皆有公认的学术成就，其学术活跃期多在 20—21 世纪之交前后三十年间，同样是南开史学第四代的代表性学者。

从四辑的入选学者名单可以看出，南开史学历经百年发展，先有梁启超、蒋廷黻、刘崇鋐、蔡维藩等先生筚路蓝缕，继有郑天挺、雷海宗先生代表的第二代深耕根基，再经刘泽华、冯尔康先生领衔的第三代发扬光大，继有多为 20 世纪 50 年代出生学者扛鼎的第四代学人守正创新，终于成就蔚然之史学重镇。

如今，南开史学百余名教师，秉承"惟真惟新、求通致用"的院训，以高水准的人才培养、求真创新的学术成果，打造出一支公认的实力雄厚、享誉全球的史学群体，努力为探寻中华传统文化、构建人类命运共同体而全力拼搏。

2019 年，南开大学提出"4211"发展战略，其中一个"1"，即是建立十个交叉科学中心，努力实现跨学科融汇，强调人文与自然科学两大学科间贯通、协同发展，以服务于国家战略及社会发展需求，这是中外文明交叉科学中心的宗旨所在。在文科率先成立的中外文明交叉科学中心，依托历史学科建设。《南开史学家论丛》第四辑，是一个学术品牌的延续，也是中国史、世界史两大学科成果的总结，凝结了对中外历史与文明的比较及思考。故而第四辑的出版，得到了南开大学中外文明交叉科学中心的资助，在此衷心致谢。

在《南开史学家论丛》第四辑出版之际，衷心感谢著名国画大师范曾先生对本丛书连续四辑的慷慨捐赠和大力支持，他致力弘扬中华优秀传统文化、尊师重道的精神令人敬仰。希望早日迎来第五、六辑的持续出版，让南开史学始终站在历史学的潮头，共同迎接中华民族的伟大复兴。

南开大学历史学科学术委员会

2020 年 12 月 12 日

目　录

上　编

中　编

下　编

上　编

《左传》无经之传考

一　问题的提出

　　《公羊》《穀梁》是《春秋经》的传,这一点从来没有人发生过怀疑。《左传》则不同。除了有大量的无传之经外,还似乎有为数众多的无经之传。人们不禁要问:《左传》既是解经的,为什么会有这些无经之传呢?于是《左传》的性质亦即《左传》是否《春秋》之传,遂发生了问题。

　　自从刘歆提出要将《左传》立于学官以来,争论就开始了。不管西汉博士出于什么动机,他们所持的"《左氏》不传《春秋》"的观点却开启了此后将近两千年间一些《左传》研究者的疑窦,从而使《左传》与《春秋》的关系成为研讨的课题。西汉博士的论证虽然没有留传下来,但既然说"《左氏》不传《春秋》",那么人们很容易导出"《左传》与《春秋》是两本不相干的书"这样的推论。现在所知最早明确作出这种表述的是晋人王接。王接说:"《左氏》辞义赡富,自是一家书,不主为经发。"①既然不是为解经而"发",那么《左传》当自有作意,自是一部不依赖于《春秋经》而独立存在的著作。到了唐代,人们开始注意到了《左传》的史书性质。陈商说:"孔圣修经,褒贬善恶,类例分明,

---

①　《晋书·王接传》。

法家流也;左丘明为鲁史,载述时政……以日系月……本非扶助圣言,缘饰经旨,盖太史氏之流也。……夫子所以为经,当与《诗》《书》《周易》等列;丘明所以为史,当与司马迁、班固等列。"①这么一划分,便把《左传》与《春秋》剥离开了,两书连性质都不同,怎么会是一回事呢? 宋人疑《左传》的就更多了。朱熹说:"左氏是史学,公、穀是经学。"②虽说只是区分三传,其实距否定《左传》之解经,也就只有一步之遥了。刘安世说:"读左氏书,当经自为经,传自为传,不可合而为一也,然后通矣。"③这话更加明确,大有离则双美、合则两伤之意。

平心而论,这一派的意见是很有些说服力的。经、传之不能完全契合,特别是"无经之传"的大量存在,应该说是引起人们疑心的主要原因。此外,《左传》中虽也有不少解经的内容(包括"君子曰"、"五十凡"、解经语等),但这些东西都有很明显的嵌入的痕迹,多数都没有与传文融为一体。清儒皮锡瑞曾经举"郑伯克段于鄢"一段为例,指出在"太叔出奔共"一句下硬加上了"书曰……难之也"一段解经的话,致使本来与上文紧密相连的"遂置姜氏于城颍"的"遂"字显得上无所承,突如其来。因此"书曰"云云显然是被人后加上去的。④ 这一发现当然是支持《左传》本与《春秋》各自为书的说法的。那么,究竟是谁将"书曰""君子曰"之类的解经语加进去的呢?

自宋以来,就有人怀疑是刘歆改造了《左传》,加进了解经语。宋人林栗说:"《左传》凡言君子曰是刘歆之辞。"⑤到了清代,刘逢禄作《左氏春秋考证》,详细论证了刘歆是怎样把先秦旧书《左氏春秋》改编为《春秋左氏传》的。后来康有为继承其说,进而提出刘歆割裂《国语》、伪造《左传》的新说。刘、康的观点尽管有很多不同,但在《左传》(这里指刘歆以前的"左传")与《春秋》本是不相干的两部书这一点上是完全一致的。而这一点恰是《左传》问题的要害所在。刘、康的意见在近代中国学术界影响至为深远。在 20 世纪初期,不少著名学者都是信从刘歆伪造说的。

---

① (唐)令狐澄《大中遗事》(《说郛》本)载陈商《立春秋左传学议》。
② 《朱子语类》卷八十三,中华书局 1986 年点校本,第 2152 页。
③ 引自(清)朱彝尊:《经义考》卷一百六十九,乾隆乙亥刻本。
④ (清)皮锡瑞:《经学通论·春秋》,中华书局 1954 年版,第 61 页。
⑤ 引自(清)朱彝尊:《经义考》卷一百六十九,乾隆乙亥刻本。

学问之道，有如积薪，总是后来居上。现代学者的研究，又彻底推翻了刘歆伪造说。研究表明，那些所谓由刘歆加进去的解经语、"君子曰"等等，在刘歆以前早已存在了。司马迁曾经引用过，先秦诸子也曾经引用过。这对于刘、康的说法无异于釜底抽薪。时至今日，除了极个别的人以外，已很少有人相信刘歆伪造说了。

但是问题还没有真正解决，疑点依然存在。《左传》之"述史"部分与"解经"部分之不相融合是不争的事实。大量"无经之传"的存在也有目共睹。怎样对此做出合理的解释，乃是摆在现代学者面前的一个难题。

二 《左传》一次成书说

按照刘逢禄的意见，《左传》在先秦本被称作《左氏春秋》，是与《吕氏春秋》《晏子春秋》类型相似的著作。后经刘歆改造，遂成今本这样的解经的《春秋左氏传》。因此，《左传》之成书，实有两个过程。先是由左氏"惟取所见载籍如晋《乘》、楚《梼杌》等相错编年为之，本不必比附夫子之经"，这样撰得《左氏春秋》；后由刘歆"或缘经饰说，或缘左氏本文前后事，或兼采他书以实其年"，改编而为《左传》。① 今日刘歆改编之说虽已被破，但刘逢禄的这一思路却被某些现代学者所继承，不过将改编的时代提前，由刘歆变为战国时的儒者了。在这一方面，胡念贻先生的意见很有代表性。他说：

> 《左传》本来是一部叙事较详的史书，是公元前五世纪的一部私家著作。它在写作过程中当然参考了《鲁春秋》——我们见到的《春秋》。但它并不是为解释《春秋》而作，它独立于《春秋》之外。后来有人陆续窜入了一些解释《春秋》的文字，这些文字虽然有的经过精心弥缝，消灭了痕迹，但有许多却是窜入之迹宛然。……《左传》里面那些属于"书曰"以下的文字以及其他讲《春秋》"义例"的文字，如果全部删去，丝毫不影响《左传》叙事的完整性。这些文字游离于叙事之外。这和《公羊传》《穀梁传》可以说恰恰相反。这就是因为，《公羊传》和《穀梁传》是解经的书；

---

① （清）刘逢禄：《左氏春秋考证》卷一，《清经解》本。

《左传》不是解经的书，解经的文字是后加的。[1]

顾颉刚先生也是主张《左传》本非《春秋》之传的，他提出了"左传原本"这样一个概念，指出"左传原本"在刘歆以前早已存在，"当时（按盖谓战国时）《左传》原亦杂记体之史，犹《国语》《战国策》《说苑》《新序》《世说新语》《唐语林》《宋稗类钞》、清之野史等类，其故事为一条条者"。[2] 这样一部"左传原本"，后来被人改造为说解《春秋》的"传"，尽管顾先生认为改造、附益、增窜者非一人，亦非一世，然就其有原书而后被改造而言，亦不妨说他是主张今本《左传》是"二次成书"的。

赵光贤先生对此又作了更为明确的表述。他说：

> 我们现在所看到的，具有编年形式，而且有很多解释语的《左传》，并不是《左传》原本，而是后人改编的结果（原注：这个原本是不是名为《左氏春秋》，不是一个重要问题，可以不去管它，姑且叫它《左传》）。因此，应该说《左传》与《春秋》原本是各自独立的两部书，《左传》并不是依附《春秋》而存在的。……《左传》原系杂采各国史书而成，最初不过是一种史事汇编的性质，并非编年之史，原是一部独立的书，与《春秋》无关。[3]

按这也是指出了《左传》曾经二次成书，先是有人编成一部记事之书，今本《左传》中的记事部分就是这部书的内容；后又有人对它进行了改造，加进了解经语，于是本来与《春秋》不相干的记事之书成了《春秋》的传——当然，改造者最迟也是战国时人，这一点比前人指实为刘歆要可信得多了。

这种"二次成书"的理论虽然解决了今本《左传》解经部分与记事部分（洪业氏分别称之为"释经"与"述史"）不相协调的问题，同时对"无经之传"的存在似乎也给予了合理的解释，但是缺欠也是很明显的。首先一个问题是：这种先期存在的"左传原本"究竟是一部什么

---

① 胡念贻：《〈左传〉的真伪和写作时代问题考辨》，《文史》1981 年第 1 辑（总第 11 辑），第 3 页。

② 顾颉刚：《春秋三传及国语之综合研究》，巴蜀书社 1988 年版，第 36 页。

③ 赵光贤：《左传编撰考》，载《古史考辨》，北京师范大学出版社 1987 年版，第 140 页。

样的书？刘逢禄说是像《晏子春秋》《吕氏春秋》（雄按：《晏子春秋》与《吕氏春秋》就已大不相同）；顾颉刚先生说是像《国语》《战国策》《世说新语》《宋稗类钞》等等，一条一条的；赵光贤先生说是"纪事本末体的"。这种体例的不确定性正好说明对它的真实性尚须大打折扣。第二个问题是：《左传》原本被改编后，这部原本到哪里去了？一部书流传于世，当不会只有一个本子。孔门后学将《左传》原本改造为《春秋》的传，当世之人当不会因此就再也见不到那"原本"了，为什么作为《春秋》传的《左传》曾多次被战国诸子征引，而那部"原本"却一点踪迹也没有了呢？

如果我们对今本《左传》的传文作深入的考察，就会发现这种"二次成书"说的更多疑点。

（1）假设《左传》是经过二次成书的，那么它在被改编为《春秋》传之前应是一部独立的著作。如前所述，这部《左传》原本当是一种记事之书。既然解经的话被看作是第二次编定（即改编）时加进去的，那么所有与经文无关的记事（无经之传）就都应该是《左传》原本中所原有的（一般"二次成书"论者也正是以无经之传作为有所谓《左传》原本的主要证据的）。但事实上，《左传》中的无经之传在叙事的内容、方法、详略、风格等方面差异非常之大，很难令人相信它们原先都是属于同一部著作的。例如隐公元年传文有云：

> 八月，纪人伐夷。夷不告，故不书。
> 有蜚。不为灾，亦不书。

按传既明言"不书"，这两条当然是无经之传。按照二次成书论者的说法，这两条应该在《左传》原本之内。我们再看僖公二十三年有关重耳复国的那一段传文：

> 晋公子重耳之及于难也，晋人伐诸蒲城。……遂奔狄。……处狄十二年而行。……过卫……及齐……及曹……及宋……及郑……及楚……乃送诸秦……

按这也是无经之传。重耳及于难，在僖公四年，至本年"送诸秦"，时间跨度有十九年。传文详叙重耳在各国之经历，俨然一段纪事本末体的史文。这样的文章，怎么会与上引"八月纪人伐夷"、"有蜚"等同出于《左传》原本呢？类似这样的例子在《左传》中举不胜举，倘若真有所谓《左传》原本，这《左传》原本的内容也未免太芜杂了吧？

（2）论者或以无经之传为据，以证明《左传》原本与《春秋》本为不相干的两种书，言外之意，改编者只加进了一些解经的话，变动了一些叙事的次序（编年之需要），对《左传》原本并没有进行删节，故而保留了大量的无经之传。但我们细审《左传》全书，竟有相当多的年份传文是与经文一致的，也就是说这些年的传文都是解经的（至于解经的方式则详后文），并不存在无经之传。以鲁文公在位之十八年为例。在这十八年中，《左传》之记事有一百三十九条①，其中有几年的记事应该讨论。六年记秦穆公卒，三良为殉之事，是无经之传。但左氏记此事，亦非无因。盖三年经文有"秦人伐晋"条，传乃述秦伯用孟明、遂霸西戎之事；此年记秦穆公卒，用三良为殉，正为三年之事作一结，故君子有"秦穆公之不为盟主也宜哉"之论。这样看来，六年的这条传文，就不是简单的无经之传了。它应该被看作是三年传文的延续。七年、八年传文记有晋人"归匡戚之田于卫"事，看似无经之传，实则元年经有"晋侯伐卫"之文，传在解释这条经文时载有晋取匡、戚之事，故七、八两年之传亦应看作是元年传文的延续（或者说与元年传结合在一起都是用来传"晋侯伐卫"之经的，只是因为归还匡、戚事在七年、八年，故而一传分置两三处），同样不能认为是无经之传的。十三年传记士会返回晋国事，亦无经，但此事实为七年经"晋先蔑奔秦"之馀传。据七年经文，士会随先蔑奔秦；而士会在后来晋国的政坛上又是一个非常重要的人物，在经、传中多次出现，故左氏于此年特记士会返国之经过，并非完全与经无涉。真正的无经之传，十八年中只有两条。十四年传云："春，顷王崩。周公阅与王孙苏争政，故不赴。凡崩、薨，不赴则不书。"这里明言《春秋》所以不记此事，盖因"不赴"。同年传还记有楚国庄王新立，公子燮与子仪作乱被杀之事，确然无经。但《左传》记十八年间事，只有这么一二条与经无关，若说《左传》原本是与《春秋》不相干的独立著作，恐怕是难以服人的。

再以定、哀二公之传文为例。定公初年连续几年载有王室乱事："五年春，王人杀子朝于楚"、六年"夏……周儋翩率王子朝之徒，因郑

---

① 参看杨伯峻：《春秋左传注》，中华书局 1981 年版，第 609—643 页。

人将以作乱于周……"、"七年春二月,周儋翩入于仪栗以叛……夏四月,单武公、刘桓公败尹氏于穷谷……"、"八年春二月己丑,单子伐谷城,刘子伐仪栗……以定王室",这些表面上看都是无经之传,其实是昭公二十二年经"王室乱"、"刘子、单子以王猛居于皇",昭公二十三年经"尹氏立王子朝",昭公二十六年经"尹氏、召伯、毛伯以王子朝奔楚"等数条经文之馀传。盖传于昭二十二及以后的数年中详述了王子朝叛乱及失败的全过程,定公五年及以后数传,则叙王子朝被杀及其余党覆灭之事,虽然看似无经,实际上是与前面那些传文相连属的,因此也应视为有经之传。定公、哀公(截至十四年)一共二十九年,除了极少数的例外,传文都是与解经相关的。如果真有所谓《左传》原本,而这书又本与《春秋》毫不相干,那么经传记事为什么会如此契合?

我的看法是:今本《左传》不是由某一个人(不管他是刘歆还是先秦时人)将早先已有的一部现成著作(《左传》原本)改编而成的,而是由左氏(我们姑且这样来称呼《左传》的编著者)本着解经的目的,杂取各国的各类史料,同时加进了一些自己解经的话编撰而成的。也就是说,《左传》是一次完成的。这里所谓"一次完成",主要是指《左传》作为一部完整的解经著作,其排纂史料与撰写解经语是同时进行的,并非如时贤所说,先有一部"记事的《左传》",后来才出现"解经的《左传》"。当然,这种一次完成说并不排除今本《左传》有后人附益的成分(如"其处者为刘氏"之类即甚可疑),只是此种附益属于《左传》成书以后的个别现象,不能将后人某些文字的增窜与《左传》的编撰混为一谈。

既然《左传》是一次完成的,既然"述史"与"解经"同出一手,那么那些解经的话为什么会有那样明显的硬加进去的痕迹呢?我想,这恐怕主要与左氏处理史料的方式有关。

三 左氏"述而不作"说

这一题目的意思,是说左氏在编撰《左传》时,面对着的是各国的各类史册以及其他各种类型的历史资料,左氏一般是片断地摘取这些现成的材料,然后把它们按时间顺序编排连缀起来。左氏自己,可能做了一些文字上的加工,但没有进行多少创作。也就是说,《左传》主要是"编"出来的,而不是"作"出来的。

我曾经对《公羊传》的记事与《左传》的记事做过比较研究。①《公羊》虽说是以阐发义理和解释义例为主,但在某些场合也有一些记事。全书记事的地方总共有六十余处。把《公羊》与《左传》关于相同事件的记述做个比较,就会发现,《公羊》的记事不是袭自《左传》的。但《公羊》的大部分记事与《左传》是同源的,也就是说,《公羊》的始祖与左氏所依据的是大体上相同的一些历史资料。因此,《公羊》记事的大多数除事情梗概与《左传》相同外,往往都有一句甚至几句文字也与《左传》几乎全同或者基本相同。一些历来为人所称赏的警句,像"舟中之指可掬也"(宣十二)、"唇亡齿寒"(僖二)、"此奚斯之声也"(庄三十二)、"中寿,尔墓之木拱矣"(僖三十三)、"易子而食,析骸而爨"(宣十二)等等,在《公羊》与《左传》中都有,虽文字不尽相同,大致差不多。这些语句,表现力极强,不是随便什么人都可以写得出来的。《公》《左》既非相袭,那么我们可以推想,一定是在《公》《左》之前有某些历史记载,有上述那类生动的描写,《左传》的作者据以编成《左传》,《公羊》的始祖据以传授《公羊》。如果这个推想不误,《左传》系选取现成的历史资料编辑而成,也就可以成立了。

细绎《左传》传文,我们可以发现不少左氏直接采用历史资料原文的痕迹。定公元年传云:

> 齐高张后,不从诸侯。晋女叔宽曰:"周苌弘、齐高张皆将不免。苌弘违天,高子违人。天之所坏,不可支也。众之所为,不可奸也。"

按所谓"齐高张后",是指此年晋率诸侯为天子修筑成周之城,而齐国的高张姗姗来迟,没有随诸侯一起筑城之事。传引女叔宽的话,是一个预言,说苌弘、高张都将没有好结果。关于高张的"违人",是有事实为据的,就是前面说的"齐高张后,不从诸侯";但苌弘的"违天",在前此的传文里却没有任何交代。杜注说"天既厌周德,苌弘欲迁都以延其祚,故曰违天"云云,传中不见,不知其何所据而云然。但苌弘违天的事实,在原始资料中应当是有的,只不过左氏没有选用。而左氏选用的女叔宽的那段话,本来是针对苌弘、高张这两个人的事迹说

---

① 参看拙文《〈公羊〉〈左传〉记事异同考》,《人文杂志》1991 年第 6 期。

的。今既未采苌弘违天的事实,又原封不动地搬用了女叔宽的话,自然显得苌弘之事没有着落了。这段文章若是左氏自撰,当不会出现这样的漏洞。

类似的情况还有。昭公十一年传云:

> 楚子城陈、蔡、不羹。……王曰:"国有大城,何如?"(申无宇)对曰:"郑京、栎实杀曼伯,宋萧、亳实杀子游,齐渠丘实杀无知,卫蒲、戚实出献公。若由是观之,则害于国。末大必折,尾大不掉,君所知也。"

按申无宇之意,是说"国有大城"往往会危害国君。他一连举了四项事例,后三项于《左传》中都有明文,唯头一项"郑京、栎实杀曼伯",在前此的传文中没有明确的记载。就连曼伯究竟是公子忽,还是檀伯、子仪,都不好确定。尤其是郑国的京邑究与"杀曼伯"有何关系,更是无从考索。所以出现这种情况,当是由于左氏所采申无宇对楚王的那段话系原始资料之原文,左氏原样照搬,未顾及这里的概述与前文对各国史实的叙述是否完全一致。

又宣公九年云:"楚子为厉之役故伐郑。"十一年又云:"厉之役,郑伯逃归。自是楚未得志焉。"这次"厉之役"成了楚人屡次伐郑的口实,后来竟至逼得郑伯"肉袒牵羊以逆",表示彻底屈服。但有关"厉之役"的情况,前此的传文竟没有作任何交代。杜预说"盖在六年",但宣六年传只云"楚人伐郑,取成而还",并未明说此即"厉之役",杜预之说不过是揣度之辞。这当是由于左氏节录材料所致。他在作宣九、宣十一两传时节录的材料中有"厉之役"这一提法,却忽略了在前面的传文中并不曾对"厉之役"作过明确的记述,因此显得前后有失照应了。倘传文都是左氏自作,这一类的问题本是很容易避免的。

僖公二十七年传云:

> 晋侯始入而教其民,二年欲用之。子犯曰:"民未知义,未安其居。"于是乎出定襄王。……将用之,子犯曰:"民未知信,未宣其用。"于是乎伐原以示之信。……公曰:"可矣乎?"子犯曰:"民未知礼,未生其共。"于是乎大蒐以示之礼,作执秩以正其官,民听不惑而后用之。出谷戍,释宋围,一战而霸,文之教也。

按本年传叙因楚人围宋、宋向晋告急、晋为救宋而"蒐于被庐、作三军、谋元帅"之事。上述那段传文,就是缀于此事之后的,其为左氏所引旧籍原文,更为明显。这段文字无疑是对晋文公所以能够称霸所做的一个小结。其中定襄王、伐原示信、大蒐示礼,固为已经发生的事实;然"出谷成,释宋围,一战而霸",是下一年的事,此时还没有发生。原作者写这段话,本是为宣扬"文之教"的威力的,故从文公之始入直写到"一战而霸";左氏移过来颂扬晋国此次的"大蒐",于是就不免将下一年才发生的城濮大战的结果提前写在这里了。

左氏编撰《左传》的材料来源,前人及今人都曾作过探讨。在今日看来,大体上仍不出唐人啖助所说的那个范围,即各国史记(不同类型、不同体裁的史书),子产、晏子等各国卿佐的家传以及卜书、梦书、杂占书、纵横家、小说、讽谏等。①《左传》全书记事的体例、详略乃至语言的风格等是并不统一的。这正是由于左氏往往是于他所能接触到的材料来源中摘取现成的片断,连缀成文,而并不是进行整体创作的缘故。《左传》的作意是解经的,因此左氏免不了要加进一些解经的话。但记事部分既然多是采取的现成材料,故解经语往往就会显得与记事文字不相协调,给人以割断文气、强行嵌入的感觉。像前面提到过的隐公元年"郑伯克段于鄢"一节,中间插入了"书曰……难之也"一段话,致使"首尾横决,文理难通"。诚如皮锡瑞所说,倘删去那段解经语,则文章上下"一气相承矣"。这正是因为"郑伯克段于鄢"本来就是一段现成的材料,去掉了解经语,恢复了其本来面貌,自然文气贯通了。

四 左氏传经方法与无经之传

从上节可知,不管是有经之传,还是无经之传,大多都是左氏直接选取现成资料编辑而成的。但这还不能完全说明《左传》中为什么会有那么多看上去是无经的传。为了彻底解决《左传》是否《春秋》之传的问题,还须对左氏传(读去声)经的方法作一讨论。传经方法一明,许多无经之传就会变为有经之传了。

《公》《穀》传义,《左传》传事,前人对此早有定评。这里的义和事,自然是指《春秋经》的义和事。《春秋》记事,极为简略,记一件事

---

① (唐)陆淳:《春秋集传纂例》卷一,《丛书集成》本。

只用几个字,至多二十几个字,例如"公及邾仪父盟于蔑"、"郑伯克段于鄢"、"莒人入向"、"宋公和卒"之类,实际上只是个记事提纲。春秋二百四十二年的历史,就这样用一万多字就写下来了。但孔子当年用《春秋》来教学生的时候,是绝不会仅仅局限于这一万来字的《春秋》条目之上的。孟子将《春秋》分为其事、其文、义这样三个层面。"其事则齐桓、晋文",这是从内容上来看,《春秋》的内容是大国争霸时期的事;"其文则史",这是从《春秋》的文字形式亦即载体来看,是史文;"其义则丘窃取之矣",这当然是说孔子独得《春秋》之思想、之精神。即使孔子当年教授学生确是主要着眼于"义",他也不可能脱离齐桓、晋文之事,从而也就不可能摆脱记载着这些事的史册。而我们今天看到的《春秋》只是史册中的一种,如果其中真有许多"义"的话,孔子当年"窃取之"之时,也是必定要借助于其他许多记事具体的史书的,这只要看一看以"传义"为主的《公羊》《穀梁》,也不可能脱离翔实具体的史实记述来空谈义理就很清楚了(例如《公羊》贬郑伯,也是以郑伯杀其弟段的史实为依据的,只不过这些史实没有形成文字记载在《公羊传》中)。而要弄懂这些"义",进而解释、发挥这些"义",充分了解、熟悉齐桓晋文时期的史事是绝对必要的。到了战国时期,这种必要性就更明显了。此时儒家宗派分立,经义的歧异日趋严重。齐桓、晋文之事自不必说,对孔子来说是现代史的知识这时也变成了古代史。因此对这部大事记式的《春秋》亟须从史实、背景方面加以解说。《左传》就是在这种情况下出现的。司马迁说:"鲁君子左丘明惧弟子人人异端,各安其意,失其真,故因孔子史记,具论其语,成《左氏春秋》。"①这里所说的"孔子史记",应当就是指的孔子在讲解《春秋》之义时所参考的各种史籍。当然,如果我们把这位"鲁君子左丘明"拉到战国时代的话,那所谓"孔子史记",自然就应该是指我们在前面曾经提到过的各类历史资料了。

左氏解经,主要的不是要告诉人们经中都有哪些"义",而是要告诉人们经中所记述的那些事究竟都是一些怎样的事,经中所涉及的那些人究竟都是一些怎样的人,一句话,要告诉人们经所记述的那个时代的历史。左氏当然也有一些解释经义的话,书与不书,怎样书,

---

① 《史记·十二诸侯年表序》。

这显然是受了《春秋》其他家派的影响;但从主要方面来看,左氏是着眼于孟子所说的那前两个层面,即《春秋》的"事"与"文"的。

对于《春秋》中那提纲式的记事,左氏往往要引用其他历史资料加以详细的说明。例如经只有"郑伯克段于鄢"六个字,《左传》则从郑庄公之出生说起,讲了他不被母亲喜爱的缘由,讲了母亲的偏心和弟弟共叔段的跋扈,接着讲了庄公如何平息共叔段之叛并与母亲决裂,最后又讲了庄公母子如何和好如初。尽管这段文字最初很可能是以郑庄公与其母之关系为中心内容的,但它完全可以说明经文那六个字的前因后果、经过情形,故被左氏用来做了《春秋》隐公元年的传。有了这个传,经文那六个字简直就成了一段故事的标题了。

又如宣公二年《春秋》经文有"赵盾弑其君夷皋"。《左传》从"晋灵公不君"说起,讲了灵公的残暴,讲了赵盾如何进谏,如何谏而无效,灵公又如何派人暗杀赵盾而没有成功,又讲了赵穿如何杀了灵公,大史又如何将责任归在赵盾身上。这样,经文"赵盾弑其君夷皋"这七个字的原委就交代得很清楚了。

以上二例都是人们非常熟悉的传文,也是《左传》传事解经的最典型的方式。其实,《左传》的"传事",除了这类交代来龙去脉、详述经过情形的模式之外,还有各种不同的情况,并不是所有的传都是将经文具体化,都是从过程上来讲解经文的。有些传只是在某些点上与经文有关联。例如隐公八年经云:

> 冬十又二月,无骇卒。

传云:

> 无骇卒。羽父请谥与族。公问族于众仲。众仲对曰:"天子建德,因生以赐姓,胙之土而命之氏。诸侯以字为谥,因以为族。官有世功,则有官族。邑亦如之。"公命以字为展氏。

按此传并不对经所记"无骇卒"之事本身做什么解释,而是就与"无骇卒"有关联的一点(大夫卒后氏族之命名)作传,引众仲的一段言论作为传文。

宣三年经云:

> 楚子伐陆浑之戎。

传云：

> 楚子伐陆浑之戎，遂至于雒，观兵于周疆。定王使王孙满劳
> 楚子。楚子问鼎之大小轻重焉。对曰："在德不在鼎。……周德
> 虽衰，天命未改，鼎之轻重，未可问也。"

按此传解经"楚子伐陆浑之戎"，对楚人战事丝毫不曾提及，却重点记录了楚子问鼎周疆、王孙满的一段非常精彩的答话。盖当时史料中必有王孙满答问鼎的记录，左氏知其为楚伐陆浑时事，遂引来作为"伐陆浑"经文之传，这完全是因为这段答话与"楚子伐陆浑之戎"在时间上有关联。

文公七年经云：

> 狄侵我西鄙。

传云：

> 狄侵我西鄙，公使告于晋。赵宣子使因贾季问酆舒，且让
> 之。酆舒问于贾季曰："赵衰、赵盾孰贤？"对曰："赵衰，冬日之日
> 也；赵盾，夏日之日也。"

按此传与经本事亦有些关联，其关联即在传事系由经事引发而来，但传意并不主在解说经事，而是另有一中心，这中心就是时人对赵衰、赵盾的评价。只因这评价是由"狄侵我西鄙"一事引发而来，左氏遂将此事系于经文"狄侵我西鄙"之下，作为解经之传。此例特别清楚地表明《左传》的传文非左氏自撰，而是采掇现成资料而成；若是自撰，左氏何必于解经文"狄侵我西鄙"时写这种事呢？

襄公十五年经云：

> 宋公使向戌来聘。

传云：

> 宋向戌来聘，且寻盟。见孟献子，尤其室，曰："子有令闻，而
> 美其室，非所望也！"对曰："我在晋，吾兄为之；毁之重劳，且不
> 敢间。"

按此传与经亦仅有些关联，绝非解释"向戌来聘"之本事。类此者尚有襄二十四年"叔孙豹如晋"、襄二十九年"吴子使札来聘"、僖三十一

年"狄围卫,卫迁于帝丘"等传。

左氏传经的时候,可能搜集了大量的各类历史资料,但也并不是每一条经文都能找到足以述其原委、穷其究竟的材料的,于是左氏便将与经文哪怕是稍许有些关联的材料拿来,系于该条经文之下,权作解经之传。上述这一类的传文就是这样形成的(当然还有一些经文连这样稍有关联的材料都找不到,只好付诸阙如,于是而有了相当数量的无传之经)。

这种作传的方法,自与前面所述"郑伯克段于鄢"等传不同。由于是"关联传事",传与经之联系便显得不那么紧密,因此这种传每每被人认作无经之传,当作《左传》不传《春秋》的证据。但如果我们考虑到《左传》乃是一次成书,在此之前并不曾有一部独立的《左传》原本,考虑到左氏传经是采取现成的各类历史资料而并非进行创作,那么除了把这些都看成解经之传实在别无其他的选择。

左氏传经所采资料有的属于纪事本末体,所记之事往往历经几年或者十几年。左氏为了适应《春秋》编年体的需要,便把原材料拆开,分隶于各年之内。这样一来,从总体来看,这段资料固然是解经的,但其分隶于各年的传文便每每不能完全与经文相合了。这样就造成了一些"无经之传"。例如庄公二十六年传云:

> 秋,虢人侵晋。冬,虢人又侵晋。

庄公二十七年传云:

> 晋侯将伐虢,士蒍曰:"不可。虢公骄……无众而后伐之,欲御我,谁与?……虢弗畜也,亟战,将饥。"

庄公三十二年传云:

> 秋七月,有神降于莘。……史嚚曰:"虢其亡乎!吾闻之,国将兴,听于民;将亡,听于神。……虢多凉德,其何土之能得!"

闵公二年传云:

> 虢公败犬戎于渭汭。舟之侨曰:"无德而禄,殃也。殃将至矣。"

僖公二年传云:

> 晋荀息请以屈产之乘与垂棘之璧,假道于虞以伐虢。……
> 夏,晋里克、荀息帅师会虞师伐虢,灭下阳。

僖公五年传云:

> 晋侯复假道于虞以伐虢。……晋灭虢,虢公丑奔京师。

按上述六年的传文所述之事历经十四年,应该是出自同一资料的。左氏将此一整段材料拆开,分隶于各年之中。此事是用来解经文"虞师、晋师灭下阳"(僖二)和"晋人执虞公"(僖五)的,但传文既分隶于各年,有些传文就不一定有相应的经了。于是庄二十六、庄二十七、庄三十二、闵二遂成了无经之传。其实这些无经之传也是左氏解经所必需的。

杜预在谈到左氏传经的方法时说:

> 左丘明受经于仲尼,以为经者不刊之书也,故传或先经以始事,或后经以终义,或依经以辨理,或错经以合异,随义而发。①

按杜预将左氏作传的方法归纳为四条,即先经、后经、依经、错经。后两条经传较为密合,可以姑置不论;前两条则往往造成经传分离,使人误认为一些传是"无经之传"。据孔颖达的疏解,所谓"先经以始事",就是"先经为文以始后经之事",也就是说,为了给一条经文作传,有时须在此条经文之前将与此经所记之事有关的情节预做一些交代,否则为此经文所作之传便不易说得明白。例如隐公元年经不书"公即位",左氏就在解释这种"不书"之前先述一番宋仲子嫁鲁惠公、为夫人、生桓公之事,《左传》开篇的这一段传文就是专门为"元年春王正月"六个字所作的传。又如隐公四年经有"卫州吁弑其君完"之文,而隐公三年传却先有"卫庄公娶于齐东宫得臣之妹"一段记载。此段传文叙述了卫庄公数娶而后得子(完)之事,又交代了公子州吁的身世及石碏谏宠州吁的经过。就隐公三年来讲,这都是无经之传;但这些传文对于解释隐公四年的经文"卫州吁弑其君完"及"卫人杀州吁于濮"来说又都是很必要的,因此毋宁看作是隐四经文的传。这就是"先经为文以始后经之事"。《左传》中此类情形非常之多,许多

---

① (晋)杜预:《春秋经传集解序》,中华书局影印《十三经注疏》本,第 1705 页。

所谓无经之传都可以由此得到解释。当然,那些"先经始事"之传并不都如隐三、隐四这样紧密相接,有的先经之传先于经文几年甚至十几年,更容易使人误认为是无经之传。如隐公三年传文云:

> 郑武公、庄公为平王卿士,王贰于虢。郑伯怨王,王曰:"无之。"故周、郑交质。……王崩,周人将畀虢公政……周、郑交恶。

隐公六年传云:

> 郑伯如周,始朝桓王也,王不礼焉。周桓公言于王曰:"我周之东迁,晋、郑焉依。善郑以劝来者,犹惧不蔇,况不礼焉。郑不来矣!"

按这两条传文在本年都是无经之传,但实际上它们都是为解释桓公五年经文"蔡人、卫人、陈人从王伐郑"做准备的。桓公五年的传文详述了王、郑交战的经过及郑人"射王中肩"的事实,而隐三与隐六之传则是交代此役的远因。因此,隐三、隐六二传也应看作是解桓五经文的传。

杜预所说的"后经以终义",按孔颖达的解释,就是"后经为文以终前经之义"。也就是说,一条经文记某件事情,当年的传文尽管对此作了详细的解释,但此事未必就在当年完全终止,它可能延续到下一年或后几年,它也可能连锁地又生出许多其他的事情,它还可能在以后的若干年中仍然发生某种影响。左氏对这些"后事"及影响也都是要加以记述的,表面上看起来这都是无经之传,其实记述这些事情都是为了解前文之经,是为了使"前经之义"得到更完整、更充分的显现。这样的传我们不妨称之为前经之传的"馀传"。毫无疑问,这种馀传也应该属于有经之传。此类例子我们在前面曾提到过的定公五至八年传文中已经见到。又如《左传》庄公十六年"郑伯治与于雍纠之乱者",此事不见于经;但桓公十五年传记"雍纠之乱"事却是专为解释经文"郑伯突出奔蔡"的。十九年后(即庄公十六年)郑伯惩治参与杀害雍纠的人,显然是对前经的后事作一交代。这样的传,无论如何是不能视为无经之传的。

五 《春秋》阙文与无经之传

所谓《春秋》阙文,在这里有两重含义。一是左氏据以作传的《春秋》本身就不完备,有阙文;二是《左传》成书之后,《春秋》续有脱简漏抄,形成了阙文。这两种阙文都造成了一些无经之传。

(一)左氏作传时所据之《春秋经》,应当就是孔门师弟传授之本。尽管现代学者的研究证明,孔子并不曾"修"或者"作"过《春秋》,孔子只是拿《春秋》作教材教过学生,但在左氏当时,恐怕还是认为孔子"修"过《春秋》的[1],还是认为《春秋》有许多深"义"的,所以他要为《春秋》作传。孔子用来作教材的那部《春秋》,实际上是一部有很多脱漏的残本,这从桓十四经之"夏五"、庄二十四经之"郭公"之类看得很清楚。对这类讹误脱漏,孔子明知其误,看来也没有做什么加工。弟子问他:"苟知之,何以不革?"孔子回答说:"如尔所不知何?"[2]左氏面对的就是这样一个残缺的本子,但他在作传的时候,手中却掌握着一部远比孔门《春秋》完备的鲁国史册(或许就是《公羊》所称的"不修春秋",或许就是孟子所说的"鲁之春秋")。他将《春秋》与这部鲁国史册对照,发现《春秋》有不少阙漏。由于他胸中梗一"孔子作《春秋》"的成见,自然认为这些阙漏的条文为孔子所删削,于是创了一个"不书"的例,以期从"不书"中见《春秋》之义。为发明这种"义",他将《春秋》不书的条文写进传里,于是造成了一些无经之传。以《左传》隐公元年为例:

(1)夏四月,费伯帅师城郎。不书,非公命也。

(2)八月,纪人伐夷。夷不告,故不书。

(3)卫侯来会葬。不见公,亦不书。

(4)(公子豫)及邾人、郑人盟于翼。不书,非公命也。

(5)新作南门。不书,亦非公命也。

(6)有蜮。不为灾,亦不书。

(7)冬十月庚申,改葬惠公。公弗临,故不书。

按以上七条传文,除(2)之外,可以肯定都是出自鲁国史册的,但《春秋》上失载。左氏便根据他所掌握的材料补书,意在说明《春秋》不载的原因。

---

[1] 《左传》成公十四年君子曰:"春秋之称微而显,志而晦,婉而成章,尽而不污,惩恶而劝善,非圣人谁能修之?"这里的圣人应当是指孔子。

[2] 《公羊传》昭公十二年。

（二）左氏所据《春秋》已有残缺，今日所见《春秋》恐怕又非左氏之旧了。《穀梁传》云："《春秋》三十又四战。"而据前人的统计，《春秋》书"战"者仅有二十三处。汉人都说《春秋》"弑君三十六，亡国五十二"，但今本《春秋》所记远不足此数。① 这说明在战国秦汉间《春秋经》还不断有所脱漏。由于《左传》与《春秋》原是别本单行的，经文阙佚传文不一定也随之阙佚，于是一些本来是解经的传文由于经文的脱漏一变而为无经之传了。从某些传文传事的形式上我们还可以找到一点这种演变的痕迹。《左传》桓公四年云：

> 秋，秦师侵芮，败焉，小之也。

按此传无经。但如比照以下数例经传，则此传最初很可能并非无经：

> （1）僖十五经："楚人败徐于娄林。"传："楚败徐于娄林，徐恃救也。"

> （2）成六经："楚公子婴齐帅师伐郑。"传："楚子重伐郑，郑从晋故也。"

> （3）襄六经："莒人灭鄫。"传："莒人灭鄫，鄫恃赂也。"

> （4）襄六经："十又二月，齐侯灭莱。"传："十一月，齐侯灭莱，莱恃谋也。"

> （5）襄十七经："宋人伐陈。"传："宋庄朝伐陈，获司徒卬，卑宋也。"

按上述诸传文与桓四传文句式全同。（1）之"徐恃救也"、（2）之"郑从晋故也"、（3）之"鄫恃赂也"、（4）之"莱恃谋也"、（5）之"卑宋也"都是解经的话，则桓四传之"小之也"也极有可能是解经的话，只是由于经文脱漏，桓四那条传文便成了无经之传了。考桓四的经文只有"春正月公狩于郎"与"夏天王使宰渠伯纠来聘"两条，"秋""冬"俱阙，则简编散落的可能性就更大了。

昭公六年传文有云：

> 楚公子弃疾如晋，报韩子也。

按这也是无经之传。但同年的传文有"季孙宿如晋，拜莒田也"，就是

---

① 参看《洪业论学集》，中华书局 1981 年版，第 226 页。

有经之传（"季孙宿如晋"是经文，"拜莒田也"是解经语）。昭八年经云："叔弓如晋"，传云："叔弓如晋，贺虒祁也"。此类解经的传文不胜枚举，故昭六之"报韩子也"也极有可能是解经语，只是由于简篇散佚，今日所见之《春秋》经文中已经没有"楚公子弃疾如晋"这一条了。此外，僖五的一段传文颇堪注意：

> 春，王正月，辛亥朔，日南至。公既视朔，遂登观台以望。而书，礼也。凡分、至、启、闭，必书云物，为备故也。

按此段传文无经，这里面"而书"的那个"书"字很值得研究。杜预作注含糊其辞，只是说"鲁君不能常修此礼，故善公之得礼"，而对这个"书"字未加解释。孔颖达则说得很明白：

> 公既亲自行此视朔之礼，遂以其日往登观台之上，以瞻望云及物之气色，而书其所见之物，是礼也。①

是则传"而书"之"书"即下文"书云物"之"书"，孔氏认为这是以国君"书云物"为有礼。然而陆德明的看法与此不同。他说：

> "台以望"绝句。"而书"本或作"而书云物"，非也。②

按陆氏虽然表面上说的是版本文字的是非，但他既以为当于"遂登观台以望"绝句，那么"而书"的主体必然不会是那位"视朔登台"的"公"了。"而书"既然不是指"书云物"，那么只能是指记录"公既视朔遂登观台以望"之事。因此我认为，这里的"而书"与《左传》中大量见到的"书""不书""书曰"等同其意义，都是指《春秋经》的记载而言。与僖五"而书，礼也"类似的传文还有很多，例如昭五："牟夷非卿，而书，尊地也"，这个"而书"是指经文中记载了"牟夷来奔"而言的；桓四："公狩于郎。书，时，礼也"，这个"书"是指经文记载了"公狩于郎"；成十八："筑鹿囿。书，不时也"，"葬我君成公。书，顺也"，其中的"书"分别指经有"筑鹿囿"和"葬我君成公"；襄十三："冬，城防。书事，时也"，此年经有"冬城防"之文。既然这些传文中的"书"都是指经有其

① （唐）孔颖达：《春秋左传正义》，中华书局 1980 年影印《十三经注疏》本，第 1794 页。

② （唐）陆德明：《经典释文》，上海古籍出版社 1985 年影印宋刻本，第 911 页。

文,那么僖五传中的"而书",也应当是指《春秋》中记载了这件事。这样看来,僖五经中本来很可能有"公视朔"之类的记载,只是由于简篇散乱,这条经文脱漏了,遂使前引僖五传文成了无经之传。当然,这条有关"日南至"的传文还有一些历法上的问题不易解决,但它曾经是解经之传这一点应该说是没有多大疑问的。

六　补充史实的无经之传

《左传》中还有两类无经之传,应当分别加以说明。一类集中在隐、桓、庄数公年间,主要是记载晋、楚两国事;另一类大多集中在襄、昭二公年间,主要记载晏子、子产等人事迹。

《左传》记晋事始于隐公五年:"曲沃庄伯以郑人、邢人伐翼,王使尹氏、武氏助之,翼侯奔随。"此后于隐六年记晋人立鄂侯,桓二年追记晋国内乱始末,桓三年记曲沃武公伐翼,桓七、桓八记曲沃伯杀晋小子侯,灭翼,直至庄十五年记曲沃伯被命为晋侯(晋武公),这些都是无经之传。考晋事始记载于《春秋经》,是在僖公二年,此前经无一字提及晋事。此中的原因,杜预的解释较为合理:"晋于此始赴,见经。"也就是说,在僖公二年以前,晋与鲁相互没有建立赴告关系,鲁史官自然不会记载晋事于本国的史册。左氏如果完全依据经文作传,则晋国早期的史事将是一片空白。而晋在春秋时代是一个举足轻重的国家,从某种意义上来说,晋史是春秋时代历史的一条主线。左氏为了叙事的完整、清晰,便在传中补充了一些经所没有的早期晋国史事。

基于同样的理由,左氏也补充了一些早期楚国的史事。楚事始见于经,是在庄公十年。杜预注云:"楚辟陋在夷,于此始通上国。"因为被目为蛮夷,不与中国相往还,故鲁的史册中于庄公十年以前是不记楚事的。左氏于此前的桓六、桓八、桓九、桓十一、桓十二、桓十三、庄四、庄六数年补充了一些主要是楚武王时期的史事,用杜预的话说,这是"为经书楚事张本"。因此,严格地说起来,这类的晋、楚史事也可以算是"先经以始事"。只是此种"先经",不像前面所说的那样是先于某一条确定的经文的,而是为了解经的需要而从总体上做一些背景式的交代罢了。

另一类集中在襄、昭时期的无经之传,主要是记述子产、晏子等人的事迹和言论的。我们不妨以有关子产的传文为例，看看这一类无经之传是怎样形成的。《左传》上最早记子产事是在襄公八年，子产卒于昭公二十年。在这长达四十四年期间，特别是襄公十九年子产为卿以后，《左传》记郑国事大多是以子产为中心的，记他的行事、言辞、处世之道、治国之功，借以表现子产的聪明、敏捷、雄辩的口才以及远见卓识。奇怪的是这个时期的《春秋》经文中竟没有一个字提及子产。那么是不是所有关于子产的传文都是无经之传呢？也不尽然。《左传》襄公八年至十九年有关郑国的传文就基本上都是有经之传。襄十九以后，有关子产的传文大量出现，其间也有一部分是解经的。例如襄二十五年经云："郑公孙舍之（即子产）帅师入陈"，传就记"子展、子产帅车七百乘伐陈"之事，后面又记"子产献捷于晋"之事，详叙子产如何应对晋人对他们伐陈的责问。又如襄二十六年经云"楚子、蔡侯、陈侯伐郑"，传则记子产对楚采取不抵抗主义的言论，以表明其超人的见识。再如襄三十年经云"郑良霄出奔许"、"郑人杀良霄"，传则详叙伯有（即良霄）如何被杀、子皮如何将政柄授予子产的经过，接着又记了子产为政后采取的一些重要措施，以及民众对他态度的前后变化。他如襄二十四、襄二十八、昭元、昭四、昭十一、昭十二、昭十三、昭十七、昭十八的一些有关子产的传文，都应该算是有经之传的。但无经之传也不少，特别是襄二十二、襄三十一、昭七、昭十六、昭十九、昭二十等年，所记子产之事甚详，与经却一点关系也没有。

从《左传》传文来看，左氏在为《春秋》作传时，所掌握的材料是极不均衡的。这里所谓不均衡，一是指各国史记详略不同，二是指不同时期的材料多寡不等。左氏所掌握的襄、昭时期的材料相对来说比较多（大约是时代较近的缘故），因此襄、昭时期的传文内容就比较丰富，记述就比较具体、详尽。这些材料当中很可能有一部专记子产嘉言懿行的著作（啖助说这书是子产家传，不无道理），襄、昭时期有关子产的传文基本上都来源于此书。昭公二十年子产死后，《左传》关于郑国的记事极其明显地减少了，可见这部专记子产嘉言懿行的书很可能是左氏记后期郑国事的一个主要依据（当然也不排除还有其他史料）。左氏在作传时是将这部书拆散了的，一些与经文沾边的内容自然都用来解经，那些与经文不相干的内容也没有舍弃，而是按其实际发生的时间插入了传文之中。这样做无非是为了把子产这个人物写得更加充实，更加鲜明生动。我们细读《左传》，不难发现，左氏对春秋时的几位贤者似乎有着特殊的感情，例如对臧文仲、叔向、晏婴等人，其中自然也包括子产，左氏是传之不厌其详的。特别是子产，在当时的政坛上非常活跃，是一位符合儒家标准的政治家，孔子曾不止一次地称赞过他。左氏解经既然主要是要告诉人们经所记述的那个时代的历史，那么对子产这类的人物是应当有所交代的。于是他在采用有关子产的专书来解经的同时，便也保留了一些并非解经的子产的材料，这样做实际上也有弥补《春秋》阙漏的用意。沈玉成等先生说：

> 《左传》的解经很像后来南朝史注中发展起来的补遗体。补遗包括补充史之遗事和史之异闻。《左传》中许多记事，用今文家的眼光看去是无关经旨的废话，但用补充史料的眼光评价，就是补苴罅漏，有的放矢了。[1]

这里把无经之传比作后世的补遗体史注，十分形象。不过看来左氏并不是漫无标准地博采遗事异闻，而是着眼于传中几个特别重要的人物。对这些重要人物，一是要尽量交代清楚他们的渊源来历、结局归宿，一是要广采有关他们的轶事异闻，于是就产生了本节开头所述那第二类的无经之传。

现在我把全文作一小结。

《左传》是左氏为了解经的目的而作的，更确切地说，是左氏编纂而成的。左氏在作传的时候，手头是掌握有大量的史料的，其中包括鲁国等几个国家不同类型的史册以及卜书、梦书、家传等各类材料。左氏从这些材料中选取与经文有关（哪怕只有一点关联）的内容，加以编年安排，再加上一些解经的言辞，于是成了我们今日所见的《左传》。表面看来，《左传》中有许多无经之传，这很容易使人得出"《左传》最初并非为了解经而作"的结论。但是倘深入研究，就会发现，有相当一部分无经之传其实是解经的。如果我们对左氏传经的方法有

---

[1]　沈玉成、刘宁：《春秋左传学史稿》，江苏古籍出版社1992年版，第378页。

正确的理解,就不难找出这些所谓无经之传与经文的联系。另外有一些无经之传,很可能是由经文阙佚造成的。当然,《左传》中也确实存在着一些真正的无经之传,这往往是左氏为了使所传述的历史更加明晰和翔实而补充进来的材料,而且这部分内容在《左传》全书中所占的比重是很有限的。因此,所谓无经之传是不能成为《左传》与《春秋》本为不相干的两部书的证据的。

作于 1994 年春

（原载《文史》1999 年第 4 辑,总第 49 辑）

《公羊》《左传》记事异同考

　　"三传异同考"之类的题目昔人多有述作，但都是从研究经学的角度出发，探讨三传经义的异同。本文则比较《公羊》与《左传》记事的同异，以期能够由此对《公》《左》二传产生一些新的认识。

　　《春秋》三传，解经的路数颇不相同。大体上说来，《公羊》《穀梁》主要是从义例上、义理上解经，重在阐扬所谓的"微言大义"。《左传》则重在解释经文中所记述的事实。在一条经文之下，《公》《穀》一般是解释"经"为什么要这样写，这样写表达了怎样的褒贬；而《左传》往往要把"经"用几个字所记的一件事的前因后果、经过情形详加铺叙。因此宋代学者朱熹曾评论说："左氏是史学，公、穀是经学。史学者，记得事却详，于道理上便差；经学者，于义理上有功，然记事多误。"①此说颇中肯綮。

　　《公羊传》虽然主要是以问答的形式发挥义理和解释义例，但在某些场合也有一些记事。全书记事的地方总共有六十余处。记事详略悬殊，字数少的只用七八个字。例如桓公六年《经》曰"蔡人杀陈佗"，《公羊传》解释说："淫于蔡，蔡人杀之。"这样的记事虽说语焉不详，可毕竟也算是解释了经文，比经文更进了一步。也有的地方则记事甚详，解释一条经文就用数百字。例如宣公二年《经》云"晋赵盾弑

――――――――――

　　① 《朱子语类》卷八十三。

其君夷皋",宣公六年又云"晋赵盾、卫孙免侵陈",《公羊传》为了解释先前曾"弑君"的赵盾所以在此处复现,就详细地记述了晋灵公如何作恶、如何使人暗杀赵盾、后来终被赵穿杀死的全过程,仅此一处就用了六七百字。

《公羊》中有几处记事是《左传》所没有的。例如僖公九年记葵丘之会,由于齐桓公骄傲自大,"叛者九国";僖公二十一年记楚人捉放宋襄公的过程;庄公十三年记鲁人曹子在柯之盟中手持武器胁迫齐桓公等等,都是《左传》所不曾述及的。除此之外,《公羊》所记大多数在《左传》中都有所反映。把《公羊》与《左传》关于同一件事的记述做个比较,大致有如下几种情形:

一、内容基本相同,文字也很接近

例如僖公二十二年,《公羊》:

> 宋公与楚人期战于泓之阳,楚人济泓而来,有司复曰:"请迨其未毕济而击之。"宋公曰:"不可。吾闻之也,君子不厄人。吾虽丧国之余,寡人不忍行也。"既济,未毕陈,有司复曰:"请迨其未毕陈而击之。"宋公曰:"不可。吾闻之也,君子不鼓不成列。"已陈,然后襄公鼓之,宋师大败。

《左传》:

> 宋公及楚人战于泓,宋人既成列,楚人未既济。司马曰:"彼众我寡,及其未既济也,请击之。"公曰:"不可。"既济而未成列,又以告,公曰:"未可。"既陈而后击之,宋师败绩。……公曰:"君子不重伤,不禽二毛。古之为军也,不以阻隘也。寡人虽亡国之余,不鼓不成列。"

按这两段记事,除一为"有司曰"、一为"司马曰",一为宋襄公边说"不可"边述理由,一为事后总述理由外,余皆相同。

二、内容基本相同,文字相差较大

例如《公羊》:

> 卫宁殖与孙林父逐卫君而立公孙剽。宁殖病将死,谓喜曰:"黜公者非吾意也,孙氏为之。我即死,女能固纳公乎?"喜曰:"诺。"(襄公二十七年)

《左传》：

> 卫宁惠子疾，召悼子曰："吾得罪于君，悔而无及也。名藏在诸侯之策，曰'孙林父、宁殖出其君'。君入，则掩之。若能掩之，则吾子也；若不能，犹有鬼神，吾有馁而已，不来食矣。"悼子许诺。（襄公二十年）

按这两段虽没有什么相同的字句，所记的事情却是一样的。

三、所记之事主干相同，枝节有异

例如成公二年，《公羊》：

> 师还齐侯，晋郤克投戟逡巡，再拜稽首马前。逢丑父者，顷公之车右也。面目与顷公相似，衣服与顷公相似，代顷公当左，使顷公取饮。顷公操饮而至，曰："革取清者！"顷公用是佚而不反。逢丑父曰："吾赖社稷之神灵，吾君已免矣。"郤克曰："欺三军者，其法奈何？"曰："法斩。"于是斩逢丑父。

《左传》：

> 逢丑父与公易位。将及华泉，骖絓于木而止。……韩厥执絷马前，再拜稽首，奉觞加璧以进，曰："……敢告不敏，摄官承乏。"丑父使公下，如华泉取饮。郑周父御佐车，宛茷为右，载齐侯以免。韩厥献丑父，郤献子将戮之，呼曰："自今无有代其君任患者，有一于此，将为戮乎！"……郤子乃免之。

按这两段记事，事情的骨干部分是逢丑父伪装成齐君，打发齐君去取水，使他乘机逃走，自己替齐君做了俘虏。这一点二传是相同的。所不同的是一些细节，例如《公羊》于取水逃走的过程上多了一点周折，抓获假齐君的晋军将领一为郤克，一为韩厥，逢丑父最终的结果也不一样。像这样二传记事"大同小异"的情形还有多处。

四、详略取舍不同

例如文公十四年：

《公羊》：

> 晋郤缺帅师，革车八百乘，以纳接菑于邾娄，力沛若有余而纳之。邾娄人言曰："接菑，晋出也。貜且，齐出也。子以其指，

则接菑也四,玃且也六。子以大国压之,则未知齐、晋孰有之也。贵则皆贵矣。虽然,玃且也长。"郤缺曰:"非吾力不能纳也,义实不尔克也。"引师而去之。

《左传》:

> 晋赵盾以诸侯之师八百乘纳接菑于邾。邾人辞曰:"齐出玃且长。"宣子曰:"辞顺而弗从,不祥。"乃还。

按邾人的原话很可能说了一大堆,《左传》但取其中最要紧的一句。再如僖公二年:

《公羊》:

> 献公朝诸大夫而问焉,曰:"寡人夜者寝而不寐,其意也何?"诸大夫有进对者曰:"寝不安与? 其诸侍御有不在侧者与?"献公不应。荀息进曰:"虞郭见与?"献公揖而进之,遂与之入而谋曰:"吾欲攻郭,则虞救之;攻虞,则郭救之。如之何? 愿与子虑之。"荀息对曰:"君若用臣之谋,则今日取郭而明日取虞尔,君何忧焉!"献公曰:"然则奈何?"荀息曰:"请以屈产之乘与垂棘之白璧往,必可得也。则宝出之内藏,藏之外府;马出之内厩,系之外厩尔。君何丧焉。"献公曰:"诺。虽然,宫之奇存焉,如之何?"

《左传》:

> 荀息请以屈产之乘与垂棘之璧假道于虞以伐虢,公曰:"是吾宝也。"对曰:"若得道于虞,犹外府也。"公曰:"宫之奇存焉。"
> (下略)

按二传详略悬殊。《左传》单刀直入,《公羊》则多所铺垫。

从以上四种情形来看,《公羊》的记事肯定与《左传》有着某种联系。

《公羊》的记事会不会是依据《左传》的? 这是人们首先会想到的一种可能性。时至今日,"刘歆伪造《左传》"、"《左传》自《国语》割裂而来"等等说法已很少有人相信了。人们一般认为,包括有"君子曰"、解经语的《左传》在秦以前就已存在。《左传》的成书,据现代学者的研究，大约在战国的中叶，公元前 375—352 年之间。①《公羊传》在汉代才写成定本，看似很晚，但其实渊源有自。《公羊传》的传授，据徐彦引戴宏序云："子夏传与公羊高，高传与其子平，平传与其子地，地传与其子敢，敢传与其子寿。至汉景帝时，寿乃与其弟子齐人胡母子都著于竹帛。"②按这个传授系统很有问题。子夏小孔子四十四岁，曾为魏文侯（前 445——前 396 在位）师，距汉景帝有三百余年，而从子夏到公羊寿只传了五世，这中间很可能有缺环。《四库提要》云："今观传中有'子沈子曰'、'子司马子曰'、'子女子曰'、'子北宫子曰'，又有'高子曰'、'鲁子曰'，盖指传授之经师，不尽出于公羊子。"③这些人我们虽然无法排定其次序，但在《公羊》的传授史上都曾占有一席之地。从公羊高到公羊寿，都是父子相传，汉人言之凿凿，也许不至于有什么大错。公羊高当是战国中晚期人。若公羊高还有所师承（不必是子夏），那么可以认为，《公羊传》至迟在战国中期已经出现了，只是一直口耳相传，不曾形诸简策（而且不断有传授经师的话附益进去）。直到汉景帝时，才由公羊寿和胡母子都写了下来。因此，《左传》与《公羊》的产生孰先孰后殊难辨清。看来在孔子死后，七十子后学确实是"人人异端"、"各安其意"，《春秋》一经，同时有数传并行，《左传》《公羊》《穀梁》《邹氏传》《夹氏传》是其荦荦大者。④

即使《公羊》的产生、传授晚于《左传》，其记事部分也显然不是依据《左传》的。比较庄公三十二年的传文：

《公羊》：

> 庄公病，将死，以病召季子。季子至，而授之以国政，曰："寡人即不起此病，吾将焉致乎鲁国？"季子曰："般也存，君何忧焉？"公曰："庸得若是乎？牙谓我曰：'鲁一生一及，君已知之矣。庆父也存。'"季子曰："夫何敢！是将为乱乎？夫何敢！"俄而牙弑械成，季子和药而饮之，曰："公子从吾言而饮此，则必可以无为天下戮笑，必有后乎鲁国；不从吾言而不饮此，则必为天下戮笑，

---

① 参看赵光贤：《古史考辨》，北京师范大学出版社 1987 年版，第 187 页。
② 《春秋公羊传注疏》何休《序》之徐疏。
③ 《四库全书总目》经部"春秋公羊传注疏"条。
④ 参看《史记·十二诸侯年表序》与《汉书·艺文志》。

必无后乎鲁国。"于是从其言而饮之。饮之无傫氏,至乎王堤而死。

《左传》:

> 公疾,问后于叔牙。对曰:"庆父材。"问于季友,对曰:"臣以死奉般。"公曰:"乡者牙曰'庆父材'。"成季使以君命命僖叔(按即叔牙)待于鍼巫氏,使鍼季酖之,曰:"饮此,则有后于鲁国;不然,死且无后。"饮之,归,及逵泉而卒。

按对此事的记载,《左传》简于《公羊》,但会不会是《公羊》取材于《左传》然后又加以增饰铺陈呢?从这两段传文来看,不会是这样。因为叔牙所说的"鲁一生一及,君已知之矣"云云,绝不是从"庆父材"三个字中所能繁化衍生出来的,必是在最初的记载中本有这样的内容,《左传》把它删节了,《公羊》却保留了。同样的情形也见于有关庆父自缢的记述:

《公羊》:

> (庆父)舍于汶水之上,使公子奚斯入请。季子曰:"公子不可以入,入则杀矣。"奚斯不忍反命于庆父,自南涘北面而哭,庆父闻之曰:"嘻,此奚斯之声也,诺已!"曰:"吾不得入矣!"于是抗辀,经而死。(僖公元年)

《左传》:

> (庆父)及密,使公子鱼(按即奚斯)请,不许,哭而往。共仲(按即庆父)曰:"奚斯之声也!"乃缢。(闵公二年)

按在最原始的记载中,很可能有季子答复奚斯之请的话,《左传》只以"不许"二字代之,行文至为简洁。而且从《左传》的"哭而往"三个字中也是难以衍出"奚斯不忍反命于庆父,自南涘北面而哭"这些意思来的。因此《公羊》的这段记事显然不会是袭自《左传》的。此外,前面曾引述过的文公十四年有关晋人纳邾君一事的记载,也有力地证明了《左传》绝非《公羊》记事的蓝本。如果我们说,《公羊》的大部分记事与《左传》是同源的,换言之,《公羊》的始祖与《左传》的作者所依据的是大体上相同的一些历史资料,这一推测可能是与事实相符的。

尽管《公羊传》主要是解释《春秋经》的义理和义例的,但它也并不是无所据依地独逞臆说,而是以一定的事实为基础的,只不过在我们今日所见的《公羊》书中,这些事实绝大部分没有写下来。例如隐公元年《春秋经》曰:"郑伯克段于鄢",《公羊传》解释说:"克之者何?杀之也。杀之则曷为谓之克?大郑伯之恶也。曷为大郑伯之恶?母欲立之,己杀之。"这里当然主要解释的是《春秋》的"褒贬",但这种解释也是基于一定的历史事实,"母欲立之,己杀之"就透露出了这一事实的梗概。相信当年《公羊》经师递相传授之际,一定也要讲述这一事实的经过情形,这些事实他们一定是得之于各国史记,而这各国史记,也正是《左传》编纂的资料来源。为什么这样说呢?

尽管《公羊》与《左传》的记事有种种的不同,但有一点却很值得注意:《公羊》记事的大多数除事情梗概与《左传》相同外,往往都有一句甚至几句文字也与《左传》几乎全同或基本相同。请看下表:

鲁纪年	《公羊》	《左传》
隐四	吾使脩涂裘,吾将老焉。	使营菟裘,吾将老焉。
庄十二	仇牧……遇之于门,(宋)万臂摋仇牧。	宋万……遇仇牧于门,批而杀之。
庄三十二	公子从吾言而饮此……必有后乎鲁国;不从吾言而不饮此……必无后乎鲁国。	饮此,则有后于鲁国;不然,死且无后。
僖元	此奚斯之声也。	奚斯之声也。
僖二	请以屈产之乘与垂棘之白璧往。 宝出之内藏,藏之外府。 宫之奇存焉。 记曰:唇亡则齿寒。	请以屈产之乘与垂棘之璧假道于虞以伐虢。 犹外府也。 宫之奇存焉。 谚所谓辅车相依,唇亡齿寒者。
僖四	顾而执涛涂。	执辕涛涂。
僖十	荀息死之。 为尔君者,不亦病乎。	荀息死之。 为子君者,不亦难乎。
僖二十二	吾虽丧国之余……君子不鼓不成列。	寡人虽亡国之余,不鼓不成列。

（续）

鲁纪年	《公羊》	《左传》
僖二十八	晋侯将侵曹,假涂于卫。卫曰:不可得。	晋侯将伐曹,假道于卫,卫人弗许。
僖三十三	若尔之年者,宰上之木拱矣,尔曷知? 是文王所避风雨者也。 弦高者,郑商也。遇之殽,矫以郑伯之命尔犒师焉。	尔何知?中寿,尔墓之木拱矣。 其北陵,文王之所辟风雨也。 郑商人弦高将市于周,遇之,以乘韦先牛十二犒师。
文十四	晋郤缺师师革车八百乘以纳接菑于邾娄。	晋赵盾以诸侯之师八百乘纳接菑于邾。
宣六	复国不讨贼,此非弑君而何。 膳宰也,熊蹯不熟,公怒,以斗擧而杀之。	反不讨贼,非子而谁。(宣二) 宰夫胹熊蹯不熟,杀之。(宣二)
宣十二	郑伯肉袒,左执茅旌,右执鸾刀以逆庄王。 舟中之指可掬矣。	郑伯肉袒牵羊以逆。 舟中之指可掬也。
宣十五	易子而食之,析骸而炊之。	易子而食,析骸而爨。
宣十八	还自晋,至柽……埋帷,哭君成踊,反命乎介,自是去之齐。	子家还,及笙,坛帷,复命于介……即位哭,三踊而出,遂奔齐。
成二	使顷公取饮。 使耕者东亩,且以萧同侄子为质。	丑父使公下,如华泉取饮。 必以萧同叔子为质,而使齐之封内尽东其亩。

　　从上表可以看出,《公》《左》尽管有异同,但在一件事情的记述中每每可以找出一两处用语几乎全同,这应是《公》《左》采取了同一资料的最好证明。特别是像"舟中之指可掬"、"易子而食,析骸而爨"、"此奚斯之声也"等等语句,其表现力之强不是随便什么人都可以写得出来的。一定是在《公》《左》之前有一种历史记载,有上述那类生动的描写,《左传》的作者据以编成《左传》,《公羊》的始祖据以传授《公羊》。否则我们便无法解释为什么在两部并行的解经著作中会有

同样的警策的语句。

《左传》与《公羊》,前者在战国时已有定本,后者二三百年间递相口授,二书对同一件事的叙述产生差异乃是必然的。口头传授,于义理方面也许还不至于太走样,于叙事方面则极易失真,极易传讹,这正是朱熹所谓《公羊》记事多误的原因。而且口头语言往往啰唆、芜杂,两汉的经师在写成定本的时候也没有进行多少文字上的加工,因此使得《公羊》的记事往往不如《左传》洗练、可信。有时候,《公羊》甚至忽略了某些重要的细节,使本来一些十分出色的描写显得缺乏逻辑性了。例如宣公十二年记晋楚邲之战,晋军大败逃走,《左传》曰:"中军、下军争舟,舟中之指可掬也。"《公羊》则曰:"晋军大败,晋众之走者,舟中之指可掬矣。"看来,历代《公羊》经师在传授中牢牢记住了"舟中之指可掬"这一极生动、极形象的描写,然而却忽略了或者说忘掉了原文中"争舟"二字,他们没有想到,如果没有这两个字,那么晋军败走与"舟中之指"又有什么联系呢?这也是口头传授极容易发生的毛病。正因为《公羊》记事有如是种种缺欠,故而历来不为人所重视。

以上我们说明了《公》《左》记事的材料基本上是同源的,但也有个别地方对同一件事,二传所记截然不同,例如襄公七年:

《公羊》:

> 郑伯将会诸侯于鄬,其大夫谏曰:"中国不足归也,则不若与楚。"郑伯曰:"不可。"其大夫曰:"以中国为义,则伐我丧;以中国为强,则不若楚。"于是弑之。

《左传》:

> 郑僖公之为大子也,于成之十六年与子罕适晋,不礼焉;又与子丰适楚,亦不礼焉。及其元年朝于晋,子丰欲诉诸晋而废之,子罕止之。及将会于鄬,子驷相,又不礼焉。侍者谏,不听。又谏,杀之。及鄵,子驷使贼夜弑僖公,而以疟疾赴于诸侯。

按这两段叙述郑君被弑的缘由,全然不同,但也并非绝对相排斥,《公羊》说是因为郑君臣在对外政策上(投靠晋还是楚)有严重分歧,《左传》则说是郑君数度"无礼"于大夫。《公羊》所说可能是深层的原因,《左传》所说则可能是表面的借口,故二者可能并不矛盾。造成《公》

《左》差异的原因，或者是由于对同一原始资料的取舍不同，或者是由于所见的原始资料本来就有异。也就是说，《公》《左》依据的材料虽大部分相同，也仍有少部分的差异。

《春秋》原本是鲁国的编年史，这是毫无疑义的。不止鲁国，"晋之乘，楚之梼杌"①，这种编年史各国都有。但在当时，除了这种纲要式的编年大事记之外，各国恐怕还都存在着别种体裁的史书。这些史书不像《春秋》那样只是干巴巴的几条，而是一些首尾完具、颇富文采的记事篇什。一部活生生的春秋时代的历史，是靠这些史书得以流传的。《左传》的作者正是根据这些材料编成了一部解经的《左传》，《公羊》学者也是根据这些材料解释《春秋》的。

不管孔子与《春秋》有怎样的关系，《春秋》在战国时已成为儒家研习的"经典"是没有问题的。也许是《春秋》特具的史书性质所决定的吧，对于《春秋》的研究，尽管侧重点不同，但最初的研究者，都没有完全摆脱对与《春秋》相关的其他历史资料的依赖。即使是以解说经义为主的公羊学派，也是以各国史记作为发挥经义的基础的。这种风格似乎与其他诸子把历史故事当作论战武器的做法有较大的区别。

此外，从《公》《左》记事有着大体相同的材料来源这一点出发，对《左传》的成书还可以有进一步的认识。《左传》的作者是谁，这是一个聚讼纷纭的老问题。但在我看来，提"《左传》的编者"也许更为准确，更可以避免产生误解。因为在《左传》之前，各国都存在着一些不同体裁的历史记载，《左传》的编者（我们姑且称之为左氏）采择这些历史资料，加以编年的组织，以适应解释《春秋经》的需要，同时也加进了一些解经的话语，这样就形成了我们今天所看到的《左传》。这些历史资料有不少描写得生动细致，《左传》中有表现力的文字其实在《左传》以前的各国史记里就已经如此了。人们常对《左传》记事的文学技巧赞叹不绝，看来，左氏"代人受奖"了，真正值得称赞的是那些没有留下姓名的各国史官。

（原载《人文杂志》1991 年第 6 期）

---

① 《孟子·离娄下》。

《春秋》记事书时考

一

 《春秋》记事采用周正，也就是以夏历的十一月（建子之月）为岁首，这是没有问题的。《春秋》在改了岁首的同时，也改了月名，也就是说，原来夏历的十一月，在《春秋》里被称为"正月"，夏历的十二月，被称为二月，依此类推，《春秋》中的四月、七月、十月，实际上分别是夏历的二月、五月、八月。此种现象，昔人称之为"改月"。现代学者一般是承认周人在灭商以后，确曾"改正朔"（即采用周正）并"改月"的，这在《春秋》以外别的先秦文献中也可以找到证据。例如《孟子·离娄下》之"岁十一月徒杠成，十二月舆梁成，民未病涉也"，历来解经者，均以为此"十一月""十二月"乃是周正。这是因为孟子此语是针对着子产用自己的"乘舆"济人渡河说的，他的意思是说与其这样施以小恩小惠，不如为民众修桥，"徒杠""舆梁"都是指桥梁。而这里的"十一月""十二月"都应是周正，也就是夏历的九月、十月；倘是夏正的十一月、十二月，天气寒冷，河面已经上冻结冰，修桥的必要性反而显得不那么迫切了。又《孟子·梁惠王上》云："七八月之间旱，则苗槁矣"，案此"七八月"亦当是周正，因为周正七八月，乃夏历的五六月，正是禾苗要雨的时节；若是夏历的七八月，则庄稼已接近成熟，不应再说"则苗槁"了。《左传》昭公十七年梓慎曰："火出，于夏为三月，于商为四月,于周为五月。"这是说大火星的出现,在夏正的三月、商正的四月、周正的五月。这话出自春秋时人之口,应该算是周人曾改月的强有力的证据。但周人的改月并不彻底,也许只限于官方,在民间以及某些诸侯国可能并未实行。例如《豳风·七月》来源于周人的民歌,其中有云:"七月流火,九月授衣。一之日觱发,二之日栗烈。……三之日于耜,四之日举趾",自来说《诗》者多认为这里的"七月""九月"是用夏正,而"一之日""二之日""三之日""四之日"等等则是说"周正"的一月、二月、三月、四月。可见在民间依然行用夏正,或者说在民间夏正与周正并行不悖。又如晋国一直行用夏正,与鲁国等的遵用周正不同,这更是人们所熟知的史实。

《春秋》是鲁国之史,史官在记录史事时采用周正并改月,这是完全可以理解的。其实《春秋》在记载时间方面最大的特点,并不在于"改月",而是在于书"时"(季节)。《春秋》在所记月份之前,往往冠以季节之名,如春正月、夏四月、秋七月、冬十月等等。但这里所谓春正月,按夏历当是十一月,春二月当是夏历之十二月,正值冬季,《春秋》却称之为"春";夏四月、夏五月,按夏历当是二月、三月,正值春季,《春秋》却称之为"夏"。同理,本是盛夏的五月、仲秋的八月,《春秋》却分别称之为"秋七月""冬十月"。很明显,这已不仅仅是"改月"了,连季节也改了,昔人称之为"改时"。那么,"改时"是出自谁人之手呢?旧时的学者,一般都相信周人曾经"改时",例如孔颖达说:"月改则春移。"就是说,随着月名的改变,四季也跟着变。清代学者也有人这样主张。① 如果真是这样,那么《春秋》当中的春夏秋冬,应该就是当时史官的实录。但事实究竟是怎样的呢?鲁国的历代史官,在记录史事的时候,果真就已经"改时"了吗?这很值得怀疑。因为"时"与"月"毕竟不一样。月名纯粹是人为因素造成的,叫什么似乎关系不是很大,同样是建子之月,你叫它十一月也好,叫它正月也好,或者如殷正叫它十二月也好,都无关紧要。"时"就不同了。"时"是季节,一年分成四季,是自然形成的,建寅、建卯、建辰这三个月构成春季,

① 例如王引之说:"四时之首为春耳。万物孳萌于子(月),纽芽于丑(月),引达于寅(月),故夏之寅月、商之丑月、周之子月,皆谓之春。"(见王念孙《读书杂志·汉书第一》)案此说的根据,无非是《周易》十二消息卦的卦形,子月一阳,丑月二阳,寅月三阳,此为汉人之说,并不足信。

建巳、建午、建未这三个月构成夏季,建申、建酉、建戌这三个月构成秋季,建亥、建子、建丑这三个月构成冬季,这是固定不变的。而夏历正好是一、二、三月为春季,四、五、六月为夏季,七、八、九月为秋季,十、十一、十二月为冬季,所以古人说"夏数得天,百王所同"。如果季节名(即"时")随着月名的改变而改变,就会失去了季节划分的意义。在农耕为主的古代社会,这是很难想象的。因此,说当年鲁国的史官在记录史事的时候就已"改时",难免令人生疑。

如果考察一下西周及春秋时的其他文献记载,就会发现,那时人们所说的春夏秋冬,完全是本来意义上的春夏秋冬(或者说是夏历的春夏秋冬),丝毫没有"改时"的迹象。《诗经·周颂·臣工》云:

> 嗟嗟臣工,敬尔在公。王厘尔成,来咨来茹。嗟嗟保介,维莫之春,亦又何求?如何新畲?于皇来牟,将受厥明。明昭上帝,迄用康年。命我众人,庤乃钱镈,奄观铚艾。

按这首诗据现代学者的研究,应当是周王"到耤田里观麦,举行典礼时,乐工们所唱的歌"。[①] 从诗的内容看,是在麦子抽穗的时候(于皇来牟,将受厥明),祈祷上帝以求丰年(明昭上帝,迄用康年),并动员农人,让他们整顿好农具,准备收割(命我众人,庤乃钱镈,奄观铚艾)。因此,这里的"维莫("莫"字通"暮")之春",显然应该是夏历之三月。倘若是周正的三月,则为夏历的正月,距离麦收之时尚远,恐怕不会提及麦子的抽穗以及准备收割等事。然而古人对此诗却有另外的讲法。《毛诗序》以为"《臣工》,诸侯助祭,遣于庙也"。郑玄笺云:"《月令》:'孟春,天子亲载耒耜,措之于参保介之御间。'莫,晚也。周之季春,于夏为孟春,诸侯朝周之春,故晚春遣之。"郑玄认为诗中的"暮春"实际上是周之"季春"(夏历正月),也就是夏历的"孟春",所据显然只是《月令》;但《月令》所说是天子于正月亲耕耤田之事,与《臣工》所说观麦并不是一回事。况且《月令》所述是否古人的真实情形,在今日学者看来本来就是很有疑问的。故我们从《臣工》诗的内

---

① 参见孙作云:《读噫嘻》,载《诗经与周代社会研究》,中华书局 1966 年版,第 180 页。

容分析,只能得出诗中的"莫春"是夏历暮春,也即夏历三月的结论。①

《诗经·唐风》有一首《葛生》,是一位妻子悼念亡夫的诗,其中有两章云:"夏之日,冬之夜,百岁之后,归于其居。""冬之夜,夏之日,百岁之后,归于其室。"这里的"夏之日""冬之夜",正如毛传所说,"言长也",郑笺云:"思者于昼夜之长时尤甚,故极之以尽情。"按传笺所说极是。这两章表达妻子对亡夫日夜思念之情,并道出了百年之后与夫同穴的愿望。"夏之日""冬之夜"云云,说出了季节的特点,而夏日最长者则在夏至(一般在夏历的五月),冬夜最长者则在冬至(一般在夏历的十一月),诗人既以日永夜长为说,则所说的"夏之日""冬之夜",绝不可能排除夏至与冬至。然而若按周正,则夏至在七月,已入周正的秋季;冬至在正月,正是周正的春季。这样看来,诗人所说的夏,一定是夏历的夏,不会是周正的夏,因为周正的夏包括夏历的二、三、四月,很难体现夏日之永;而诗人所说的冬,一定是夏历的冬,不会是周正的冬,因为周正的冬包括夏历的八、九、十月,也很难体现冬夜之长。

《小雅·四月》云:

> 四月维夏,六月徂暑。先祖匪人,胡宁忍予? 秋日凄凄,百卉具腓。……冬日烈烈,飘风发发。

对这前面两句,郑玄的解释是:"四月立夏矣,至六月乃始盛暑。"可见郑玄之意,是以这里的"四月""六月"为夏历之月,"维夏"的"夏"自然也就是夏历之"时"了。朱熹也是这样看的,明确地说:"四月、六月,亦以夏正数之,建巳、建未之月也。"故这首诗的作者实际上是用夏正,并未"改月",自然也就更谈不到"改时",诗中的"夏""秋""冬"也就都是夏历的时,因此朱熹概括此诗的大意说:"夏则暑,秋则病,冬则烈,言祸乱日进,无时而息也。"应该说这样的讲解大致是不错的。

《尚书·金縢》云:"秋,大熟,未获。天大雷电以风,禾尽偃,大木斯拔。"这里的"秋",也应当是夏历之秋。因为倘是周历的秋,则

---

① 朱熹不赞成郑玄之说,以为《臣工》乃"戒农官之诗","莫春"乃是"斗柄建辰,夏正之三月也";解"於皇来牟,将受厥明"为"麦亦将熟,则可以受上帝之明赐"。说见《诗集传》卷十九。

是周历的七、八、九月，即使是最晚的九月，也不过是夏历的七月，恐怕是不能说"大熟，未获"的。这也可以证明《金縢》的作者并未改时。

《左传》昭公十七年："夏六月甲戌朔，日有食之。……大史曰：'在此月也。……当夏四月，是谓孟夏。'"按此是春秋晚期事，左氏记事用周正，所书"夏六月"，实为夏正的四月，鲁国的大史明确地说这个月是"孟夏"，表明鲁国的史官虽用周正改月，却仍然使用夏历的"时"，称周正的六月为"孟夏"。

战国以前的文献，谈及春夏秋冬的并不少，但大多都很难判断其所言春夏秋冬是"夏时"还是"周时"。以上所举诸例，都是可以证明那时并没有所谓"改时"之事的；而能够证明存在"改时"之事的，则一例也没有。《逸周书·周月解》云："惟一月既南至，昏、昴、毕见，日短极，基践长，微阳动于黄泉，阴降惨于万物，是月斗柄建子。"这一篇是解说"周正"的，故称"一月既南至"，意思是说冬至在此月，并明确地说这个月斗柄建子，这是周人确曾改月的又一个证据。但下文接着说：

> 凡四时成岁，有春夏秋冬，各有孟、仲、季，以名十有二月，中气以著时应。春三月中气：雨水、春分、谷雨；夏三月中气：小满、夏至、大暑；秋三月中气：处暑、秋分、霜降；冬三月中气：小雪、冬至、大寒。闰无中气，斗指两辰之间。万物春生、夏长、秋收、冬藏，天地之正，四时之极，不易之道。夏数得天，百王所同。其在商汤，用师于夏，除民之灾，顺天革命，改正朔，变服殊号，一文一质，示不相沿。以建丑之月为正，易民之视。若天时大变，亦一代之事。

按《逸周书》的这一篇《周月解》，成书不会很早，当是战国时的作品。有的学者根据《左传》昭公十七年梓慎所说"夏数得天"的话，就说《周月解》作于昭公十七年（前525年）以前①，此说不一定靠得住。因为《周月解》成于《左传》之后的可能性也是存在的。实际上最大的可能是春秋时本有"夏数得天"这样的说法，故而《左传》中

---

① 黄怀信：《逸周书源流考辨》，西北大学出版社1992年版，第111页。

的梓慎与《周月解》会有相似的议论。从春夏秋冬四季的划分以及每季三个中气的分配来看,《周月解》的作者是并不认为周人曾改用"周时"的。但清人朱右曾根据"以建丑之月为正,易民之视。若天时大变,亦一代之事"这两句话,就断定殷人曾改时,他说:"以季冬为孟春,故天时大变,此改正亦改时之明证也。"此说大谬不然。因为原文并没有说"以季冬为孟春",也就是说根本没有提到殷人改时;所谓"天时大变"云者,是说商人代夏之后,以建丑之月(夏之十二月)为正月,原来"正月"是与天时的"孟春"对应着的,改正朔之后,"正月"与"季冬"对应了,其他月份所对应的四季之孟、仲、季,于是跟着全变,这就好像是"天时大变"了。《周月解》在谈到周人所用历法时说:"亦越我周王致伐于商,改正易械,以垂三统。至于敬授民时,巡狩祭享,犹自夏焉。"这就更明确地指出了周人灭商以后确曾改正朔,但在有些场合,例如"授民时"(颁布民间通行的历法)、安排"祭享""巡狩"等事时,仍然是用夏正的。至于改用"周时",从《周月解》里是一点也看不出来的。

《管子》书中有关"四时"的议论很多,《四时》上篇云:"唯圣人知四时。不知四时,乃失国之基。不知五谷之故,国家乃露。""春嬴育,夏长养,秋聚收,冬闭藏,大寒乃极,国家乃昌,四方乃服,此谓岁德。"其下篇云:"以冬至日始,数四十六日,冬尽而春始。……以冬至日始,数九十二日,谓之春至。……以春日至始,数九十二日,谓之夏至,而麦熟。……以夏日至始,数四十六日,夏尽而秋始,而黍熟。……以夏至日始,数九十二日,谓之秋至,秋至而禾熟。……以秋日至始,数四十六日,秋尽而冬始。……以秋日至始,数九十二日而冬至。"按从这里对四季的划分以及四季与农事的关系来看,显然是就"夏历"而言,丝毫没有改用"周时"的痕迹。或以为"周代官行周正,而言农事者皆以夏正为准"[①],但从当时人把四时说成是"国之基"来看,即使是"官行周正",恐怕也仅限于改月名,"夏时"是并不曾改为"周时"的。

《礼记·月令》分述一年中十二个月的天象、物候及统治者的一些应对措施,其特点是不用数字的月名,而是直接标举每个月在"季"

---

① 陈奇猷:《吕氏春秋校释》,学林出版社 1984 年版,第 3 页。

中的位置,例如孟春之月、仲春之月、孟夏之月、季冬之月等等,可以很清楚地看出作者所用是夏正的"时"。例如在谈到"孟春之月"时说:"孟春之月,日在营室,昏参中,旦尾中。……东风解冻,蛰虫始振,鱼上冰,獭祭鱼,鸿雁来。……是月也,以立春。先立春三日,大史谒之天子曰:'某日立春,盛德在木。'天子乃齐。立春之日,天子亲帅三公、九卿、诸侯、大夫,以迎春于东郊。还反,赏公卿诸侯大夫于朝。"这个月即使按周正应被称为"三月",但在周人的眼里显然是所谓"孟春",也就是说,从天子到官员,都是把此月看作是"春"之始月的。因此,周人改正朔之后,并不曾将建子之月改称为"春",应当是没有问题的。

二

那么对《春秋》中所见的"春正月""夏四月"等等又当如何解释呢?

我以为《春秋》中这类的记载不会是出于史官之笔。我们先来看一看古人记录时间的习惯。"春夏秋冬"四季的观念,至少在西周时期就已经有了,但西周时恐怕还没有把"时"(季节)与"月"连书的习惯。今所见《尚书》中,有一些记时(时间)的文字,例如"时甲子昧爽"(《牧誓》)、"惟三月哉生魄"(《康诰》)、"惟二月既望,越六日乙未"、"若翼日乙卯"、"越七日甲子"(《召诰》)、"在十有二月,惟周公诞保文武受命,惟七年"(《洛诰》)、"惟三月,周公初于新邑洛"(《多士》)、"惟五月丁亥"(《多方》)、"惟四月哉生魄"(《顾命》)等等,绝不见"时"(季节)与"月"连书者。《逸周书》中有十几篇记载了某事发生的时间,也没有"时""月"连书的。尽管《逸周书》的时代很成问题,其中有很多成书于战国的文字,但由于那都是模仿西周文体所作的,故还是可以从中看出一些西周的记事习惯。最能够说明问题的,就是西周金文。迄今所发现的西周金文中,有大量的记载时间的铭辞,例如:"唯元年六月既望甲戌"(《师虎簋》)、"唯十月甲子,王在宗周……八月初吉庚申至,告于成周。月既望丁丑,王在成周大室"(《静方鼎》)、"唯王七年十又三月既生霸甲寅"(《牧簋》)、"唯九年正月既死霸庚辰"(《九年卫鼎》)等等。这些是随手举出的几例,西周金文大致都如此,所记不外乎四项时间元素:年、月、月相、日。金文记时,有的只记录了其中的一项、二项或三项，也有六十余件铜器，这四项时间元素俱全①，但绝无一件"时"（季节）与"月"连书者。春秋时期的铜器也是这样。

把"时"与"月"连书，很可能是战国时人的习惯。《逸周书·作雒解》云："元年夏六月，葬武于毕。"这是一个"时"与"月"连书的例子。但《作雒解》文字浅近，时代必不会很早，且篇中有"制郊甸方六百里，国西土为方千里，分以百县，县有四郡，郡有□鄙"等语，从国下有郡，郡下有鄙等等说法来看，当是春秋末到战国时的文字。清儒郝懿行说："周无郡，据此是晚周先秦书无疑。"②这个判断是基本正确的。战国时的铜器有越王钟："唯正月孟春吉日丁亥"；陈璋方壶："孟冬戊辰"；商鞅量："冬十二月乙酉"，都是比较晚的铜器。还有一件栾书缶，铭文记时部分很奇怪，"正月季春元日己丑"，过去一般认为是春秋中晚期晋国栾书作器，但从器形和文字看很像楚国器，近年已有人撰文指出，此器的时代约为战国中期。③

前人也早就注意过《春秋》中的"时""月"连书问题。顾炎武在《日知录》"春秋时月并书"条中说：

> 《春秋》时月并书，于古未之见。考之《尚书》……言时则不言月；……言月则不言时。其他钟鼎古文多如此。《春秋》独并举时月者，以其为编年之史，有时有月有日，多是义例所存，不容于阙一也。

按上引顾氏之说中，我省略掉的部分是顾氏所举《尚书》诸篇的文例，其中有引伪古文的地方，未可完全据为典要，但他所说之"时月并书于古未见"，无疑是正确的。对于《春秋》之何以"独并举时月"，顾氏的解释是此"为编年之史"。但编年之史就一定要"时"与"月"连书吗？在先秦古书中，与《春秋》文体最为接近的，当属《竹书纪年》。此书无疑也是编年之史。据亲眼见过《竹书纪年》的杜预说，"其著书文意，大似《春秋经》，推此足见古者国史策书之常"。④ 今所见《今本竹

---

① 夏商周断代工程专家组：《夏商周断代工程 1996—2000 年阶段成果报告》（简本），世界图书出版公司 2000 年版，第 19 页。

② 黄怀信等：《逸周书汇校集注》，上海古籍出版社 1995 年版，第 565 页。

③ 林清源：《栾书缶的年代、国别与器主》，（台湾）《史语所集刊》第七十三本第一分。

④ （晋）杜预：《春秋经传集解后序》。

书纪年》，有大量的"时"与"月"连书的记录；然而在较为可信的古本中，则不见有这样的记载。这就又给了我们一个提示，"时"与"月"的连书，并非是编年史的必要条件。而且顾氏所说"有时有月有日，多是义例所存"，更是混淆了经与史的区别。《春秋》作为"经"，记时、记月确可能有许多义例；然而其前身之作为"史"，就未必有多少"义例"存乎其间了。因此，我们在谈论作为史册的《春秋》的时候，恐怕主要的还是要着眼于那个时期的记事习惯。应该说，"时""月"连书这样的记事习惯，可能是春秋战国之间才逐渐形成的。

三

《春秋》一书，所记事件的时间上限为公元前 722 年，属于东周的早期，下限则为公元前 481 年。在这二百四十二年的记事当中，"时"与"月"连书几乎是一条铁律，而且所用的"时"明显为"周时"。通过以上的分析，可以确知"时"与"月"连书的现象其实出现得很晚，应当说是战国时某些人的习惯，因此，今所见《春秋》中的"时""月"连书，不会是当时史官的原始记录，只能是后来整理者的要表达某种理念的有意的安排。

《春秋》在记录事件所发生的时间方面，有很强的规范性。一般都是先记某公某年，以下则按月记录史事。月之上有"时"（季节），但并不是每个月之上都有，每季三个月，只在头一个月前书"时"，例如在正月之前书"春"，四月之前书"夏"，七月之前书"秋"，十月之前书"冬"。遇有整个一季无事可记，也要空书此季的头一个月，并在此月之前标以季节之名。这就是杜预所说的"国史之记，必书年以集此公之事，书首时以成此年之岁，故《春秋》有空时而无事者"。[①] 例如隐公六年，经于春、夏、冬三季都有事可记，惟独秋季无事，但《春秋》也书"秋七月"三字。也有时季节名并不挂在季首那个月之前，那是因为季首之月恰无事，而这一季的后两个月有事，于是就有书"春二月（或三月）"、"夏五月（或六月）"、"秋八月（或九月）"、"冬十有一月（或十有二月）"之类的情况出现。《春秋》二百四十二年之间，只有少数几个年头四季是不全的，例如桓公四年与七年阙"秋"、"冬"（时与月

---

① 《春秋》桓公四年杜预注。

俱阙),定公十四年无"冬",杜预认为是"史阙文";昭公十年无"冬"字(此年有十二月事),杜预也认为是"史之阙文"。对这"史阙文"到底应该怎样理解？是说史官漏书呢，还是后来的传写者丢掉了？杜预之意似乎是前者，但我以为毋宁看作是传写者之脱漏。从记事的角度来说，《春秋》是一部不完备的史册，史官的漏书是很多的，例如《春秋》二百四十二年之中，鲁国国都可见的日食应在六十次以上，可《春秋》所记的仅及其半，其他漏记的事项还有很多，杨伯峻先生在《春秋左传注》之前言中论之颇详。须知在这二百多年中，不知有多少史官参与了记事，这些人史才各异，记载的精粗有别，这是很容易理解的，故许多次日食的漏记及其他事项的漏记应是正常的现象。然而唯独书"时"谨严如此，二百四十二年中仅有个别的三四年四季记载不全（而这种不全还可能是传写者的脱漏），这从另一个侧面告诉我们，《春秋》这些与"月"连书的"春""夏""秋""冬"，本不出于当日史官之手，而是春秋战国间整理者所为，正是因为他们的整理，使得《春秋》在"书时"这一点上存在着很严格的规则。而仅有的三四年的四季不全，实为后来传写者的脱漏使然。

最后还得说一说《左传》。《左传》里面有大量的"时""月"连书之例，但却不能作为支持春秋早期就已有"时""月"连书之习的证据。因为《左传》是解经的著作，它的行文往往要考虑到与《春秋》的配合。我曾经指出过，《左传》的材料来源，是战国中期存在于世的各国的各类史料，左氏从他所能接触到的材料来源中，摘取现成的片断，连缀成文，因此《左传》是"编"出来的，而不是"作"出来的。[①] 但这并不等于说，左氏对史料原文没有做任何改动。《左传》里有些"时""月"连书的地方，其为出自左氏的改动至为明显。例如僖公五年："八月甲午，晋侯围上阳，问于卜偃曰：'吾其济乎？'对曰：'克之。'公曰：'何时？'对曰：'童谣云：丙之晨，龙尾伏辰，均服振振……其九月、十月之交乎？丙子旦，日在尾，月在策，鹑火中，必是时也。'冬十二月丙子，晋灭虢。"按这里的八月甲午及卜偃所说的"九月十月之交"用的都是夏正，看来在晋国的原始材料中就是这样记载的；而"冬十二月丙子"则用的是周正，这显然是左氏为了与《春秋》配合，而对原始材料中的

---

① 赵伯雄：《〈左传〉无经之传考》，《文史》1999 年第 4 辑（总第 49 辑），第 28 页。

记时文字做了改动的结果。《左传》是以解经为目的编纂而成的，它对《春秋》的配合，在记载时、月等时间因素的时候表现得非常明显。我曾细检《左传》全书，发现左氏"书时"与《春秋》有着完全一样的规则，即在每一年里，不管记载了多少件事情（这些事情有可能来自多种材料），每一季的季节之名（即"时"）都只出现一次，而且都在那一季所记的头一件事项之前。这说明《左传》中的书"时"是左氏加工的结果，而不是史料中原有的。如果把《左传》与《国语》做一比较，更能坚定我的这一猜测。《国语》全书中记"时"之处并不少见，但绝无一例"时"与"月"连书者。而《左传》中的"时""月"连书则甚为普遍，只是这种连书是完全遵守着《春秋经》中的规则，一季之中倘三个月都有事，季节之名（即"时"）一定会出现在头一个月之前；不管所记的事情多么曲折复杂，也不管记事的文字有多长的篇幅，在一年之中，某个"时"只要出现了一次，一般便不会有第二次出现。在这里说"一般"，是因为还有例外。例如，《春秋》桓公五年经云："秋，蔡人、卫人、陈人从王伐郑。大雩。"这实际上是两条经文，《左传》解前一条云："秋，王以诸侯伐郑，郑伯御之"，接着详记了繻葛之战的全过程；《左传》解后一条经文云："秋，大雩。书，不时也。……"这里"秋"字出现了两次。又，《左传》襄公二十六年先是详述了"秋七月"晋伯宴享齐侯、郑伯之事，接着在详述宋国国君杀死太子痤之事时，又使用了"秋"这一表示时间状态的字眼。《左传》记载了二百多年的史事，在每年的记事中都要书"时"，而仅仅有这两年的例外，这应当是左氏偶尔的疏忽所致，并不妨碍一年之中每一时只书一次是一种记事的规则。① 考虑到《左传》是由许多不同来源的材料组合而成的，这种现象更能说明《左传》中的书"时"是作为编者的左氏加工的结果了。

我的考证到这里就基本结束了。现在要问：这个考证有什么意义？我想，这恐怕会牵涉到《春秋》与孔子的关系问题。关于《春秋》与孔子的关系，大致有两种认识。旧时学者几乎是众口一词，都说孔

---

① 《左传》桓公五年在记繻葛之战与"大雩"之间，还记有"仍叔之子来聘"一事，而此事在《春秋经》里是缀于"夏"之后的。左氏显然是将此事误排在了"繻葛之战"之后，又因"仍叔之子来聘"是夏季之事，而在下面的"大雩"云云之前又加了一个"秋"字。

子作《春秋》,或者修《春秋》。自从孟子提出孔子惩于世衰道微而作《春秋》,孔子修成《春秋》而"乱臣贼子惧"以来,继之有司马迁,把孔子的作《春秋》说得更加具体("笔则笔,削则削,子夏之徒不能赞一辞"),很多人都对孔子曾经"笔削"《春秋》深信不疑。持另外一种看法的学者人数不多,他们主张《春秋》是鲁史旧文,并不曾经过孔子的笔削。然而现代学者中则有更多的人对孔子作或者修《春秋》抱怀疑的态度,主张孔子没有对《春秋》做过整理加工的工作,而只是拿《春秋》做教材向学生宣讲他的政治主张。我本人也曾倾向于这样一种意见。但通过对"书时"一事的考察,感到还是应该承认《春秋》确曾被人整理加工过,至少书中的"时"应该是后加上去的。那么是谁加上去的呢?恐怕最大的可能就是孔子;退一步讲,即使不是孔子,也应该是孔门的弟子或后学。但要完全落实这个问题,还需要更多的证据,目前暂时还无法做到。不管怎么说,《春秋》一书最初作为原始的史册,应该是没有那样严格的记"时"的;而此书作为儒家的经典或者教材来被人钻研讲论的时候,已经是严格地按照规则书"时"了。这里必定有整理者的某种思想和理念存在。这样一个结论,我想大致是不会错的。由此我想起十几年前张政烺先生曾写过一篇论文,说《春秋》之所以有"十二公",不是偶然的,乃是法"天之大数"。[①] 他是从《秦公钟》说起的,他认为对《秦公钟》上的"十又二公不坠在上",不必看得太实,因为"十二"这个数字在上古十分特别,被人迷信,故孔子在作《春秋》时,确定选鲁国的十二公,也正是有意法象"天之大数"的结果。记得当年读张先生的这篇文章,心中还有些不以为然,但今日再读,则"于我心有戚戚焉"。

(原载《文史》2006 年第 3 辑,总第 76 辑)

---

① 张政烺:《"十又二公"及其相关问题》,载《国学今论》,辽宁教育出版社 1991 年版,第 73 页。

《春秋》学中的"日月时例"

旧时解说《春秋》的学者中，有一派特别注重《春秋》中的例。他们往往是从分析《春秋》的例入手，来阐发《春秋》中所蕴含着的义。那么什么是"例"呢？"例"其实就是一些记事的规则，同一类的事，用相同的手法记下来，这就构成了"例"。例又有正例与变例之分。因为有些属于同一类型的事件，《春秋》记载的方式会有不同。例如同样是弑君，有的就记载了弑者之名，有的就没有记载弑者之名。这种记事方式的不同，据说都反映了《春秋》作者(也就是孔子)对所记之事的态度差异。宋儒胡安国说："《春秋》之文，有事同而辞同者，后人因谓之例；有事同而辞异，则其例变矣。"①这就是所谓"正例"与"变例"。例如经文记事的"日"与"不日"(是否记载事件发生的日期)、"地"与"不地"(是否记载事件发生的地点)、人物称名还是称字等等，这些在旧时某些经师看来都是有规矩可以遵循的，按照这些"例"来记事(正例)，可以表达作者的某种意思；违背这些"例"来记事(变例)，则可以表达作者另外的意思。

所谓"日月时例"，就是专门着眼于《春秋》记事中的时间因素的一种例。《春秋》上的记事，有的详细记载了事情发生的具体日期(日)，有的只记月份(月)，有的则只记季节(时)，记什么样的事情要

① (宋)胡安国：《春秋传》卷首，《四部丛刊》本。

书"日",什么样的事情要书"月",什么样的事情仅书"时",这是有一定的规则的,按照这个规则记事,是正例,表达的是一种意思;违反了这个规则,就是所谓变例,这里面一定蕴含了作者的某种别的意思或者褒贬。这种借分析"日月时例"来剔发《春秋》经义的做法,是旧时经师解说《春秋》经义的重要手段。

在《公羊传》里,已经可以看到这种解经的方式了。隐公元年经云:"公子益师卒。"《公羊传》曰:"何以不日?远也。所见异辞,所闻异辞,所传闻异辞。"意思是说益师之卒,距孔子修《春秋》时已年代久远,孔子已不知其详了。隐公三年经云:"癸未,葬宋缪公。"《公羊传》曰:"葬者曷为或日或不日?不及时而日,渴葬也;不及时而不日,慢葬也;过时而日,隐之也;过时而不日,谓之不能葬也;当时而不日,正也;当时而日,危不得葬也。"同样是记载葬事,为什么有的书日,有的就不书日呢?原来诸侯死后下葬,要有五个月的停灵期,不足五个月而葬,与超过了五个月才葬,分别被称作"渴葬"和"慢葬",这都要通过书"日"还是不书"日"表达出来。按照正常的情况五个月而葬,那是不须书日的;然而停灵五个月下葬却又书日的,那就表示当时的国家是处于危难状态了。隐公八年经云:"夏六月己亥,蔡侯考父卒。八月,葬蔡宣公。"《公羊传》曰:"卒何以日而葬不日?卒赴而葬不告。"原来书日与不书日,全看当事国是否赴告。隐公十年《春秋经》云:"六月壬戌,公败宋师于菅。辛未,取郜。辛巳,取防。"《公羊传》云:"取邑不日,此何以日?一月而再取也。何言乎一月而再取?甚之也。内大恶讳,此其言甚之何?《春秋》录内而略外:于外大恶书,小恶不书;于内大恶讳,小恶书。"这里的"取邑不日",就应视为《春秋》记事之"例",而隐十年的这段经文,显然是违反了"例"的,公羊家就着意从这一"变例"里发掘经义,说明经之所以这样记事所要表达的意思究竟是什么。文公十五年经云:"晋郤缺帅师伐蔡。戊申,入蔡。"《公羊传》云:"其日何?至之日也。"按照常例,晋人伐国本不必书日的,但这次伐蔡、入蔡为什么要书日?这是为了表明晋军在到达的那天就进入了蔡都。

《穀梁传》在发挥经义的方法上更注重运用"日月时例",这也构成了《穀梁传》解经的一个特色。与《公羊传》比起来,《穀梁传》对这种手法运用得更加频繁。《公羊传》全书用"日月时例"解经的地方也就不到二十处,《穀梁传》则要多得多。仅以隐公至桓公这二十九年来看,《穀梁传》运用"日月时例"来解经的就有二十二处,其中《公羊》也用"日月时例"来解释的仅有五处;而在这二十九年中,除此二十二处之外,《公羊》绝无一处运用"日月时例"者。另外,《公》《穀》用"日月时例"所发挥的"义"也有差异。《公羊》用"日月时例"解经很少涉及褒贬,而《穀梁》则不同。例如隐公元年经云"三月,公及邾仪父盟于蔑",对于经文中没有书"日",《穀梁》解释说:"不日,其盟渝也。"意思是此盟约后来没有被遵守,"不书日"是一种批评。对该年经文的"公子益师卒",《公羊》认为"不书日"是因为年代久远,而《穀梁》的解释则是:"日卒,正也;不日卒,恶也。"这就关系到褒贬了,公子益师是"恶"人,故《春秋》不书日以示贬。隐公十年《春秋经》云:"六月壬戌,公败宋师于菅。辛未,取郜。辛巳,取防。"《穀梁传》曰:"取邑不日,此其日,何也? 不正其乘败人而深为利,取二邑,故谨而日之也。"这是说"取邑"本来是不当书日的,这里所以书日,是要表达对"乘败人而深为利"行为的谴责。同年经云"冬十月壬午,齐人、郑人入郕",《穀梁传》云:"日入,恶入者也。"也是对"入郕"之举表示贬斥。诸如此类的例子尚有许多,在在表明《穀梁》在运用"日月时例"的时候加入了不少主观的善恶评价,于是所谓"日月时例"在《穀梁传》里就成了褒贬进退的工具。值得注意的是,《公羊传》运用"日月时例",实际上只限于"日",解释《春秋》所以书"日"或者不书"日"的理由,并没有涉及"月"和"时",因此,严格地说,"日月时例"在《公羊传》中还是不完整的。《穀梁传》就不同了。《穀梁》不仅有许多处对书日、不书日的解说,也有大量的对书月、书时的解说。隐公五年经云:"螟。"《穀梁传》云:"虫灾也。甚则月,不甚则时。"桓公二年经云:"秋七月,纪侯来朝。"《穀梁传》云:"朝时,此其月,何也? 桓内弑其君,外成人之乱,于是为齐侯、陈侯、郑伯讨数日以赂。己即是事而朝之,恶之,故谨而月之也。"意思是说,诸侯来朝本来只须书"时"的,但桓公罪恶深重,纪侯居然还来朝他,所以要更详细地记载了月份,以"劝善惩恶"(杨士勋疏语)。

以上是"日月时例"在《公羊传》和《穀梁传》里的情形。可知只有在《穀梁传》里,才有相对完整的"日月时例"。但古人谈到"日月时例",往往《公》《穀》并称,甚或集矢于《公羊》,那完全是因为何休的注所发生的影响。何休为《公羊传》做解诂,大量运用"日月时例"。在何休看来,《春秋》记事或缀以时(春夏秋冬四时)、或缀以月、或缀以日,都是有一定规矩的,这里体现着《春秋》作者对所记之事的态度。一般说来,大事、重要的事记载偏详,故缀以日;小事、非重要的事记载偏略,故只缀以时。例如"弑例日"、"失礼鬼神例日"、"君大夫盟例日",是说遇有弑君、祭祀失礼、国君与大夫盟誓这类的事件,记载时都要写明"日";而"大夫相杀例时"、"筑例时"、"来盟例时"等等,则是说遇有大夫相杀、筑城、外国来参与盟会等事件,记载时只须写明"时"。有时同一类的事情,由于性质有异,"例"亦有异。如记载战争,一般"例时",但"偏战"则"例日","诈战"则"例月";又如"弑例日",但"夷狄子弑父忍言其日","中国子弑父不忍言其日"。这些据说都能反映出作《春秋》者对所记事件的态度。

许多《公羊》传文中根本没有提到书日、书月或者书时的地方,何休也都用"日月时例"来解释。例如庄公三年经云:"春,王正月,溺会齐师伐卫。"《公羊传》云:"溺者何?吾大夫之未命者也。"传文仅解释了这个"溺"字,并没有涉及记事的时间问题。而何休注云:"月者,卫朔背叛出奔,天子新立卫公子留,齐、鲁无惮天子之心而伐之,故明恶重于伐,故月也。"这是在解释鲁国大夫溺会合齐国的军队伐卫为什么要标明月份,原来这也是一种谴责,而这种谴责在《公羊传》里是看不出来的。僖公十年经云:"春,王正月,公如齐。"《公羊传》对此没有解释,何休注云:"月者,僖公本齐所立,桓公德衰见叛,独能念恩朝事之,故善录之。"这是说,作《春秋》者在用"书月"来表达对僖公善举的褒扬之意。这显然不能算是《公羊》之义,而只能说是何休之义。僖公十四年经云:"冬,蔡侯肸卒。"关于为什么经记载此条只写季节而不书月,《公羊》无说,何休注云:"不月者,贱其背中国而附父仇,故略之甚也。"正是由于何休在给《公羊传》作注解时大量增加了从日、月、时方面解说的内容,致使后人得到了这样一个印象,似乎《公羊》解经是以"日月时例"为主的。因此我们可以说,早期的《春秋》学中,"日月时例"的运用仅限于《穀梁传》,在《公羊传》中此类内容还很少,通过何休的发挥,"日月时例"才成为了公羊学的一条重要义例。当然,何休的学术也是渊源有自的,据何氏自己说,"往者略依胡毋生条例,多得其正。故遂隐括，使就绳墨焉"。① 是何氏在作《解诂》之前，就曾依据胡毋生的"条例"对《公羊春秋》做过研究，而且自认为多得其正，于是归纳整理这些条例，用之于经说之中，使公羊派的经说归于正路。因此，"日月时例"也很有可能就在胡毋生的"条例"之中，只是由于材料的缺失，目前已无法加以证明；但如果说汉代的经师们已经善于利用"日月时例"来开掘《春秋》中的经义，应该是大致不错的。

魏晋以后，《公》《穀》之学逐渐衰微，《左传》之学渐成为《春秋》学的主流。《左传》是不大讲"日月时例"的，只有极个别的地方提到了《春秋》之书日。隐公元年经云"公子益师卒"，《左传》在此处有一句解经语："众父（按即益师）卒，公不与小敛，故不书日。"这是解释为什么经文中没有写明益师卒的具体日期。这只涉及书法，与经义似乎没有什么关系。桓公十七年经云："冬十月，朔，日有食之"，《左传》曰："不书日，官失之也。"更是以史官失载来解释经之所以不书"日"。《左传》涉及的"书日"问题，仅此两条。杜预主张"经承旧史"，主张"史承赴告"，也就是说，《春秋》原本是鲁史旧文，只要不与名教、大义相冲突，孔子都不曾加以改动。这种看法是与公、穀学派"以日月时为例"之说尖锐矛盾的。杜预批评"日月时例"云：

> 凡日月者，所以纪远近、明先后。盖记事之常，录各随事，而存其日，不有阙也。国史集而书于策，则简其精粗，合其同异，率意以约文。案《春秋》朝聘、侵伐、执杀大夫、土功之属，或时或月，皆不书日；要盟、战败、崩薨、卒葬之属，亦不皆同，然已颇多书日。自文公已上，书日者二百四十九；宣公已下，亦俱六公，书日者四百三十二。计年数略同，而日数加倍，此则久远遗落，不与近同也。承他国之告，既有详略，且鲁国故典，亦又参差。去其日月，则或害事之先后；备其日月，则古史有所不载。故《春秋》皆不以日月为例。②

杜预发现宣公以下书日者较前明显增多，他是用年代久远、史册有所脱漏来解释的。另外史官既承他国之告，各国记事之法又很难划一，

---

① （汉）何休：《公羊解诂序》，《十三经注疏》本。
② （晋）杜预：《春秋释例》卷一"大夫卒例"，《丛书集成》本，第26页。

反映在《春秋》上自然是"不以日月为例"了。

隋唐以后,《左传》杜注风行天下,研习《公》《榖》的人少之又少,而对以日、月为例的批评倒逐渐增多。孔颖达说:"《公羊》《榖梁》之书,道听途说之学,或日或月,妄生褒贬。"啖助的议论,更具代表性,他说:

> 《公》《榖》多以日月为例,或以书日为美,或以为恶。夫美恶在于事迹,见其文足以知其褒贬,日月之例,复何为哉!假如书曰"春正月叛逆",与言"甲子之日叛逆",又何差异乎?故知皆穿凿妄说也。假如用之,则踳驳至甚,无一事得通,明非《春秋》之意,审矣。①

联系到上引杜预"此则久远遗落,不与近同"之说,啖氏也认为"凡例当书而不书者,皆旧史之文,明非褒贬所要也"。啖氏的弟子陆淳撰《春秋集传辨疑》,则公然表示"凡《公》《榖》日月时例,一切不取"。②

宋代学者对于"日月时例"的态度,可以说甚为纷歧。一些人基于对《春秋》"其文则史"的认识,对以"日月时"为例的解经法提出了尖锐的质疑。例如刘敞说:

> 大凡《春秋》所据者,史也。史之所记,非圣人也,有日不日,有月不月,其事可以考核,其日月不可必知也。假令益师卒时,公实预小敛,或史误不书日,或年久阙脱,仲尼宁得虚增甲子乎?若鲁国史官世世皆贤人,皆知仲尼将修《春秋》,以日月之例见君臣厚薄,故每记卿大夫之卒,谨守此法则可矣。若人自为意,家自为法,或日或不日,或月或不月,皆由此也,安可于数百岁之后,信其此文,以褒贬人君乎?为《左氏》者,既自云史有文质,辞有详略,不必改也,今大夫卒或日或不日,亦详略之一端矣,何以必其皆详邪?学者当如何解此?吾欲闻之。③

按刘敞并不一般地反对以"例"说《春秋》,但他反对以"日月时"为例,这根源于他所持《春秋》原为鲁史旧文之说。二百多年鲁国史官的记

---

① (唐)陆淳:《春秋集传纂例》卷九,《丛书集成》本。

② (唐)陆淳:《春秋经传辨疑》凡例,《丛书集成》本。

③ (宋)刘敞:《春秋权衡》卷一,《四库全书》本。

载，中间难保哪一位史官漏记了某一项事件的日月，仲尼修《春秋》，不可能为之"虚增甲子"。圣人不是不想改经文中的日月，而是不能改，他说：

> 若夫日月有详略，此皆史文也，圣人所不得改之。又非不欲改也，无所据也。事有善恶，史文虽不实，圣人则正之，何则？事故与日月不同也。假令旧史无日月，今例当日，横增之则不信，不增之则反于例，如此者，圣人所无可奈何也。是以《春秋》不取日月也。若夫人事之善恶，政令之得失，圣人尝上考三五之世矣，与天下共之，故加其意而损益焉，不疑故也。故吾论《春秋》，不以日月为例，岂不然乎！①

按刘敞并不否认孔子曾经修《春秋》，笔则笔，削则削，但笔削的仅限于"人事之善恶，政令之得失"，至于经文中的日月，那是无从改起的。因此，《春秋》的书日、书月、书时也就不会有圣人的褒贬存乎其中。

苏辙也反对以"日月时例"解经。苏辙解经重在史实，故而他对《左传》家的"从赴告"、"史阙文"等说法多表赞同，而对所谓"日月时例"，则持全盘否定的态度，不认为其间有什么褒贬。他说：《春秋》以事系日，以日系月，以月系时，以时系年。事成于日者日，成于月者月，成于时者时。不然皆失之也。"②就是说书日、书月、书时，要看是什么样的事情。事情的发生是以"日"计的（例如某人的卒、葬），自然要书日；而事情的发生是以"月"或"时"计的（例如水旱灾害），那就要书月或者书时。《春秋》记事凡与此不合的，"皆失之也"，即史文失载之故。

还有些学者受唐人啖、赵、陆的影响，不信三传，自求经义，例如孙觉，就认定"《春秋》不以日月为例，详略因旧史尔"。③

南宋的叶梦得对三传都有批评，激烈地反对"日月时例"。他说：

> 《春秋》以日月为例欤？曰：否。系事以日月，史之常也，有

---

① （宋）刘敞：《春秋权衡》卷八。
② （宋）苏辙：《春秋集解》卷一，《四库全书》本。
③ （宋）孙觉：《春秋经解》卷三，《四库全书》本。

不可以尽得,则有时而阙焉。《春秋》者,约鲁史而为之者也。日月,史不可以尽得,则《春秋》亦安得而尽书哉! 必将以为例,有当见而史一失之,则凡为例者,皆废矣。故日月不可以为例。为是说者,《公羊》《穀梁》之过也。然则何以有日或不日? 有月或不月? 此史之阙,而《春秋》不能益也。①

按梦得之意,"日""月"既然为例,那就应当具有规范性,不可忽此忽彼,变幻无常。然而《春秋》中的"日月时"既为历代史官所书,那就很难避免个别的漏记与讹误,而这些是修《春秋》者无法订补的。叶氏的结论,自然是日月时不可以为例。针对《公羊》解隐三经文"癸未葬宋缪公",有所谓"渴葬"、"慢葬"、"不能葬"、"危不得葬"等种种说法,叶氏批评说:

传为此六例,专在日月也。使二百四十二年之间,以事系日,无有一阙者,则此例尽行或可矣。若当日而或阙其日,经既不敢辄增,则所以为例者,岂不尽废哉! 日月为例,《公羊》《穀梁》之说也,以经考之,盖无有尽契者,故复以变例为之说。夫褒贬取舍,以义裁之则无常,或可变也;日月者有常而不可易,日月而可变,则复安所用例乎! 故渴葬与慢葬,均于不得礼也,渴葬则不及时而日,慢葬则不及时而不日;过时均于不能葬也,或隐之而日,或不隐之而日,此何理也! 吾尝以是遍求之,未有不如是两可而得以移易者,然后知所以为经者,不在是也。②

朱熹也是一个"日月时例"的批判者。他根本不相信所谓"一字褒贬"之说,对传统《春秋》学中的所谓"义例",也大不以为然,他说:

《春秋》传例多不可信。圣人记事,安有许多义例! 如书伐国,恶诸侯之擅兴;书山崩、地震、螽、蝗之类,知灾异有所自致也。③

对所谓"日月时例",朱熹更是深致不满:

---

① (宋)叶梦得:《春秋传》卷一,《四库全书》本。
② (宋)叶梦得:《春秋三传谳》卷一,《四库全书》本。
③ 《朱子语类》卷八十三,中华书局1986年版。

> 或有解《春秋》者，专以日月为褒贬，书时、月则以为贬，书日则以为褒，穿凿得全无义理！①

朱子对当时及后世学者的影响很大，故元明以后，宗朱学者多否认《春秋》有所谓"日月时例"。

在宋代学者中，持有与上述刘、苏、孙、叶、朱诸人类似的观点者很多，他们或者专研《左传》，笃守古文家说；或者主张《春秋》只是孔子直书其事，褒贬俱在叙事之中；或者不信三传，主张舍传求经。尽管他们对《春秋》的看法可能有千差万别，但认为《春秋》并非通过书日、书月、书时来表达褒贬，这一点则是共同的。但宋代学者中也有人笃信有所谓"日月时例"，崔子方就是一个突出的代表。崔子方的《春秋》学，也属于"舍传求经"的一派，他抛开三传，自求经义，当然也就摒弃了《公》《穀》用"日月时例"所阐发的褒贬，但却吸收了《公》《穀》探求经义的方法。崔氏解经最主要的着眼点就是《春秋》中的例，而在诸"例"之中，最核心的就是"日月时例"。崔氏云：

> 尝论圣人之书，编年以为体，举时以为名，著日月以为例。《春秋》固有例也，而日月之例，盖其本也。②

那么"日月时例"是怎样产生的呢？崔氏云：

> 《春秋》之法，以为天下有中外，侯国有大小，位有尊卑，情有疏戚，不可得而齐也。是故详中夏而略外域，详大国而略小国，详内而略外，详君而略臣，此《春秋》之义，而日月之例所从生也。③

按崔氏之意，《春秋》是记事之书，记事的详略，蕴含有"义"在，而详略又是通过书日、书月、书时表现出来的。"著日以为详，著时以为略，又以详略之中而著月焉，此例之常也"。然而实际的情形要复杂得多，《春秋》的书日、书月、书时并不是那样整齐划一的，于是又生出"变例"来：

---

① 《朱子语类》卷八十三。
② （宋）崔子方：《春秋本例序》，《四库全书》本。
③ （宋）崔子方：《春秋本例序》。

然而事固有轻重矣,安可不详所重而略所轻乎? 其概所重者日,其次者月,又其次者时,此亦易明耳。然而以事之轻重错于大小尊卑疏戚之间,又有变例以为言者,此日月之例至于参差不齐,而后世之论所以不能合也。①

崔氏著有《春秋本例》一书,就是把《春秋》中各类事项按照日、月、时分别进行归纳,每种例中又分成"著例""变例"两种。按照他的说法,整个《春秋》完全被"例"特别是"日月时例"充塞着,对《春秋》的诠释,也就变成了对"例"的梳理以及对"变例"的曲说弥缝。

孙复也是一位自觉地站在三传之外,来对三传进行重新审视的学者,他著有《春秋尊王发微》,努力剔发《春秋》中的讥贬之义。至于怎样来表达不同的讥贬程度,孙氏则利用了"日月时例"之说,他自定其例云:"《春秋》之法,恶甚者日,其次者时,非独盟也。以类而求,二百四十二年之诸侯罪恶轻重之迹,焕然可得而见矣。"②

胡安国著有《春秋传》,曾被元明以后的人与三传并称为"四传"。在胡氏《春秋传》中,对《公》《穀》的"日月为例"多所批评,但胡氏自己,在阐发《春秋》经义时也依然是用"日月时例"。他在解释隐公元年"公子益师卒"之没有书"日"时说:

> 其不日,《公羊》以为远,然公子彄远矣而书日,则非远也。《穀梁》以为恶,然公子牙、季孙意如恶矣而书日,则非恶也。《左氏》以为公不与小敛,然公孙敖卒于外而公在内,叔孙舍卒于内而公在外,不与小敛明矣而书日,《左氏》之说亦非也。其见恩数之有厚薄歟?③

胡氏不满于三传所揭经义,但并非不满三传所用揭示经义之法,他也着眼于经之不书"日",只是所揭意蕴与三传不同。隐公六年经云"秋七月",此下并无记事,《公羊》解释说:"《春秋》虽无事,首时过则书。"胡安国则利用"日月时例"发挥说:

> 既书时又书月者,时,天时也;月,王月也。书时又书月,见

---

① (宋)崔子方:《春秋本例序》。
② (宋)孙复:《春秋尊王发微》卷一,《四库全书》本。
③ (宋)胡安国:《春秋传》卷一,《四部丛刊》本。

> 天人之理合也。《易》不云乎，"君子行此四德者，故曰：乾，元亨利贞"。若夫上下异致，天人殊观，圣学不传，而《春秋》之义隐矣。

按这样子来发挥经义，已远非《公》《榖》所能望其项背。那么，为什么这些一扫三传传义、主张舍传求经的学者，反而会钟情于《公》《榖》所创以日月时为例的解经方法呢？其实道理也很简单，这些人摆脱三传，试图直接从经文中领会经义，必然会走上逞臆说经之途，试想《春秋》那纲要式的简单记事，如何能从中挖掘出经义呢？"日月时例"不失为一种很好的附会的方法。

元明时期，情况与宋代大致相同，对以"日月时例"说经，有排斥者，亦有遵行者。排斥者如程端学，他说：

> 日月者，纪事自然之法也。如日月不可用，六经诸史将废之矣！惟其有用也，是以不得而废矣。《春秋》非不欲尽书日月也，然旧史有详略焉，有阙文焉。其无日月，不可得而益；有日月，又不可得而去也。无日月而益则伪，有日月而去则乱，故《春秋》纪事，有有日月者矣，有无日月者矣。《公》《榖》见其有日月与无日月也，求其说而不得，从而为之辞，或牵彼以就此，或例此以方彼，自知不通，则付之不言，故日月之例，为《春秋》蠹矣。①

而遵行者，则有赵汸，他说：

> 上下内外之无别，天道人事之反常……则又假日月之法，区而别之。大抵以日为详，则以不日为略；以月为详，则以不月为略。其以日为恒，则以不日为变；以不日为恒，则以日为变，甚则以不月为异。其以月为恒，则以不月为变；以不月为恒，则以月为变，甚则以日为异。将使属辞比事以求之，则笔削变文特笔，既各以类明，而日月又相为经纬，无微不显矣。②

清代学术，趋向征实，因此多数学者，对迹近逞臆说经的"日月时例"，均不甚认同，像顾炎武、毛奇龄、陈寿祺等人，都曾发表过一些批评以

---

① （元）程端学：《春秋或问》卷一，《四库全书》本。
② （元）赵汸：《春秋属辞》卷十四，《四库全书》本。

日月为例的言论。只有刘逢禄等今文学者，坚持《公》《穀》的以日月为例之说。由于自宋以来，两派在这个问题上有长期的争论，到了清代末期的今文学者，对这个问题的论述就显得比前人更加精巧严密，也更加圆通。例如廖平就把"日月时例"中的"月"剔除出来，扫清了此说的一些障碍，他说：

> 正传言日、时例者二十余条，惟言"何以不日"、"何以时"，无以"月"为正例之文。《春秋》记事，大事记之详……故记其日；小事则从略……皆例时。大事日，小事时，一定之例也，亦记事之体应如是也。至于轻事而重之，则变时而月、日焉；重事而轻之，则变日而月、时焉。事以大小为经，例以日、时为正，一望而知者也。而月在时、日之中，为消息焉。凡月皆变例。……何氏误以月为有正例，则正例有三等，无以进退，而于二主之间，又添一主，则正变不明，端委朦混，治丝而棼，故使人嗤为牵引射覆，此其巨谬也。①

按廖氏所谓"正传"，是指《公羊传》，他说正传"惟言'何以不日'、'何以时'，无以'月'为正例之文"，并不准确。因为正如我在前面说过的那样，《公羊传》只有关于"日"与"不日"的辨析，并无"何以时"之文。但他毕竟看出了《公羊传》里的"月"并不构成所谓"例"。

后来皮锡瑞作《经学通论》，也吸收了廖氏的说法，并做了进一步的申论，他说：

> 《春秋》正变例，以日月时为最著明。正例日则变例时，正例时则变例日，而月在时、日之间，《公羊》《穀梁》说已详晰，而后人犹疑之者，以解者繁杂，未有简明之说以括之也。……《春秋》记事，大事记之详，如君夫人葬、薨，大夫卒，天王崩，外诸侯卒，大异、宗庙灾，祭事盟战，所关者大，重录之则详，故记其日；小事则从略，如来往、如致、朝聘、会遇、外盟外战，一切小事，皆例时。大事日，小事时，一定之例也。亦记事之体，应如是也。至于轻事而重之，则变时而日月焉。重事而轻之，则变日而月时焉。事以大小为准，例以时、日为正，一望而知者也。而月在时、日之

---

① 《公羊解诂十论》之《无月例论》，《六译馆丛书》本。

中，为消息焉。凡月皆变例。大事例日，如盟例日，而桓盟皆不日而月，变也。柯之盟时者，变之至也。此日为正，月为变，时为尤变之例也。小事例时，如外诸侯葬例时，月为变，日为变之甚。此时为正，月为变，日为尤变之例也。又如朝，时也，变之则月，尤变则日。用币，时也，谨之则日。因其事之小，知其日、月之为变。外诸侯卒例日，变之则月，尤变则时，因其事之大，知其月、时之为变。凡变则有二等，以差功过浅深。故月皆变例，从时而日，从日而时，皆变之尤甚者。有条不紊，纲目明白。……浅人以为经承旧史，或时或月或日，皆无义例，则断烂朝报，可为确论矣。

按皮氏所说，明白透彻，自成系统，是所谓"日月时例"的最为圆通的表述。

现在要问，《春秋》里的书日、书月、书时，究竟有没有蕴含着褒贬或者有什么特别的意义呢？站在今人的立场来看，以"日月时例"来解释《春秋》，究竟是否合理呢？或者换句话说，我们今天应该怎样看待传统《春秋》学里的"日月时例"呢？这个问题并不是很好回答的。古人所以对此有纷纷之论，其源盖在于对《春秋》的基本看法有分歧。如果把《春秋》看作基本上是鲁史旧文，那就很容易对《公》《穀》的"日月时例"产生怀疑。前面提到的唐以来学者对"日月时例"的批评，很多都是甚有理据的。确实，如果《春秋》出自鲁国的史官，那么二百四十二年的史文，书时、书月、书日，不会是整齐划一的，如有误记、漏记，生当后世的孔子，该怎样去修订缀补？而且《春秋》中确有"郭公"、"夏五"之类的残缺经文，很明显并没有经过孔子的加工。因此说《春秋》并不以"日月时"为例，是比较容易让人信服的。但今文学派却不这样看。今文家反对把《春秋》看成是鲁史旧文，他们大多以为经文是孔子所作，主张有所谓"一字褒贬"，他们说如果《春秋》真是仅仅直书其事，褒贬自见，那普通的史官优为之，何必还要仰赖孔子？哪里还会有什么"子夏之徒不能赞一辞"？而且《公羊》《穀梁》传自先秦，没有人能够否定它们在《春秋》传授史上的地位，难道《公羊》《穀梁》上的以日月为例，都是战国儒者的捏造不成？

元人黄泽是主张《春秋》有"例"的，这例中当然包括"日月时例"，他说：

三传皆用例，虽未必尽合圣人，然不中不远。近时说者则以为夫子《春秋》非用例，若如此，则夫子作《春秋》，止是随事记录，止如今人之写日记簿相似，有何意义？惟其有正例、变例，方可推求圣人本意。……若说圣人止备录，使人自见，则但是史官皆可为，何以见得《春秋》非圣人不能作？①

黄泽的弟子赵汸基本上继承师说，主张回到三传去，特别强调区分"史法"与《春秋》"书法"。赵氏在所撰《春秋集传序》中，归纳了"策书之例"②十五项，这就是所谓"史法"；又归纳了"笔削之义"③凡八项，这就是所谓"圣人之书法"。"此八者，实制作之权衡也"。④ 在八项书法中，第七项叫作"因日月以明类"，讲的就是"日月时例"。赵汸的归纳史法与书法，意在批评治《春秋》学者的两个倾向，一种倾向是以孔子的《春秋》为"法书"，专门惩恶罚罪；另一种倾向则是以孔子的《春秋》为"实录"。"知《春秋》存策书之大体"，"则谓之夫子法书者不足以言《春秋》矣"；"知《春秋》假笔削以行权"，"则谓之实录者不足以言《春秋》矣"。⑤ 在赵汸看来，《春秋》既不像有些人所说的那样"有贬无褒"、"深文周纳"，恰如"刑书"一般，也不像一些人所说的那样只是"直书其事"，与史册没有任何区别。《春秋》是既存史实，又有褒贬；既有"史法"，又有"圣人之书法"。这是一种折中的立场，调和的立场，但也许正是汉唐以来儒者不断探索而终于得到的、能为多数人所接受的《春秋》之定位。

以今日之观点看来，《春秋》既本为记事之史书，当其记事之时，遵循一定之规则，也是情理中事，前辈学者往往把这视为"史例"或"史法"，宋人林之奇有说云：

或曰：经之书月书日，岂都无意乎？曰：此史例也，非经意也。何以言之？夫史以编年为书，故必书日月以次事之先后。

---

① （元）赵汸：《春秋师说》卷上，《四库全书》本。

② 赵汸曰："策书者，国之正史也。"见《春秋属辞》卷一。

③ 赵汸曰："其所书者则笔之，不书者则削之……笔削之例有三：曰不书，曰变文，曰特笔。"见《春秋属辞》卷八。

④ （元）赵汸：《春秋集传序》，《四库全书》本。

⑤ （元）赵汸：《春秋集传序》。

> 若事无巨细，概书月书日，则事紊而无条矣，势必先为之法。何
> 等事则时而已，何等事则月之，何等事则月而又日之，所以分事
> 之轻重缓急也。故事之缓者则书时或月，事之急者则书日焉。
> 所谓缓者何？人事则朝聘、会遇、侵地、伐国、逆女、乞师，灾异则
> 螟、水旱、无冰、星孛之类，皆非一日之事，故或时或月焉。所谓
> 急者何？祭祀、盟战、外诸侯内大夫卒，灾异日食、地震、星陨、火
> 灾之类，皆一日之事，故日之也。间有当日而不日者，史阙
> 文也。①

按林氏之说的基本点，是把《春秋》看作是史文，实际上是与孟子"其
文则史"相一致的。既是史文，则《春秋》中的书日、书月、书时，只与
记事的需要及可能相关。有些事情本非一日之事，自然不可能书日，
只能书月或书时；有些事情虽然应当书日，但记事者限于条件，不能
确知其详，自然也难于书日。这是一种相对较为冷静与客观的看法。
问题是这种"史法"有时确实反映了作者对所记事件的态度，例如哪
些事该详，哪些事该略，哪些事在作者看来比较重要，哪些事在作者
看来不甚重要，作者的这种态度有时也可以看作是"经义"的，因此这
部分"史例"与"经例"也就很难分开，或者说，"史例"与"经例"事实上
有重叠的地方。因此，经师们对于《春秋》的某些以"日""月""时"为
例的解释也就有其合理之处。当然，这须要仔细地辨析，看哪些"日"
"月""时"确能反映《春秋》作者（或曰孔子？圣人？）对所记事件的态
度，而哪些则属于经师们的过度发挥。总起来说，把《春秋》中的书
日、书月、书时统统看作是"例"，是所谓"一字褒贬"的体现，固不免有
生拉硬扯、穿凿附会之嫌；但是完全否认这些日、月、时中蕴含有若干
经义，恐怕也非的论。

（原载《中国经学》第一辑，广西师范大学出版社 2005 年版）

---

① 引自（清）朱彝尊：《经义考》卷一百八十三。

《春秋》"史外传心要典"说

一

宋人说《春秋》,有一大发明,就是把《春秋》说成是"史外传心要典"。最早创为此说的,应该是胡安国。胡氏《春秋传序》云:"古者列国各有史官,掌记时事。《春秋》,鲁史尔,仲尼就加笔削,乃史外传心之要典也。"其《进春秋传表》云:"至《春秋》,则凡庆瑞之符,礼文常事,皆削而不书;而灾异之变,政事阙失,则悉书之,以示后世,使鉴观天人之理,有恐惧祗肃之意。若事斯语,若书诸绅,若列诸座右,若几杖盘盂之有盟有戒,乃史外传心之要典。"①

所谓"传心",是指"传授心法"。"心法"本为佛家语,亦称"心印",指脱离语言文字之外、以心相印证之佛法。冯友兰先生说:"'心法'就是一个禅宗概念。照禅宗所说的,释迦牟尼有一个'教外别传',这个别传,是他'以心传心',经过许多代的祖师传下来的,所以成为'心法'。"②宋代以前的经师,尚不见有用"心法""传心"之类的概念解说儒家经典的。北宋道学兴起之后,佛教禅宗之学的影响逐渐显现出来,于是始有以佛家语入说经文字者。

---

① (宋)胡安国:《春秋传》卷首,《四部丛刊》续编本。
② 冯友兰:《中国哲学史新编》第五册,人民出版社 1988 年版,第 10 页。

　　儒家经典中,最便于从性理方面进行发挥的,莫过于《易传》、四书,特别是四书中的《中庸》《孟子》,尤为宋代道学家所关注。程颐最推崇《中庸》,他说:"善读《中庸》者,只得此一卷书,终身用不尽也。"①"《中庸》之书,是孔门传授,成于子思。"②他还说:"《中庸》乃孔门传授心法。"③此后程朱一派学者,大多在"中"字上做文章,均以"中"为历圣相传之"心法"。于是《尚书》中的《大禹谟》一篇,就特别受到了人们的重视。这是因为《大禹谟》有所谓"虞廷十六字",也就是舜对禹的一段训话:

> 　　帝曰:"来,禹。降水儆予,成允成功,惟汝贤。克勤于邦,克俭于家,不自满假,惟汝贤。汝惟不矜,天下莫与汝争能。汝惟不伐,天下莫与汝争功。予懋乃德,嘉乃丕绩,天之历数在汝躬,汝终陟元后。人心惟危,道心惟微,惟精惟一,允执厥中。无稽之言勿听,弗询之谋勿庸。"

这段话里"人心……厥中"十六字,即所谓"虞廷十六字",由于这是虞舜训诫大禹的话,而且又明言"人心""道心",且最后落脚在"执中"上,故此十六字也被宋儒称为圣圣相传的"心法"。

　　胡安国的《春秋》学,是以二程的思想为基础的。程颐对《春秋》备极推崇,他说:

> 　　《春秋》之书,百王不易之法。三王以后,相因既备,周道衰,而圣人虑后世圣人不作,大道遂坠,故作此一书。④
> 　　夫子当周之末,以圣人不复作也,顺天应时之治不复有也,于是作《春秋》,为百王不易之大法,所谓考诸三王而不谬,建诸天地而不悖,质诸鬼神而无疑,百世以俟圣人而不惑者也。⑤

按程氏把《春秋》提高到"百王不易之大法"的高度来认识,显然是认为《春秋》中的"义"具有圣王行动准则的意义,因此,他激烈地反对以

---

① 《河南程氏遗书》卷十七,《二程集》,中华书局1981年点校本,第174页。
② 《河南程氏遗书》卷十五,《二程集》,第160页。
③ 《河南程氏外书》卷十一,《二程集》,第411页。
④ 《河南程氏遗书》卷二十二上,《二程集》,第283页。
⑤ 《河南程氏文集》卷八《春秋传序》,《二程集》,第583页。

"史"看待《春秋》，强调《春秋》中不仅有"大义"，还有"微言"，他说：

> 后世以史视《春秋》，谓褒善贬恶而已，至于经世之大法则不知也。《春秋》大义数十，其义虽大，炳如日星，乃易见也；惟其微辞隐义、时措从宜者为难知也。或抑或纵，或与或夺，或进或退，或微或显，而得乎义理之安，文质之中，宽猛之宜，是非之公，乃制事之权衡，揆道之模范也。①

对程氏的这些观点，胡安国是完全继承了的。但二程的学术，并不以《春秋》学为主。我们看二程的著作，可以隐约感觉到，在儒家诸种经典中，二程更多地关注《易传》《论语》《孟子》《礼记》。这或许是因为二程主张穷理尽性，注重个人的修养，而《春秋》既是治国大法，则在儒者诚、正、修、齐、治、平的序列中，属于治、平的那一层次，与最基本的诚、正、修、齐毕竟相隔较远，因而在为学的次序上把《春秋》往后推了吧。

然而胡安国却是以《春秋》名家的。他除了基本接受了程氏对《春秋》的看法之外，对《春秋》的意蕴做了新的开掘。这就是把《春秋》尽量往"心性"这个层面上来拉，将《春秋》纳入以"天理""人欲"为主题词的解释系统之中，这样《春秋》也就成了理学的要籍。将《春秋》说成是"史外传心要典"，无疑是受了程颐的影响。"史外"二字，将《春秋》与"史"剥离开来，正是继承了程氏反对"以史视《春秋》"的观点；但《春秋》之"传心"，与《大禹谟》之"传心"，却还有一些不同。宋儒解《大禹谟》的虞廷十六字，称之为"传心之要"，那是指尧传心法于舜、舜传心法于禹，所谓"历圣相传"；而在胡安国看来，《春秋》是"仲尼亲手笔削拨乱反正之书"②，故《春秋》"传心"，所传递的就是孔子之心，其实也就是孔子的主观意志，宋元儒多称之为"夫子之志"。这种认识，也可以从二程的论述中找到根据，程颢曾说："开元秘书言《春秋》者，盖七百余家矣，然圣人之法，得者至寡。至于弃经任传，杂以符纬，胶固不通，使圣人之心郁而不显。吁，可痛也！"③程颢认为在唐代开元年间，所存说解《春秋》之书并不为少，但这些书都没能探

---

① 《河南程氏文集》卷八《春秋传序》，《二程集》，第583页。
② （宋）胡安国：《春秋传序》。
③ 《河南程氏文集》卷二，《二程集》，第466页。

得圣人之意，或者说这些书的作者都不知道圣人之意究竟是什么（"圣人之心郁而不显"）。据孟子所说，《春秋》之义，孔子自称"窃取之"，这"窃取之"的根据，就是"圣人"之心。因此，严格说起来，圣人之心，还不等于《春秋》的"义"，而是这些"义"赖以产生的根据。元人汪克宽对此解释说："朱子谓心者人之神明，所以具众理而宰万物。《春秋》一经，于礼文则或因或革，于事实则或予或夺，皆出自圣心之权制。"①这个"圣心"，应该就是《春秋》褒贬予夺的根据了，所谓"传心"，传的就是这个"圣心"。

二

但是这个褒贬予夺的根据孔子并没有直接说出来，而是隐藏在《春秋》的字里行间，也就是所谓"书法"之内。在胡安国看来，《春秋》的记事，并非史官的纪实，而是有孔子的特笔，他说：

> 薨则书薨，卒则书卒，弑则书弑，葬则书葬，各纪其实，载于简策，国史掌之，此史官之所同，而凡为史者皆可及也。或薨或不薨，或卒或不卒，或弑或不弑，或葬或不葬，笔削因革，裁自圣心，以达王事，此仲尼之所独，而游、夏亦不能与焉者也。②

按胡氏在这里把"经"与"史"严格地区分开来。如果薨则书薨，弑则书弑，一史官足为之，那还用得着孔子这样的圣人来"修"吗？也不至于子游、子夏这样的高徒都插不上手啊。同样一个事实，用什么样的字眼来表达，是孔子深思熟虑的结果，是发自于孔子的"圣心"的。说《春秋》是"传心要典"，就是指通过研究《春秋》的遣词造句，可以探究圣人之"心"。上引胡氏这段文字，是为解释昭公元年"冬十有一月己酉，楚子麇卒"一条经文而发的。根据《左传》，"楚子麇"乃是被当时的权臣公子围（即后来的楚灵王）缢杀而死的，当时在诸侯国间，人尽知之，但《春秋》却书"楚子麇卒"。难道是孔子有意为公子围隐讳吗？胡氏的说法是：

> 令尹围弑君以立，中国力所不加，而莫能致讨，则亦已矣。

① （元）汪克宽：《春秋胡传附录纂疏》卷首上，《四库全书》本。
② （宋）胡安国：《春秋传》卷二十四。

至大合诸侯于申,与会者凡十有三国,其臣举六王二公之事,其君用齐桓召陵之礼,而宋向戌、郑子产皆诸侯之良也,而皆有献焉,不亦伤乎? 若革其伪赴而正以弑君,将恐天下后世,以篡弑之贼非独不必致讨,又可从之以主会盟而无恶矣。圣人至此,悯之甚,惧之甚。悯之甚者,悯中国之衰微而不能振也;惧之甚者,惧人欲之横流而不能遏也。是故察微显,权轻重,而略其篡弑以扶中国。制人欲,存天理,其立义微矣。①

按这就是所谓"《春秋》之所以为《春秋》,非圣人莫能修之者"。按理说,诛讨乱臣贼子,本是《春秋》的大义,但胡氏以为,在这大义的背后,更深藏着圣人的用心,即"略其篡弑以扶中国"。《春秋》既是传心要典,所要传的,正是这一类的"圣心"。当然,这种"圣心"极其隐微,非经胡安国之类的经师揭露,一般人是很难看得出来的。也正因为此,此类说法难逃逞臆之讥,不过那是后话。

基于同样的认识,胡氏在"宁殖出君"事件中也力求直探"圣心"。《春秋》襄公十四年有"卫侯出奔齐"的记载,根据《左传》,这个出奔于齐的卫侯是卫献公,他是被卫国大夫孙林父、宁殖赶出卫国的。后来宁殖在临死前颇有悔意,嘱咐他的儿子说,自己此举一定会"名藏在诸侯之策,曰'孙林父、宁殖出其君'",如果能设法使卫献公回国复位,则可以掩盖他的恶名。可见按照孙、宁的作为,各国的史册应当是记作"孙林父、宁殖出其君"的。《春秋》本是鲁史,自然也不例外。但今日所见的《春秋》,却以"卫侯出奔"为辞。据胡安国说,此"盖仲尼笔削,不因旧史之文也"。而这种笔削之处,特别能表达孔子的用心:

> 或曰:孙、宁出君,众所同疾,史策书之是也,圣人曷为掩奸藏恶,不暴其罪,而以归咎人主,何哉? 曰:臣而逐君,其罪已明矣。人君擅一国之名宠,神之主而民之望也,爱之如父母,仰之如日月,敬之如神明,畏之如雷霆,何可出也? 所为见逐,无乃肆于民上,纵其淫虐,以弃天地之性乎? ……《春秋》端本清源之书,故不书所逐之臣,而以"自奔"为名,所以警乎人君者,为后世

---

① (宋)胡安国:《春秋传》卷二十四。

鉴。非圣人莫能修之,为此类也。[①]

原来为人臣者而逐其君,其罪恶是不言自明的;而君之所以被逐,一定是此君有"弃天地之性"的地方,而这恰恰是不易为人所理解的,孔子就是要指出这一点,来给后世为人君者做借鉴,所以他要变换一个说法,"以'自奔'为名"。

胡氏认为,孔子之心,并非只是简单的好善恶恶,简单的褒善贬恶,孔子的考虑要复杂得多。因为事物是复杂的,同一件事,从不同的角度观察,可能具有不同的性质;同一个人,其人性中的善与恶,也往往反映在稍纵即逝的一念之间。《春秋》作为"传心之典",必须深入发掘,方能洞悉孔子的微意。例如宣公十一年经有"冬十月,楚人杀陈夏征舒。丁亥,楚子入陈"之文。根据《左传》,夏征舒是陈国的大夫,其母即著名的夏姬。夏征舒因受到了陈灵公的侮辱,故而射杀了灵公,这自然是一种"弑君"的行为。次年冬天,楚国以夏氏弑君为借口,讨伐陈国,杀了夏征舒,并且灭陈,使之成为楚的一个县。按说楚人杀夏征舒,应该是在攻入陈国之后,《左传》上也正是这样记载的。但《春秋》却先书"楚人杀夏征舒",后书"楚子入陈",这是为什么呢?胡安国说:

> 经先书"杀"后书"入"者,与楚子之能讨贼,故先之也。讨其贼为义,取其国为贪,舜、跖之相去远矣。其分乃在于善与利耳。楚庄以义讨贼,勇于为善,舜之徒也;以贪取国,急于为利,跖之徒矣。为善与恶,特在一念须臾之间,而书法如此。故《春秋》传心之要典,不可以不察者也。[②]

按所谓"与楚子之能讨贼",是说《春秋》的作者赞成、表彰楚子之能够讨伐弑君的乱臣贼子,故将"杀陈夏征舒"写在了前头。不过楚庄王此举,实有善又有恶。善为仗义而行,可比之于舜;恶为贪利而行,可以比之于跖。两相比较,毕竟有轻重之分,《春秋》记事的顺序,则反映了"圣人"对此问题的认识。所谓传心要典,就是要把圣人这种认识传之于后世。

---

① (宋)胡安国:《春秋传》卷二十二。
② (宋)胡安国:《春秋传》卷十七。

而在此后的第二年,即鲁宣公十二年,《春秋经》云:"冬十有二月戊寅,楚子灭萧。"胡氏认为,《春秋》再一次明确地表达了孔子的心迹,即对楚庄王为逞一己贪欲而灭人之国的谴责。胡安国曰:

> (前年)假于讨贼而灭陈,《春秋》以讨贼之义重也,末减而书"入"。恶其贰己而入郑,《春秋》以退师之情恕也,末减而书"围",与人为善之德宏矣。至是肆其强暴,灭无罪之国,其志已盈,虽欲赦之,不得也。故传称"萧溃",经以"灭"书,断其罪也。①

而在这谴责"灭人之国"的背后,还有"圣人"更深层次的思考隐喻其中,这就是"五霸为三王之罪人"。胡氏接着说:

> 孟子曰:"以力假人(按当作仁)者霸,霸必有大国。"楚庄盖以力假仁,不能久假而遽归者也。建万国、亲诸侯者,先王之政;兴灭国、继绝世者,仲尼之法。今乃灭人社稷而绝其祀,亦不仁甚矣。萧既灭亡,必无赴者,何以得书于鲁史?楚庄县陈、入郑,大败晋师于邲,莫与校者,不知以礼制心,至于骄溢,克、伐、怨、欲皆得行焉,遂以"灭萧"告赴诸侯,矜其威力,以恐中国耳。孟子定其功罪,以五霸为三王之罪人。《春秋》史外传心之要典,推此类求之,斯得矣。②

按楚庄之所以县陈、入郑、灭萧,端在其不能"以礼制心",也就是不能够"存天理、灭人欲",故只能为"霸",不可能为"王"。据说照这样子推理,就可以求得圣人之心了。

圣人之心,固然是通过"书法"表达出来的,但"书法"与"大义"之间,有时候从表面看来,似乎又存在着矛盾。例如对于弑君,毫无疑义是应该谴责的,但对同类的事件,《春秋》的书法并不相同。成公十八年,晋国的大夫栾书囚禁晋厉公于匠丽氏,并派程滑将厉公杀死。关于这件事,《春秋》的记载是"晋弑其君州蒲",并没有点出弑君者的主名。胡氏就此发表评论说:

---

① (宋)胡安国:《春秋传》卷十八。
② (宋)胡安国:《春秋传》卷十八。

　　弑君天下之大罪,讨贼天下之大刑。《春秋》合于人心而定罪,圣人顺于天理而用刑,固不以大儒释当诛之贼,亦不以大刑加不弑之人。然赵盾以不越境而书弑,许世子止以不尝药而书弑,郑归生以惮老惧谗而书弑,楚公子比以不能效死不立而书弑,齐陈乞以废长立幼而书弑。晋栾书身为元帅,亲执厉公于匠丽氏,使程滑弑公,而以车一乘葬之于翼东门之外,而《春秋》称"国"以弑其君,而不著栾书之名氏,何哉? 仲尼无私,与天为一,奚独于赵盾、许止、归生、楚比、陈乞则责之甚备,讨之甚严,而于栾武子阔略如此乎?[①]

胡氏只是提出了这样一个问题,但并没有给予解答,他是感到这里面有特别值得探求的深义,他说:"学者深求其旨,知圣人诛乱臣、讨贼子之大要也,而后可与言《春秋》矣。"也就是说,所谓传心,往往也就体现在这些地方。

<h2 style="text-align:center">三</h2>

　　像胡安国这样,以书法、义例解经,求褒贬于文字之间者,前此不乏其人,但胡安国为什么要引入"传心"这一概念,给《春秋》以"传心要典"这样一个新的定位呢? 我以为可以从两个方面来分析。

　　其一,为了解决用书法、义例解经时存在的种种矛盾。自汉代以来,学者就已有了用书法、义例解经的倾向。所谓"例",其实就是一些记事的规则,同一类的事,用相同的书法记下来,这就构成了"例"。而按照某种规则记事,可以表达作者的某种思想、某种意思,也就是"义",于是就有了"义例"的概念。"义例"是通过《春秋》的"书"与"不书"以及"怎样书"表现出来的,这些也就是"书法"。但在事实上,《春秋》中的许多"例"并不能贯穿全经,往往是通于此则碍于彼,合乎前却违乎后,于是又有种种"变例"出现。胡氏创为"传心"之说,引导人们去关注圣人作《春秋》的良苦用心,这就为"例"的不能通贯全经、"义"与"例"之间存在着种种龃龉矛盾找到了最佳的理由。例如同样是弑君,隐四年有"卫州吁弑其君完",桓二年有"宋督弑其君与夷",庄八年有"齐无知弑其君诸儿",这似乎已构成了一种"例",而上面提

────────────

① 　(宋)胡安国:《春秋传》卷二十。

到的昭元年公子围弑君，经却记做"楚子麇卒"，这种书法上的矛盾，用"传心"之说就比较容易弥缝。

其二，为了与时代思潮相适应。当时儒者治学的风气，受到佛教的影响和刺激，渐向心性一路发展。二程标举"存天理，灭人欲"，同时又把这一主张与《大禹谟》的"虞廷十六字"联系起来。程颢就说："'人心惟危'，人欲也。'道心惟微'，天理也。'惟精惟一'，所以至之。'允执厥中'，所以行之。"①程颐也说："'人心'，私欲也；'道心'，正心也。'危'言不安，'微'言精微。惟其如此，所以要'精一'。'惟精惟一'者，专要精一之也。精之一之，始能'允执厥中'。'中'是极至处。"②所以他主张"《中庸》乃孔门传授心法"。朱熹则进一步指出："大概此篇所载，便是尧、舜、禹、汤、文、武相传治天下之大法。虽其纤悉不止此，然大要却不出此，大要却于此可见。""尧、舜、禹所传心法，只此四句。"③因为这四句最终是落脚在"允执厥中"上的，因此程、朱的说法其实是一致的。

中国的儒学，历来有"内圣"与"外王"两个方面。如果说宋以前的儒者主要偏重于儒学的"外王"的功能的话，那么宋儒可以说更多地关注到了儒学的"内圣"这一层面。他们更关心人的人格培育、道德修养，更关心人的精神生活的改造与健全。因此在儒家经典中，像《周礼》《尚书》一类的讲求制度与政治规则的经典渐受冷落，而《中庸》《孟子》等则更受到了重视。现代新儒家的代表人物牟宗三先生就曾说过："周公创建的政教，究竟属外王而非内圣的，所以当宋儒为了对抗佛教，而深论'性理'的奥义之时，他们必须标出讲'内圣'之学的代表思想家，于是放弃了周公，而代以讲内圣之学的孟子。"④这个分析很有道理。抑周公而扬孟子，表明儒者关注的焦点已由制度转移为心性。这是一种时代的风气，学者生当其时，自然会被这种风气所裹挟。《春秋》本是一种以"属辞比事"⑤为教的经典，所谓"我欲载

---

① 《河南程氏遗书》卷十一，《二程集》，第126页。
② 《河南程氏遗书》卷十九，《二程集》，第256页。
③ 《朱子语类》卷七十八，中华书局1986年点校本。
④ 牟宗三：《宋明儒学的问题与发展》，华东师范大学出版社2004年版，第11页。
⑤ 《礼记·经解》引孔子曰。

之空言,不如见之于行事之深切著明也"。①《春秋》"一句是一事,是非便见于此"②,这样的经典,只有深入探求圣人之用以判别是非的心志,才能实现向心性之学的靠拢,这就是为什么胡安国要把《春秋》说成是"传心要典"。当然,从胡安国所做的探索和发挥来看,《春秋》所传递的"心法",远已不限于"中庸"了。

四

胡安国的这一提法,在《春秋》学史上影响至为深远。许多特别推重《春秋》一经的学者,或者主张《春秋》有"一字褒贬"的人,都接过了胡氏的这一提法。南宋魏了翁就说,"至本朝诸大老",始称《春秋》为"经世之大法","传心之要典",他对此表示完全赞同。③ 程公说也附和胡氏之说,认为孟子所说的"《春秋》,天子之事也"、"其义则丘窃取之"云云,乃是"《春秋》传心之要"。④ 家铉翁也反对以"史"视《春秋》,他的论证,颇有取于胡氏,他说:"如僖公二十八年晋文始霸,是岁所书者皆晋事;庄九年齐桓公入,是岁所书者皆齐事;隐四年卫州吁弑君,是岁所书者皆卫事;昭八年楚灭陈,是岁所书者皆陈事。有自春徂秋止书一事者,自今年秋冬迄明年春夏,阅三时之久而仅书二三事者。或一事而累数十言,或一事而屡书特书,或著其首不及其末,或有其义而无其辞,大率皆予夺抑扬之所系,而宏纲奥旨,绝出语言文字之外,皆圣人心法之所寓,夫岂史之谓哉!"⑤元儒汪克宽盛赞胡氏之说"发先儒所未发",他感叹说:"读是经(按指《春秋》)者,可以穷理,可以断事,岂非传心之要典也哉! 不然,则《春秋》不过一国之史,而夫人皆可为《春秋》矣。"⑥黄泽虽然没有明确地提《春秋》是"传心要典",但他实际上也认为治《春秋》之法在于探求"圣人"之心:"学者当虚心以求圣人,则庶几有以得圣人之心,而后《春秋》之正说可得

① 《史记·太史公自序》引孔子曰。
② 《河南程氏遗书》卷十五,《二程集》,第164页。
③ (宋)魏了翁:《春秋集义序》,《四库全书》本。
④ (宋)程公说:《春秋分记序》,《四库全书》本。
⑤ (宋)家铉翁:《春秋集传详说》序,《四库全书》本。
⑥ (元)汪克宽:《春秋胡传附录纂疏》卷首上,《四库全书》本。

而伸也。"①明儒卓尔康尽管对胡安国的某些具体论述不尽赞同,却基本同意《春秋》传心之说。他发现了《春秋》当中一个有意思的现象,即"王有公,诸侯有卿",史有明文,但是"《春秋》一书,绝无一卿以名见者","是降二百四十年之卿不得为卿也"。如何解释这一现象?卓尔康的解释就是"此夫子传心之要典,正得诗人隐讽之旨"②,原来这也是孔子有意的安排。清代早期的《春秋》官学,基本上一仍元、明之旧,康熙皇帝为《日讲春秋解义》作序,称《春秋》为"帝王经世之大法,史外传心之要典",同时承认《春秋》有褒贬,有笔削,有"正例",有"变例",什么"立法严"、"宅心恕",基本上同意胡安国的看法。但康熙帝在晚年,对胡传的态度有一些变化,他说:"朕于《春秋》,独服膺朱子之论。朱子曰:'《春秋》明道正谊,据实书事,使人观之以为鉴戒。书名书爵,亦无意义。'此言真有得者。"③因此又有官修《春秋传说汇纂》之作。此后汉学逐渐兴盛,汉学家治《春秋》,多取实证的手段,考证史实,校勘文本,训释文字,搜辑佚文,谈论《春秋》是传心要典的就比较罕见了。

(原载《传统中国研究集刊》第三辑,上海人民出版社 2007 年版)

---

① (元)赵汸:《春秋师说》卷上,《四库全书》本。
② (明)卓尔康:《春秋辨义》卷首,《四库全书》本。
③ 《春秋传说汇纂》卷首,《四库全书》本。

荀子《春秋》学考述

汉代经学的传授，其统绪是比较清楚的，据《史记·儒林列传》，"言《诗》于鲁则申培公，于齐则辕固生，于燕则韩太傅；言《尚书》自济南伏生；言《礼》自鲁高堂生；言《易》自菑川田生；言《春秋》于齐鲁自胡毋生，于赵自董仲舒"。但在申、伏、田、董诸人之前呢，则记载缺略，不甚分明。清儒汪中撰《荀卿子通论》，论证了汉代的《毛诗》《鲁诗》《韩诗》《左传》《穀梁传》《曲台礼》俱得自荀子之传，"盖自七十子之徒既殁，汉诸儒未兴，中更战国暴秦之乱，六艺之传赖以不绝者，荀卿也"①，可见荀子在战国晚期经学传授当中，有着何等重要的地位！本文专就荀子的《春秋》学做一番研究，以期对先秦时期的《春秋》学能有更为完整、清晰的认识。

研究荀子的《春秋》学，首先要理清荀子对《春秋经》的总的看法。《荀子》一书谈到《春秋》的地方虽然不很多，也还多少可以找到一些这方面的材料。

> 学恶乎始？恶乎终？曰：其数则始乎诵经，终乎读礼；其义
> 则始乎为士，终乎为圣人。真积力久则入，学至乎没而后止也。
> 故学数有终，若其义则不可须臾舍也。为之人也，舍之禽兽也。
> 故《书》者，政事之纪也；《诗》者，中声之所止也；礼者，法之大分、

---

① （清）汪中：《荀卿子通论》，载《述学·补遗》，《四部丛刊》本。

> 类之纲纪也。故学至乎礼而止矣。夫是之谓道德之极。礼之敬
> 文也,乐之中和也,《诗》《书》之博也,《春秋》之微也,在天地之间
> 者毕矣。(《荀子·劝学》)

按这一段是讲儒者为学的全过程。始于"诵经",终于"读礼"。荀子的学说中"礼学"是其骨干,无怪乎他认为"学至乎礼而止"。至于"诵经"的内容,显然包括《诗》《书》和《春秋》。而不管是"诵经"还是"读礼",重要的是掌握"其义","为之人也,舍之禽兽也",几部经书的"义"是造就完整人格的必要条件,遵守此"义"与否,是人与禽兽的分水岭。这种提法与孟子稍有不同。孟子说:"王者之迹熄而《诗》亡,《诗》亡然后《春秋》作",把《春秋》看作是王道衰歇、霸道兴起的时代的产物,是圣人用来对付乱世的武器,因此他强调"孔子作《春秋》而乱臣贼子惧",突出的是《春秋》讨伐乱臣贼子的功能。当然,这种讨伐的手段主要靠褒贬,靠所谓口诛笔伐。而荀子似乎没有很强调《春秋》的这一功能,至少在荀子书中很难找到这方面的材料。荀子更看重《春秋》所蕴含的深层的精义(当然包括讨伐乱臣贼子,但绝不止于讨伐乱臣贼子)。"《诗》《书》之博也,《春秋》之微也",《诗》《书》的特点在于"博",《春秋》的特点在于"微"。

关于《春秋》的"微",《荀子·儒效》篇中也曾道及:

> 圣人也者,道之管也。天下之道管是矣,百王之道一是矣,
> 故《诗》、《书》、礼、乐之归是矣。《诗》言是其志也,《书》言是其事
> 也,礼言是其行也,乐言是其和也,《春秋》言是其微也。

按这段话是说圣人是道的中枢,而《诗》、《书》、礼、乐、《春秋》五者则是圣人的"圣性"在几个方面的表现:《诗》体现的是圣人的"志",《书》记载的是圣人的"事",礼规范了圣人的"行",乐反映的是圣人的"和"(中和之德),而《春秋》则集中表现了圣人的"微"。什么是"微"?《说文》:"微,隐行也。"这是"微"的基本义。荀子论舜之治天下,说"养一之微,荣矣而未知"。(《解蔽》)杨注"微"字云:"微,精妙也。"这是"微"字的引申义。《荀子》引《道经》曰:"人心之危,道心之微。"这里的微,也是指道心的精妙之处。微是隐而不显,然在幽隐之中却含有精义。杨倞注"《春秋》之微也"云:"微谓褒贬沮劝。"大约是指《春秋》在遣词造句之中暗寓有对政治上是非善恶的肯定或者批判。看来这

是儒家表达思想的一种重要方式。班固在《汉书·艺文志》中所说的"昔仲尼没而微言绝,七十子丧而大义乖",其中"微言"二字应该就是从荀子"《春秋》之微也"这一类意思中衍生出来的。

对《春秋》的文本,孟、荀的观点似乎也有差别。孟子在谈到《春秋》时说:"其事则齐桓、晋文,其文则史。孔子曰:其义则丘窃取之矣。"孟子在这里对《春秋》从三个层面进行了剖析:一、从内容上看,《春秋》所述是诸侯争霸时代的事情;二、从形式上看,《春秋》是"史";三、从所表达的思想上看,《春秋》所蕴含的是孔门之"义"。荀子似乎并不认为《春秋》是史文,前引《劝学》《儒效》那两段话里,《书》是与"事""政事"对应着的,因此《书》应当属于"史"的范畴;而《春秋》只是与"微"对应,用今人的话讲,《春秋》应当属于政治哲学。而且,《春秋》的内容,荀子似乎也不认为是所谓"齐桓晋文"之事。《荀子·仲尼》云:

> 仲尼之门,五尺之竖子言羞称乎五伯。是何也?曰:然,彼诚可羞称也。齐桓,五伯之盛者也……彼非本政教也,非致隆高也,非綦文理也,非服人之心也,乡方略,审劳佚,畜积,修斗,而能颠倒其敌者也。诈心以胜矣,彼以让饰争,依乎仁而蹈利者也,小人之杰也,彼固曷足称乎大君子之门哉!

荀子对以齐桓为首的五霸评价很低,认为他们"非本政教也,非致隆高也,非綦文理也,非服人之心也",是"依乎仁而蹈利者也,小人之杰也",因而为"仲尼之门"所羞称,这与孟子承认《春秋》主要记载了五霸事迹的提法有着相当大的距离。

荀子对《春秋》的看法有如上述,那么荀子与《春秋》的三传又有怎样的关系呢?

宋儒王应麟引刘向《别录》云:"左丘明授曾申,申授吴起,起授其子期,期授楚人铎椒,作抄撮八卷,授虞卿。虞卿作抄撮九卷,授荀卿,荀卿授张苍。"[①]论者大多据此说汉代的《左传》学是传自荀子的。近人钱穆反对此说,他考证出虞卿的年辈要晚于荀卿,不会有虞卿著

---

① (宋)王应麟:《汉书艺文志考证》,《二十五史补编》本。

书以授荀卿的事。① 按钱氏的考证是可信的。荀子虽不一定是《左传》的传人，但他一定是钻研过《左传》的，《荀子》一书中所用《左传》之义很不少，例如《致士》篇有云：

> 赏不欲僭，刑不欲滥。赏僭则利及小人，刑滥则害及君子。若不幸而过，宁僭无滥。与其害善，不若利淫。

按这段话亦见于《左传》襄公二十六年，文字小异：

> 善为国者，赏不僭而刑不滥。赏僭则惧及淫人，刑滥则惧及善人。若不幸而过，宁僭无滥。与其失善，宁其利淫。

《左传》两言"惧及"，当是"怕牵涉到"的意思。到了荀子那里，则把这"牵涉到"的意思具体化、明确化："赏僭"会给小人带来"利"，"刑滥"会给善人带来"害"。这是荀子采自《左传》的显证。

又如《荀子·君子》云：

> 天子无妻，告人无匹也。四海之内无客礼，告无适也。

近人刘师培以为荀子多采《左传》之说，此即一例。② "妻"有"齐"义，有匹敌的意思。许慎《五经异义》引左氏说："天子至尊无敌，故无亲迎之礼。"因此荀子"天子无妻"之说是合乎《左传》之义的。"告无适"的"适"字训往，"四海之内无客礼，告无适"，是说普天之下，莫非王土，天子到哪一国去，也不是做客，也不能称作往。成公十二年《春秋经》云："周公出奔晋。"《左传》解释说："书曰'周公出奔晋'，凡自周无出，周公自出故也。"按理说自周到别国去是不应该称"出"的，这里所以说"周公出奔晋"，只是表明周公是自己出逃的。从这里也可以看到《荀子》与《左传》之义相合之处。

《荀子》之中虽有与《左传》之义相合之处，但也有不少地方与《左传》明显不合。从这个角度看，也很难说荀子是《左传》的传人。例如对齐桓公的评价，《荀子·仲尼》称他"外事则诈邾袭莒，并国三十五，其事行也若是其险污淫汰也"，而《左传》对齐桓公在当时诸侯国际中的作用多所肯定，称赞他"救患、分灾、讨罪，礼也"，承认他"以礼与信

---

①　钱穆：《先秦诸子系年考辨》卷四《虞卿著书考》。
②　参见刘师培：《荀子斠补》卷三，《刘申叔先生遗书》本。

属诸侯"，而所谓诈邾袭莒，均不见载于《左传》。又如对子产的评价，荀子与《左传》也有很大差别。《荀子·王制》云："子产取民者也，未及为政也。管仲为政者也，未及修礼也。"按所谓"取民"，可能是指有限度地、按合理的标准向人民征收赋税，即所谓"取我田畴而伍之"（《左传》襄公三十年），是有别于"聚敛"的（因为荀子在此下接着说："故修礼者王，为政者强，取民者安，聚敛者亡"）。荀子认为子产虽然做到了取民有道，却"未及为政"。但《左传》的说法则不同。襄公二十九年《左传》云："吴季札聘郑，见子产，曰：……政必及子。子为政，慎之以礼。"襄公三十年云："子产为政，有事伯有。"可见《左传》是承认子产曾经"为政"的。《荀子·大略》又云："子产惠人也，不如管仲；管仲之为人，力功不力义，力知不力仁，野人也，不可以为天子大夫。"管仲不"力仁""力义"，子产更等而下之。但《左传》引孔子曰："以是观之，人谓子产不仁，吾不信也。"可见荀子对子产的评价，是明显悖于《左传》传义的。再如对于"妖"的看法，荀子与《左传》亦甚为相左。《左传》庄公十四年："妖由人兴也，人无衅焉，妖不自作。人弃常则妖兴。"宣公十四年："民反德为乱，乱则妖灾生。"左氏把"妖"之生归结为人的行为的"弃常""反德"，把"妖灾"与人的恶行联系在一起，这在当时已经是较为进步的观点了，但左氏毕竟还不能否认"妖"的存在。荀子则更进了一步。《荀子·天论》云："物之已至者，人祆（同妖）则可畏也：楛耕伤稼，耘耨失薉，政险失民，田薉稼恶，籴贵民饥，道路有死人，夫是之谓人祆。政令不明，举措不时，本事不理，夫是之谓人祆。礼义不修，内外无别，男女淫乱，父子相疑，上下乖离，寇难并至，夫是之谓人祆。"在荀子看来，所谓妖就是人的恶行本身，除此并没有什么游离于人类社会之外的妖怪存在。这种看法显然与《左传》的传义有相当的距离。此外，《荀子》一书中讲到春秋史事，与《左传》所记不同者还有不少，这些都应该看作是荀子不完全遵用《左传》的显证。如果说左氏是战国时代《春秋》学诸多家派中的一支的话，荀子的《春秋》学显然不应该是属于这一家派的。

那么荀子是《公羊》学家吗？

《荀子》一书中确有《公羊》之义。《大略篇》云："《春秋》贤穆公，以为能变也。"这是以肯定的语气来引证《春秋》的，而所谓"《春秋》贤穆公"，不见于《左传》，亦不见于《穀梁传》，唯文公十二年《公羊传》

曰："秦伯使遂来聘。遂者何？秦大夫也。秦无大夫，此何以书？贤穆公也。何贤乎穆公？以为能变也。"《公羊传》认为《春秋》所以记载"秦伯使遂来聘"，是对秦穆公的褒扬。这当然是《公羊》一家之言，然此义确乎被荀子继承下来了。又如《大略篇》云："故《春秋》善胥命，而《诗》非屡盟，其心一也。"按"《春秋》善胥命"，指桓公三年《春秋经》云"齐侯、卫侯胥命于蒲"。这是说齐、卫两国的国君在蒲地会见，由于双方都讲诚信，所以只是达成了一些口头的协定，并未进行歃血诅盟。《公羊传》认为《春秋经》所以将此事记作"胥命于蒲"，是含有深意的，是对齐、卫双方讲诚信的肯定。荀子说"《春秋》善胥命"，正是接受了《公羊传》的这种观点。① 此外，《荀子·王制篇》说"（齐）桓公劫于鲁庄"，此事也只有《公羊传》上有记载，这正好说明荀子是采用了《公羊》之义的。

不只是《公羊》，荀子的《春秋》学也兼采《穀梁》之义。② 《荀子·礼论》云："故王者天太祖，诸侯不敢坏，大夫士有常宗，所以别贵始。贵始，得（德）之本也。……故有天下者事七世，有一国者事五世，有五乘之地者事三世，有三乘之地者事二世，持手而食者不得立宗庙。所以别积厚者流泽广，积薄者流泽狭也。"这段话的意思可能即来自《穀梁传》。僖公十五年《穀梁传》云："己卯晦，震夷伯之庙。晦，冥也。震，雷也。夷伯，鲁大夫也。因此以见天子至于士皆有庙。天子七庙，诸侯五，大夫三，士二。故德厚者流光，德薄者流卑。是以贵始，德之本也。"按《穀梁》这段传文，是为解释经文"己卯晦，震夷伯之庙"而发的，《公羊》《左传》都没有从庙制方面发挥，只有《穀梁传》作了这样的解释。又如《荀子·大略》云："诰誓不及五帝，盟诅不及三王，交质子不及五伯。"此语亦本诸《穀梁》。隐公八年《穀梁传》云："诰誓不及五帝，盟诅不及三王，交质子不及二伯。"按《穀梁》的这段传文，是为解释经文"宋公、齐侯、卫侯盟于瓦屋"而发的。荀子必熟于《穀梁》经说，才会在自己的著作中直接采用《穀梁传》的成文。

从上述可知，荀子的《春秋》学，是兼采三传的。从汉人所述《春秋》学统来看，《左传》的传授与荀子有关，而《公》《穀》二传都传自子

---

① 参见（清）汪中：《荀卿子通论》。

② 参见（清）钱大昕：《潜研堂文集》卷三十九《惠先生栋传》引述惠栋之说。

夏。荀子的学术渊源，今已不得详知，汪中推测说："《史记》载孟子受业于子思之门人，于荀卿则未详焉。今考其书，始于《劝学》，终于《尧问》，篇次实仿《论语》。《六艺论》云：'《论语》，子夏、仲弓合撰。'《风俗通》云：'穀梁为子夏门人。'而《非相》《非十二子》《儒效》三篇每以仲尼、子弓并称，子弓之为仲弓，犹子路之为季路，知荀卿之学，实出于子夏、仲弓也。"①汪氏说荀子之学出于仲弓是可信的，但说亦出于子夏，似有可商。《荀子·非十二子》有云："正其衣冠，齐其颜色，嗛然而终日不言，是子夏氏之贱儒也。"虽说这可能只是针对子夏的门人及后学而言的，但既称"子夏氏之贱儒"，他自己当然是排除在外的，因此荀子之学不大可能属于子夏一系。杨士勋《穀梁疏》称穀梁子"受经于子夏，为经作传，传孙卿，孙卿传鲁人申公"云云，自是无根之谈。但这并不妨碍荀子对《公》《穀》二传的吸取。看来在荀子的时代，传经尚不如汉世那样注重家法，一代儒宗如荀子，研究、说解《春秋》一经，也还是兼取各传的。虽然荀子对《春秋经》的理解似乎更接近于《公羊》，我们还是无法把他的《春秋》学归在任何一个家派之内。

1999 年 8 月

（原载《南开大学历史所建所二十周年纪念文集》，南开大学出版社 1999 年版）

---

① （清）汪中：《荀卿子通论》。

汉代《春秋》经传的社会政治功能

　　从刘邦建立汉朝到汉武帝即位这六七十年中,儒学的作用逐渐为统治者所认识,儒家经典的学习与传授逐渐恢复并得到发展。汉武帝罢黜百家,独尊儒术,儒学终于定于一尊,此后三百多年,终两汉之世,经学在社会政治层面的正统权威地位从来没有动摇过。国家以经学取士,官吏循经义治国,君臣议政,多援引经典为据。应该说,儒家经典在汉代社会政治生活中确实发挥了多方面的指导作用。但儒家的几部经典,由于在内容和性质方面存在的固有的差异(例如《易》本卜筮之书,《诗》本为诗歌总集,《书》本为档案汇编之类),故在实际社会政治生活中发挥的作用是并不完全一样的。古人早有见于此,《礼记·经解》曰:"入其国,其教可知也。其为人也,温柔敦厚,《诗》教也;疏通知远,《书》教也;广博易良,《乐》教也;絜静精微,《易》教也;恭俭庄敬,《礼》教也;属辞比事,《春秋》教也。"这是从对人的影响教育的角度来区分不同经典的特点的。《史记·滑稽列传》引孔子曰:"六艺于治一也。《礼》以节人,《乐》以发和,《书》以道事,《诗》以达意,《易》以神化,《春秋》以(道)义。"①这实际上也是在讲各种儒家经典的功用不尽相同。笼统地说,六经都是统治阶级治国的宝典,都

----

　　① "道"字原阙。从各分句的句式来看,末句"以"与"义"之间疑脱漏一字,《太史公自序》正作"《春秋》以道义"。

可以算是理论武器,这是它们的共性;但六经又有各自的特性。在今人看来,《易》有预测的功能,《尚书》有提供历史知识的功能,《礼》有规范人的行为的功能,《诗经》有教化的功能,这些都是很好理解的;那么《春秋》呢?《春秋》在汉代社会政治生活中究竟发挥着怎样的作用呢?

孟子在谈到《春秋》的作用时说:"世衰道微,邪说暴行有作,臣弑其君者有之,子弑其父者有之。孔子惧,作《春秋》。""孔子成《春秋》而乱臣贼子惧。"①似乎《春秋》有讨伐乱臣贼子的功能。司马迁在《太史公自序》里也说:"夫《春秋》上明三王之道,下辨人事之纪,别嫌疑,明是非,定犹豫,善善恶恶,贤贤贱不肖,存亡国,继绝世,补敝起废,王道之大者也。"这些话对后人的影响很大。历代的《春秋》学者,总是强调《春秋》的"正名分"、"寓褒贬",强调《春秋》对乱臣贼子的笔伐,好像这就是《春秋》的主要功能了。但是"正名分"、"寓褒贬"等等其实只是一种概括的提法,《春秋》作为一种经典,在社会政治生活中究竟发生着怎样的实际作用,人们利用《春秋》到底能干些什么事情,单是一句"使乱臣贼子惧"是说明不了的。而且,对于今日的学者来说,研究《春秋》经义的思想内涵及其对社会生活的影响固然重要,而探求历代的统治阶级如何最大限度地利用儒家经典,来达到维护他们的统治的目的,同样具有重要的意义。而这一工作,应该是经学史研究的一项主要任务。

旧的经学史著作,一般对这样一项任务都不甚措怀,个别有识见的学者,例如清末皮锡瑞,曾经指出汉人"以《禹贡》治河,以《洪范》察变,以《春秋》决狱,以三百五篇当谏书",算是接触到了这一问题。但他的出发点,是在表彰汉人的学以致用,所谓"治一经得一经之益"②,并无全面考察某一经典的实际用途之意。现代的研究者,在做经学史的题目时,已经注意到了检讨经学的发展与当时社会政治的关系,已经注意到了研究封建统治阶级如何"利用以孔子为代表的儒家思想进行文化教育和思想上统治",研究"中国历代封建统治阶

---

① 《孟子·滕文公下》。

② (清)皮锡瑞:《经学历史》,中华书局 1959 年版,第 90 页。

级内部不同阶层和集团,以经学为形式,展开思想斗争和政治斗争的历史"①,但迄今尚缺乏对一种特定经典在某一特定历史时期所发挥的实际作用的专门研究。近十几年来,有关经学史的研究不断深入,出现了一批很好的著作,例如《西汉经学与政治》《汉代春秋学研究》《春秋左传学史稿》等等②,但在不同历史时期《春秋》所具有的实际功能这一问题上终觉薄弱。本文就是在前人研究的基础上,对《春秋》学与社会政治的实际关系所做的断代的、更为具体深入的探讨。

汉武帝时期的经学,是以《春秋》学为主体的;而这时候的《春秋》学,实际上就是以董仲舒为代表的《公羊》学。《公羊》学之上升为显学中的显学,固然有最高统治者的喜好这样一些偶然的因素,但也有必然的因素,那就是《公羊》学的理论非常适合当时封建统治的需要。西汉学者、官员所引据的《春秋》经义,其实大多都是《公羊》之义。《穀梁》学有许多主张与《公羊》相同,在汉世也很受欢迎,不过一直处于附庸的地位,始终没有蔚为大观。东汉以后,《左传》大行于世,一时学者众多。但《公羊》学并没有衰歇,当时学者往往兼习三传,这就给《春秋》学在政治上发生影响提供了更多的可能性。在汉代,离开了三传,《春秋》的功用就无从谈起。因此,本文特将标题定为"《春秋》经传的社会政治功能"。

一 以《春秋》说灾异

在儒家诸种经典中,可以用来说"灾异"的内容不少,例如《诗经》中的"百川沸腾,山冢崒崩"③,《尚书》中的"越有雊雉"④等等,但记载灾异最大量的还要数《春秋》经传。我们读两汉的史籍,会有一个强烈的印象,就是当时儒者、大臣,在议论国政、上书朝廷的时候,往往会引证《春秋》中的灾异,来对当权者进行劝谏,有时还要结合现实发

---

① 周予同:《经·经学·经学史》,载于《周予同经学史论著选集》,上海人民出版社1983年版,659页。

② 汤志钧等:《西汉经学与政治》,上海古籍出版社1994年版;马勇:《汉代春秋学研究》,四川人民出版社1992年版;沈玉成、刘宁:《春秋左传学史稿》,江苏古籍出版社1992年版。

③ 《诗经·小雅·节南山》。

④ 《尚书·高宗肜日》。

生的灾异现象,来说明实际政治中存在的问题和弊端,这就是我们所说的以《春秋》说灾异。尽管这种事情历代都有,但在汉代显得特别突出,甚至可以视为汉代政治的一大特点,因此很有必要进行研究。

汉儒"以春秋说灾异"的开风气者,应该说是董仲舒。汉武帝在策问群儒的时候,兴趣特别集中在天人关系方面,认为"善言天者必有征于人,善言古者必有验于今",他"上嘉唐虞,下悼桀纣",想搞清的是"天人之应","三代受命,其符安在?灾异之变,何缘而起"。而董仲舒的对策,也正是针对着这一点,充分利用《春秋》大量记载灾异这一特点,使《春秋》对当时的政治更具有指导意义。他说:

> 臣闻天者群物之祖也,故遍覆包函而无所殊,建日月风雨以和之,经阴阳寒暑以成之。故圣人法天而立道,亦溥爱而亡私,布德施仁以厚之,设谊立礼以导之。春者天之所以生也,仁者君之所以爱也;夏者天之所以长也,德者君之所以养也;霜者天之所以杀也,刑者君之所以罚也。繇此言之,天人之征,古今之道也。孔子作《春秋》,上揆之天道,下质诸人情,参之于古,考之于今。故《春秋》之所讥,灾害之所加也;《春秋》之所恶,怪异之所施也。书邦家之过,兼灾异之变,以此见人之所为,其美恶之极,乃与天地流通而往来相应,此亦言天之一端也。①

董仲舒的这段话可以看作是汉人以《春秋》说灾异的总纲。因为天是万物之祖,无所不包,故圣人"法天立道",天之所为与圣人之所为完全一致,天之好恶爱憎也就是圣人的好恶爱憎。孔子之作《春秋》,就是要把天道与人事联系起来。所以天所降之灾害,也就是《春秋》之所讥;天所生之怪异,也就是《春秋》之所恶。董仲舒又说:"国家将有失道之败,而天乃先出灾害以谴告之;不知自省,又出怪异以警惧之;尚不知变,而伤败乃至。"这样一来,《春秋》所记载的灾异,也就完全变成了天对人事的示警和谴责。

董仲舒的这套理论得到了汉武帝的赏识,于是《春秋》中所记的灾异也就开始有了政治的意义。因为任何时代灾异现象总是难免会出现的,把对《春秋》灾异的解释推广到实际生活中,《春秋》经传在政

---

① 《汉书·董仲舒传》。

治实践中的作用就显现出来了。

董仲舒后来被汉武帝任命为江都相,使他可以在有限的范围内实现他的政治理想了:"仲舒治国,以《春秋》灾异之变推阴阳所以错行,故求雨,闭诸阳,纵诸阴,其止雨反是。行之一国,未尝不得所欲"。剔除其中的迷信因素,可以看出在董仲舒的政治实践中,以《春秋》说灾异确实是一种重要的手段。不过,使用这种手段有时候也要冒一些风险:"先是,辽东高庙、长陵高园殿灾,仲舒居家推说其意,草稿未上。主父偃候仲舒,私见,嫉之,窃其书而奏焉。上召视诸儒,仲舒弟子吕步舒不知其师书,以为大愚。于是下仲舒吏,当死,诏赦之。仲舒遂不敢复言灾异"。尽管如此,这种以《春秋》说灾异的手段还是流行了开来,在政治斗争中屡被运用。

宣帝年间,外戚霍氏专权,名儒萧望之感到这是对皇权的威胁,试图以说灾异劝说皇帝削弱霍氏的势力:

> 地节三年夏,京师雨雹,望之因是上疏……以为《春秋》昭公三年大雨雹,是时季氏专权,卒逐昭公。乡使鲁君察于天变,宜亡此害。今陛下以圣德居位,思政求贤,尧舜之用心也。然而善祥未臻,阴阳不和,是大臣任政、一姓擅势之所致也。……唯明主躬万机,选同姓,举贤材,以为腹心,与参政谋……则庶事理,公道立,奸邪塞,私权废矣"。①

按萧望之把当时的"雨雹"与《春秋》所记的"大雨雹"联系在一起,以春秋时的季氏专权比拟当时的霍氏专权,给时君以十分明确的警示。不过他在这里引用的《春秋》之义,实际上是萧望之自己赋予《春秋》的义,因为三传在对昭公三年"大雨雹"的解释中都不曾提及季氏的专权。

元帝时又有宦官石显专权,以治《易》闻名的京房在一次与皇帝的谈话中,巧妙地利用了《春秋》的灾异进行劝谏:

> 房因免冠顿首,曰:"《春秋》纪二百四十二年灾异,以视万世之君。今陛下即位已来,日月失明,星辰逆行,山崩泉涌,地震石陨,夏霜冬雷,春凋秋荣,陨霜不杀,水旱蟥虫,民人饥疫,盗贼不

---

① 《汉书·萧望之传》。

禁,刑人满市,《春秋》所记灾异尽备。陛下视今为治邪,乱邪?"
上曰:"亦极乱耳,尚何道?"房曰:"今所任用者谁与?"……房指
谓石显,上亦知之。①

尽管京房最终还是为石显所害,但他这种以《春秋》灾异讽喻人主的
做法,在当时还是很有代表性的。

汉成帝以荒淫好色著称,杜钦思有以匡正,于是借发生日食、地
震的机会上书曰:

> 臣闻日蚀地震,阳微阴盛也。臣者,君之阴也;子者,父之阴
> 也;妻者,夫之阴也;夷狄者,中国之阴也。《春秋》日蚀三十六,
> 地震五,或夷狄侵中国,或政权在臣下,或妇承夫,或臣子背君
> 父,事虽不同,其类一也。臣窃观人事以考变异……殆为后宫。
> 何以言之? ……日以戊申蚀,时加未。戊未,土也。土者,中宫
> 之部也。其夜地震未央宫殿中,此必适妾将有争宠相害而为患
> 者,唯陛下深戒之。②

按单纯以灾异来规谏,可能还是缺乏说服力的;如果先把《春秋》中的
灾异与这些灾异所反映的社会政治问题归纳起来,再与现实的灾异
及问题对照,那效果就不一样了。特别是在儒家的经典已被"独尊"
的时代更是如此。

东汉以来,以《春秋》说灾异之风未敛,仍然是臣子谏诤的重要手
段。章帝时的名臣杨终以通晓《春秋》见称,他就借说《春秋》灾异劝
说最高统治者减省刑罚,使远徙边域的臣民得返故里:

> 建初元年,大旱谷贵,终以为广陵、楚、淮阳、济南之狱,徙者
> 万数,又远屯绝域,吏民怨旷,乃上疏曰:"……臣窃按《春秋》水
> 旱之变,皆应暴急,惠不下流。自永平以来,仍连大狱,有司穷
> 考,转相牵引,掠考冤滥,家属徙边。加以北征匈奴西开三十六
> 国,频年服役,转输烦费。……民怀土思,怨结边域。……愁困
> 之民,足以感动天地,移变阴阳矣。陛下留念省察,以济

---

① 《汉书·京房传》。
② 《汉书·杜周传》。

元元。"①

灵帝时"欲铸铜人,而国用不足,乃诏调民田,亩敛十钱"。当时"水旱伤稼,百姓贫苦",于是陆康上疏谏曰:

> 臣闻先王治世,贵在爱民。……末世衰主,穷奢极侈,造作无端,兴制非一,劳割自下,以从苟欲,故黎民吁嗟,阴阳感动。陛下圣德承天,当隆盛化,而卒被诏书,亩敛田钱,铸作铜人,伏读惆怅,悼心失图。夫十一而税,周谓之彻。彻者通也,言其法度可通万世而行也。故鲁宣税亩,而蝝灾自生;哀公增赋,而孔子非之。岂有聚夺民物,以营无用之铜人,捐舍圣戒,自蹈亡王之法哉!②

按陆康此疏,就是利用了《春秋》灾异。鲁宣公十五年鲁国实行"初税亩",这一年《春秋》经上记载着"蝝生",当是指有虫灾。《公羊》解释说:"上变古易常,应是而有天灾",也就是说,这次虫灾是上天对鲁君变更祖制(三传都认为"初税亩"是加重民众负担的新政)的儆戒。

汉代《春秋》经传为什么会有这种可以用来陈说灾异、为当权者提供儆戒的功能呢?这既有经典本身方面的原因,也有汉代儒学发展以及汉代社会政治方面的原因。从经典本身来说,《春秋》经传确实记载了大量的所谓"灾异",如日食、星陨如雨、有蜮、梁山崩壅河三日不流、地震、夏大雨水、冬大雨雪、大水、大旱、陨石于宋五、陨霜不杀草、正月不雨至于秋七月、昼晦、彗星见于东方、有星孛于大辰、鹳鹆来巢等等,这些记载给了解说《春秋》的人以很大的发挥的余地。不过《春秋》记载灾异,并不像汉儒所说的那样,都有儆戒的意义。从三传的解说来看,先秦《春秋》学对灾异的看法总的来说还是相当素朴的,《左传》丝毫没有上天示警的意思,《左传》的作者甚至对灾异与现实政治相关这一点公然表示怀疑,他借子产(昭公二十八年)、叔兴(僖公十六年)、士弱(襄公九年)等人之口,表达了"天道远"、"人道迩",二者并不相干这样一种意见。《公羊传》对绝大多数灾异也只是说"记灾也"、"记异也",并不认为《春秋》记载灾异就是对现实政治有

---

① 《后汉书·杨终传》。
② 《后汉书·陆康传》。

所"讥"、有所"贬"。当然也有例外,如《公羊传》对宣公十五年"螽生"的说解,认为"上变古易常,应是而有天灾",就是典型的上天示警论,但这样的例子很少。《韩非子·内储说上》有云:

> 鲁哀公问于仲尼曰:"《春秋》之记曰:冬十二月陨霜,不杀菽。何为记此?"仲尼对曰:"此言可以杀而不杀也。夫宜杀而不杀,桃李冬实。天失道,草木犹犯干之,而况于人君乎?"

按这条材料中的"《春秋》之记",与今本《春秋》僖公三十三年经文略同,唯经文作"冬十二月陨霜,不杀草,李梅实"。这是一条有关灾异的记载。《左传》对此未加解释,《公羊》也只是说"记异也",《韩非子》所记孔子对这条经文的发挥,也只是用"天失道,草木犹干犯之"作比,说明人君如果"失道"后果将更加严重,并没有把灾异说成是上天对时君的儆戒。儒学的发展,使这种情况有了改变。战国时代,儒学出现了一种与阴阳家合流的倾向,特别是当时的"齐学",神秘主义的倾向更为明显,而《春秋》公羊学就属于"齐学"的范畴。汉代《公羊》学盛行,由于最高统治者的提倡,儒者对《春秋经》中的神秘主义因素进行了深入的开掘,《春秋》中所记载的"灾异"自然成为关注的焦点。于是我们看到,在《公羊传》中还只是"记灾也"、"记异也"的灾异,到了汉儒的口中,就变成了上天的儆戒了。因此我们可以说,把灾异的出现与现实政治联系起来,类似"国家将有失道之败,而天乃先出灾害以谴告之,又出怪异以警惧之"这样的议论,即使不能算作是汉儒的发明,至少也是至汉代方始流行的一种观念。在这样的背景下,说灾异自然就成为《春秋》学与政治的一个绝佳的结合点。

汉代《春秋》经传所以具有这种陈说灾异、为统治者提供儆戒的功能,也与汉代社会政治的发展有关。或者可以说,汉代的社会政治有这种需要。中国古代的专制主义集权政治,是在战国时代出现的,秦始皇把这种专制政治推向了极致。秦朝虽然短命,但其影响却相当深远。汉朝建立以后,虽然在统治政策上有重大调整,但其基本的社会政治形态与秦朝并无二致。专制主义皇权仍然强大,而且有愈益强化的趋势。这对统治者来讲,并不完全是好事。绝对的权力缺乏制约,往往会把国家引上覆灭之路,秦朝的短祚就是殷鉴。汉初以来，统治阶级中的有识之士都十分重视秦亡的教训，都在试图探索一条既可保证皇权不受侵犯、又可以适时地对皇权进行一定程度的制约的政治道路。作为社会的主流意识形态，经学自然也要为这种政治需要服务。既然从体制上很难对皇权加以限制，那么利用神权来制约皇权，就显得十分必要了。这里所谓神权，其实就是"天"的意志。皇帝是"天子"，他是代"天"来子养万民的，天无时无刻不在监督着人世间的政治，一旦发现有"失道"之处，天就要显现出"灾异"来，用以"谴告"和"警惧"人主，使有所悔悟，使有所更张。而人主出于对天命的畏惧，也往往会认真地考虑臣子根据灾异提出的谏诤。这样，以"灾异"的形式表现出来的"天"的意志，也就成了对绝对皇权的一种限制因素。汉代的儒者正是适应当时社会的这种政治需要，利用儒术独尊的机会，对《春秋》经传中有关灾异的内容加以改造，将它们说成是"《春秋》纪二百四十二年灾异，以视万世之君"，似乎孔子当年修《春秋》，记下了这些灾异，原本就是为了给后世君主提供儆戒，这就与孔子作《春秋》是为汉世立法的说法相一致了。

以《春秋》说灾异作为一种政治斗争的手段，在汉代神学迷信甚嚣尘上的社会背景下固然显得十分有效，但毕竟有其局限性，因为对灾异解释的随意性实在是太大了，而且由于没有验证的可能，其可信度也会逐渐衰减。有时儒者根据《春秋》陈说灾异，由于超过了最高统治者可以接受的限度，还会导致非常残酷的结局。前面已经提到，董仲舒就险些为此送命，而董氏的弟子眭孟，就真的付出了血的代价。史载昭帝元凤三年正月，泰山"有大石自立"，又上林苑中已经断枯倒地的大柳树"亦自立生"，而且有虫食树叶成文字，曰"公孙病已立"。这无疑属于怪异的现象。于是眭孟"推《春秋》之意，以为石柳皆阴类，下民之象，泰山者岱宗之岳，王者易姓告代之处。今大石自立，僵柳复起，非人力所为，此当有从匹夫为天子者"。但如果这样，当今的皇帝该怎么办呢？于是眭孟进一步建议说："先师董仲舒有言：虽有继体守文之君，不害圣人之受命。汉家尧后，有传国之运。汉帝宜谁差天下，求索贤人，禅以帝位，而退自封百里，如殷周二王后，以承顺天命。"这是公开让汉皇帝退位，把江山社稷让给别人，真无异于与虎谋皮。其结果自然可想而知，眭孟以"妖言惑众，大逆不道"罪"伏诛"。① 此事容有后人附会的成分,但眭孟以说灾异触怒了最高统治者而被杀,应该是事实。值得注意的是,眭孟说灾异也并非信口妄说,而是"推《春秋》之意",足见其确有所遵循;只是他把《春秋》的这一功能发挥得过了头,超过了统治者所能接受的限度,以致引来了杀身之祸。

二 以《春秋》之义为政治原则

虽然《春秋》原本是鲁国的国史,但先秦的《春秋》学从一开始就与史学无关。孔子及其弟子解说《春秋》,都不是在讲历史,而是在讲政治。《春秋》学者口中的《春秋》之义,实际上多是一些政治原则。司马迁说过,"为人君父而不通《春秋》之义者,必蒙首恶之名;为人臣子而不通《春秋》之义者,必陷篡弑之诛,死罪之名"。② 这也是强调《春秋》所体现的政治原则应当为君主与臣子所共同遵守。汉代君臣议政,往往要引《春秋》之义作为依据,就是在利用《春秋》提供政治行为准则这样一种社会功能。

统观两汉的历史记载,政治家们作为政治行为准则而提到的"《春秋》之义"甚多,姑举其要者如下:

(1)臣闻《春秋》正即位,大一统而慎始也。(《汉书·路温舒传》)

(2)《春秋》之义,用贵治贱,不以卑临尊。(《汉书·朱博传》)

(3)《春秋》之义,奸以事君,常刑不舍。(同上)

(4)《春秋》之义,王人微者序乎诸侯之上,尊王命也。(《汉书·翟方进传》)

(5)《春秋》之义,尊上公谓之宰,海内无不统焉。(同上)

(6)《春秋》之义,诸侯不得专地,所以壹统尊法制也。(《汉书·匡衡传》)

(7)《春秋》之义,以贵理贱。(《后汉书·章帝纪》)

(8)《春秋》之义,君亲无将,将而诛焉。(《汉书·王莽传》)

① 《汉书·眭弘传》。
② 《史记·太史公自序》。

(9)《春秋》先内后外……明政化之本,由近及远。(《后汉书·锺离意传》)

(10)《春秋》之义,国君死社稷,忠臣死君命。(《后汉书·袁绍传》)

(11)《春秋》之义,不以家事废王事。(《后汉书·丁鸿传》)

(12)世卿持权,《春秋》以戒。(《后汉书·乐恢传》)

(13)《春秋》之义,许夷狄者不壹而足。(《汉书·陈汤传》)

(14)《春秋》之义,王者不理夷狄。(《后汉书·乐恢传》注引《东观记》)

(15)《春秋》之义,大能变改。(《汉书·宣元六王传》)

(16)《春秋》之义,大夫出疆,有可以安社稷,存万民,颛之可也。(《汉书·终军传》)

(17)量力度德,《春秋》之义。(《后汉书·崔骃传》)

(18)臣闻《春秋》诛恶及本,本诛则恶消。(《后汉书·儒林传》)

以上所列举的是见于《汉书》《后汉书》的所谓"《春秋》之义",这些都是当时君臣在议政中作为某种政治原则提出来的。其中例1至例12,都是有关维护统治秩序的原则,包括尊王、大一统、忠君、集权等内容,可以看出,汉人在用"《春秋》之义"来指导政治行为的时候,这些内容特别为他们所关注。例13、例14涉及"华夷"关系。例15至例18为处理政事的一般准则。这些《春秋》之义大多出自《公羊》学,也有一部分(例3、例10、例17等)出自《左传》,个别的(例5)出自《穀梁传》。

汉人引《春秋》之义作为政治行为的准则,除了上面所列举的那种直接引述经义的方式之外,还有一种方式,就是引证《春秋》中的记事,作为现实行事的参照,也可以使人从中获取政治行为应当遵守的原则。据《汉书·隽不疑传》记载:

始元五年,有一男子乘黄犊车,建黄旐,衣黄襜褕,著黄冒,诣北阙,自谓卫太子。公车以闻,诏使公卿将军中二千石杂识视。长安中吏民聚观者数万人。右将军勒兵阙下,以备非常。丞相御史中二千石至者并莫敢发言。京兆尹不疑后到,叱从吏收缚。或曰："是非未可知，且安之。"不疑曰："诸君何患于卫太子！昔蒯聩违命出奔，辄距而不纳，《春秋》是之。卫太子得罪先帝，亡不即死，今来自诣，此罪人也。"遂送诏狱。天子与大将军霍光闻而嘉之，曰："公卿大臣当用经术明于大谊。"繇是名声重于朝廷，在位者皆自以不及也。

按此事在当时属于一突发的政治事件，如何应对，众人皆心存疑虑。隽不疑由于明于《春秋》，所以能当机立断，做出反应。而他所依据的，正是《春秋》中所记卫君辄拒纳蒯聩之例。据哀公三年《公羊传》，蒯聩本为卫灵公的太子，因得罪灵公出奔。灵公死后，蒯聩之子辄立为卫君。后来蒯聩企图返国，遭到了辄的抵拒。卫国的这件事例颇与汉武帝因巫蛊事废黜卫太子一案相似，故隽不疑取来作行为的参照，实际上也就是从《春秋》所记的这件事中吸取如何处理此类事件的原则。这是很典型的把经术运用于实际政治中的事例，无怪乎隽不疑得到了统治集团从上到下一致的赞誉。

像这样利用《春秋》经传的例子还有很多。太初四年，汉军打败了大宛，"威震外国"，汉武帝想乘势进攻匈奴。为了表明此次用武的合理性，武帝下诏曰："高皇帝遗朕平城之忧，高后时单于书绝悖逆。昔齐襄公复九世之仇，《春秋》大之。"①在这里汉武帝把对匈奴用兵说成是复仇，而以齐襄公复仇之事作为参照。按《公羊传》庄公四年云："何贤乎襄公？复仇也。……九世犹可以复仇乎？虽百世可也。"汉武帝显然是用《公羊》之义作为自己行动的准则，但他没有直说《春秋》之义是什么什么，而是引证《春秋》经传中的记事作为榜样，这种记事也完全可以起到行为准则的作用。

东汉王符著《潜夫论》，讥评时政，探讨治术，是标准的政治论文。他在谈到统治者的浮侈之风时说："昔晋灵公多赋以雕墙，《春秋》以为不君；华元、乐举厚葬文公，君子以为不臣。"②这是从《左传》的反面事例中总结"不君"与"不臣"的标准，是典型的用《春秋》经传来指导政治行为。

东汉永宁年间，朝廷有内宠之患。安帝的乳母王圣仰仗着她与

---

① 《汉书·匈奴传》。
② 《后汉书·王符传》。

皇帝的特殊关系，骄恣放纵，其女伯荣也出入禁省，请托纳贿。当时的名儒司徒杨震上疏极谏，指出皇帝不应纵容乳母为非作歹。他在疏中引《春秋》之事云："昔郑严公（按即郑庄公）从母氏之欲，恣骄弟之情，几至危国，然后加讨，《春秋》贬之，以为失教。"①此事在《左传》中记载甚详，左氏认为讥贬郑伯"失教"，乃是《春秋》的经义。杨震上疏引郑庄公事迹，固然有以史为鉴之意，也是从反面揭示出统治者行事的一种规范。这与前述直陈"《春秋》之义"以进谏者有异曲同工之妙。

桓帝延熹年间，宦官专权坏政。大宦官中常侍侯览之弟任益州刺史，贪赃枉法，被太尉杨秉参劾，畏罪自杀。杨秉认为侯览之弟既已获罪，侯览"必有自疑之意"，因此"不宜复见亲近"，应速加屏斥，"投畀豺虎"。他在上疏中援引《春秋》之事云："昔懿公刑邴歜之父，夺阎职之妻，而使二人参乘，卒有竹中之难。《春秋》书之，以为至戒。"②此事见于《左传》文公十八年，邴歜与阎职是齐懿公的两个近臣，因与懿公有私仇，二人合谋杀懿公于竹林之中，这就是所谓"竹中之难"。杨秉引此事进谏，实际上也是从《春秋》经传中归纳出一种用人的原则。

不管是直接标举"《春秋》之义"，还是引《春秋》史事作为行为的参照，实质是一样的，都是企图从《春秋》经传中寻求政治行为的规范和准则。在儒学已经独尊的汉代，这是很容易理解的，为统治阶级所认可的意识形态，当然要为统治者提供治国安邦的理论基础和策略手段。汉人大量地利用《春秋》之义来指导政治行为，说明了《春秋》学特别是《春秋》公羊学确实能够适应汉代统治者的需要，但这并不是说所有的《春秋》之义都为统治者所欢迎。实际上汉人在利用《春秋》方面是很有选择性的，这从前揭两《汉书》所载征引《春秋》诸例中看得很清楚。有些明显不适应汉代政治需要的经义，则不为人们所征引，即使征引，也可能遭到其他人的反驳。据《汉书·终军传》记载，元鼎年间，博士徐偃出使考察风俗，假传王命，"使胶东、鲁国鼓铸盐铁"。回朝以后，向皇帝作了报告，迁为太常丞。御史大夫张汤"劾

---

① 《后汉书·杨震传》。
② 《后汉书·杨震传》。

偃矫制大害,法至死"。徐偃在辩解的时候,"以为《春秋》之义,大夫出疆,有可以安社稷,存万民,颛之可也"。① 张汤虽然坚持要法办徐偃,却无法反驳徐偃所引用的《春秋》经义,于是汉武帝以此事询问终军。终军是赞成张汤的意见的,他驳诘徐偃说:

> 古者诸侯国异俗分,百里不通,时有聘会之事,安危之势,呼吸成变,故有不受辞造命颛己之宜。今天下为一,万里同风,故《春秋》"王者无外"。偃巡封域之中,称以出疆,何也?

按终军的反驳很有力量,他强调的是汉代天下一统,与春秋时列国并存的形势不同,因此徐偃所据的那一条《春秋》经义并不能适用于徐偃之所为。值得注意的是,终军在反驳徐偃的时候,同样依据的是《春秋》经义,这经义就是"王者无外",《公羊传》中四申其说②,可见是一条很重要的"义"。在君主专制进一步强化的汉代,"王者无外"之类的经义当然要比"大夫得专"之类的经义更受统治者的欢迎。徐偃是在"封域之中",自然不会允许他矫制擅权;即使是出使域外,擅权之举也是不合时宜的。据《汉书·冯奉世传》记载,冯奉世出使西域,擅自做主,进击莎车,平定叛乱,立下大功。汉宣帝对此本来是很满意的,打算封冯奉世为侯,但大臣们的意见并不一致:

> 丞相、将军皆曰:"《春秋》之义,大夫出疆,有可以安国家,则颛之可也。奉世功效尤著,宜加爵土之赏。"少府萧望之独以奉世奉使有指,而擅矫制违命,发诸国兵,虽有功效,不可以为后法。即封奉世,开后奉使者利,以奉世为比,争逐发兵,要功万里之外,为国家生事于夷狄。渐不可长,奉世不宜受封。

按此例与前引《终军传》之例很相似,实际上都是对《春秋》经义的质疑。冯奉世矫制擅权,立有大功,朝臣们据《春秋》之义为之请封,甚至皇帝也认为他有功应当受封,但名儒萧望之独持异议,指出冯奉世虽然立功,但他矫制擅权,"不可以为后法",也就是说,《春秋》有关大夫出疆遇有对国家有利之事即可专擅为之的经义,并不适用于君主高度专制的当代。比较而言,萧望之的意见对于维护统治阶级的根

---

① 此义见《公羊传》庄公十九年。
② 参见《公羊传》隐公元年、桓公八年、僖公二十四年、成公十二年。

本利益显得更为得力,因此最终被汉宣帝所接受。

这两件事例表明,汉人在用《春秋》经传指导政治行为的时候,是有选择性的,某些由于时代变迁而显得不合时宜的经义,往往会被忽略或受到修正;而那些符合现实政治需要的经义,则会特别被强调。同时,也有一些所谓"经义"实际上是汉代才有的东西,是汉人利用《春秋》经传的权威,把当世流行的一些观念、原则加到了《春秋》经传之中。例如东汉元和二年皇帝诏改律令,规定以后不在十一月、十二月"报囚",诏书谈到此举的根据时说:"《春秋》于春每月书'王'者,重三正、慎三微也。……朕咨访儒雅,稽之典籍,以为王者生杀,宜顺时气。"①按三正是指三种历法,或云夏、殷、周,或云天、地、人。至于三微,李贤注引纬书云:"三微者,三正之始,万物皆微,物色不同,故王者取法焉。"注又云:"必以三微之月为正者,当尔之时,物皆尚微,王者受命,当扶微理弱,奉成之义也。"《春秋》于春每月书"王"(实际上并非如此,"王"字或书或不书),《左传》的解释是"王周",即明确此处所用为周历;《公羊》则说这个"王"是指周文王,均没有"重三正、慎三微"之意。且将"三正"与"三微"对举,又与阴阳学说结合,完全是汉人的观念,因此,元和二年诏书中所引《春秋》经义,其实是汉人赋予《春秋》的"义"。看来经义也是发展变化着的,不断地有所增益,不断地被改造,这样才能适应现实社会政治的需要。否则我们就无法理解两千年来,在变动不居的社会政治背景下,经学何以能始终占据主流意识形态的地位,何以总是能为不同时代的统治阶级提供为他们所需要的理论武器。

三　以《春秋》议礼

有关先秦的礼制,儒家经典当中是有专书的,因此议礼并不完全依赖《春秋》经传。但《春秋》经传中确实涉及了相当多的礼制问题,如祭祀、建嗣、继承、婚嫁、丧礼、军礼、朝聘、盟会等等,范围相当广泛。即以《春秋》开卷第一条而论,"元年春王正月",没有书"公即位"几个字,《左传》的解释是"摄也",也就是说隐公只是"摄位",并没有正式举行登基大典,故没有告庙而书于史册。《公羊》则说隐公虽年

---

① 《后汉书·章帝纪》。

长而地位实卑，虽然即位做了国君，却心存让桓之意，故经不书"即位"以"成公意"。类似这样的内容在《春秋》经传中很多，这些都涉及礼制问题。由于《春秋》本身的记事据说又都有褒贬的寓意，故《春秋》经传中涉及的礼制问题，其是非正误一般也都可以很清楚地看出来，《左传》中更有许多"礼也"、"非礼也"之类的评价。这些无疑都为议礼的人提供了依据。

汉代从一开始就有议礼的需要。汉朝建立的初期，高祖在欢宴群臣的时候，功臣们大呼小叫，争功斗气，使高祖深感建立礼制的必要。于是有叔孙通及其弟子们的定礼仪。但由于春秋战国以来礼制的崩坏，加以汉初儒学不甚发达，故叔孙通等所定之礼仪，"大抵皆袭秦故"。据司马迁说，秦的礼仪强调"尊君抑臣"，并不完全合乎"圣制"。① 班彪也说："汉承亡秦绝学之后，祖宗之制因时施宜。"②汉武帝定儒学于一尊，貌似处处遵循经典，其实也很懂得礼制须因时而变，不可一味泥古，他曾下诏曰："盖受命而王，各有所由兴，殊路而同归，谓因民而作，追俗为制也。议者咸称太古，百姓何望？汉亦一家之事，典法不传，谓子孙何？"③因此汉代虽然很重视礼制，但它的礼制，有很多都是根据现实的社会政治情况"增益减损"而成的。

随着儒学势力的扩展，人们议礼更多地引据儒家经典了，《诗经》《尚书》《仪礼》《礼记》自然多所征引，据《春秋》经传以议礼者也明显增多。两《汉书》中反映汉人据《春秋》经传议礼的材料很多，归纳起来看，这些议礼大多涉及政治、人伦，例如关于大臣是否行三年之丧，东汉安帝时颇有争议，陈忠上疏说："夫父母于子，同气异息，一体而分，三年乃免于怀抱。先圣缘人情而著其节，制服二十五月，是以《春秋》臣有大丧，君三年不呼其门。"④此系据《春秋》论证三年之丧的合理，但陈忠的意见并未被采纳。桓帝延熹年间，荀爽又上疏议论，仍然是以《春秋》为辞："古者大丧三年不呼其门，所以崇国厚俗笃化也。"⑤所据经义相同。又如君主的立嗣，也以《春秋》经义为指导：东

---

① 《史记·礼书》。
② 《汉书·韦贤传·赞》。
③ 《史记·礼书》。
④ 《后汉书·陈忠传》。
⑤ 《后汉书·荀爽传》。

汉桓帝死后，外戚窦武拥立灵帝，卢植认为立所当立，他揭出立君的根据说："寻《春秋》之义，王后无嗣，择立亲长，年均以德，德均则决之卜筮。"①这段原载于《左传》的话成了选择新皇帝的原则。有些经义，被人征引的频度颇高，例如"《春秋》之义，母以子贵"②，就分别见引于《汉书》之《哀帝纪》、《外戚传》，《后汉书》之《皇后纪》、《梁统传》、《郅恽传》，大多用来尊奉母氏及母氏之亲属。看来这是广为人所接受的经义。庙制和祀典也是汉人议礼的重点。元帝时，儒臣贡禹根据《春秋》经传中"天子七庙"之说，建毁庙之议，得到了天子的赞同。此后又诏议罢郡国庙，丞相韦玄成等七十余人上书赞成，其理由就是"《春秋》之义，父不祭于支庶之宅，君不祭于臣仆之家，王不祭于下土诸侯"。③ 按"父不祭于支庶之宅"，遵循的是先秦宗法制原则，维护的是大宗宗子的利益；而"君不祭于臣仆之家"和"王不祭于下土诸侯"，则是维护君主与天子的尊严与权利。这里表面上只是议"庙制"，实际上是根据《春秋》经义对汉礼进行修正，以适应君主集权不断强化的要求。

在祀典方面，东汉殇帝以百天之婴儿即位，数月而亡，继之为帝的是安帝。安帝与殇帝为兄弟行，且年长于殇帝，故安帝死后，汉室祭祀，先安而后殇。这种祀典实际上破坏了传统的君主统治秩序，违反了君臣关系原则，因此质帝时对此做了纠正，当时的诏书说："孝殇皇帝虽不永休祚，而即位逾年，君臣礼成。孝安皇帝承袭统业，而前世遂令恭陵（安帝）在康陵（殇帝）之上，先后相逾，失其次序，非所以奉宗庙之重，垂无穷之制。"诏书接着引《春秋》经义为据："昔定公追正顺祀，《春秋》善之。"④按此义出自定公八年"从祀先公"，三传均以为"从祀"就是"顺祀"，《穀梁传》更明确地说："贵复正也。"盖鲁闵公即位二年而亡，继他而立的是僖公。僖公是闵公的庶兄，曾为闵公之臣，按理说位次当在闵公之下，但僖公死后，其子文公却将僖公的神主置于闵公之上，这就是《春秋》所讥的"逆祀"。定公纠正了这一违反礼制的祀典，故《春秋》"善之"。质帝纠正殇、安之失序，其实质是

<hr>

① 《后汉书·卢植传》。
② 《公羊传》隐公元年："子以母贵，母以子贵。"
③ 《汉书·韦贤传》。
④ 《后汉书·质帝纪》。

强调不以"亲亲"妨害"尊尊",这也是一条《春秋》之义,汉人多有此种认识。据《后汉书·宋意传》记载,"肃宗性宽仁,而亲亲之恩笃",对待两位叔父及诸昆弟"礼敬过度",允许他们"留京师,不遣就国"。宋意认为"人臣有节,不宜逾礼过恩",于是上疏力谏,其中有云:"《春秋》之义,诸父昆弟无所不臣,所以尊尊卑卑,强干弱枝者也。陛下德业隆盛,当为万世典法,不宜以私恩损上下之序,失君臣之正。"这里对《春秋》之义的理解和运用,是与前揭对于祀典的纠正完全一致的。

从上引诸例可以看出,《春秋》经传在汉代确有一种议礼的功能,汉人通过议礼,更凸显出《春秋》经传对政治及社会风习的指导作用,达到了维护、优化统治秩序的目的。

四 以《春秋》决狱

据经师的说法,《春秋》中有褒贬,有予夺,这些褒贬予夺的标准和原则就是《春秋》的"义"。把这种标准和原则运用于实际案件的审判之中,就叫作"以《春秋》决狱"。以《春秋》决狱是《春秋》经传在汉代颇具特色的一项功能,其首倡者也是董仲舒。

董仲舒在《春秋繁露》中曾专门谈到"听狱":

> 《春秋》之听狱也,必本其事而原其志。志邪者不待成,首恶者罪特重,本直者其论轻。[1]

这是说听狱要从两方面入手:一是考察犯罪事实(本其事),一是考察思想动机(原其志)。在此基础上他提出了三条原则:所谓"志邪者不待成",是说有邪恶心思的人不待其形成犯罪事实,就可以定罪;所谓"本直"是指虽然犯罪,却有相当的理由,这种理由从根本上说又是合乎"义"的,这种情况定罪就要从轻;至于"首恶者罪特重",其义至为显明,不必多说。《繁露》又云:

> 是故逢丑父当斩,而辕涛涂不宜执;鲁季子追庆父,而吴季子释阖庐:此四者罪同异论,其本殊也。俱欺三军,或死或不死;俱弑君,或诛或不诛。听讼折狱,可无审邪?[2]

---

[1] 《春秋繁露·精华》。
[2] 《春秋繁露·精华》。

这里举出了《春秋》中的四件案例,加以比较。据《公羊传》,逢丑父是齐臣,在齐、晋两国的鞌之战中,担任齐顷公的"车右"。齐军战败,丑父因面貌与顷公相似,于是假扮齐君,欺骗晋军,使齐君得以逃脱。后来逢丑父被晋军逮捕,晋军的统帅郤克认为他"欺三军",依法当"斩",于是将丑父斩杀。① 辕涛涂是陈国的大夫,齐桓公征楚获胜之后,回师途中要经过陈国,辕涛涂怕齐军会给陈国带来祸害,便欺骗齐军,向齐桓公进言,说不如乘势往征东夷(这样就可以不从陈国经过了)。桓公中计,挥师东征,结果因道路泥泞,齐军"大陷于沛泽之中",桓公怒而"执涛涂"。② 这两例中,逢丑父与辕涛涂都犯有"欺三军"罪,但《繁露》依《公羊》为说,认为对此二人不当同罚,逢丑父该杀,辕涛涂则"不宜执"。这是因为"其本"不同。辕涛涂所以不让齐军经过陈国,乃是因为齐军"不正",不像是仁者之师,会给小国带来祸害,辕涛涂这样做是有他的道理的。这就叫作"俱欺三军,或死或不死"。同是弑君,判罪也不同。庆父是鲁国的公子,他为篡权而杀害了国君闵公,后来逃到了莒国,执政季子追讨他至莒,最终也不肯宽恕他。③ 阖庐是吴国的公子,他设计刺杀了吴王僚,让国君位于公子季札,季札不受,阖庐自己做了国君。④ 庆父与阖庐同犯有"弑君"之罪,而《繁露》认为一个该诛,一个则可以不诛。原因就在于庆父早有篡位之心;而阖庐所"弑"的王僚,原本就不该做国君的,而且阖庐得手之后,还曾首先将王位让与季札。这种同罪异罚的现象,是《春秋》折狱的特征,其根源就在于《春秋》的"原志"、"审本"。

　　《繁露》中的这部分内容应该看作是董仲舒"以《春秋》决狱"主张的理论演示,同时,他可能也将此种理论贯彻到了当时的司法实践之中。《汉书·艺文志》著录有《公羊董仲舒决狱》十六篇,应该是董氏治狱的案例。《后汉书·应劭传》云:"故胶西相董仲舒老病致仕,朝廷每有政议,数遣廷尉张汤亲至陋巷,问其得失。于是作《春秋决狱》二百三十二事,动以经对,言之详矣。"这里的二百三十二事,大约就是《汉志》十六篇的内容。无论是《公羊董仲舒决狱》还是《春秋决

---

① 《公羊传》成公二年。按《左传》亦载此事,结局是逢丑父被赦免,与《公羊》异。
② 《公羊传》僖公四年。按《左传》亦载此事,与《公羊》小异。
③ 《公羊传》僖公元年。
④ 《公羊传》襄公二十九年。

狱》,今俱已不传,无由备知其详;但唐宋类书、政书中都保留有董仲舒断案的吉光片羽,我们或可借此略知当时究竟是怎样"以《春秋》决狱"的。

《通典》卷六十九载:

> 东晋成帝咸和五年,散骑侍郎贺峤妻于氏上表云:"董仲舒一代纯儒,汉朝每有疑议,未尝不遣使者访问,以片言而折衷焉。时有疑狱曰:甲无子,拾道旁弃儿乙养之以为子。及乙长有罪杀人,以状语甲,甲藏匿乙,甲当何论? 仲舒断曰:甲无子,振活养乙,虽非所生,谁与易之?《诗》云:螟蛉有子,蜾蠃负之。《春秋》之义,父为子隐。甲宜匿乙。"诏不当坐。

《太平御览》卷六百四十载董仲舒断狱曰:

> 甲父乙与丙争言相斗,丙以佩刀刺乙,甲即以杖击丙,误伤乙,甲当何论? 或曰:殴父也,当枭首。论曰:臣愚以父子至亲也,闻其斗莫不有怵惕之心,挟杖而救之,非所以欲殴父也。《春秋》之义,许止父病,进药于其父而卒。君子原心,赦而不诛。甲非律所谓殴父,不当坐。

这两例都是刑事案例,董仲舒引《春秋》经义以决之。前一例根据"父为子隐"的原则,判定藏匿犯法义子之行为为无罪;后一例则根据"原心"的原则,认为甲并无伤父之心,其行为属于误伤,不能按"殴父"定罪。后一例中所提到的"许止进药",乃是《春秋》中一桩公案。昭公十九年经云:"许世子止弑其君买。"据《公羊传》说,许悼公是在服了其子止所进药之后死去的,因此经称许止"弑君";但许止并非想毒杀悼公,只是所进之药不相宜,故这种"弑君"还是可赦的。《春秋》紧接着记载了"冬,葬许悼公"。按照《公羊》家的说法,贼未讨而书"葬",这本身就表示《春秋》对止的宽恕。此事被董仲舒引用,意在强调考察犯罪者的动机。我们可以看到,根据《春秋》褒贬予夺的原则,对案情进行分析评判,再辅以《春秋》中的案例,就是所谓"以《春秋》决狱"的基本方法。

随着儒学地位的上升,引《春秋》经义以断案折狱逐渐成为风气。《汉书·张汤传》云:

是时上方乡文学，汤决大狱，欲傅古义，乃请博士弟子治《尚书》《春秋》，补廷尉史，平亭疑法。

《汉书·张敞传》云：

敞为人敏疾，赏罚分明，见恶辄取，时时越法纵舍，有足大者。其治京兆，略循赵广汉之迹。方略耳目，发伏禁奸，不如广汉；然敞本治《春秋》，以经术自辅，其政颇杂儒雅，往往表贤显善，不醇用诛罚，以此能自全，竟免于刑戮。

《汉书·翟方进传》云：

方进知能有余，兼通文法吏事，以儒雅缘饰法律，号为通明相。

又据《汉书·于定国传》，于氏父子俱以明习狱事闻名，于定国在升任廷尉之后，还要"迎师学《春秋》，身执经，北面备弟子礼"。值得注意的是，当时不是没有法律，但在法律之外，尚有经典。对经典的理解和运用，往往能够决定案件的性质和量刑，有时会获得超越法律的结果。史载哀帝时薛况伤人一案，就颇为典型。薛宣在汉成帝时官为丞相，后因事被罢官。哀帝初年，博士尹咸揭发薛宣不孝。当时司隶出缺，薛宣之子薛况恐尹咸出任司隶，对他的父亲更加不利，就派刺客在宫门外将尹咸砍伤，"断鼻唇，身八创"，使他不能再继续做官。此事"下有司"后，对薛况的处理有两种不同的意见，有趣的是两派都以《春秋》经义为据，相互辩难。一派认为薛况使人于宫阙附近，"要遮创戮近臣于大道人众中"，属于"大不敬"，主张将薛况"弃市"。因为根据"《春秋》之义，意恶功遂，不免于诛"，就是说，如果主观动机不善，即使办事有功也要加诛。薛况因惧尹咸出任司隶而伤人，"欲以鬲塞聪明，杜绝论议之端"，正属于"意恶"，诛杀薛况，于律令于情理都是合适的。而另一派则主张对薛况"爵减完为城旦"，因为《春秋》之义，原心定罪"，推原薛况的本意，不过是因父亲遭人诽谤而欲行报复，"无它大恶"，若因此而判死刑，未免不合"法意"。两派争论的结果，薛况"竟减罪一等，徙敦煌"。[①] 由这个例子可以看出当时的人们

---

① 《汉书·薛宣传》。

在定罪量刑过程中都是以《春秋》的经义作为准绳的。

东汉时期仍然是这样。和帝时，何敞迁为汝南太守，"敞疾文俗吏以苛刻求当时名誉，故在职以宽和为政"。"及举冤狱，以《春秋》义断之。是以郡中无怨声，百姓化其恩礼"。① 张逵等宦官搞阴谋活动被诛，顺帝欲穷治党羽，外戚梁商进言："《春秋》之义，功在元帅，罪止首恶。故赏不僭溢，刑不淫滥。"劝顺帝不要搞扩大化，免得伤害无辜。《春秋》之义在这里被用来阻遏牵引株连的祸水。② 霍谞为他蒙冤被逮的舅父申诉上书，其辞曰："谞闻《春秋》之义，原情定过，赦事诛意。故许止虽弑君而不罪，赵盾以纵贼而见书。此仲尼所以垂王法，汉世所宜遵前修也。"③安帝初年，清河相叔孙光因犯贪赃罪被罚，"遂增锢二世，釁及其子"。此后居延都尉范邠也犯了贪赃罪，有诏下三公、廷尉议。司徒、司空、廷尉等人都认为应当比照叔孙光之例，太尉刘恺独持异议，他说："《春秋》之义，善善及子孙，恶恶止其身，所以进人于善也。《尚书》曰：'上刑挟轻，下刑挟重。'如今使臧吏禁锢子孙，以轻从重，惧及善人，非先王详刑之意也。"结果皇帝采纳了他的意见。④ 有时在司法实践中，遇到权势与法律的矛盾，儒者亦能揭橥《春秋》之义，与权势抗衡。例如明帝时的大儒樊儵就曾据经义面折皇帝：

> 其后广陵王荆有罪，帝以至亲悼伤之，诏儵与羽林监南阳任隗杂理其狱。事竟，奏请诛荆。引见宣明殿，帝怒曰："诸卿以我弟故，欲诛之，即我子，卿等敢尔邪！"儵仰而对曰："天下高帝天下，非陛下之天下也。《春秋》之义，君亲无将，将而诛焉。是以周公诛弟，季友鸩兄，经传大之。"⑤

按樊儵所据之《春秋》经义，是说君主的亲属不能有弑逆之意，有即当诛之（"将"谓将行弑逆之事）。此义出自《公羊传》，汉人引用者甚多，往往用于对谋反罪的判决。樊儵用这条经义做根据，竟使皇

----

① 《后汉书·何敞传》
② 《后汉书·梁统传》。
③ 《后汉书·霍谞传》。
④ 《后汉书·刘般传》。
⑤ 《后汉书·樊宏传》。

帝也无话可说。由于以《春秋》决狱的盛行，与此相关的著作在东汉也有出现。前引《应劭传》，应劭在提到董仲舒作《春秋决狱》之后说："窃不自揆，贪少云补，辄撰具《律本章句》《尚书旧事》……及《春秋断狱》凡二百五十篇。"其中的《春秋断狱》，应该就是应劭亲鞫案例的结集。

然而《春秋》经义毕竟代替不了法律，个别的经义还与法律有严重的冲突，当时已有明达之士清楚地认识到这一点。《后汉书·张敏传》云：

> 建初中，有人侮辱人父者，而其子杀之，肃宗贳其死刑而降宥之，自后因以为比。是时（按指和帝时）遂定其议，以为《轻侮法》。（张）敏驳议曰："夫轻侮之法，先帝一切之恩，不有成科班之律令也。夫死生之决，宜从上下，犹天之四时，有生有杀。若开相容恕，著为定法者，则是故设奸萌，生长罪隙。孔子曰：民可使由之，不可使知之。《春秋》之义，子不报仇，非子也。而法令不为之减者，以相杀之路不可开故也。今托义者得减，妄杀者有差，使执宪之吏得设巧诈，非所以导在丑不争之义。"

按子为父报仇而杀人，在《春秋》认为是天经地义之事，却为法令所不容。肃宗皇帝宽宥为父报仇而杀人者，自是遵循经义，但只可偶一为之，倘著为律令，就是开相杀之路，使污吏得以逞其奸。张敏的这一看法，是相当清醒而且明智的，应该看作是对"以《春秋》决狱"行为可能出现的偏差的预设之防。

以上我们对《春秋》经传在汉代的主要功能做了一番考察。昔人往往标举孟子所说的"孔子成《春秋》而乱臣贼子惧"，把《春秋》的作用估计得很高。其实这只是一句空话，《春秋》真的对"乱臣贼子"有这样大的震慑作用吗？很令人怀疑。不过平心而论，汉人确实没有把儒家经典当成空洞的理论，而是力图付诸实践。前人往往津津乐道的"以《春秋》决狱"，就是一种实践。其实岂止决狱，《春秋》经传在汉代的社会政治生活中的实际用途是多方面的，说灾异、指导政治行为、议礼、决狱，是其荦荦大者。这些无疑都是《春秋》学的组成部分。周予同先生说："《春秋》本是一部很平常的历史……但《春秋》所以影响到中国的政治、法律以及其他社会思想这样地久且大,那完全因为后人研究《春秋》、利用《春秋》而形成《春秋》学的关系。"①研究一个时代的《春秋》学,如果仅仅局限在清理这个时期的学者所贡献的那些理论著述,那是远远不够的,我们还应该了解统治阶级是怎样利用那被奉为经典的《春秋》来为巩固自己的统治服务的。《春秋》经传在汉代的这些功能,到了后世,有些延续着,有些就消失了。至于为什么有些延续,有些消失,这就是又一个饶有趣味的课题了。

(原载《中国社会历史评论》第一卷,天津古籍出版社 1999 年版)

---

① 周予同:《〈春秋〉与〈春秋〉学》,载《周予同经学史论著选集》,第 498 页。

从《春秋繁露》看董氏《春秋》学

　　西汉是经学极盛的时代。西汉的经学又以董仲舒的《春秋》学为主体。关于董仲舒，现代学者已经进行过大量的研究，取得了许多有益的成果。对董氏的《春秋》学，也有学者专门撰文讨论。不过迄今为止，学者的注意力大多集中在董氏的思想上，论述他的《春秋》学，也往往是从董氏的著作中归纳出他的几点主要思想，例如他的改制思想、大一统思想、通权达变思想等等，加以研究分析。这当然是完全必要的，而且也无疑是董仲舒研究的主干。但我感觉还不够，还有一些并非无关紧要的问题被忽视了。例如，董仲舒究竟是怎样利用那在我们今人看来不过是干巴巴的编年大事记的《春秋》，来发挥自己的思想的呢？他是怎样看待《春秋》中种种不同的用语、种种不同的"书法"的呢？《春秋》本来是记事简略的史册，但是通过董仲舒的讲解，就仿佛变成了另一种东西，变成了某种含有神圣性、神秘性、纲领性的法典和政治蓝图，这种变化又是怎样发生的呢？本文就试图以《春秋繁露》为主要依据，探讨这些问题。本文所谓董氏《春秋》学，比起时贤的许多著作来，在视角上可能存在着较大的差异，似乎显得更偏重于董氏学说的外在形式；但在我看来，离开了对这些问题的探讨，恐怕是很难清晰、完整地描述出本来意义上的"《春秋》学"的。

一 董仲舒对《春秋》的基本看法

司马迁在《太史公自序》里谈到孔子为什么要作《春秋》时,有这样的话:

> 余闻董生曰:周道衰废,孔子为鲁司寇,诸侯害之,大夫壅之。孔子知言之不用、道之不行也,是非二百四十二年之中,以为天下仪表,贬天子,退诸侯,讨大夫,以达王事而已矣。子曰:"我欲载之空言,不如见之于行事之深切著明也。"夫《春秋》,上明三王之道,下辨人事之纪,别嫌疑,明是非,定犹豫,善善恶恶,贤贤贱不肖,存亡国,继绝世,补敝起废,王道之大者也。

既是"闻董生曰",那么这话自可代表董仲舒的认识。《春秋繁露·俞序》曰:

> 仲尼之作《春秋》也,上探正天端王公之位,万民之所欲(欲,或作始),下明得失,起贤才以待后圣。故引史记理往事,正是非,序王公。史记十二公之间,皆衰世之事,故门人惑。孔子曰:"吾因其行事而加乎王心焉。"以为见之空言,不如行事博深切明。

按这话有些地方不易讲通,当是由于传写讹误的缘故,但大旨却还能看得出来。在董仲舒看来,《春秋》是孔子的一种制作,是一种怀有大目的的制作。"正王公之位,万民之所始",可以理解为确定某种统治秩序;"理往事,正是非"则可以理解为提供判断是非的标准,也就是确立行为的规范。孔子既非天子也非诸侯,他要做到这些不能依靠权力,只能"引史记","因其行事而加乎王心",也就是用一种"明王致治之心"去检讨历史上的往事,这样来"别嫌疑,明是非,定犹豫,善善恶恶,贤贤贱不肖"。这种做法,就是所谓"垂空文以断礼义,当一王之法"。这就是说,《春秋》并不是单纯的史事记录,而是孔子所作的一部治国大纲。对于统治者,它是绝对必要的:"故卫子夏言:有国家者,不可不学《春秋》。不学《春秋》,则无以见前后旁侧之危,则不知国之大柄、君之重任也"。(《春秋繁露·俞序》。按以下凡引《春秋繁露》只注篇名)按照《春秋》的大纲大法行事,则可以实现圣王的事业:"苟能述《春秋》之法,致行其道,岂徒除祸哉,乃尧舜之德也。"因此,

"《春秋》之道,大得之则以王,小得之则以霸"。(《俞序》)

正是基于对《春秋》的此种认识,于是有董仲舒"以《春秋》当新王"的说法。在董仲舒看来,孔子生活的时代,虽还存在着周天子,但孔子出于拨乱反正的目的,拟出了一套完整的治国大纲;为了使这大纲更为"深切著明",孔子就把"春秋"虚拟为代周而立的一个新的朝代,然后以这"新王"为依托发挥他的种种政治见解。应该说,董氏的这种提法是继承了孟子"《春秋》,天子之事"的思路的。但孟子恐怕还只是认为孔子在为周天子设计统治秩序,未必像董仲舒走得这样远,竟想象出一个"新朝"来。"《春秋》当新王"在汉代可能是一个比较流行的看法,《淮南子·氾论训》云:"周室废,礼义坏,而《春秋》作。"又云:"殷变夏,周变殷,《春秋》变周。"《说苑·君道》云:"孔子曰:夏道不亡,商德不作;商德不亡,周德不作;周德不亡,《春秋》不作。"这都是把"春秋"看作是继周而起的"新王"的。在《春秋繁露》中,这种思想有非常鲜明的表述:

> 孔子立新王之道,明其贵志以反和(利?),见其好诚以灭伪,其有继周之弊,故若此也。(《玉杯》)

> 《春秋》作新王之事,变周之制,当正黑统。而殷、周为王者之后。绌夏,改号禹谓之帝,录其后以小国。故曰:绌夏存周,以《春秋》当新王。(《三代改制质文》)

在这里,董仲舒把"《春秋》继周"纳入了当时流行的"三统说"理论。关于"三统说",顾颉刚先生曾有一段很好的说明:

> 创三统说的,他把朝代的递嬗归之于三个统的循环。这三个统的名字是黑统、白统、赤统。得到哪一个统而为天子的,那时的礼乐制度就照着哪一个统的定制去办理。他把本代和前二代列为"三王"(即本届的三统),三王之前的五代列为"五帝",五帝之前的一代列为"九皇",一共是九代。所以三王、五帝、九皇,都不是固定的名称,而是推移的名称,好像亲属之有高祖、曾祖和曾孙、玄孙一样。[①]

按根据三统说,夏、商、周三代分别得黑、白、赤三统。现在《春秋》既

---

① 《古史辨》第五册,上海古籍出版社 1982 年版,第 442 页。

作了新王,自然应该是"变周之制","正黑统"。这样一来,周便成了"王者之后",再加上在周之前的商,就组成了新一届的"三王"。上届三王之一的夏,就得改号称为"帝",进入"五帝"的行列,"录其后以小国",这就是所谓"绌夏"(对于二王之后,是要封以大国的,并且"使服其服,行其礼乐,称客而朝",故夏之由王而帝称为"绌")。而原来五帝中最早的一位则要绌而为"九皇"了。杨向奎先生曾说这是一种"新鬼大而故鬼小"的历史观[①],甚是。

孔子既以《春秋》当新王,则必得于春秋诸国之中,寻找一个"王"的实体,然后才可以因事立义,这就是"王鲁"的由来。《三代改制质文》云:"故《春秋》应天作新王之事,时正黑统,王鲁,尚黑,绌夏,亲周,故宋。"按周被作为新王的鲁所继承,故云"亲周";商则又隔着一代,本应称为"故商"或者"故殷",只缘春秋时的宋国是殷人的后代,因此也称"故宋"。

《春秋》记鲁国十二公之事,起于隐公、桓公,终于定公、哀公。现在既然"王鲁",则这十二公也就被赋予了新的意义:

> 今《春秋》缘鲁以言王义,杀隐、桓以为远祖,宗定、哀以为考妣,至尊且高,至显且明。(《奉本》)

康有为解释说:"缘鲁以言王义,孔子之意,专明王者之义,不过缘托于鲁以立文字。即如隐、桓,不过托为王者之远祖,定、哀为王者之考妣。齐、宋但为大国之譬,邾娄、滕、薛亦不过为小国先朝之影。所谓'其义则丘取之'也。"[②]原来这都是一种假托。《春秋》既被设计成一个新朝,则隐、桓、定、哀就都有了朝代统系上的意义,正像殷、周的王者也都有他们的远祖、有他们的祖考一样,这样做不过是为了"明王者之义"。

此外,为了便于解说《春秋》的"书法",鲁国的十二公还被划分为三个阶段。这三个阶段于《公羊传》上有明文:

> 《春秋》何以始乎隐? 祖之所逮闻也。所见异辞,所闻异辞,所传闻异辞。(哀公十四年)

---

① 杨向奎:《绎史斋学术文集》,上海人民出版社 1983 年版,第 111 页。
② (清)康有为:《春秋董氏学》,中华书局 1990 年版,第 115 页。

这里的所见、所闻、所传闻，都是以孔子为主体，是说《春秋》十二公事，有的为孔子所亲见，有的为孔子所得闻，有的则是孔子得之传闻。推测《公羊》的本意，大约是说隐公时事为孔子之祖父所得闻，孔子得之于其祖（对孔子来说是传闻），故《春秋》始于隐公。因为材料来源不同，故记载的用语有差异（异辞）。《公羊传》的这个"三阶段说"到了董仲舒那里得到了进一步的发挥：

> 《春秋》分十二世以为三等：有见、有闻、有传闻。有见三世，有闻四世，有传闻五世。故哀、定、昭，君子之所见也。襄、成、宣、文，君子之所闻也。僖、闵、庄、桓、隐，君子之所传闻也。所见六十一年，所闻八十五年，所传闻九十六年。（《楚庄王》）

这里董仲舒把《春秋》三阶段分别指实，甚至年代都划分得十分精确，这是对《公羊传》的一个发展，但绝没有后来何休所说的什么"据乱、升平、太平"的三世说。董氏的用意，似乎与《公羊传》相同，都是为了说明《春秋》前后记载用语不一致的原因：

> 于所见微其辞，于所闻痛其祸，于传闻杀其恩，与情俱也。是故逐季氏而言'又雩'，微其辞也。子赤杀弗忍书日，痛其祸也。子般杀而书'乙未'，杀其恩也。屈伸之志、详略之文皆应之。（《楚庄王》）

这是说根据世次的远近、亲情的厚薄改变用语。"所见世"是孔子生活的时代，对于同时的当权人物，自然应有所规避，这一方面是"替尊者讳"，同时也是全身远害的必要之举。因此这一阶段多"微辞"。昭公二十五年经云"又雩"（雩，祭也），《公羊传》曰："又雩者，非雩也，聚众以逐季氏也。"这就是因为事涉当代要人而隐讳其辞。文公十八年子赤被杀，经只书"子卒"，至于为什么不书日期，《公羊传》解释说："不忍言也。"这大约是由于亲情较近的缘故。而庄公三十二年子般卒，经则明书"乙未"，据说是因为亲情已经很薄了，也就不存在"不忍言"的问题了，这就是所谓"杀其恩"。用这一套来解释《春秋》的"书法"差异是否都能说得通，那是另一个问题；对此做出解释，则确实是董仲舒"三阶段说"的主要功能。

董仲舒既然认为《春秋》是孔子的大制作，又认为孔子以《春秋》当新王，于是，"改制"的问题就发生了。"《春秋》作新王之事，变周之制。"(《三代改制质文》)在《春秋繁露》中,董仲舒对改制有十分充分的论述。那么,究竟什么是"改制"呢?

> 王者必改制。……今所谓新王必改制者,非改其道,非变其理;受命于天,易姓更王,非继前王而王也。若一因前制,修故业而无有所改,是与继前王而王者无以别。受命之君,天之所大显也。事父者承意,事君者仪志,事天亦然。今天大显己,物袭所代而率与同,则不显不明,非天志。故必徙居处、更称号、改正朔、易服色者,无他焉,不敢不顺天志而明自显也。若夫大纲、人伦、道理、政治、教化、习俗、文义尽如故,亦何改哉!故王者有改制之名,无易道之实。(《楚庄王》)

原来董仲舒的所谓改制,只是改变居处、称号、正朔、服色这些属于外部形式的东西,用来表示一代新受命王出现了,他直接受命于天,而非旧有王朝的延续。这样的改制,实际上是为"新王"的合法性作进一步的论证。至于那些带有根本性的东西——大纲、人伦、道理、政治、教化、习俗、文义是不必改也不可改的,这些就是所谓"道"。"道者,所由适于治之路也","天不变,道亦不变"。(《汉书·董仲舒传》)这样看来,董仲舒《春秋》学中的"改制",与其说是一个理论问题,还不如说是当时的一种政治需要。汉兴以来,在制度、礼仪、历法等许多方面都基本上承袭了秦代之旧,文、景诸帝崇尚无为,都没有做什么大的更张。汉武帝的时候,早已渡过了休养生息的恢复时期,国力已经空前的强盛,封禅、改正朔、易服色等种种改制的举措都已酝酿了许久,就等着有一位贪功好名、喜欢夸饰的君主来实行了。汉武帝正是这样一位君主。因此,当时改制的呼声甚嚣尘上,武帝至以"改制"册问群儒。在这种情况下,仲舒把改制之说糅进了《春秋》理论,不过是为了使他的《春秋》学更能适应人主的需要而已。

二 董仲舒是怎样阐扬《春秋》大义的

在《春秋繁露》的部分篇章里,董仲舒结合经文对他所认为的《春秋》中蕴含的"大义"做了深入的挖掘并加以阐发,这些东西就构成了董氏《春秋》学的主要内容。《春秋》的"大义"究竟有哪些,这当然值得研究,但在我看来,董仲舒究竟是怎样从《春秋》经文中剔发出这些

"大义"来的,也有研究的必要。下面我们仅就几点"大义"略做探讨。

(一) 仁

在董仲舒看来,这是《春秋》的头等大义。"《春秋》之道,大得则王,小得则霸。王霸之道,皆本于仁。"(《俞序》)因为董仲舒把《春秋》看作是"治人"之书,所以他就要寻求"治人"的根本精神和原则,其结论就是这个"仁"字。对于"仁"这个概念,董仲舒基本上是按照孔子"仁者爱人"的定义以及孟子"仁政"的思路来理解的。"仁者,爱人之名也。"(《仁义法》)"何谓仁? 仁者恻怛爱人,谨翕不争。好恶敦伦,无伤恶之心,无隐忌之志,无嫉妒之气,无感愁之欲,无险诐之事,无辟违之行。故其心舒,其志平,其气和,其欲节,其事易,其行道。故能平易和理而无争也。如此者谓之仁。"(《必仁且智》)具体到政治上,就是德政与爱民。董仲舒《举贤良对策》云:

> 臣谨按《春秋》之文,求王道之端,得之于正。正次王,王次春。春者,天之所为也;正者,王之所为也。其意曰:上承天之所为,而下以正其所为,正王道之端云尔。然则王者欲有所为,宜求其端于天。天道之大者在阴阳。阳为德,阴为刑;刑主杀而德主生。是故阳常居大夏,而以生育养长为事;阴常居大冬,而积于空虚不用之处。以此见天之任德不任刑也。(《汉书·董仲舒传》)

这是在阐发《春秋》经文中"春王正月"所蕴含着的大义:王者的作为要顺承天意,而天意是任德不任刑的,因此王者也必须推行德政。这种说教并不新鲜,重要的是这个大义是从《春秋》的经文中挖掘出来的。《春秋繁露》中也有类似的说法:"《春秋》之序辞也,置王于'春''正'之间,非旦上奉天施而下正人,然后可以为王也云尔。"(《竹林》)"天,仁也。天覆育万物,既化而生之,又养而成之。……察于天之意,无穷极之仁也。"(《王道通三》)"天之任阳不任阴、好德不好刑如是。故阳出而前,阴出而后,尊德而卑刑之心见矣。"(《王道通三》)

行德政自然要爱民。董仲舒认为,《春秋》对于"苦民""害民"的举动都是持批评态度的,尤其是对于战争,都要给予谴责:

> 《春秋》之法,凶年不修旧,意在无苦民尔。苦民尚恶之,况伤民乎? 伤民尚痛之,况杀民乎? 故曰凶年修旧则讥,造邑则

讳。是害民之小者,恶之小也。害民之大者,恶之大也。今战伐
之于民,其为害几何? 考意而观指,则《春秋》之所恶者:不任德
而任力,驱民而残贼之。其所好者:设而勿用,仁义以服之也。
《诗》云:"弛其文德,洽此四国。"此《春秋》之所善也。夫德不足
以亲近,而文不足以来远,而断断以战伐为之者,此固《春秋》之
所甚疾已。皆非义也。(《竹林》)

这是说《春秋》的"爱民"之义,是通过对所记事件的褒贬体现出来的。
"凶年修旧则讥,造邑则讳",是说《春秋》对这种事情采取的是讥刺与
隐讳的态度,当然更不用说对"杀民"的战争了。《春秋》究竟有没有
这个意思另当别论,而董仲舒指出《春秋》遣词造句的讥贬之意,归纳
出《春秋》对某类事件或褒或贬的一般规律,则正是我们所说的董氏
《春秋》学的重要内容。

(二) 奉天法古

董仲舒说:"《春秋》之道,奉天而法古。"(《楚庄王》)这里指出了
政治行为的两大取向。"奉天"就是顺承天意,按天的意志办事。
"《春秋》之法,以人随君,以君随天。""故屈民而伸君,屈君而伸天,
《春秋》之大义也。"(《玉杯》)这一原则的论证,正像我们在前面所看
到的那样,是从分析《春秋》经文的字序入手的。"春王正月"本是《春
秋》记事的恒辞,但在董仲舒看来,这几个字的次序也大有深意。"春
者天之所为也",故春在这里代表天;"正(月)"属历法问题,历法例当
由王颁行,故"正"在这里可代表王的统治行为。把"王"字放在"春"
"正"之间,是表明"上奉天施而下正人,然后可以为王"的意思。这种
猜谜射覆般的论证乃是《公羊》学者特有的发挥经义的方法。

再看"法古"。董仲舒说:"虽有巧手,弗修规矩,不能正方员;虽
有察耳,不吹六律,不能定五音;虽有知心,不览先王,不能平天下。
然则先王之遗道,亦天下之规矩六律已。"(《楚庄王》)可见所谓法古
就是效法先王之道。那么这个大义是怎样从经文中看出来的呢?
"《春秋》之于世事也,善复古,讥易常,欲其法先王也。"(《楚庄王》)比
较明显的例子,是宣公十五年《春秋经》记载"初税亩",同时又记载了
"蝝生"(蝝是蝗之幼者)。《公羊传》认为所以记载"初税亩",是因为
有所"讥"。为什么讥呢? 因为"税亩"违反了"古者什一而藉"的传统

做法。当年鲁国又发生了虫灾（螽生），把这两件事联系在一起，《公羊传》就说是"上变古易常，应是而有天灾"。故董仲舒在其《对策》中总结说："《春秋》变古则讥之。"在他看来，《春秋》是以同时记载"初税亩"和"螽生"这样两件事来表明对"变古"行为的讥贬的。

（三）大一统

这里"大"是个动词，有赞成、推崇、张大之义。"大一统"是《公羊传》的主张。隐公元年《公羊传》曰："元年春，王正月。……王者孰谓？谓文王也。曷为先言王而后言正月？王正月也。何言乎王正月？大一统也。"这是说所以要在"正月"前加一个"王"字，是为了表示奉行周王正朔，崇尚天下一统。对于战国儒者来讲，"一统"只不过是个理想；但到汉武帝时，天下一统早已成为了现实。因此，作为汉代官方意识形态的经学，肯定要维护一统、宣传一统的。董仲舒的《春秋》学就是这样。在《春秋繁露》中，董仲舒主要是从"尊王"的角度对《公羊》大一统的精神做了发挥。

天下一统要统一于天子。因此，大一统必尊王。尊王则是通过贬抑诸侯实现的。"《春秋》立义，天子祭天地，诸侯祭社稷，诸山川不在封内不祭。有天子在，诸侯不得专地，不（得）专封，不得专执天子之大夫，不得舞天子之乐，不得致天子之赋，不得适天子之贵。"（《王道》）这些原则是通过《春秋》的褒贬体现出来的："楚庄王杀陈夏征舒，《春秋》贬其文，不予专讨也。"（《楚庄王》）此事在《春秋》（宣十一）里记作"楚人杀陈夏征舒"，而没有提到庄王，《公羊》及董氏都认为这样的写法是一种贬辞。按夏征舒是陈国的大夫，他因个人的私怨杀掉了陈国的国君，在当时被人目为"弑君之贼"。楚庄王是一位贤明的君主，他率领诸侯入陈杀夏，是为讨伐夏征舒的弑君之罪的，这在当时人看来是伸张正义。"庄王之行贤而征舒之罪重"，《春秋》为什么还要贬呢？因为楚庄王此举没有通过周天子，属于诸侯专擅行为。此外，齐桓公的"专地而封"（不通过周天子而封小国）、晋文公的"致王而朝"（践土之盟召周王前来），董仲舒认为《春秋》都通过特定的"书法"给予了贬斥，这样，《春秋》尊王的大义就凸显出来了。

（四）贵元

"元"字在《春秋》里用于纪年，每一个君主的第一年都称为元年，自古如此。《公羊传》曰："元年者何？君之始年也。"似乎也并无什么深意。但董仲舒却在这个字上大做文章。

"《春秋》变一谓之元，元犹原也，其义以随天地终始也。"(《重政》)看来董氏是以"始"来解释"元"的。但他并不局限于字义的训释，而是深入挖掘《春秋》使用这一个字的政治意义："元者，辞之所谓大也。"(《汉书·董仲舒传》)"(《春秋》)谓一元者，大始也。"(《玉英》)"谓一为元者，视(示)大始而欲正本也。"(《玉英》)大始(大是动词)、正本，这就是《春秋》贵"元"的意义所在："《春秋》何贵乎元而言之？元者，始也，言本正也。"(《王道》)

董仲舒有时候是从本体论上是谈论"元"的，例如他说"元为万物之本"(《重政》)，但他更主要的是利用《春秋》中的"元"来讲政治。他说：

> 《春秋》之道，以元之深正天之端，以天之端正王之政，以王之政正诸侯之即位，以诸侯之即位正竟内之治。五者俱正而化大行。(《二端》)

这段话是用来解释《春秋》中"元年春王正月公即位"这一句话的。我们可以看到，这里的"元"已经不单是表示"一"了，而是代表着宇宙的本原、天地的开始。所谓"天之端"指四季的开始即"春"。既然"以元之深正天之端"，所以要先说"元年"，次说"春"。王是要服从天的，故"王"字要放在"春"字之下。"王者人之始也。王正则元气和顺，风雨时，景星见，黄龙下"(《王道》)，因此"以天之端正王之政"无疑是"大始"、"正本"的主要内容。诸侯是要服从天子的，要奉行王的正朔，故先写"正月"，后写"公即位"。即位是国君统治的开始，也是必须重视的，故书"公即位"也体现了"大始"、"正本"的精神。这里的"元年"、"春"、"王"、"正月"、"公即位"，后来被何休归纳为"五始"，成了《春秋》中的重要义例。请看，《春秋》中这样简单的一句话，竟被董仲舒发挥成了一幅天人秩序图、一幅王化大行图。他的贵元思想，实际上就是政治上的谨始、重本。

以上列举了董仲舒所着重阐扬的几点《春秋》"大义"，作为例子。我们从中不难看出董仲舒挖掘《春秋》中这些大义(或者说赋予《春秋》以大义)的手法。在《春秋繁露》中所发挥的这类"大义"

还有很多,像什么正名分、攘夷狄、尊君卑臣、存亡继绝、贵信贱诈、处变知权等等。董氏主要是通过分析经文的字序、分析经所记事的相互关系以及分析经文遣词造句的规律来阐发经中的"大义"的。这些大义如果没有董氏的解说,单从经文的字面上是无论如何也无法领悟的。因此,了解董氏解说经文的方法,也就成为了解董氏《春秋》学的关键。

三 有关《春秋》书法的董氏义例

所谓《春秋》的书法,是指孔子在修《春秋》的时候所作的"笔""削",也就是指孔子在遣词造句、书与不书或怎样书当中所表达的褒贬予夺。例如在记事上"或日或不日,四时或具或不具,或州或国或氏或人或名或字或子"①之类,据说其中都含有深意在,都值得挖掘、研究。《公羊传》的主要内容,就是对这种"书法"的阐发。

但《公羊传》的解经其实还只能算是粗线条的,还有大量的问题没有解决,这就给后来研究《春秋》的经师们留下了许多疑窦,当然也给他们留下了推阐、发挥的充分余地。例如前面提到过的楚庄王杀夏征舒一事,《春秋》称"楚人"而不称"楚子",《公羊传》说这是贬辞,因为楚王"专讨",是该贬的;但楚灵王杀齐庆封,同样是"专讨",《春秋》却称"楚子",这是怎么回事呢? 对于类似这样的问题,董仲舒都要给予解释,因而创下了若干所谓"义例"。

(一)"《春秋》常于其嫌得者见其不得"(《楚庄王》)

按"得"者得理之谓,即有道理,合乎正义。"嫌得"就是貌似得理,容易使人误认为得理。上述楚庄王那个例子,董仲舒解释说:"庄王之行贤,而征舒之罪重。以贤君讨重罪,其于人心善。若不贬,孰知其非正经。"(《楚庄王》)这是说为什么贬庄王不贬灵王呢? 因为庄王比灵王要贤,他所做的事(杀夏征舒)更貌似正义,所以要特别指出其行为的错误之处(专讨)。连他做了错事都要受贬,那些比他还不如的人就更不必说了。"是故齐桓不予专地而封,晋文不予致王而朝,楚庄弗予专杀而讨。"(《楚庄王》)专拣那些公认的"贤君"来贬,这就叫作"于其嫌得者见其不得"。

---

① （清）皮锡瑞:《经学通论》,中华书局 1954 年版。

（二）"《春秋》之用辞，已明者去之，未明者著之"（《楚庄王》）

这也是在解释《春秋》不贬楚灵王杀齐庆封一事时所表明的义例。同样是"专杀"，对楚庄王贬而对楚灵王不贬，除了因为庄王是贤君之外，在仲舒看来，还因为此义已明于庄王之事，在灵王那件事上就不必再加贬辞了。这就叫做"已明者去之，未明者著之"。

（三）"《春秋》之论事莫重于志"（《玉杯》）

文公二年《春秋》云："冬，公子遂如齐纳币。"《公羊传》认为"纳币"一般不书，这里所以书，是《春秋》讥文公"丧取（娶）"。但文公娶妇实在四年夏，早已过了"三年之丧"的期限，为什么说"丧取"呢？原来"取必纳币，纳币之月在丧分，故谓之丧取"（《玉杯》）。娶妇之前要行纳币之礼，而纳币正在服丧期内，此时必有娶妇的心思（"志"）。而《春秋》论事是"重志"的，虽然事情还没有做，但已有了那个心思，就与已经做了的同样看待。这种义例，把褒贬的对象由人的行为扩大到了人的思想，可以说是开了后世诛心、诛意的先河。

（四）"《春秋》无通辞"（《竹林》）

按所谓"通辞"，指普遍适用、一成不变之辞。通辞或称"达辞"（《精华》），意思是一样的。为什么说"无通辞"呢？因为具体情况往往复杂多变。例如在一般情况下，《春秋》是"不予夷狄而予中国为礼"的，即在"夷狄"与"中国"之间，《春秋》总是倾向与维护"中国"的，贬斥夷狄是《春秋》的所谓"常辞"（一般情况下之辞）。但也有例外。如宣公十二年《春秋》记邲之战："晋荀林父帅师及楚子战于邲，晋师败绩。"《公羊传》认为《春秋》的书法表明"不与晋而与楚子为礼"。这是怎么回事呢？董仲舒解释说："《春秋》无通辞，从变而移。今晋变而为夷狄，楚变而为君子，故移其辞以从其事。"原来虽然《春秋》一般来说是抑夷狄而扬中国的，但有时也有变。如果"中国"不守礼义，则变而为"夷狄"；"夷狄"守礼义，则变而为"君子"，用辞也就变化了。可见《春秋》"夷狄""中国"之分，并不总是从种族着眼的，因此也就没有固定不变的用辞。据董仲舒说，像这样根据不同情况而变换其辞的作法在《春秋》中甚常见，他说："《春秋》之道，固有常有变。变用于变，常用于常，各止其科，非相妨也。""《春秋》有经礼，有变礼。……

明乎经变之事,然后知轻重之分,可与适权矣。"(《玉英》)按董氏的这一义例显然是针对《春秋》记事用语不统一而设的。《春秋》用辞既有常有变,则经师自可对抵牾矛盾之处巧为弥缝,这对于建立起《春秋》的理论体系是非常必要的。

(五)"辞不能及,皆在于指"(《竹林》)

这话的意思是说,事物是复杂的,有时单凭"善"或"不善"、"义"或"不义"这一类简单的判断,不能把"义"说清楚。这时候就要从《春秋》的主要精神方面去把握,不能死抠《春秋》的字眼。这就叫作"见其指者不任其辞"(《竹林》)。例如《春秋》对当时战争的态度,总的来说是"恶之"的;但从书法上来看,"《春秋》之书战伐也,有恶有善也。恶诈击而善偏战(按所谓偏战,是指两军对垒,各据一面,不相诈),耻伐丧而荣复仇"(《竹林》)。这是否与《春秋》恶战的主旨相矛盾呢?在这种时候,就要着重去掌握《春秋》的"指",而不要被其表面的"辞"所困扰。原来《春秋》的褒贬,有时是相对的,是比较而言的。犹如"诸夏"之属内还是属外:相对于鲁来说,诸夏就算是"外";而相对于夷狄来说,诸夏又成了"内"。同样,《春秋》所善的"偏战","比之诈战则谓之义,比之不战则谓之不义"。"故盟不如不盟,然而有所谓善盟;战不如不战,然而有所谓善战。不义之中有义,义之中有不义。辞不能及,皆在于指"。(《竹林》)

(六)"诡其实以有避"(《竹林》)

据《公羊传》说,《春秋》记事要"为尊者讳,为亲者讳,为贤者讳",这样在用辞上便不能不做些手脚,或者要改变一下事实,或者要变换一下名目。董仲舒将这种情况叫作"诡其实"或者"诡其辞"。例如晋文公召周王于践土,《春秋》就"诡其实"记作"天王狩于河阳",这是为尊者讳。又如隐公八年《春秋》云"公及莒人盟于包来",仲舒说这是"诡莒子号谓之人,避隐公也",意思是说,这里是为了给隐公隐讳,才将莒子改称为"莒人"的(与公盟的其实是莒子)。再如闵公元年《春秋》云"齐仲孙来",据董仲舒说,这个"齐仲孙"其实就是庆父,由于为闵公(尊者)、季子(贤者)讳才把"庆父"改写为"齐仲孙"的。这就叫作"《春秋》之书事,时诡其实以有避也。其书人,时易其名以有讳也"。(《玉英》)用这种"诡辞避讳"的理论,可以把《春秋》中许多书法问题解释得圆通周至。至于这种解释是否都符合《春秋》作者的本意,那就是另外一个问题了。

以上我们列举了几种董仲舒说明《春秋》书法的义例。应该说明,这远远不是其全部。董仲舒企图建立起一个完整的学说体系,他要使《春秋经》的"一字褒贬"在这个体系中都能够得到合理的解释。当然,在我们今天看来,他的某些解释明显的是强词夺理、生拉硬扯,但这并不重要;重要的是我们可以从中看到汉代儒生研究《春秋》的方法。事实上,汉以后历代的经学家对《春秋》的研究,基本上都是沿着这个路子前进的。而且再深一步来说,可以认为,以董仲舒为代表的汉儒对《春秋》经义的解说,对后世中国人的思想方法也是造成了不容忽视的影响的。

(原载《南开学报(哲学社会科学版)》1995 年第 1 期)

《左传》服注钩沉

　　今日所见《左传》最古的注本,是晋杜预的《春秋经传集解》。但在杜预以前,研究并注释《左传》的颇不乏其人。据《后汉书·儒林传》,汉儒注《左传》的始于贾谊,此后刘歆、郑众、贾逵、马融、延笃、彭汪、许淑、颍容、谢该、服虔、孔嘉都曾注解《左传》。[①] 但大约到了唐代,这些注都已亡佚了。

　　在汉人的这些注本当中,以贾逵和服虔的注最为有名。前人多以贾、服并称。[②] 贾逵是东汉前期人,其父贾徽曾从刘歆受《左传》,故贾逵的《左传》学应属刘歆嫡派。服虔,字子慎,灵帝中平末年曾拜九江太守,与郑玄为同时代人。史称服虔"少以清苦建志,入太学受业。有雅才,善著文论,作《春秋左氏传解》(按《隋志》作《春秋左氏传解谊》)"。[③] 服虔的师承,史无明文,但他的《左传》学,可能与郑玄十分接近。《世说新语·文学》:"郑玄欲注《春秋传》,尚未成时,行与服子慎遇宿客舍,先未相识,服在外车上与人说己注传意。玄听之良久,多与己同,玄就车与语曰:'吾久欲注,尚未了。听君向言,多与吾同。今当尽以所注与君。'遂为服氏注。"此说清人多以为可信。是则

---

① 　参见(清)刘恭冕:《春秋左传贾服注辑述跋》,《广经室文抄》卷一。
② 　例如《隋书·经籍志》:"诸儒传左氏者甚众……其后贾逵、服虔并为训解,至魏,遂行于世。"《北史·乐逊传》:"又著《春秋序义》,通贾、服说,发杜氏违,辞理并可观。"
③ 　《后汉书·儒林传》。

服虔的《左传注》，至少有相当一部分是同于郑玄的。而郑玄又曾师事马融。马融对贾逵的注是很推崇的，《后汉书·马融传》云："融尝欲训《左氏春秋》，及见贾逵、郑众注，乃曰：'贾君精而不博，郑君博而不精。既精既博，吾何加焉。'但著《三传异同说》。"马融的《左传》学可能是把贾逵的"精"与郑众的"博"结合起来了。服虔的《左传注》当是属于马融这一系，对于贾注，应当是有继承，又有拓展（当然也会有所修正）。前人以贾、服并称，不为无据，但服注后出转精，应当是更胜贾注一筹的。

又据《隋志》，除这部《春秋左氏传解谊》外，服虔尚有《春秋左氏膏肓释痾》十卷、《春秋成长说》九卷、《春秋塞难》三卷。此外《隋志》还著录有《服氏注春秋左传》十卷（原注：残缺），知前面几部唐初都还完整。自孔颖达作《五经正义》专取杜注之后，服虔的几部著作逐渐散亡。直至清代，汉学复兴，学者不满于杜预的《集解》，纷纷起而钩稽汉人的古注，于是有种种服注的辑本问世。有的辑本相当完善，而且附有辑者的辨析考证，例如李贻德的《春秋左传贾服注辑述》。从清人的辑本中，我们可以约略看出服注的大致面貌。不过，有的辑本是把服虔的《春秋注》与《左传注》辑为一书（如李氏《辑述》），事实上在东汉这两者是分开的。汉代经、传别行，至晋杜预始"分经之年与传之年相附"，自此经传才合为一书，这是学界所公认的。因此，本文仍将服虔的经注与传注分开，于此专论服虔的《左传注》。

清人所辑服注约有八百余条，就服氏《解谊》来说恐怕也就是十存一二。从这八百余条来看，服注的训诂涉及范围十分广泛。除了一般的对难字字义的诠释以外，举凡天文、地理、人物、职官、祭祀、卜筮、礼仪、器物，乃至远古历史、民间方言，几乎是无所不释。例如《左传》昭公四年"古者日在北陆而藏冰"，服注云："陆，道也。北陆言在，谓十二月，日在危一度。"①这是释天文。《左》僖二十五"次于阳樊"，服注云："阳樊，周地。阳，邑名也。樊仲山之所居，故曰阳樊也。"这是释地理。桓十八"逆郑子于陈"，服注云："郑子，昭公弟子仪也。"这是释人物。成十八"荀宾为右，司士属焉"，服注云："司士，主右之

---

① 本条及下文所引服注均见《春秋左传贾服注辑述》。引《左传》文，或省称《左》，或仅书"某公某年"。

官。"这是释职官。桓五"大雩",服注云:"大雩,夏祭天名。雩,远也,远为百谷求膏雨也。"这是释祭祀。成十六"其卦遇复䷗",服注云:"复,反也。阴盛于上,阳动于下,以喻小人作乱于上,圣人兴道于下,万物复萌,制度复理,故曰复也。"这是释卜筮。僖二十三"策名委质",服注云:"古者始仕,必先书其名于策,委死之质于君,然后为臣,示必死节于其君也。"这是释礼仪。宣四"以贯笠毂",服注云:"笠毂,毂之盖如笠,所以蔽毂上以御矢也。一曰车毂上铁也。或曰兵车旁幔轮谓之笠毂。"这是释器物。襄九"相土因之",服注云:"相土,契之孙;因之者,代阏伯之后居商丘,汤以为号。"这是释远古历史。襄十二"吴子寿梦",服注云:"寿梦,发声。吴蛮夷,言多发声,数语共成一言。寿梦,一言也。经言'乘',传言'寿梦',欲使学者知之也。"这是释民间方言。诸如此类,其例不胜枚举。我们从中不难看出服注的诠释范围。

《左传》文字简古,汉人读之,已有相当的困难。服虔的注则力求使传义明白晓畅,因此除作字词训释之外,他还注意了以下几个方面的工作:

一、结合释词进行串讲。此法即汉儒所谓章句之学。服氏精熟于此道,每于诠释字词的同时,串讲传文大意。例如《左》成十四"王室之不怀,繄伯舅是赖",服注云:"怀,柔也。繄,蒙也。赖,恃也。王室之不怀柔诸侯,恃蒙齐桓之匡正也。"又如昭三"以备内官,焜耀寡人之望",服注云:"焜,明也;耀,照也。言得备妃嫔之列,照明己之意望也。"

二、以汉时事物、俗语解传文。例如《左》僖二十八"楚子伏己而盬其脑",服注云:"如俗语相骂云:'嘬汝脑矣。'"又如昭三"民人痛疾而燠休之",服注云:"燠休,痛其痛而念之,若今时小儿痛,父母以口就之曰'燠休',代其痛也。"再如桓二传有"大路",服氏注之云:"大路,总名也,如今驾驷高车矣。尊卑者皆乘之。"

三、为使传文意思更明朗,做一些补充事实式的注释。例如昭四"王曰:吾用齐桓",服注云:"召陵之役,齐桓退舍以礼。楚灵王今感其意,是以用之。"又如襄二十三载孔子评论臧孙,有"作不顺而施不恕"的话,服氏注云:"不顺谓阿季氏废长立少也,不恕谓恶孟氏之立庶也。"这是以传文中其他地方所记的事实来解释的。此外传中一些被忽略的事实,服氏也一一为之点明。如昭五"羊舌四族",服氏注云:"伯华、叔向、叔鱼、季夙。"襄十一"八年之中九合诸侯",服氏则列举历年来会诸侯之事实以明之。

四、将传文中隐喻之语表而出之。如襄二十四"部娄无松柏",服注云:"喻小国无贤才知勇之人而与大国等也。"又如哀十一"鸟则择木,木岂能择鸟",服注云:"鸟喻己,木喻所指之国。"

从今日所见服注的辑本来看,服注的重点虽然在于训诂字词、疏通文字,但也并非绝口不谈义理。服注的义理大多是通过下述三种方式表达出来的:

一、解释经义。在古文家看来,《左传》本来就是解释《春秋经》的。但《左传》的解经,往往只是详述经所提到的事实,较少明确指出经的"书法"。服注则根据《左传》记述的事实,指出经的褒贬用意所在。例如襄公二十六年经云:"宋公杀其世子痤。"此事的详细经过,《左传》上有记载,但至于经为什么要这样来写,则没有说明。服注云:"经书宋公杀其世子痤,平公用伊戾之谮,听夫人、左师之言,世子无罪而死,故称'宋公杀',罪之也。"原来经所以要称"宋公杀",是要指出此事的过错在宋公。严格地说起来,服氏的这种注解,应该属于所谓"经注",因此在服氏《左传注》的辑本中此类例极罕见。比较常见的解释经义的例子是解释那种所谓"无经之传"。《左传》中的所谓"无经之传"很多,在服氏看来,经之所以不书,自有其深义在,故解释无经之传,也应算是解释经义——经所以不书之义。服注解释无经之传较为常见的义例为"讳书"。如文十一年经云:"狄侵齐",而传云:"鄋瞒侵齐,遂伐我。"为什么经中不书"伐我"二字呢?服氏解释说:"伐我不书,讳之。"原来服氏认为这是鲁国史官有意为本国隐讳的。再如襄十年经云:"楚公子贞、郑公孙辄帅师伐宋。"传在记述了楚郑伐宋后又记云:"秋七月,楚子囊、郑子耳侵我西鄙。"此事不见于经。服氏解释说:"不书,讳。从晋不能服郑,旋复为楚郑所伐,耻而讳之也。"这个意思从《左传》中是无论如何也看不出来的,可以说完全是服氏自己的义理。除了因讳国耻而不书外,服氏也揭示了其他一些"不书"的道理,但大多无关宏旨。例如襄三十年传云:"宋大灾。宋伯姬卒,待姆也。"这就是那个有名的因为笃守"保母不在,妇人宵不下堂"的古训而被活活烧死的可悲的故事。此事经仅记为"宋灾,宋伯姬卒",“灾”前头没有“大”字。服氏解释说:“不书‘大’,非灾火及人,伯姬坐而待之耳。”这算是什么“书法”呢?这样来弥缝经传之间的细微差别,未免让人觉得有些滑稽。

二、发挥传义。《左传》中也有一些解经的话,讲解经的“书法”,同时还有些《左传》编者对传中人物行为所做的评价,什么“礼也”、“非礼也”之类。这些都可以说是“传义”。这些“传义”虽可表明《左传》编者的态度,但往往语焉不详。例如鲁桓公的夫人姜氏出奔齐,经于庄元年记云:“夫人逊于齐。”《左传》解释说:“不称姜氏,绝不为亲,礼也。”这里,传义以“不称姜氏”为礼,是十分明确的,但为什么合于礼,则没有说明。于是服注进一步发挥说:“夫人有与杀桓公之罪,绝不为亲,得尊父之义,善庄公思大义绝有罪,故曰礼也。”这既是对传义的发挥,同时也表明了作注者本人的好恶褒贬。又如桓七年经云:“谷伯绥来朝。邓侯吾利来朝。”对于为什么要将这二位来朝者的名字写出,《左传》解释说:“名,贱之也。”传义贱谷、邓是明确的,但为什么“贱之”,没有说。服注发挥道:“谷、邓密迩于楚,不亲仁善邻以自固,卒为楚所灭,无同好之救,桓又有弑贤兄之恶,故贱而名之。”

三、在个别场合,服注也对传义加以批评或者修正。例如文十五年经云:“宋司马华孙来盟。”传云:“宋华耦来盟,其官皆从之。书曰:‘宋司马华孙’,贵之也。”服注提出异议:“华耦为卿,侈而不度。以君命修好结盟,举其官属从之,空官废职。鲁人不知其非,反尊贵之。”又如《左》襄二十七年记载了鲁国的叔孙豹参加弭兵盟会的事情:“季武子使谓叔孙以公命曰:‘视邾、滕。’既而齐人请邾,宋人请滕,皆不与盟。叔孙曰:‘邾、滕,人之私也;我,列国也,何故视之?宋、卫,吾匹也。’乃盟。故不书其族(经只称‘豹’,不称‘叔孙豹’),言违命也。”服注对传义加以修正云:“叔孙欲尊鲁国,不为人私,既以违命见贬,其于尊国之义得之。”这类对于传义的批评和修正,就更应该看作是服注本身的“义理”了。

服注自问世以后,曾经风行一时。魏王肃也曾注《左传》,然其影响终不曾超过服注。晋时杜预撰《春秋经传集解》,在当时的左氏学界可谓又张巨帜,起初似乎仅得与服注平分秋色。南北分立以后,河洛以北研习《左传》的人皆主服注(其时服虔与郑玄在北方学界地位甚隆,至有"宁道孔圣误,讳闻郑服非"①之谚),南方学者则大多宗杜预注了。服、杜两派也曾有过交锋,例如"崔灵恩……先习《左传》服解,不为江东所行,乃改说杜义。每文句常申服以难杜,遂著《左氏条义》以明之。时助教虞僧诞又精杜学,因作《申杜难》服以答灵恩,世并传焉"。② 只是这相互辩难的详情今日已无从稽考了。至隋唐时,杜注大行于世,服注遂渐散亡。

为什么会发生这种杜盛服衰的现象呢? 原因可能是多方面的,然而其中很重要的一点,应该说是杜注的简约战胜了服注的繁芜。《北史·儒林传》云:"大抵南北所为章句,好尚互有不同。江左,《周易》则王辅嗣,《尚书》则孔安国,《左传》则杜元凯。河洛,《左传》则服子慎,《尚书》《周易》则郑康成。……南人约简,得其英华;北学深芜,穷其枝叶。"据此,《左传》服注自属深芜烦琐的一类。今日我们所见之服注,乃是从古人注疏及类书中辑出的,多是断简残章、片鳞只爪,很难窥见服注深芜庞杂之全貌。即便如此,倘取服注若干条与杜注相互比照,亦不难见服注"深芜"之一斑。例如《左》宣二记载宋大夫华元由其御者羊斟暗中使坏,在战斗中被郑军俘虏,后被赎归,"见叔牂曰:'子之马然也。'"服氏注这句话时,并引贾逵、郑众及"又一说"用了二百余字,最终也没有断以己意。而杜注则云:"叔牂,羊斟也。卑贱者得先归,华元见而慰之。"不管其释义是否准确,文字确实简明可喜。又如隐五"昭文章",服注引《周礼》大司马职文:"仲秋教治兵,辨旗物之用:王载大常,诸侯载旂,军吏载旗,师都载旃,乡遂载物,郊野载旐,百官载旟,各书其事与其号焉。"而杜注仅说:"车服旌旗。"二者风格迥乎不同。

此外,约简与深芜之别,恐怕还不单表现在文字上,于义理上可能也有区别。例如对于无经之传,服注每每务作深求,而杜注则多以"史有阙文"解之,或者干脆说"其义未闻"。

杜预的注,名为《春秋经传集解》。其自序云:"古今言《左氏春秋》者多矣。今其遗文可见者十数家,大体转相祖述,进不成为错综经文以尽其变,退不守丘明之传。于丘明之传,有所不通,皆没而不

---

① 《旧唐书·元行冲传》引王劭《史论》。
② 《南史·儒林传》。

说，而更肤引《公羊》《穀梁》，适足自乱。……然刘子骏创通大义，贾景伯父子、许惠卿皆先儒之美者也。末有颖子严者，虽浅近亦复名家。故特举刘、贾、许、颖之违，以见同异。分经之年与传之年相附，比其义类，各随而解之，名曰'经传集解'。"是杜氏不满意于前人之注，故自撰集解。这"集解"之名，似乎是取何晏《论语集解》之例。然何氏《集解》确乎是集孔、包、马、郑诸家之解，且各标其姓名。而杜氏《集解》似乖此例。陆德明《经典释文》云："旧夫子之经与丘明之传各卷，杜氏合而释之，故曰'经传集解'。"然则杜氏的"集解"好像是"集经传而解之"的意思。尽管杜氏自己没有说集众家之长，但从我们对服注的研究来看，杜注确是大量地吸收了服注的成果的。今日所见清人李贻德所辑八百余条服注中，有一百八十多条没有相对应的杜注，这一部分自然无从比较；剩下的六百多条服注中，竟有将近六成与杜注基本相同，而且其中有相当一部分是一字不差地被杜氏采用的。如果我们考虑到今日所见服注有很多是从孔颖达《正义》中辑出，而孔氏作《正义》时引用服注往往是因服、杜义异而提出来比较的，则杜预作《集解》时吸收服注的比例可能会更高。令人奇怪的是，杜预在《集解自序》中历数注《左传》的前贤如刘、贾、许、颖诸人，而不曾一言及于服氏。莫非以服氏尚不如"虽浅近亦复名家"的颖子严而不足道乎？然自汉魏以来，贾、服之注盛行自是不争的事实，无怪乎前人对杜氏颇有攘善之讥了。

（原载《古籍整理研究学刊》1991 年增刊）

郑玄《春秋》学考述

郑玄是东汉的大儒。他学贯今古,遍注群经,为一代学者所宗仰。清代汉学复兴,郑玄更成了人们崇拜的偶像。但前人对于郑玄的研究,多集中在他的《礼》学及《诗经》学,有时也谈到他注的《论语》《周易》及《尚书》,而对于他的《春秋》学,则很少有人涉及。本文打算在这一方面做些探索,试图勾勒出郑玄《春秋》学的基本面貌。

郑玄的经学,基本上是古文家的路数,以训诂名物为主要的内容。他除了注释《毛诗》《周易》《尚书》《周礼》《仪礼》《礼记》《论语》等书之外,对于《春秋》也有深入的研究。不过,他可能不曾为《春秋》经传写过任何一部完整的注。《世说新语·文学》云:

> 郑玄欲注《春秋传》,尚未成时,行与服子慎遇宿客舍,先未相识。服在外车上与人说己注《传》意。玄听之良久,多与己同。玄就车与语曰:"吾久欲注,尚未了。听君向言,多与吾同。今当尽以所注与君。"遂为服氏注。

按此说清代学者多以为可信。看来郑玄确曾打算作《左传注》,而且也已作了一部,但后来把所作都给了服虔。因此服虔的《左传注》中是包含有一部分郑玄的成果的。

但学者间对郑玄的《左传注》最终是否曾经成书,也有一些不同的议论。清人曾朴说:"《世说·文学篇》称郑君欲注《春秋》未成,尽以与服虔,为服氏注,则似郑君就此辍业。而《通典》四十七裴子余议引'定公元年立炀宫,郑玄注:炀公,伯禽之子,季氏祷而立其宫'云云。不知裴氏何所见而云然? 岂《左传注》既与服氏,仍自卒业耶?"①这是因为看到了《通典》中明言"郑玄注",因而怀疑确有一部郑玄的《左传注》在。那么实际情况究竟是怎样的呢?

汉魏之际的学者宋均在所撰《春秋纬演孔图注》中说:"康成注《三礼》《诗》《易》《尚书》《论语》,其《春秋》《孝经》则有评论。"②按宋均是郑玄的亲传弟子,这从他所撰《诗纬序》中称"我先师北海郑司农"可知;若郑玄真有《左传注》成书,宋均不容不知。而且《隋书·经籍志》《旧唐书·经籍志》《新唐书·艺文志》等都不见著录,因此郑玄的《左传注》很可能并未成书。至于唐人的经疏如孔颖达《左传疏》、贾公彦《仪礼疏》以及《通典》之类的书里所引郑玄解释《左传》的话,则应如清代学者臧琳所指出,"均非《春秋注》,大抵非《针膏肓》即《郑志》答弟子问也"③。不过,《通典》中有两条材料,由于明言"郑注"而殊堪注意。一条为《通典·吉礼禘祫下》记宋太常丞朱膺之议,中有"《春秋》闵公二年,吉禘于庄公,郑注云:'闵公心惧于难'"等语;另一条就是前面提到过的《通典》四十七裴子余议引郑注。今考前一条的材料来源今日尚存,乃是《宋书·礼志》,但原文并不作"郑注云",而作"郑玄云",故不能作为郑玄曾注《左传》的证据。这样,这后一条便成了孤证,很难说明什么问题。清代学者袁钧说这是"'注''志'音近而讹",裴氏所引其实是"郑志"④,这种可能性不能排除。而且既然《宋书》的"郑玄云"在《通典》中可以误抄作"郑注云",则《通典》四十七所书之"郑注"也未必就完全准确。总之从目前所掌握的材料来看,郑玄的《左传注》不曾成书的可能性更大一些。

现代学者中也有人主张郑玄最终是完成了一部《左传注》的,例如王利器先生说:

　　《仪礼·少牢馈食礼》郑玄注:"拒读为介距之距。"疏引《左

---

① 曾朴:《补后汉书艺文志并考》,《二十五史补编》本。

② 《孝经序》邢昺疏引。

③ (清)臧琳:《经义杂记》"郑氏五经"条,《皇清经解》卷二百〇一。

④ (清)袁钧辑:《郑氏佚书·郑志》,光绪十四年浙江书局刊本。

氏传》昭公二十五年云："季、郈之鸡斗，季氏介其鸡。"服氏云："擣芥子，播其鸡羽。"郑氏云："介，甲，为鸡著甲。"又云："郈氏为之金距。"注："金距，以金踏距。"《仪礼疏》既服、郑并举，而介距之说，《仪礼注》又与《左传注》从同，则康成《左传注》虽与服子慎，仍自卒业，六朝、唐人犹及见之，故得以服、郑并举，或直引郑玄《左传注》也。[①]

按此说粗看起来甚辩，其实证据有误。考《左传》昭公二十五年孔疏云："郑众云：'介，甲也，为鸡著甲。'"知《仪礼》贾疏之所谓郑氏，实指郑众而非郑玄。盖郑玄赞同郑众之说，因据其义以改读《仪礼》，本无关乎郑玄之《左传注》的。

郑玄的《左传注》虽然没有完成，但他有关《春秋》研究的著作却有多种。其中最著名的是《针膏肓》《发墨守》《起废疾》。《后汉书·郑玄传》云：

> 时任城何休好公羊学，遂著《公羊墨守》《左氏膏肓》《穀梁废疾》。玄乃发"墨守"，针"膏肓"，起"废疾"。休见而叹曰："康成入吾室，操吾矛以伐我乎！"

按何氏三书，今已不传，但从书名来看，当是墨守《公羊》经义，以攻击《左传》《穀梁》之非。郑玄则针锋相对，指摘《公羊》的失误，维护《左》《穀》的经说。何休既有"入室操矛"之叹，可知郑玄对于三家的研究一定都十分地深入，见解一定十分地精辟。三书之外，郑玄还有《六艺论》《驳五经异义》，里面都涉及了《春秋》的经义。又有《郑志》："门人相与撰玄答诸弟子问五经，依《论语》作《郑志》八篇"。这是郑玄与弟子答问的记录，其中的《春秋志》，是专谈《春秋》问题的。郑玄的这些著作今日都已亡佚，不过清人做过很好的辑佚工作，依据这些辑本，我们多少还可以对郑玄的《春秋》学有一个粗略的了解。

一般认为郑玄的学术是杂糅今古的，因而他的《春秋》学也是兼取《左》《公》《穀》三家。在郑玄看来，《春秋》三传各有所长。《穀梁序疏》引《六艺论》云："《左氏》善于礼，《公羊》善于谶，《穀梁》善于经。"一下子就抓住了三传的特点。所谓"《穀梁》善于经"，大约是指《穀

---

① 王利器：《郑康成年谱》，齐鲁书社 1983 年版，第 240 页。

梁》解经较《公羊》为平正,没有那么多"非常异义可怪之论"吧。但是如果说郑玄于三家兼收并采,无所轻轩,恐怕也非的论。事实上郑氏虽然兼通今古文,却是有所宗主的。清儒陈澧曰:"《六艺论》云:'注《诗》宗毛为主,毛义若隐略,则更表明;如有不同,即下己意,使可识别也。'此郑君注经之法,不独《诗笺》为然。……然则郑君注《周礼》《仪礼》《论语》《尚书》皆与笺《诗》之法无异,有宗主亦有不同,此郑氏家法也。"郑氏的这一"家法"体现在《春秋》学上,则为"郑君宗《左传》而兼用《公羊》《榖梁》,亦如宗《毛诗》而兼用齐、鲁、韩耳,岂得谓之杂用乎"?①

郑玄之于《春秋》,是偏重于从"史"这个角度着眼的,他说:"《春秋》者,国史所记人君动作之事。左史所记为《春秋》,右史所记为《尚书》。"②这也是古文学派的经典提法。在古文家看来,《春秋》本来是史官的记录,孔子就是根据这些已有的史记,"因兴以立功,就败以成罚,假日月以定历数,藉朝聘以正礼乐"。③ 就是说根据史实进行褒贬,借用史记中所记载的种种朝聘、会盟、祭祀、田猎的事实来端正周代的礼乐制度。但孔子的这些思想,在当时只是"口授弟子",并没有形成文字;孔子死后,要想理解、传播孔子的思想,就非了解孔子曾经利用来行褒贬、正礼乐的那些史实不可。这就是古文家尊奉《左传》的理由。郑玄所谓"左氏善于礼",正是从这个意义上肯定《左传》的价值的。而且,郑玄本身就是个礼学家,他当然理解班固所说《春秋》"正礼乐"的功能,因此他以"善于礼"的《左传》为宗主,也就是很自然的了。

郑玄在与何休进行的论战中也时常从历史事实出发,指出《公羊》经说中违反史实的地方,从而加强《左传》的地位。例如《公羊》桓公十一年传云:"古者郑国处于留。先郑伯有善于郐公者,通乎夫人以取其国,而迁郑焉,而野留。庄公死,已葬,祭仲将往省于留,涂出于宋,宋人执之。"郑玄《发墨守》云:

　　　郑始封君曰桓公者,周宣王之母弟,国在宗周畿内,今京兆

---

① (清)陈澧:《东塾读书记》卷十五。
② 《公羊传序》徐彦疏引《六艺论》。
③ 《汉书·艺文志》。

郑县是也。桓公生武公,迁居东周畿内,国在虢、郐之间,今河南
新郑是也。武公生庄公,因其国焉。留乃在陈、宋之东,郑受封
至此适三世,安得"古者郑国处于留"、"祭仲将往省留"之
事乎?①

何休的意见不知究竟怎样,但既云"墨守",当是坚持《公羊》的说法。
郑玄在这里则指出了《公羊》所述史实之不可靠,以此来动摇人们对
《公羊》的信仰。又如《左传》庄公六年记载,楚文王伐申时路过邓国,
邓国的雅甥、聃甥、养甥三人认为楚文王对邓是个威胁,劝说邓侯杀
了他。邓侯不从,后来终于被楚文灭亡。何休就此事攻击《左传》曰:
"楚、邓强弱相悬,若从三甥之言,楚子虽死,邓灭曾不旋踵。若刳腹
去疾、炊炭止沸。左氏为短。"②郑玄则抓住他对史事的疏误,进行反
击:"楚之强盛从灭邓以后,于时楚未为强,何得云强弱相悬?"同时指
出,何休所攻击的,只是《左传》所记当时人的一些议论:"三甥既有此
语,左氏因史记之文录其实事,非君子之论,何以非之?"③是不应算
在左氏的账上的。再如《左传》成公十八年记载了晋悼公的种种善
政,并说这些是悼公"所以复霸"的原因。何休则以"霸不过五"为由
来反对称悼公为"霸"。郑玄反驳说:

天子衰,诸侯兴,故曰霸。夏有昆吾,商有豕韦、大彭,周有
齐桓、晋文,此最强者也。故书传通谓彼五人为五霸耳。但霸是
强国为之,天子既衰,诸侯无主,若有强者,即营霸业,其数无定
限也。而何休以"霸不过五",不许悼公为霸,以乡曲之学足以忿
人。传称文、襄为霸,襄承文后,绍继其业,以后渐弱,至悼乃强,
故云复霸。④

这也是从历史事实出发,驳斥何休对《左传》的攻击。

当然,郑玄与何休的争论,在今人看来,有很多是无谓的,属于纯
粹经学上的家派之争;要分辨其中的是非,既不可能,也无必要。但
上述诸例确实反映了郑玄对《春秋》经传的研究,侧重点时常在史实

---

① 《周礼·大司徒》贾公彦疏引。
② 《左传》庄公六年孔颖达疏引。
③ 《左传》庄公六年孔颖达疏引。
④ 《左传》成公十八年孔颖达疏引。

方面,较少空谈"经义",表现了古文家求实的精神。

郑玄的《春秋》学,虽然总的说来是以《左传》为宗主,但也兼采今文家的优长,可以说开始打破了家派的藩篱。这是郑玄不同于一般汉代经师的地方,也是他卓越的地方。郑玄对《公羊》经说的采择,散见于他所著《驳五经异义》一书中。《五经异义》本为东汉大儒许慎所著,该书将今文、古文两派在每一个具体问题上的不同说法分别列出,《公羊》《左传》的歧异也尽在其中。郑玄的《驳五经异义》则是对这些异说判别优劣是非,表明取舍。此书《隋书·经籍志》著录为十卷,唐以后亡佚了。清人有辑本,所存恐怕不及原书十分之一。从这个辑本来看,郑玄固然在不少地方依从《左传》,但也吸收了某些在他看来《公羊》义长的东西。例如《五经异义》列举《公》《左》不同云:"《公羊》说诸侯不纯臣;《左氏》说:诸侯,天子蕃卫,纯臣。"郑玄就赞成今文说:"宾者,敌主人之称;而《礼》:诸侯见天子谓之曰宾,不纯臣诸侯之明文矣。"①这是根据周礼判定《公羊》的说法是对的。又如关于"天子是否亲迎",《五经异义》云:"《春秋公羊》说自天子至庶人娶皆当亲迎;《左氏》说天子至尊无敌,故无亲迎之礼。"郑玄则根据《诗·大明》的记述,以《公羊》说为是:"太姒之家在洽之阳,在渭之涘,文王亲迎于渭,即天子亲迎明矣。天子虽至尊,其于后犹夫妇也;夫妇判合,礼同一体,所谓无敌,岂施于此哉!"②再如关于周代诸侯的数目,《五经异义》云:"《公羊》说殷三千诸侯,周千八百诸侯;古《春秋左氏传》说'禹会诸侯于涂山,执玉帛者万国'。"郑玄则曰:"诸侯多少,异世不同。万国者,为唐虞之制也。武王伐纣,三分有二,八百诸侯,则殷末诸侯千二百也。至周公制礼之后,准王制千七百七十三国,而言周千八百者,举其全数。"③这里显然是吸取了《公羊》的成说,以补《左传》之不足。

除了兼采三传之外,郑玄的《春秋》学也参用谶纬,这一点颇遭后人的訾议。清儒陈澧为之辨诬,引郑玄《戒子书》中"博稽六艺,粗览传记,时睹祕书纬术之奥"数语,然后评论道:"六艺则曰'博稽',传记

---

① 《诗经·臣工》孔颖达疏引。

② 《礼记·哀公问》孔颖达疏、《诗经·大明》孔颖达疏引。

③ 《礼记·王制》孔颖达疏引。

则曰'粗览'，祕纬则曰'时睹'，三者轻重判然。其注经有取纬书者，取其可信者耳。……郑君注经不信纬说者多矣，后儒疏陋未考耳。"①尽管如此，郑玄习谶纬、用谶纬总是事实，而且他也曾为数部纬书作注，这更为人所熟知。郑玄生活在那样一个谶纬盛行的时代，很难摆脱风气的影响；他又是一个喜综括、善网罗的人，自然会涉足谶纬的领域，这本是无庸讳言的。

清儒皮锡瑞称，"经学至郑君一变"②。的确，郑玄是经学发展历史中一位划时代的人物。他的学术的特点，就在于打破西汉以来经学家法的界限，有所宗主，也有所兼综，改变了汉儒拘墟胶固、抱残守阙的陋习。范晔评论说：

> 自秦焚六经，圣文埃灭。汉兴，诸儒颇修艺文；及东京，学者亦各名家。而守文之徒，滞固所禀，异端纷纭，互相诡激，遂令经有数家、家有数说，章句多者或乃百余万言，学徒劳而少功，后生疑而莫正。郑玄括囊大典，网罗众家，删裁繁诬，刊改漏失，自是学者略知所归。③

正因为这样，郑玄在当时的威望极高，至有"经神"之号。④ 各地的学者不远千里，赢粮而至，生徒多至数千人，可谓盛极一时。不过，郑学盛行的另一面，自然是前此经学家派的消亡。皮锡瑞说："学者苦其时家法繁杂，见郑君闳通博大，无所不包，众论翕然归之，不复舍此趋彼。于是郑《易注》行，而施、孟、梁丘、京之《易》不行矣；郑《书注》行，而欧阳、大小夏侯之《书》不行矣；郑《诗笺》行，而鲁、齐、韩之《诗》不行矣；郑《礼注》行，而大小戴之《礼》不行矣；郑《论语注》行，而齐、鲁《论语》不行矣。"⑤至于在《春秋》学方面，郑玄虽然没有一部完整的注行世，但他有关《春秋》研究的论著在当时也极有影响，特别是《针膏肓》《发墨守》《起废疾》三书，对本已呈颓势的公羊学派打击甚重。史称郑玄对何休的论战"义据通深，由是古学遂明"。此后学者言《春

---

① （清）陈澧：《东塾读书记》卷十五。

② （清）皮锡瑞：《经学历史》，中华书局 1959 年版，第 149 页。

③ 《后汉书·郑玄传》。

④ （晋）王嘉《拾遗记·前汉下》："京师谓康成为经神。"《四库全书》本。

⑤ （清）皮锡瑞：《经学历史》，第 149 页。

秋》,大多一本郑玄的精神,以《左传》为宗主了。

　　魏晋时期,郑学继续发生着广泛的影响,郑玄的几部经注仍然被许多人所遵奉。而在《春秋》学方面,被人们普遍看重的则是与郑学颇多共同之处的服虔的《左传注》。

　　　　　　　　　　　　　（原载《文献》1994 年第 1 期）

《春秋》学在唐代的历史命运

　　虽然从总体上来讲,在中国汉代以后漫长的封建社会中,作为统治阶级的意识形态,经学一直处于主导的地位,但在实际上,经学的不同分支所发挥的社会政治功能是不一样的;同一种经典,在不同的时代,其受统治阶级重视的程度,以及由此而发生的该经典在士人心目中的地位,也是有差别的。例如同一部《论语》,在汉代只作为童蒙的教材,宋以后则成了治国的宝典。又如同一部《周易》,汉人着眼于其中的象数,因此所论不离天道占卜,转而入于阴阳灾变;而魏晋以后,则专以义理说《易》,使之逐渐成为封建统治术的哲学依据。《春秋》学的情况也是这样。汉代儒学独尊,《公羊》学是当时儒学的主流。东汉以来,古文经学兴起,《左传》的地位逐渐上升,《公羊》的势力则渐趋减弱。儒家诸经典的盛衰升沉种种变化,加之历代形态各异的说解、诠释,就构成了内容丰富庞杂的经学史。旧时有关经学史的著作,对唐代《春秋》学的探讨甚少,现代学者对此亦大多不甚措怀。本文撷取经学史中的一个片断,专门考察《春秋》学在唐代的历史命运。

一　九经取士与唐代《春秋》学的衰落

　　唐初统治者高度重视儒学巩固统治秩序的功能。高祖"虽得之马上,而颇好儒臣"①,"天下略定,即诏有司立周公、孔子庙于国学,四时祠。求其后,议加爵土。国学始置生七十二员,取三品以上子弟若孙为之;太学百四十员,取五品以上;四门学百三十员,取七品以上。郡县三等,上郡学置生六十员,中、下以十为差;上县学置生四十员,中、下亦以十为差"。② 开始大规模地兴办学校。唐太宗更是"锐意经籍","广引文学之士","大征天下儒士,以为学官","又于国学增筑学舍一千二百间,太学、四门亦增置生员",史称"儒学之盛,古昔未之有也"。③

随着学校的普遍设立,士人研治经典以应科举考试,也渐成为风气。但从实际情况来看,各种经典被人重视的程度是不一样的,《春秋》三传比较受到了冷落。当然,正式的官方规定,仍然是以九经取士的,只是在取士的具体科目上分为五经、三经、二经等数种:

> 唐制,取士之科,多因隋旧……其科之目,有秀才,有明经,有俊士,有进士……而明经之别,有五经,有三经,有二经,有学究一经,有三礼,有三传,有史科。④

为了科举考试的方便,唐朝官方将九经分为三类:

> 凡《礼记》《春秋左氏传》为大经,《诗》《周礼》《仪礼》为中经,《易》《尚书》《春秋公羊传》《穀梁传》为小经。⑤

这样的划分,似乎与经典的重要性无关,大约主要是依据各经典的字数、篇幅。不同的科目,对各类经典的要求也不尽相同:

> 通二经者,大经、小经各一,若中经二。通三经者,大经、中经、小经各一。通五经者,大经皆通,馀经各一。《孝经》《论语》皆兼通之。⑥

由于各经的难易程度不同,规定的修习时间也不一样:

---

① 《旧唐书·儒学传》。
② 《新唐书·儒学传》。
③ 《旧唐书·儒学传》。
④ 《新唐书·选举志》。
⑤ 《新唐书·选举志》。
⑥ 《新唐书·选举志》。

　　凡治《孝经》《论语》共限一岁，《尚书》《公羊传》《榖梁传》各
一岁半，《易》《诗》《周礼》《仪礼》各二岁，《礼记》《左氏传》各
三岁。①

从定制上来看，《左传》与《礼记》的地位是一样的，都属于大经；但由
于明经科主要是考帖经，《礼记》的字数少于《左传》，自然要相对容易
一些，因此在科举制度的实际推行过程中，修习《礼记》的要比修习
《左传》的多得多。《旧唐书·良吏传》载杨玚上疏云："窃见今之举明
经者，主司不详其述作之意，曲求其文句之难，每至帖试，必取年头月
日，孤经绝句。"顾炎武就此评论说："帖试之法，用纸帖其上下文，止
留中间一二句，困人以难记年头，如元年、二年之类，月日如'十有二
月乙卯'之类。如此则习《春秋》者益少矣。"②《通典》引国子司业李
元瓘所说"今明经所习，务在出身，咸以《礼记》文少，人皆竞读"③，反
映的就是这种情况。至于进士科的考试，以诗赋为主，《春秋》经传更
起不了多大的作用，因此唐代士人研读《春秋》经传的热情远不及前
世为高。

　　前面提到的杨玚于开元十六年任国子祭酒，曾上疏称："今之明
经，习《左传》者十无二三，若此久行，臣恐左氏之学，废无日矣。"④这
反映了统治阶级中人也已意识到了当时《春秋》学已呈颓势。因此杨
玚提出建议："臣望请自今已后，考试者尽帖平文，以存大典。又《周
礼》《仪礼》及《公羊》《榖梁》殆将废绝，若无甄异，恐后代便弃。望请
能通《周礼》《仪礼》《公羊》《榖梁》者亦量加优奖。"此议得到了皇帝的
认可，于是下制"明经习《左氏》及通《周礼》等四经者，出身免任散
官"，算是给了研治三传及《周礼》《仪礼》的人不小的优待。按所谓考
试"尽帖平文"，是指帖经不再出那种"年头月日"的难题，而是从一般
叙事文字中出题，这样考生会感觉容易一些。只是不知这一改革实
际推行开了没有。尽管有这些优惠的政策，《春秋》学的颓势似乎并
没有多大的改观。长庆二年，殷侑上《请试三传奏》称："伏以《左传》

---

① 《新唐书·选举志》。
② 《日知录》卷二十六。
③ 《通典》卷十五《选举三》。
④ 《旧唐书·良吏传》。

卷轴文字,比《礼记》多校一倍,《公羊》《穀梁》与《尚书》《周易》多校五倍……人之常情,趋少就易,三传无复学者。伏恐周公之微旨,仲尼之新意,史官之旧章,将坠于地。"①此时距开元十六年杨玚上疏,已有将近百年了。终唐之世,有成就的《春秋》学者为数甚少。从《旧唐书·儒学传》来看,精研《左传》的有徐文远、朱子奢、李玄植、张后胤、盖文达、萧德言等数人,几乎都是初唐时人,贞观以后,以三传名家的学者就很少了。

唐朝的君臣,对于《春秋》经传,表面上虽然仍旧备极尊崇,像杜佑在《献通典表》中所说的"夫《孝经》、《尚书》、《毛诗》、《周易》、三传,皆父子君臣之要道,十伦五教之宏纲,如日月之下临,天地之大德,百王是式,终古攸遵",仍旧可以说是当时人的共识;但由于研习者稀少,因此在实际政治生活中发挥的作用已很有限。当时在皇帝诏书、臣子议政当中,引用《春秋》经义的相对较少,这与两汉时期的情形有显著的不同。《旧唐书》二百卷中,记载君臣议事时引证《春秋》经传的大约只有五六十处,而在这五六十处征引之中,又有相当部分是用《春秋》来议礼的。例如中宗时宋璟上书议高宗太子李弘的庙制,引用"《春秋》之义,国君即位未逾年者,不合列昭穆"②;开元年间太常博士孙琬议裴光庭之谥,引证"《春秋》之义,诸侯死王事者,葬之加一等"③;圣历元年,司礼博士辟闾仁谞据三传议天子告朔之礼④;会昌六年,诸礼官据三传议宗庙神主之制⑤;高宗年间,引证《春秋》以证禘祫之制⑥;武则天时,张柬之据《春秋》经传议三年丧制⑦等等。这样的例子还有很多,反映了唐人对《春秋》经传的利用,"议礼"是其大端;相比之下,"议政"的内容倒是比较少见的。

① 《唐会要》卷七十六,中华书局1955年版,第1398页。
② 《旧唐书·高宗中宗诸子传》。
③ 《旧唐书·裴行俭传》。
④ 《旧唐书·礼仪志二》。
⑤ 《旧唐书·礼仪志六》。
⑥ 《旧唐书·礼仪志六》。
⑦ 《旧唐书·张柬之传》。

二 《左传》成为《春秋》学的主体

从东汉经魏晋到南北朝,《左传》的势力逐渐上升,《公》《榖》二传传者日少。唐初经学的统一,更确立了《左传》在《春秋》学中的主体地位。

南北朝时期,由于南北政权的长期对峙,经学也有了南学与北学之分。随着隋文帝大军的南下灭陈,持续了三百多年的分裂格局终告结束,中国又重新成为一体。于是,作为官方意识形态的经学也出现了统一的契机。这个时候,国家对统一经义有着很迫切的要求。《北史·儒林传》上记载着这样一件事:

> 会上(按指隋文帝)令国子生通一经者并悉荐举,将擢用之。既策问讫,博士不能时定臧否。祭酒元善怪问之,(房)晖远曰:"江南、河北,义例不同,博士不能遍涉。学生皆持其所短,称己所长,博士各各自疑,所以久而不决也。"祭酒因令晖远考定之,晖远揽笔便下,初无疑滞。或有不服者,晖远问其所传义疏,辄为始末诵之,然后出其所短,自是无敢饰非者。所试四五百人,数日便决。诸儒莫不推其通博,皆自以为不能测也。

按房晖远是当时北方的名儒,明三礼、《春秋》三传、《诗》、《书》、《周易》,被牛弘称为"五经库"。这段材料本来是用来说房晖远的"通博"的,但我们可以从中看到当时经义不统一的状况。国子生们回答完了"策问",博士们竟一时无法分出优劣,盖因学生们所据的"义疏"不同。只有如房晖远这样兼通南学与北学的通儒,才能够在数日之内评定出四五百名参试者的等第。可见对于最高统治者来说,统一经义已是当务之急了。

唐朝建立以后,统一儒学经典的文本,进而统一这些经典的经义的工作次第进行。

> 太宗又以经籍去圣久远,文字多讹谬,诏前中书侍郎颜师古考定五经,颁行天下,命学者习焉。又以儒学多门,章句繁杂,诏国子祭酒孔颖达与诸儒撰定五经义疏,凡一百七十卷,名曰《五经正义》,令天下传习。①

---

① 《旧唐书·儒学传》。

按颜师古名籀,字师古,是北齐学者颜之推的孙子。史称"师古少传家业,博览群书,尤精诂训,善属文",因此从家学渊源的角度来讲,他应该属于北学的系统。但他所考定的五经,似乎是以南方学者研习的经典文本为主的:

> (太宗)令师古于秘书省考定五经,师古多所厘正,既成,奏之。太宗复遣诸儒重加详议。于时诸儒传习已久,皆共非之。师古辄引晋、宋以来古今本,随言晓答,援据详明,皆出其意表,诸儒莫不叹服。①

按颜师古既据"晋、宋以来古今本",则他的考定当是以南方学者传习的经典为本的。颜氏的工作,主要在于校定五经的文字。定本的完成,并没有多费时日,据《旧唐书·太宗纪》,贞观七年(633)"十一月丁丑,颁新定五经",至此,唐代官方统一经典文本的工作宣告完成。

唐代的五经,是指《易》《诗》《书》《礼记》《春秋》。《春秋》有三传,颜氏的定本,则只有《左传》。

孔颖达的工作,与颜师古有很大的不同。他是受命与诸儒"撰定五经义疏",也就是统一五经的经义。自南北朝以来,说经者多自撰义疏,每一经都有义疏多种,一部义疏就是一位经师的讲义。各派说经的特点不同,经义也不同,尽皆体现在义疏之中,于此可见当时经义的纷歧。孔颖达主持编撰的《五经正义》,其中的《春秋正义》,实际上就是《左传正义》。《五经正义》编成之后,"令天下传习"。此后又经过多次修订,"永徽二年,诏中书门下与国子三馆博士、弘文馆学士考正之。于是尚书左仆射于志宁、右仆射张行成、侍中高季辅就加增损,书始布下"。②《正义》的正式颁行,是永徽四年(653)的事情:"四年……三月壬子朔,颁孔颖达《五经正义》于天下,每年明经令依此考试。"③这样,《五经正义》成了朝廷钦定的标准读本,《左传》在《春秋》学中的主体地位也就最终确立了。

一般说来,唐人是将《春秋》与《左传》视为一体的,唐人口中的所谓"春秋",有相当多的部分实际上是指《左传》。例如开元二十二年,

---

① 《旧唐书·颜师古传》。
② 《新唐书·儒学传》。
③ 《旧唐书·高宗纪》。

礼部员外郎杨仲昌议礼云："《春秋》曰：蘋蘩蕴藻之菜，潢污行潦之水，可羞于王公，可荐于鬼神。"①此用《左传》隐公三年之文也。武则天时，杜景俭论季秋时节梨花再放现象曰："《春秋》云：'冬无愆阳，夏无伏阴，春无凄风，秋无苦雨。'"②此用《左传》昭公四年文也。贞观年间，李大亮上疏论突厥事曰："故《春秋》云：'戎狄豺狼，不可厌也；诸夏亲昵，不可弃也。'"③此用《左传》闵公元年之文也。太宗时于志宁上书谏太子承乾曰："悦意取容，臧孙方之疾疹；犯颜逆耳，《春秋》比之药石。"④此实约取《左传》襄公二十三年之文。诸如此类的例子还有不少。在唐人口中，有时《左传》的传义就被直接说成是《春秋》的经义。例如僖宗时朱玫私议易君曰："《春秋》之义，丧君有君"⑤，此即用《左传》僖公十五年之传义。又如唐德宗驳斥太卜关于孟冬之月不利穿筑之说时，有"《春秋》之义，启塞从时"⑥等语，此实即用《左传》僖公二十年之传义。这些例子表明，唐人实际上常常是把《左传》与《春秋》混而为一的。

《左传》由于主要是以史实解经，不像《公》《穀》那样专说经义，自汉以来，就有人怀疑它不是《春秋》之传。唐代也有人作这样的理解。令狐澄所撰《大中遗事》云：

> 大中时，工部尚书陈商……立《春秋左传学议》。以孔子修经，褒贬善恶，类例分明，法家流也；左丘明为鲁史，载述时政，惜忠贤之泯灭，恐善恶之失坠，以日系月，修其职官，本非扶助圣言，缘饰经旨，盖太史氏之流也。举其《春秋》，则明白而有实；合之《左氏》，则丛杂而无征。杜元凯曾不思夫子所以为经，当与《诗》《书》《周易》等列；丘明所以为史，当与司马迁、班固等列。取二义乖剌不侔之语，参而贯之，故微旨有所未周，宛章有所未一。⑦

---

① 《旧唐书·礼仪志五》。
② 《旧唐书·杜景俭传》。
③ 《旧唐书·李大亮传》。
④ 《旧唐书·于志宁传》。
⑤ 《旧唐书·萧遘传》。
⑥ 《旧唐书·李泌传》。
⑦ 《说郛三种》本《大中遗事》，上海古籍出版社1988年版，第2274页。

此种议论,将《春秋》归之于经,《左传》归之于史,彻底取消了《左传》的圣经资格。这显然是步武西汉博士的后尘,重弹"《左氏》不传《春秋》"的老调,这是对《左传》的公然的怀疑。当然,对于古文家来说,一般是不存在这样的问题的;不过也有个别倾向于古文家派的学者将《春秋》与《左传》分别观之,例如刘知幾。刘知幾不以经学名家,他主要以史学见长,在他的《史通》中有《惑经》《申左》两篇,集中体现了他对《春秋》经传的看法,对唐代的《春秋》学颇有影响。在《惑经》中,刘知幾提出"十二未谕",即有关《春秋》的十二个不明白的问题;然后又指出前辈儒者对《春秋》的五点"虚美"。这"十二未谕"大多是针对《春秋》"书法"的。按所谓《春秋》"书法",是传统《春秋》学的主要内容,不管是今文也好,古文也好,都讲究书法,因为《春秋》的"义"就是从书法中体现出来的。《春秋》既为孔子所修,按说同类性质的事情遣词用语(即书法)应当相同,这样才利于表达修《春秋》者的爱憎褒贬;而事实上《春秋》中事同而辞异、或事异而辞同的现象很多,颇令说经的儒者感到头疼,于是有了各种各样生拉硬扯、牵强附会的解释。但也有些书法上的问题,是无论用怎样的狡辩也无法说通的,刘知幾便把这些作为疑问提了出来。例如谴责弑君行为,是《春秋》的一个大节目。但襄公七年郑国子驷弑君、昭公元年楚国公子围弑君、哀公十年齐人弑君这三件事,《春秋》却依赴告之辞,分别记作"郑伯髡顽卒"、"楚子麇卒"、"齐侯阳生卒",而赵盾仅仅因为"反不讨贼"、许止仅仅因为没有亲尝给国君进的药,都被说成是弑君的主凶,这种书法上的差异,到底是怎么回事? 因此刘知幾问道:"必以彼三逆,方兹二弑;躬为枭獍,则漏网遗名;迹涉瓜李,乃凝脂显录。嫉恶之情,岂其若是?"诸如此类的问题在《春秋》中是很不少的。其实只要不把这些看成是修《春秋》者寓有褒贬的"书法",也就是说不把这些看作是"例",那么这些问题本可以不成为问题。刘知幾的贡献,就在于将这些问题剔发出来,指出它们的可疑之处,于是孔子当初是否真有这样的"书法",传与注所言种种义例是否符合《春秋》原意,也就自然成了问题。这应该说是把《春秋》的研究又向前推进了一步。

《惑经》篇中的所谓"虚美",主要就是针对世人盲目称许、崇拜孔子所撰《春秋》而言的:

> 世人以夫子固天攸纵,将圣多能,便谓所著《春秋》,善无不

备。而审形者少，随声者多，相与雷同，莫之指实。榷而为论，其
虚美者有五焉。

在刘知幾看来，前辈学者所说的什么"孔子成《春秋》而乱臣贼子惧"、
什么"游、夏之徒不能赞一辞"云云，都是所谓"虚美"，《春秋》本没有
这么神圣，也没有这么神秘。

尽管批评得这样大胆，但刘知幾却不曾从根本上否定《春秋》，他
所要纠正的，是所谓"儒教传授，既欲神其事，故谈过其实"。[①] 他是
要还《春秋》以应有的地位。从家派上说，他笃守着古文的立场，对
《公羊》《穀梁》二传大加贬抑，《史通》中的《申左》篇，就是为此而
作的。

刘知幾以为，自古学者重《公》《穀》而轻《左氏》的非止一家，美
《左氏》而讥《公》《穀》的也大有人在，两派互相攻击，势同水火，各为
朋党，是非不分。如果学者只求专精，那么各守一传，专治章句训诂
也就可以了；如果要从宏观上、总体上对《春秋》加以把握和研究，那
么就一定要理性地、客观地比较三传的优劣得失，以其中最好的一传
为说经的主要依据。他的结论是："必扬榷而论之，言传者固当以《左
氏》为首。"为什么"以《左氏》为首"呢？"盖《左氏》之义有三长，而二
传之义有五短。"这里就暴露了刘知幾的古文家的立场，他对《公》
《穀》的"事"与"义"两个方面都进行了批评，"若以彼三长，校兹五短，
胜负之理，断然可知"。

即使抛开三传的优劣不谈，单是从了解《春秋经》的内容这个角
度来说，也是非"以《左传》为首"不可的。因为在刘知幾看来，《春秋
经》有若干缺欠，"于内则为国隐恶，于外则承赴而书，求其本事，大半
失实"。这些问题，似乎孔子也很清楚："寻斯义之作也，盖是周礼之
故事，鲁国之遗文，夫子因而修之，亦存旧制而已。至于实录，付之丘
明，用使善恶毕彰，真伪尽露。向使孔经独用，《左传》不作，则当代行
事，安得而详者哉？"这里对《左传》的作用给予了充分的肯定，这无疑
是对的；但同时似乎是说孔子在修《春秋》的时候就已有所安排，有意
识地让左丘明作一部"实录"的传，以与《春秋经》相辅而行，这样的说
法实际上又自我否定了在《惑经》篇里对《春秋》的指责，完全是为自

---

① 《史通·惑经》。

己所指责的对象曲为回护之辞。可见在那个时代，批评圣经，并不是一件很容易的事。不管怎么说，《左传》的地位却因此而提高了，没有《左传》，春秋"二百四十年行事""无由获知"，这似乎已成为当时人的共识。

但《左传》记事繁杂，说义殊少，却是谁也无法否认的事实。唐人对《左传》并非盲目地尊崇，对其中的记事每多批评，致有因不喜《左传》中所记之事而废读《春秋》者：

> 弘（唐高宗第五子，显庆元年立为皇太子）尝受《春秋左氏传》于率更令郭瑜，至楚子商臣之事，废卷而叹曰："此事臣子所不忍闻，经籍圣人垂训，何故书此？"瑜对曰："孔子修《春秋》，义存褒贬，故善恶必书。褒善以示代，贬恶以诫后，故使商臣之恶，显于千载。"太子曰："非唯口不可道，故亦耳不忍闻，请改读馀书。"瑜再拜贺曰："里名胜母，曾子不入；邑号朝歌，墨子回车。殿下诚孝冥资，睿情天发，凶悖之迹，黜于视听。……请停《春秋》而读《礼记》。"①

按此事说明当时人对《春秋》与《左传》，似乎并不细加分别，同时也反映出那时《春秋》经传的地位，并非绝对的神圣，对其内容提出质疑的，也不是个别现象。此外，还有一些人注意到了《左传》中记载的大量行军用兵之计、通权达变之谋，会产生一种发人心智的副作用，这种副作用有时是统治阶级所不愿意看到的。例如开元时金城公主下嫁吐蕃，要求带走《毛诗》《礼记》《左传》《文选》各一部，对此于休烈坚决反对，他认为这些书若是带到了吐蕃，会启迪吐蕃人的心智，后患无穷，于是上疏云：

> 臣闻戎狄，国之寇也；经籍，国之典也。戎之生心，不可以无备；典有恒制，不可以假人。……昔东平王入朝求《史记》、诸子，汉帝不与。盖以《史记》多兵谋，诸子杂诡术。夫以东平，汉之懿戚，尚不欲示征战之书；今西戎，国之寇仇，岂可贻经典之事！且臣闻吐蕃之性，慓悍果决，敏情持锐，善学不回。若达于书，必能知战。深于《诗》，则知武夫有师干之试；深于《礼》，则知月令有

----

① 《旧唐书·高宗中宗诸子传》。

兴废之兵；深于《传》，则知用师多诡诈之计；深于《文》，则知往来
有书檄之制。何异借寇兵而资盗粮也……若陛下虑失蕃情，以
备国信，必不得已，请去《春秋》。当周德既衰，诸侯强盛，礼乐自
出，战伐交兴，情伪于是乎生，变诈于是乎起，则有以臣召君之
事，取威定霸之名。若与此书，国之患也。①

这四种书比较起来，《春秋左传》的副作用似乎更大一些，把这种书送
给吐蕃，简直就是"借寇兵"、"资盗粮"。于休烈的意见可能并没有被
采纳，"疏奏不省"，但此疏确实反映出某些士人对《左传》副作用的担
心。对少数民族存有这样的戒心，对一般民众未必不作如是想法。
这固然是统治阶级的一种阴暗心理，却也体现出当时一部分士人对
《春秋左传》的某种异乎寻常的认识。此种认识的实质就是对《左传》
中某些内容的不满与担心。后来唐宋士人中的那种舍传求经的倾
向，不能不说与此有一定的关系。

三　折衷三传与舍传求经

《春秋》本是依传而行的，如果没有传（包括《左传》《公羊传》《穀
梁传》），所谓《春秋》经义便无从彰显，很难想像《春秋》还能发挥什么
社会政治功能。但三传自来各立门户，说解相歧，也为《春秋》学的研
究、利用增加了不少障碍。唐代已较少专守一传的学者，学者一般都
能对三传加以通盘考察，决定去取。著名的《春秋》学者啖助就是一
位反传统的典型。据《新唐书·儒学传》，啖助"善为《春秋》，考三家
短长，缝绽漏阙，号《集传》，凡十年乃成"，书名全称是《春秋集传集
注》。所谓"集传"，就是集三传之善的意思。"予辄考核三传，舍短取
长，又集前贤注释，亦以愚意裨补阙漏，商榷得失……谓之《春秋集传
集注》。"在啖氏看来，三传虽然说解各异，但既同为《春秋》之传，则都
有说对了部分"经旨"的地方，唯所说各有侧重，所得各有浅深。正确
的做法不是株守一传互相攻击，而是综合三传，取长补短。他说：

《春秋》之文，简易如天地焉，其理著明如日月焉。但先儒各
守一传，不肯相通，互相弹射，仇雠不若；诡辞迂说，附会本学，鳞

---

① 《旧唐书·吐蕃传上》。

> 杂米聚，难见易滞。益令后人不识宗本。……老氏曰：大道其夷，而人好迳。信矣。故知三传分流，其源则同，择善而从，且过半矣。归乎允当，亦何常师！①

按这种"择善而从"、没有"常师"的原则，彻底打破了前人说经的"家法"，开创了以臆说经的新风气。这是因为三传本皆专门之学，相互抵牾、矛盾之处是不少的。倘各自为学，倒还都能自成系统；若硬要把它们分别打乱，来个"择善而从"，那么取舍之间，就要全凭"择"者的私臆了。

啖助的弟子中最重要的有赵匡和陆质（本名淳，因避宪宗讳改名质），他们都参与了啖助遗著的整理工作。今日只存有陆质的《春秋集传纂例》《春秋微旨》与《春秋集传辨疑》三书。不过陆氏的著作中对啖、赵之说多所征引，故亦不难从中了解啖、赵二氏的意见。②

啖、赵、陆三家对三传既无所专主，故每每能够对三传作比较客观的分析，有时是《左传》而非《公》《穀》，有时是《公》《穀》而非《左传》；若《公》《穀》有异，自亦会加以选择；当然，也有时对三传都不满意，那就要另立新说了。例如对《春秋》隐公元年经文中的"春王正月"，《公羊传》解释说："春者何？岁之始也"，这话等于没说。陆质就批评道："按春为岁首，不应烦释。"传又云："曷为先言王而后言正月？王正月也"，陆质认为这也纯属多余，他引赵匡之语曰："若言春正月王，则不成文理矣，何用解乎？"经又云"郑伯克段于鄢"，对这个"克"字，《公》《左》说解不同。《左传》云："如二君，故曰克。"《公羊》云："克者，杀之也。"赵匡对此二说都不满意，他说："克者，能胜之名，无有二君之义。""按五经《春秋》前后例，未有以克为杀者。"至于为什么只书"段"而不书"弟段"，《左传》以为"段不弟，故不言弟"，《公羊》则以为"何以不称弟？当国也"。赵匡赞成《左传》之说，云："不称弟者，见其不弟也，《左氏》之义当矣。"隐公七年经云"滕侯卒"，对这里的滕侯没有书"名"，《穀梁传》解释说："滕侯无名。少曰世子，长曰君，狄道也。"啖助驳之曰："按附庸之君及真夷狄皆有名，况滕国文王之子

---

① （唐）陆质：《春秋集传纂例》卷一。
② 关于啖、赵、陆三家的《春秋》学，请参阅拙文《唐代啖赵陆三家春秋学考述》，载《中国历史与史学》，北京图书馆出版社1997年版，第174—187页。

孙,虽至微弱,岂无名乎? 又后诸侯卒,有不书名者,岂皆无名乎?"桓公五年经云:"甲戌,己丑,陈侯鲍卒。"对于为什么这里记载了两个日期,《左传》认为是"再赴",也就是说因为国内混乱而赴告了两次。《公羊》则说是陈侯鲍得了疯狂之症,"甲戌之日亡(出走),己丑之日死而得,君子疑焉,故以二日卒之"。啖助等人不同意这些说法,以为不过是脱简造成的,赵匡驳《左传》曰:"岂有正当祸乱之时,而暇竞使人赴告哉! 假令实再赴,夫子亦当详定,取其实日,何乃总载之乎! 且传言公疾病而乱作,此文亦据陈国史而记之,验此则经文'甲戌'下,当记陈佗作乱之事,今简脱之尔。左氏不达此意,遂妄云'再赴'也。"啖助也说:"三传皆不知有阙文之义,故多造事端尔。岂有人君走出,臣下不追逐,昧其死日乎?"

由对三传的任意取舍,进而发展到对三传说解的不信任,于是有了舍传求经的倾向。这里所谓舍传求经,还不单是指抛开具体传文,去寻求每条经文的本来的意义,更重要的是,舍传求经还涉及了《春秋经》的一些带有根本性的问题。例如关于什么是《春秋》的基本精神,啖助就对三传的解释都不满意。他不赞成《左传》学派关于孔子笃守周公遗法、志在恢复周礼的提法,也不赞成《穀梁》学派只强调《春秋》黜陟褒贬、劝善惩恶的功能,对《公羊》学派"黜周王鲁"种种"非常异义可怪之论",更是给予了猛烈的抨击。他主张《春秋》者,救时之弊,革礼之薄"。所谓"救时之弊",是指《春秋》产生于周道不行、王纲解纽的历史时代,具有拨乱反正的社会功能;所谓"革礼之薄",是指《春秋》对周代礼典制度的改变,即"变周"。啖助依然没有摆脱汉儒历史循环论的观点,他赞成司马迁三代相承相救的理论:"夏之政忠,忠之敝,小人以野,故殷人承之以敬。敬之敝,小人以鬼,故周人承之以文。文之敝,小人以僿,故救僿莫若以忠。三王之道若循环,终而复始。"[1]现在周政既然出了毛病,那么"夏之忠道,当变而致焉"。"是知《春秋》参用二帝三王之法,以夏为本,不全守周典礼,必然矣。"[2]在啖助看来,孔子作《春秋》就是要用"夏法"变"周礼",用夏的"忠"去纠正周的"文"。但他却不满于《公羊》的"变周":

---

① 《史记·高祖本纪赞》。
② (唐)陆质:《春秋集传纂例》卷一。

何氏所云"变周之文，从先代之质"，虽得其言，用非其所。不用之于性情，而用之于名位，失指浅末，不得其门者也。周德虽衰，天命未改。所言变从夏政，唯在立忠为教，原情为本；非谓改革爵列，损益礼乐者也。故夫子伤主威不行，下同列国，首王正以大一统，先王人以黜诸侯，不书战以示莫敌，称天王以表无二尊，唯王为大，邈矣崇高。反云黜周王鲁，以为《春秋》宗指。两汉专门，传之于今，悖礼诬圣，反经毁传，训人以逆，罪莫大焉！①

原来啖氏所谓"变周"，乃是从"性情"上着眼（"性情"指人性、情感、精神、风气这一类属于文化层面的东西，以区别于政治层面的制度、秩序等等），而不是指去改变周王的地位、改变旧有的礼乐制度，对于《公羊》学派"黜周王鲁"等等提法显然是抱有强烈的义愤的。

啖氏的弟子赵匡对《春秋》的主旨作了更为明确的表述：

予谓《春秋》因史制经，以明王道，其指大要二端而已：兴常典也，著权制也。故凡郊庙、丧纪、朝聘、蒐狩、昏取，皆违礼则讥之，是兴常典也。非常之事，典礼所不及，则裁之圣心，以定褒贬，所以穷精理也。精理者，非权无以及之。……然则圣人当机发断，以定厥中，辨惑质疑，为后王法，何必从夏乎？②

按赵氏之意，孔子作《春秋》，是通过两种手段来"明王道"的：凡有"典礼"可以遵循而没有遵循的，《春秋》"则讥之"；而对于没有"典礼"可循、在新的历史条件下产生的新情况新问题，圣人则"裁之圣心，以定褒贬"，这是一种权变。也就是说，对旧的"礼制"还是要保留，因此也就谈不到"变周"；而对新的问题也要裁断，不过不一定非"从夏"不可。在赵氏看来，《春秋》是用来救世的：

礼典者，所以防乱耳。乱既作矣，则典礼未能治也。喻之一身，则养生之法，所以防病；病既作矣，则养生之书不能治也，治之者在针药耳。故《春秋》者，亦世之针药也。相助救世，理当如

---

① （唐）陆质：《春秋集传纂例》卷一。
② （唐）陆质：《春秋集传纂例》卷一。

> 此，何云变哉！若谓《春秋》变礼典，则针药亦为变养生，可乎哉？①

按这一套理论，不再纠缠于三统循环的老调，而是突出了《春秋》的救世功能，特别是它赋予了"圣人""裁之圣心"、"当机权断"的权力，也就给赵匡之流创造了摆脱三传、根据实际需要重新解释《春秋》中的褒贬寓意的更大可能性。赵匡正是根据当时的政治情况，提出了"尊王室，正陵僭，举三纲，提五常，彰善瘅恶，不失纤芥"②的"救世"主张。早在天宝年间，远离长安的边镇节度使势力逐渐强大，他们将地方上的各种权力集于一身，产生了越来越大的离心倾向，唐天子的地位、权威受到了严重挑战。安史之乱给唐中央政府的打击是相当沉重的。叛乱虽被平息，但在山东、河北一带藩镇割据的局面已经形成，节度使们拥兵自擅，往往父死子袭，所谓"僭越"之举层出不穷。唐室衰弱，亦无如之何，传统的纲常受到了挑战。在唐室的内部，宦官之祸日趋严重，朝纲紊乱，君权旁落，这种局面也令当时的士大夫痛心疾首。赵匡生活于肃、代之际，对当时的政治形势当有切实的感受，因此他将《春秋》"救世"的宗旨归结为"尊王室，正陵僭"，不能不说是有所为而发的。从这个基点上来审视三传，自然要对三传深致不满：

> 观夫三家之说，其宏意大指，多未之知，褒贬差品，所中无几。故王崩不书者三，王葬不书者七，嗣王即位，桓文之霸，皆无义说，盟会侵伐，岂无褒贬，亦莫之论。略举数事，触类皆尔，故曰宏意大指多未之知也。③

其实黜诸侯、大一统、尊天王这些思想在三传里都是有的，只是赵氏觉得尚远远不够，在许多地方三传都没有把《春秋》的这一主旨剔发出来，因此，剪裁三传，同时说以己意，也就成为十分必要的了。

由于啖助及其弟子们社会身份低微，影响力有限，故而他们的《春秋》学说没有受到统治阶级的重视，他们对传统《春秋》学的改造，

---

① （唐）陆质：《春秋集传纂例》卷一。
② （唐）陆质：《春秋集传纂例》卷一。
③ （唐）陆质：《春秋集传纂例》卷一。

也没有在实际政治生活中发挥多大的作用。但在学者中间，啖氏及其弟子治经的路数及学风却产生了深远的影响。《四库提要》在评论陆质的《春秋集传辨疑》等著作时说："《左氏》事实有本，而论断多疏；《公羊》《穀梁》每多曲说，而《公羊》尤甚。汉以来各守专门，论甘者忌辛，是丹者非素。自是书（按指《春秋集传辨疑》）与《微旨》出，抵隙蹈瑕，往往中其窾会。虽瑕瑜互见，要其精核之处，实有汉以来诸儒未发者。"又说："盖舍传求经，实导宋人之先路。生臆断之弊，其过不可掩；破附会之失，其功亦不可没也。"

　　唐代中期以后，剪裁三传、折衷三传，进而怀疑三传、舍弃三传自求经义，渐成为《春秋》学的主流。宪宗元和年间，有卢仝著《春秋摘微》，韩愈作诗称之曰："《春秋》三传束高阁，独抱遗经究终始。"①从韩愈有关《春秋》三传的观点来看，他所谓"《春秋》三传束高阁"云云，完全是一种赞赏的语气。卢书今已不传，据宋人许顗说："玉川子（按卢仝号）《春秋传》，仆家旧有之，辞简而远，得圣人之意为多。"②也是称赞他以己意解经之为得。晚唐有陈岳，著有《春秋折衷论》三十卷。陈岳认为，三传都没有能够完全探得圣人之旨，他说："圣人之道，以《春秋》而显；圣人之文，以《春秋》而高；圣人之文，以《春秋》而微；圣人之旨，以《春秋》而奥。入室之徒，既无演释，故后之学者，多失其实。是致三家之传，并行于后，俱立学官焉。"③对于后世的学者来说，三传又是不可偏废的："欲存《左氏》而废《公》《穀》，则西汉鸿儒向焉；欲存《公》《穀》而废《左氏》，则丘明与圣人同代。是以皆各专一传。"④但各专一传的做法也有弊病，往往导致门户之争："郑玄、何休、贾逵、服虔、范宁、杜元凯，皆深于《春秋》者也，而不簸糠荡秕，芟秕舒莠，掇其精实，附于麟经，第各酿其短，互斗其长，是非千种，惑乱微旨，其弊由各执一家之学，学《左氏》者则訾《公》《穀》，学《公》《穀》者则诋《左氏》。"⑤因此，在陈岳看来，重要的是要对三传作比较研究，同一条经文，要找出三传最贴近"圣人"经旨的说法，此即所谓"簸

---

① （唐）韩愈：《寄卢仝》，《全唐诗》（上），上海古籍出版社1986年版。
② 《丛书集成初编》本《许彦周诗话》。
③ （唐）陈岳：《春秋折衷论序》。
④ （唐）陈岳：《春秋折衷论序》。
⑤ （唐）陈岳：《春秋折衷论序》。

糠荡秕,芟稂舒莠",此即所谓"折衷"。

四 唐代《春秋》学衰落之原因

在中国历史上,汉、唐两代都堪称是封建社会的盛世。《春秋》学在汉代极盛,而在唐代则显出一派衰颓之势。同一种学说,其历史命运的不同竟有如此之甚者。此中的原因,我们可以从以下几个方面试作分析。

(一) 从经学的整体发展来看

汉代是经学确立统治地位并获得大发展的时期。在汉以前,儒学只是百家之一,并没有特殊的地位。汉的统治者通过自己的政治实践,在反复比较的基础上选择了儒学,并使之"独尊"。毫无疑问,当时的儒学是很适应统治阶级的政治需要的。而且,西汉尊儒政策的制订者汉武帝、董仲舒、公孙弘等人,都是喜欢《公羊》学的,《公羊》学成为西汉经学的主流,自在情理之中。经学在汉代是发展着的,其家派不断地增多,其经义不断地扩大、深化,故其适应性也就不断地增强。到了唐代,汉学的发展趋于停滞,一些基本的经义早已深入人心,而沿着汉人的思路对经典进行研究已没有多少余地。唐初《五经正义》的颁行,更是统一了经义,进而统一了士人的思想。这样,经学的发展实际上就停滞了。不是说唐代的统治者不需要经学,经学的一些理论和原则依然为人所遵奉,但人们的实际态度则是敬而远之,口头上把这些经典捧得天高,而对经典的研究则用力越来越少,这些经典离开实际的政治生活也就越来越远。唐代以经学名家的人十分稀少,正是这种情况的反映。一种学说或理论,哪怕是统治阶级所提倡的学说或理论,只要陷于停滞,便没有了生命力。

同时,与汉代不同的是,唐的统治者儒、佛、道并重,特别是道教,在唐代有很高的地位,例如唐玄宗就曾下令于两京、诸州置生徒,专习《老子》《庄子》《列子》《文子》四子书,"每年准明经例考试"。[①] 有一段时期在科举考试中竟加试有关《老子》的策问。[②] 经学在唐代显然并非处于绝对独尊的地位。于是我们看到,号称盛世的唐王朝,在

① 《旧唐书·玄宗纪下》。
② 《旧唐书·玄宗纪上》。

经学上鲜有什么建树。《春秋》学作为经学的一个组成部分，自然也难逃衰颓的命运。

（二）从《春秋》学自身的特点来看

汉代《公羊》学大兴，很大程度上是得益于当时学术的神秘主义倾向。一方面最高统治者喜好神道，一方面主要的《公羊》学者糅阴阳五行学说入《春秋》学，使《公羊》学与谶纬神学合流。但谶纬这类迷信的东西，或许能够风行于一个错乱的时代，却很难获得人们长久的信仰，日久必遭人的唾弃。魏晋以后今文经学的衰落就是明证。隋王朝对谶纬更是悬为厉禁，打击不遗余力，因此，以谶纬作助力的《公羊》学更是一蹶不振，代之而起的是《左传》学。《左传》由于它自身所具有的史书特质，对经义的发挥很少，因此对政治的指导意义远远不如《公羊》。这就使研治《左传》的学术与实际政治日益疏离。

同时，《左传》庞杂的记事中所表现出来的不够纯正的"义"以及与儒家传统观念相抵牾的一些思想，越来越引起儒者的不满。前面提到的啖助及其学生赵匡曾对《左传》作过一番改造，他们自述其对《左传》进行删节的原则时说："至于义指乖越、理例不合、浮辞流遁、事迹近诬，及无经之传，悉所不录。其辞理害教，并繁碎委巷之谈，调戏浮侈之言，及寻常小事、不足为训者，皆不录。"可见当时人对《左传》确有诸多不满。由对《左传》解经的不满，发展而为对三传经义的折衷权衡，再进一步舍传求经，《春秋》学"穷则思变"，到了宋代，其面貌就有了重大的改变。

（三）从《春秋》学者的出路来看

汉代通经即可以入仕，经学成了利禄之门，故而士人趋之若鹜。唐代主要以科举取士，科举之中，首重进士。进士科的考试，是以诗赋为主，较少涉及经义，而《春秋》学的内容，更是难与诗赋沾边。士人研治《春秋》，既不能俯拾青紫，又不能换取衣食，则谁复孜孜以习者！看来没有了利禄的诱饵，要想让人们专心治经，真是难上加难。应该说这也是唐代《春秋》学所以衰落的一个重要原因。

（原载《中国社会历史评论》第三卷，中华书局 2001 年版）

刘敞《春秋》学考论

一 刘敞与他的《春秋》学著作

北宋自太祖到仁宗的六十余年间，《春秋》学没有什么大的发展，也没有出现什么特别出色的《春秋》学者。这种状况与当时的社会政治密切相关。北宋立国的前二十年，统治者的精力还集中在以武力铲平割据势力上，而且边患频仍，内乱不断，宋室君臣尚无暇顾及复兴唐末五代以来长期衰颓的儒学。宋初虽即已开科取士，且取士越来越多，士人趋之若鹜，但此时取士的标准，仍沿唐代之旧，还是以诗赋为主，学者于经典多不甚措怀。这种局面从真宗时开始有所转变。宋真宗比他的前辈更加重视儒学，由于他的提倡，儒学渐趋兴盛。继立的仁宗对儒学更加尊崇，他在位四十一年，所用大臣几乎都是儒者，又用范仲淹、宋祁等议，在各地设立州县之学，此后，儒者讲学之风大盛。故庆历以后，宋代经学出现了新面貌，涌现出一批卓越的经师。在《春秋》学的研究方面，刘敞就是突出的一个。

刘敞，字原父，临江新喻人，人称公是先生。举庆历进士，廷试第一。他生于真宗天禧三年（1019），卒于神宗熙宁元年（1068），历仕仁宗、英宗两朝，官至集贤院学士。刘敞学问渊博，"自六经、百氏、古今传记，下至天文、地理、卜医、数术，浮图、老

庄之说,无所不通"。^① 当时欧阳修以学问、文章享誉天下,对刘敞
也甚为推服,"欧阳修每于书有疑,折简来问,对其使挥笔答之不停
手,修服其博"。^② 刘敞以经学名家,著有《七经小传》三卷,"乃其杂
论经义之语"。^③ 所谓"七经"者,盖指《尚书》《毛诗》《周礼》《仪礼》
《礼记》《春秋》《论语》。刘敞的《七经小传》,可能对宋人的学风有一
定影响,王应麟云:"自汉儒至于庆历间,谈经者守训故而不凿,《七经
小传》出而稍尚新奇矣。"^④吴曾《能改斋漫录》曰:"国史云:庆历以
前,学者尚文辞,多守章句注疏之学,至刘原父为《七经小传》,始异诸
儒之说。王荆公修经义,盖本于原父云。"^⑤今考《七经小传》,其体裁
类似札记,乃为一条条者,每条大多只论经文之一字、一句或者一义,
以纠正前人说法为主。例如释《尧典》"申命羲叔宅南交"一语,说经
文本当作"宅南曰交趾",后人传写脱两字;解《尚书》之"《九共》九
篇",说"共"字当作"丘",古文"丘"与"共"字形相近致讹,"九共(丘)"
即"八索九丘"之"九丘";解《尚书·无逸》两见之"此厥不听",说两
"听"字都当作"德",也是字形相近致误;说《周礼·太宰》"诛以驭其
过","过"字当作"祸",《礼记·王制》"千里之外曰采","采"字当作
"蔡",这些都是"声之误"。诸如此类的说解还有很多,表明刘敞的说
经,确乎与"守训故"、"守章句注疏之学"不同。当然,刘敞的新说中
确实不乏精警之处,例如他说《毛诗·常棣》"每有良朋,烝也无戎"的
"戎"字可能是"戌"字之误;《伐木》当作三章,而不是如《毛传》所说六
章;《曲礼》"若夫坐如尸,立如齐"下有脱简;《檀弓》"人喜则斯陶"句
中有阙文。这些都很能给人以启发。但是擅改经字,以就己说,也不
能不说是他的一个大毛病。《四库提要》评论说:"盖好以己意改经,
变先儒淳实之风者,实自敞始。"不过若说王安石的经学出自刘敞,则
未必然。正如《四库提要》所说:"谓敞之说经,开南宋臆断之弊,敞不
得辞;谓安石之学由于敞,则窃鈇之疑矣。"

　　刘敞最大的成就,还在于他的《春秋》学,史称他"长于《春秋》,为

① (宋)欧阳修:《集贤院学士刘公墓志铭》,《全宋文》卷七百五十六。
② 《宋史·刘敞传》。
③ 《四库提要》语。
④ (宋)王应麟:《困学纪闻》卷八,《四部丛刊》本。
⑤ (宋)吴曾:《能改斋漫录》卷二。

书四十卷,行于时"。① 不过在刘敞的《七经小传》中,有关《春秋》一经的内容只有两条,一为校正《公羊传》的衍字,一为论《左传》中的"都城过百雉",此外尚附《国语》一条,显得甚为单薄,与其他诸经相比,甚为不谐。《四库提要》以为"惟《春秋》先成,凡所札记,已编入《春秋传》《意林》《权衡》《文权》《说例》五书中"。按《春秋》是否"先成",其实并不重要;重要的是《七经小传》很可能成书在先,而《春秋传》等五书可能成书在后。在《七经小传》的初稿中,可能有相当多的《春秋》条目,后来作者撰《权衡》等五书,把这些《春秋》条目都移来融入五书之中了。只要看一看《七经小传》的写法与《春秋权衡》等并无二致,就可以推知了。

刘敞关于《春秋》的著作,主要有《春秋传》十五卷、《春秋权衡》十七卷、《春秋意林》二卷(《玉海》作五卷,《宋志》作二卷)、《春秋文权》五卷(《宋志》作五卷,《玉海》作二卷)、《春秋说例》一卷(《玉海》作二卷,《中兴书目》作一卷)。《文权》久佚。《说例》一卷,《经义考》云"佚",但《四库全书》有著录,馆臣称"今检《永乐大典》,尚杂引《说例》之文,谨详加缀辑,仍厘为一卷。据《书录解题》称,《说例》凡四十九条,今之所裒,仅二十五条,止得其半,且多零篇断句,不尽全文",知《四库》所收实为辑本。刘敞的《春秋》学著作,以《春秋传》《春秋权衡》《春秋意林》为主。陈振孙《书录解题》曰:原父"始为《权衡》,以平三家之得失;然后集众说,断以己意,而为之《传》;《传》所不尽者,见之《意林》"。四库馆臣据此得出结论:《春秋权衡》成书在最先,《春秋传》在其次,《意林》之成又在《传》之后。因此说《春秋权衡》乃是刘敞《春秋》之学的"根柢"。

《春秋权衡》全书十七卷,分为三个部分。前七卷评论《左传》及杜注,中间六卷评论《公羊》及何注,末四卷评《穀梁》。至于书名为什么叫"权衡",刘氏自己解释说:

> 权,准也;衡,平也。物至重必准于权,权虽移必平于衡。故权衡者,天下之公器也,所以使轻重无隐也,所以使低昂适中也,察之者易知,执之者易从也。不准则无以知轻重,不平则轻重虽

---

① 《宋史·刘敞传》。

出不信也。故权衡者,天下之至信也。凡议《春秋》亦若此矣。①

盖《春秋》一书有三家之传,其褒贬善恶每常相左,甚至相反,现在就是要找出一个标准来,对三传进行衡量,对的保留,错的批驳,使"轻重无隐","低昂适中"。刘氏自许他所撰《权衡》,就是这样一个标准。

二 刘氏对《左传》"五十凡"的批判

刘氏对《左传》颇多不满,但他并不否认《左传》是解经之传。②他只是把左丘明看作是一位经师,而不是如旧说是孔子的弟子,因此左氏的许多说法,只是一位经师的见解,并非周公、孔子之意。他于《春秋权衡》开篇就说:

> 前汉诸儒不肯为《左氏》学者,为其是非缪于圣人也,故曰"《左氏》不传《春秋》",此无疑矣。然为《左氏》者皆耻之,因共护曰:丘明受经于仲尼。此欲以自解免耳,其实非也。何以言之邪?仲尼之时,鲁国贤者无不从之游,独丘明不在弟子之籍。若丘明真受经作传者,岂得不在弟子之籍哉!岂有受经传道而非弟子者哉!以是观之,仲尼未尝授经于丘明,丘明未尝受经于仲尼也。然丘明所以作传者,乃若自用其意说经,泛以旧章常例,通之于史策,可以见成败耳,其褒贬之意,非丘明所尽也,以其不受经也,学者可勿思之哉!③

按隋唐以来,《左传》的地位不断提高,左丘明受经于仲尼之说深入人心,刘氏既以左丘明为未得孔子之正传,则左氏的解经也就是可以批评商榷的了。

《左传》及杜注说经,有种种义例,刘氏对这些义例进行了研究,指出了不少"义例"的不合理之处。刘氏并不一般地反对以例说经,他自己解说《春秋》也是用"例"的,前面曾提到过他有《春秋说例》一卷传世。但他对《左传》中的许多例却深致不满,这是因为他发现《左

---

① (宋)刘敞:《春秋权衡序》,《全宋文》卷一千二百八十五。

② 学者或以为刘敞"赞同今文学家《左氏》不传《春秋》之说,不过并不否定《左传》的价值"(说见沈玉成等著《春秋左传学史稿》,江苏古籍出版社1992年版,第213页),此论非是。此乃出于对所引《春秋权衡》文之误读。

③ (宋)《春秋权衡》(以下简称《权衡》)卷一。

传》中的"例"大多只适用于很小的范围，很难通贯全经，实不足以称之为"例"。僖公二十五年经云"卫侯毁（毁是卫侯之名）灭邢"，《左传》云："同姓也，故名。"意思是说，《春秋》贬斥卫侯之灭同姓，所以记了他的名。刘敞反驳说："晋灭虢，又灭虞，齐灭纪，楚灭夔，皆同姓也，何以皆不名邪？"①桓公十六年经云"正月，公会宋公、蔡侯、卫侯于曹"，《左传》云："会于曹，谋伐郑也。"刘敞驳之曰："按传例，与谋曰'及'，不与谋曰'会'。②此称'公会'，则不与谋者也。而'正月会于曹'传云'谋伐郑'，乃是与谋。与谋而称会，何邪？"③这是《左传》的"例"明显不能通贯全经的地方。《左传》一般不以日月为例，但在个别的地方，也要讲解《春秋》的"日"或者"不日"，例如隐公元年经云"公子益师卒"，《左传》就解释说："公不与小敛，故不书日。"刘敞驳之曰："公孙敖、叔孙婼、公孙婴齐，皆为公与小敛乎？何以得书日？"④按这里提到的公孙敖，是晋国的大夫，文公十四年经云"九月甲申，公孙敖卒于齐"，刘氏："按传例曰'公不与小敛则不书日'，今敖卒于齐，公之不与小敛审矣，何为反日邪？敖本有罪出奔，幸而死得复录，公又实不与其小敛，何足谨详其日月而书乎？"⑤对这种以日月为例的做法，刘敞提出了尖锐的批评：

> 大凡《春秋》所据者，史也。史之所记，非圣人也，有日不日，有月不月，其事可以考核，其日月不可必知也。假令益师卒时，公实预小敛，或史误不书日，或年久阙脱，仲尼宁得虚增甲子乎？若鲁国史官世世皆贤人，皆知仲尼将修《春秋》，以日月之例见君臣厚薄，故每记卿大夫之卒，谨守此法则可矣。若人自为意，家自为法，或日或不日，或月或不月，皆由此也，安可于数百岁之后，信其此文，以褒贬人君乎？为《左氏》者，既自云史有文质，辞有详略，不必改也，今大夫卒或日或不日，亦详略之一端矣，何以必其皆详邪？学者当如何解此？吾欲闻之。⑥

① 《权衡》卷四。
② 宣公七年《左传》云："凡出师，与谋曰及，不与谋曰会。"刘氏所谓传例，盖指此而言。
③ 《权衡》卷二。
④ 《权衡》卷一。
⑤ 《权衡》卷五。
⑥ 《权衡》卷一。

这样的反驳,应当说是非常有力的,确实击中了《左传》"义例"的要害。刘氏从对每一个"例"的具体分析入手,对《左传》解经的"五十凡"做了全面的检讨和批判。所谓"五十凡",是《左传》作者对"例"的概括,因为每一条概括都以"凡"字领起,这样的话全书共有五十处,故俗称"五十凡"。"五十凡"是左氏以例说经的骨干。从其文字形式来看,都是一些全称肯定的判断,按说是不应该有例外的,但实际上许多"凡例"都有例外。刘氏将《左传》中这些自相抵牾之处揭出,在《左传》的研究史上应当是一种贡献。

文公七年经云"公会诸侯、晋大夫盟于扈",《左传》列举与会诸侯齐侯、宋公、卫侯、陈侯、郑伯、许男、曹伯等之后,说:"公后至,故不书所会。"意思是说因鲁公来迟了,因而经文不具列诸国之君,接着发凡起例曰:"凡会诸侯,不书所会,后也。后至,不书其国,辟不敏也。"刘敞驳之曰:"按十五年会于扈,亦不序诸侯,宁复鲁侯后会邪?未可以类推也。"[①]

成公十五年经云"晋侯执曹伯",这个曹伯名叫负刍,因为杀太子自立,所以招致晋侯之讨。《左传》云:"书曰'晋侯执曹伯',不及其民也。"意思是曹伯之罪仅在于杀太子而自立为君,并没有害及百姓。《左传》为此发凡起例云:"凡君不道于其民,诸侯讨而执之,则曰某人执某侯,不然则否。"刘氏对这一条凡例甚为不满,他说:"负刍杀太子而篡之,国人不义,举欲随公子欣时而亡,此非不道而何?且大者天地,其次君臣,有人杀其君,反轻于不道其民乎?有忍其君而非不道其民乎?夫负刍之恶未见于经也,晋侯执之,然后可见其罪。今以《左氏》例推之,则负刍非不道其民,而晋侯妄执之尔,岂其然邪?"[②]这虽是从君臣伦理出发所作的分析,也能够揭示凡例之不甚合理,事实上这一凡例也仅适用于极少数的场合。

襄公十二年经云"吴子乘卒",《左传》云:"临于周庙(杜注:周庙者,文王之庙),礼也。凡诸侯之丧,异姓临于外,同姓于宗庙,同宗于祖庙,同族于祢庙。"刘氏驳之曰:"礼:诸侯不祖天子,大夫不祖诸侯,则文王之庙,鲁何得以有之?孔子曰:公庙之设于私家,非礼也,自三

---

① 《权衡》卷五。
② 《权衡》卷六。

桓始也。然则鲁君僭上而立周庙,三桓僭鲁而设公庙矣。丘明不知,又习见之,遂真谓礼,然岂不误哉! 以实言之,凡诸侯之丧,异姓临于外,同姓于祖庙,同族于祢庙,于义足矣。"①诚如杨向奎先生所说,此类"凡例"属于"礼经"类,"不晓当时礼制,莫由辨也"②;刘氏之辨,是根据他自己对先秦礼制的理解,在他看来,凡例不合礼制,也不合孔子的思想,不过是左丘明个人的妄说。

襄公十三年经云"取邿",传曰:"夏,邿乱,分为三。师救邿,遂取之。凡书取,言易也。用大师焉曰灭,弗地曰入。"按《左传》这一凡例,是着眼于"书法"的,规定"取""灭""入"三个字的不同含义。刘敞大不以为然,他说:"《春秋》之兴,褒善贬恶,所以示后世法,非记难易而已也。难易何足纪乎! 且灭国言灭者,言既杀其君,又泯其社稷,故君死其位亦曰灭。如灭国而谓之取,则未知君死其位欤? 如取邑而谓之灭,则未知邑安取、君死其位乎? 如是,是《春秋》记灭国也略,记用师难易也详,岂然也哉!"③在刘敞看来,孔子修《春秋》,是有重大政治目的的(示后世法),孔子不会关注"用师难易"那样的小事,故《左氏》这样的凡例肯定是错误的。由此我们也不难看出,《春秋》学到了宋代,其社会政治功能更加受到人们的重视,在对《春秋》的阐释当中,那种单纯把《春秋》视为"史"的倾向,不断地得到纠正。

刘敞对《左传》的"五十凡"进行了全面的审视,他认为"五十凡"可分为两类:一类可能出自"史书之旧",本来就是解旧史的;一类则是左丘明用来解经的。僖公五年《左传》云:"正月辛亥朔,日南至,公既视朔,遂登观台以望。而书,礼也。凡分、至、启、闭,必书云物,为备故也。"按此是无经之传。刘敞曰:"然则旧史盖记公之书云物矣。《传》所云'凡',是解旧史者也。仲尼修《春秋》去之,以谓常事不足书也。以是观焉,常事不书,于三传为通。"④按刘氏之意,"凡分、至、启、闭"云云,乃是旧史所原有,孔子将旧史所记公书云物之条目删

---

① 《权衡》卷六。
② 杨向奎:《略论"五十凡"》,《绎史斋学术文集》,上海人民出版社 1983 年版,第 223 页。
③ 《权衡》卷六。
④ 《权衡》卷四。

削,故此一凡例就成了无经之传。另一种凡例则是左丘明为解经加的了,隐公九年传有云:"凡雨,自三日以往为霖。平地尺为大雪。"刘氏曰:"按左氏诸言'凡'者皆史书之旧章,然则此大雨霖、大雨雪,亦皆旧章常例所必书者也。则《春秋》固应书此二者宜甚多矣,何以言之? 三日雨,平地尺雪,皆非可怪者也,曷为二百四十二年之间,独此而一用哉! 用此推之,左氏'凡例'亦不必皆史书之旧也,乃丘明推己意以解经为'凡'尔。其合于道者,则周公之典,又仲尼所取也;其考之不合于经如此类者,则其臆议,而复断之,加'凡'于其首云尔,非周公之典、仲尼本意也。"①按刘氏又进一步将"丘明推己意以解经为凡"者分成了两类:"合于道"的与"不合于道"的。这样就与杜预的说法区别开来了。杜预在《春秋序》中说:"其发凡以言例,皆经国之常制,周公之垂法,史书之旧章。仲尼从而修之,以成一经之通体。"杜预把"凡例"抬得很高,似乎孔子修《春秋》时就已是照"例"执行的;到了刘敞的时代,学者对"凡例"已没有旧时那样的信仰了,"凡例"中虽有堪称周公之典的内容,可也有相当多的部分是不合于经的,对这些东西就要由刘敞们来加以修正了。

三 《春秋》褒贬与鲁史旧文

刘氏在对《左传》的批判当中,着力阐述了他对经与史关系的看法。《左传》学派特别是杜预的注,有一种把《春秋》看成是鲁史旧文的倾向,这突出地表现在对《春秋》书法的解释当中。刘氏将这种解释概括为三个方面,他说:

> 大率左氏解经之蔽有三:从赴告,一也;用旧史,二也;经阙文,三也。所以使白黑混淆,不可考校。②

按这三项是左氏用来解释经文书法的最常见的说辞。左氏解经有不少义例,但这些义例有许多并不能够贯穿全经;《左传》记事在时间、地点、人名等方面与《春秋》也多有不同;又《左传》中有的记事在《春秋》中并无踪迹可寻。对这些情形,《左传》的作者以及杜注每每以

---

① 《权衡》卷一。
② 《权衡》卷七。

"从赴告"、"用旧史"、"经阙文"解之。隐公六年《春秋》云"冬,宋人取长葛",《左传》则作"秋",杜预的解释是"秋取冬来告也"。刘氏曰:

> 史之记事,虽据赴告而书,至其日月,犹当依先后次序。假令宋、郑同用二月出师,宋则即时来告,郑则逾时来告,所告虽迟,其告之言犹曰二月也。国史岂得但据告时编之于夏乎?必若所云,岂唯大泯乱事实哉,亦颠倒天时矣。然《左传》日月与经不同者多,或丘明作书,杂取当时诸侯史策,史策有用夏正者,有用周正者,错杂文牍,往往而迷,故经所云冬,传谓之秋也。[①]

有时《左传》"从赴告"之说与其义例发生冲突。隐公七年经云"滕侯卒",《左传》云:"不书名,未同盟也。"这就是左氏之"例",意谓经所以不书滕侯之名,是因为非同盟的诸侯死去照例是不书名的。但刘氏驳之曰:"尝同盟者卒未必皆名,未尝同盟者卒未必皆不名。而《左氏》又云:赴以名则书之,不然则否。若实从例则不当从赴,若实从赴则无用设例。今进不必从赴,退不必从例,徒用是纷纷也。"[②]

刘氏并不是一般地反对"赴告"之说,他也承认在春秋列国间有赴告的事实,他反对的是用赴告说来解释经、传的差异,特别是在某些能够体现"褒贬"的地方。他认为经文都曾经过孔子的"笔削",孔子断不会轻易地采纳"赴告"之辞而放弃了褒贬。襄公七年经云:"郑伯髡顽如会,未见诸侯。丙戌,卒于鄵。"这位郑国国君的"卒于鄵",据《左传》的记载,其实是被"弒"。刘氏《权衡》云:"《左氏》曰:子驷实贼杀之,而以疟病赴于诸侯。言经所以从赴而书也。非也。凡议《春秋》者,必曰乱臣贼子惧。乱臣贼子惧者,以其书法不隐,而善恶明也。《左氏》亦云:求名而亡,欲盖而彰,善人劝焉,淫人惧焉。夫臣杀其君,欲盖者也,《春秋》顺其欲而不彰,则何惧矣。彼乱臣贼子知伪赴之可以免于贬绝,则又毋乃劝乎耳。是由《春秋》启之也,奈何哉!"[③]按刘氏坚守"孔子修《春秋》而乱臣贼子惧"的成说,当然要对《左传》家从赴而书的说法表示不满。而且由此出发,对《春秋》是否鲁史旧文也作了一番辨析。主张《春秋》是鲁史旧文的,当以杜预为

---

① 《权衡》卷一。
② 《权衡》卷一。
③ 《权衡》卷六。

代表。杜预说:"仲尼因鲁史策书成文,考其真伪,而志其典礼。上以遵周公之遗制,下以明将来之法。其教之所存,文之所害,则刊而正之,以示劝戒。其余则皆即用旧史,史有文质,辞有详略,不必改也。"①杜氏此说,本来并无大病,一方面指出了《春秋》是以鲁史旧文为基础的,一方面又指出了孔子在某些地方作了"刊正"。但刘敞对此说却深致不满,他批评说:

> 苟唯文之所害则刊而正之,其余皆因而不改,则何贵于圣人之作《春秋》也?而传又何以云"非圣人莫能修之"乎?大凡左氏本不能尽得圣人《春秋》之意,故《春秋》所有义同文异者,皆没而不说。而杜氏患苦《左传》有不传《春秋》之名,因为作说云"此乃圣人即用旧史尔"。观丘明之意,又不必然。按隐公之初,始入《春秋》,丘明解经,颇亦殷勤。故克段于鄢,传曰"不言出奔,难之也","不书城郎,非公命也","不书"之例,一年之中,凡七发明,是仲尼作经,大有所删改也,岂专用旧史者乎?②

看来刘敞与杜氏的区别,在于认定孔子所作删改之处甚多,许多杜氏以为是鲁史原样的地方,刘敞都认为是孔子有意的刊正。如果从经学的立场上来看,刘氏的解释应该说是一种进步,因为它解决了一些经、史不可调和的矛盾。例如史贵直笔,以不隐为善,而经却多讳书,主张为尊者、亲者、贤者讳,这两者究竟是一种怎样的关系呢?闵公二年经云"公薨",杜预注云:"实弑,书薨又不地者,皆史策讳之。"刘氏不以为然,他说:

> 然则杜意以谓史当讳国恶矣,诸称公薨者,皆时史之文,仲尼因之也。非也。古者史不讳国恶,恶有不记者,其罪死,以直为职者也。③

接着刘氏举晋董狐书赵盾弑君、齐太史书崔杼弑君为例,证史官不当讳国恶,"齐、晋皆大国,史官皆良士,见称于圣贤,以不讳国恶为是,知鲁之史亦不讳国恶也。鲁之史不讳国恶,则所讳由仲尼新意,非史

---

① (晋)杜预:《春秋序》。
② 《权衡》卷一。
③ 《权衡》卷三。

策旧文也"。这样一来,刘氏就把《春秋》中相当一部分"讳书"都归在了孔子的名下,其直接的结果,一是加重了《春秋》中微言大义的分量;二是重申了史贵直笔、史法不隐的主张,使经义、史法并行而不悖:

> 宁殖将死,谓其子曰:"吾得罪于君,名藏在诸侯之策,曰'孙林父、宁殖出其君'。"夫宁殖所谓诸侯之策,则诸侯之史也。诸侯则齐、鲁是矣。今验《春秋》,绝不言孙、宁出君而言卫侯出奔者,仲尼改之也,复可谓史策讳之乎?然则鲁史实书"公弑",仲尼改云"薨",鲁史实书"孙宁出君",仲尼改云"卫侯出奔"矣。鲁史一官之守,而《春秋》之法,圣人之志,此其所以不同也。①

但刘氏并没有到此为止,他进一步申论经与史的依存关系云:

> 故《春秋》一也,鲁人记之,则为史;仲尼修之,则为经。经出于史,而史非经也。史可以为经,而经非史也。譬如攻石取玉,玉之产于石,必也,而石不可谓之玉;披沙取金,金之产于沙,必也,而沙不可谓之金。鲁国之史,贤人之记,沙之与石也;《春秋》之法,仲尼之笔,金之与玉也。金玉必待拣择追琢而后见,《春秋》亦待笔削改易而后成也。谓《春秋》之文皆旧史所记,无用仲尼者,是谓金玉不待拣择追琢而得,非其类矣。②

至于刘氏所论左氏解经第三蔽的"经阙文",他的表述不十分清晰,他说:"简牍虽有阙失,其史非圣人所遗也。""如谓经之阙文皆圣人所遗者,苟传有所说而不与经同,尽可归过于经,何赖于传之解经哉!"③似乎是说如过分强调经有阙文,则传的记述有与经不同之处,就总可以用经文阙失来解释,这样"圣人"所赋予的"大义"就反而不明了。僖公元年经云"夫人氏之丧至自齐",此夫人即庄公之夫人哀姜,她曾参与杀害了鲁国的两个君主子般和闵公,故《公》《穀》均以不书"姜氏"为贬。但杜注曰:"不称姜,阙文。"这就没有褒贬可言了。刘氏反驳说:"《春秋》之义,以一字为褒贬,苟所不通者,则谓之阙文,

---

① 《权衡》卷三。
② 《权衡》卷四。
③ 《权衡》卷七。

《春秋》何文不阙也！'夫人孙于齐'，不称姜氏，亦阙文邪？"①按这里提到的"夫人孙于齐"，是庄公元年经文，"夫人"指桓公夫人文姜，这位文姜因与齐君通奸，致使桓公丧命。《春秋》记"夫人孙于齐"而没有称"姜氏"，《左传》明文"绝不为亲"，显然有贬绝之义，那么怎见得僖公元年的"夫人氏之丧至自齐"就是经之阙文呢？杜预"阙文"之说与"一字褒贬"的观念确实是有冲突的。

四　剔除怪论妄说以改造《公》《穀》

《春秋权衡》的后十卷是评论《公羊》和《穀梁》的。刘氏对《公羊》的批评，集中在三点上，他说：

> 《公羊》之所以异二传者，大指有三：一曰据百二十国宝书而作；二曰张三世；三曰新周故宋，以《春秋》当新王。吾以此三者皆非也。②

按所谓"据百二十国宝书而作"，《公羊传》本身并无其文，大约尽出于纬书。徐彦《公羊疏》引闵因叙曰："昔孔子受端门之命，制《春秋》之义，使子夏等十四人求州史记，得百二十国宝书，九月经立。《感精符》《考异邮》《说题辞》具有其文。"这是公羊家对孔子作《春秋》所依据的材料来源的解释。这一点是与《左传》学派不同的，《左传》学者认定孔子"据鲁史"作《春秋》，在这个问题上，刘敞是倾向《左传》的，他说：

> 以谓"夫子作《春秋》，祖述尧舜，下包文武，又为大汉用之训世，故不专据鲁史而已"，然则"齐高偃帅师纳北燕伯于阳"，《公羊》以为公子阳生也，文当曰"齐高偃帅师纳北燕公子阳生于北燕"，有所误、有所阙故云尔。不知百二十国宝书悉尔书谬乎？若悉尔书谬，信《公羊》之说可也；若百二十国宝书有一二不同，仲尼何不去彼取此乎？且百二十国之书众矣，不容悉谬，又不宜悉同，今奈何不革？其不革也，然后知所据鲁史而已。且《公羊》见晋晚入《春秋》，则曰"后治同姓"，同姓之先治者又不可遽数。

---

① 《权衡》卷四。
② 《权衡》卷四。

皆泥于百二十国宝书，而不知本据鲁史而作。鲁史所书有详有略，仲尼止考核是非，加褒贬而已，非必百二十国书也。①

按昭公十二年经云"齐高偃帅师纳北燕伯于阳"，《公羊传》设问答云："伯于阳者何？公子阳生也。子曰：'我乃知之矣。'在侧者曰：'子苟知之，何以不革？'曰：'如尔所不知何？'"是则《公羊》认为"伯于阳"三字乃文字之误，正确的当作"公子阳生"。但如果孔子修《春秋》时所据为"百二十国宝书"，则这百二十国宝书不应一误俱误。应该说刘氏的批评是机警而正确的。

"张三世"之说于《公羊传》有线索可寻。哀公十四年《公羊传》云："《春秋》何以始乎隐？祖之所逮闻也。所见异辞，所闻异辞，所传闻异辞。"这里的所见、所闻、所传闻，都是以孔子为主体，是说《春秋》十二公事，有的为孔子所亲见，有的为孔子所得闻，有的是孔子得之传闻。推寻《公羊》传意，大约是说隐公时事为孔子之祖父所得闻，孔子得之于其祖（对孔子来说是传闻），故《春秋》始于隐公。因为材料来源不同，故记载的用语有差异（异辞）。《公羊传》的这个"三阶段说"，到了董仲舒那里得到了进一步的发挥：

> 《春秋》分十二世以为三等：有见、有闻、有传闻。有见三世，有闻四世，有传闻五世。故哀、定、昭，君子之所见也。襄、成、宣、文，君子之所闻也。僖、闵、庄、桓、隐，君子之所传闻也。所见六十一年，所闻八十五年，所传闻九十六年。②

这里董仲舒把《春秋》三阶段分别指实，甚至年代都划分得十分精确，但与《公羊传》的用意亦相去不远，无非是对《春秋》书法差异的一种解释。到了何休那里，最终形成了"据乱、升平、太平"的三世说，给后世的公羊家创造了宽广的发挥余地，因此也就成了"非常异义可怪之论"。刘敞对公羊家的这一套理论是完全排斥的，他认为这套理论只有利于"私学"：

> 又所闻张三世者，本无益于经也。何以言之？传曰"所见异辞，所闻异辞，所传闻异辞"，则是言仲尼作经托记传闻而已。说

---

① 《权衡》卷八。
② （汉）董仲舒：《春秋繁露·楚庄王》。

者乃分裂年岁，参差不同，欲以蒙溷其说，务便私学。假令推日
月之例书之详而中其义，则曰当若此矣；适不中义，则猥曰此传
闻若所闻若所见，故略故详也。以是通之，一是扶之，无往而不
入，要之无益于经而便于私学而已。舍三世而言《春秋》，岂不
明乎？[①]

按在刘氏看来，三世说只能增加解说的随意性，对于探求真正的经义
并无好处。而且，运用三世说，又会与《公羊》的其他理论例如讳书理
论发生矛盾。根据讳书理论，《春秋》是要为贤者讳的，而不肖者则不
讳，例如《公羊》认为《春秋》为隐公讳而不为桓公讳，是以为"隐贤而
桓贱也"，这就与三世说矛盾了。刘氏问道："然则本说三世，欲辨远
近，近者讳而远者不讳也。今更不然，贤者讳之，不肖者不讳之，通
《春秋》之内，无不如此，亦何用分三世乎？"

　　"三世说"是何休所谓"三科九旨"中的"一科三旨"，其另外"一科
三旨"就是所谓"新周、故宋、以《春秋》当新王"。按这套理论于《公羊
传》中虽没有明文，但在董仲舒的著作里已有所阐发（《史记》《春秋繁
露》均作"亲周"，何休注作"新周"，殆字形相近致讹）。在董仲舒看
来，孔子有王者之才却没有王者之位。孔子出于拨乱反正的目的，拟
出了一套完整的治国大纲；为了使这大纲更加"深切著明"，孔子就把
"春秋"虚拟为代周而立的一个新的朝代，然后以这"新王"为依托，发
挥他的种种政治见解。"《春秋》当新王"是不是董仲舒的发明，现在
还不敢遽断，看来这种观念在汉代比较流行。董仲舒把"《春秋》继
周"纳入了当时流行的"三统说"理论。孔子既以《春秋》当新王，也就
是说周被作为新王的鲁所继承，于是有了所谓"亲周"，于是有了所谓
"故宋"（商又隔着一代，本应称为"故商"或者"故殷"，只缘春秋时的
宋国是殷人的后代，因此也称"故宋"）。

　　这样的理论，产生于汉代谶纬迷信盛行的时代，是可以理解的；
但它在周天子尚存的情况下就设计出一个取而代之的新朝来，这对
任何一个处于上升时期的王朝来说都是不可思议的，因此也就很自
然地被目为"非常异义可怪之论"。以刘敞所处的时代，这样的理论
也很难为一般人所接受，因此刘敞在自己的著作里力斥其非：

---

① 《权衡》卷八。

圣人作《春秋》，本欲见褒贬是非，达王义而已。王义苟达，虽不新周，虽不故宋，虽不当新王，犹是《春秋》也。圣人曰：不怨天，不尤人，知我者，其天乎？今天不命以王天下之任，而圣人因怼而自立王天下之文，不可训也。且周命未改，何新之说？……既无足以辅经，而厚诬圣人，不亦甚乎！说者又谓作《春秋》为汉制，迷惑谶书，以伪为真，其端出于欲干合时君，排抵二传也。今而观之，而不掩口笑也，几希矣。①

刘敞对《榖梁》的解经，亦颇多不满。但因《榖梁》本身并无什么自成体系之论，故刘氏的批评，便多体现在揭示《榖梁》解经的不合理及其逞臆妄言之处。特别是对《榖梁》的所谓"日月时例"，抨击不遗余力。例如隐公元年的"郑伯克段于鄢"，《榖梁》曰："克，能也。何能尔？能杀也。"刘氏曰："未有一字转相训诂而可并两义者也，诬人已甚矣。"②隐公二年经云"夫人子氏薨"，《榖梁》认为此夫人为隐公之夫人，曰："不书葬，夫人之义，从君者也。"意谓隐公被弑后不书葬，夫人自亦不能书葬。刘氏驳之曰："隐薨在十一年，今夫人薨相去九年，可得预知君当不葬，而先除其葬乎？夫人之义，虽曰从君，至于卒葬，非其所能自制也，奈何以必从君限之哉！文姜亲与弑君，《春秋》犹书其葬，况于此非弑君之人乎？"③庄公七年经云"秋，大水"，《榖梁》的解释甚为无谓："高下有水灾曰大水。"刘氏驳之曰："假令大水，终不能令高下皆有，但没城邑已剧矣。况山岳不可没，则大水不必高下皆有也。"隐公七年经云"滕侯卒"，《榖梁》曰："滕侯无名，狄道也。"刘氏驳曰："《春秋》诸侯卒，或名或不名者多矣，岂尽狄道哉！不可信之语，此故为甚。"④《榖梁》解经的随意性，在"日月时例"上表现最为明显，隐公五年九月经云"螟"，《榖梁》曰："甚则月，不甚则时。"刘敞认为这是无从考证的妄说："此亦神怪之比也。实甚而时，无以诘之；实不甚而月，亦无以诘之。若因而更之曰：甚则时，不甚则月，人亦莫辨也。"像这样对《榖梁》那种毫无根据的所谓解经所作的批评还有

---

① 《权衡》卷八。
② 《权衡》卷十四。
③ 《权衡》卷十四。
④ 《权衡》卷十四。

很多。

五　刘氏《春秋》学的标新与立异

王应麟说《七经小传》出而宋学"稍尚新奇",说明刘氏的学术确有创新之处。那么他的《春秋》学有哪些特点呢?我以为大致可以归纳为以下三个方面。

(一)信经不信传

隐公九年经云"大雨震电",《左传》云:"大雨霖以震。凡雨,自三日以往为霖。"这里的经、传就有差异。杜预解释说:"此传解经书'霖'而经无'霖'字,经误也。"这是明显的以传疑经。杜预这一类的解说很多,影响深远。故自唐以来,《春秋》学者往往迷信传文,凡遇经、传不一致之处,总是信传疑经。刘敞对此大不以为然。他说:"经有'电'无'霖',传有'霖'无'电',传不解经,经反误哉?然丘明不宜革'电'为'霖',盖其所据简策错误,不能决之于经,直因循旧记而已。杜氏遂专谓经误。党于《左氏》如此,不已惑乎!"他并且进一步指出《左传》不可信之处:"且《左氏》之言未必可信也。三日之雨,岂非常者乎?此固经所未尝书者。若以雨三日已往而必书之,是《春秋》二百四十二年之中,三日雨者一而已,是岂足信乎!"①他谆谆告诫人们说:"学者莫如信《春秋》,则外物不能惑矣。《春秋》云甲传云乙,传虽可信,勿信也。孰信哉?信《春秋》而已矣。"刘氏的这一看法,与欧阳修完全相合。欧阳修之于刘敞,大约在师友之间,据叶梦得说,欧阳修还"多问《春秋》于原父"②,《宋元学案》将刘敞归入《庐陵学案》,不是没有道理的。欧阳修曾撰《春秋论》三篇③,专门讨论信经还是信传。他首先提出了一个问题:"事有不幸出于久远而传乎二说,则奚从"?结论是:"从其一之可信者。"众人之说与君子不同,则"舍众人而从君子"。君子之说与圣人不同,则"舍君子而从圣人"。由此而转入正题:"此举世之人皆知其然,而学《春秋》者独异乎是。孔子,圣人也,万世取信,一人而已。若公羊高、穀梁赤、左氏三子者,博学而多

---

① 《权衡》卷一。
② 参见(清)纳兰性德:《刘公是春秋序》,《通志堂集》卷十二。
③ (宋)欧阳修:《春秋论》上、中、下,《全宋文》卷七百三十一。

闻矣,其传不能无失者也。孔子之于经,三子之于传,有所不同,则学者宁舍经而从传,不信孔子而信三子,甚哉其惑也!"接着欧阳修举了三个例子:一是隐公是否摄君位。传称隐公没有正式即君位,只是摄政而已;但经明明称之为"公",故"摄政"之说不可信。二是经称"赵盾弑其君",而传却说是"赵穿",此赵穿弑君之说不足信。三是经称"许世子止弑其君买",传却说许君实际是死于病,而许止不过是没有尝药而已,对此,人们毋宁相信许君确为其世子止所弑。这样一来,是不是三传所说就完全不可信了呢?欧阳修在所撰《春秋或问》中说:"或问:'子于隐摄、盾止之弑,据经而废传。经简矣,待传而详,可废乎?'曰:'吾岂尽废之乎?夫传之于经勤矣,其述经之事,时有赖其详焉,至其失,传则不胜其戾也。其述经之意,亦时有得焉,及其失也,欲大圣人而反小之,欲尊经而反卑之。取其详而得者,废其失者,可也;嘉其尊大之心,可也;信其卑小之说,不可也。'"①这话虽出自欧阳修,也很能反映刘敞的基本立场:以经为主,信经不信传。当然,刘、欧所谓不信传,只是在经、传发生矛盾时是如此,对三传的解经,他们是有很清醒的认识的。这就是下面所要谈到的刘氏《春秋》学的另一个特点。

(二)批评三传,又不尽废三传

宋人王应麟概括刘敞的观点曰:"《左氏》拘于赴告,《公羊》牵于谶纬,《穀梁》窘于日月,刘原父之言也。"②也许正是因为刘敞对三传的解经都有许多不满意之处,所以他才要自己重新作一部《春秋传》吧。《四库全书》著录有刘敞《春秋传》十五卷。此书在宋时就没有刊本,人或疑其伪,但清儒经过考证,认为"核其议论体裁,与敞所著他书,一一吻合,非后人所能赝作"③,所论极是。我把刘氏《春秋传》与《左》《公》《穀》三传作过对照,发现他凡是批评三传之处,总能别出机杼,自立新义。不过尽管他对三传多有批评,但总的来说,他的《春秋传》还是有大量的吸收三传之处。如果单从《春秋权衡》来看,刘氏对三传都有批评,仿佛无所轻轩,其实不然。看他所撰《春秋传》,其倾

---

① (宋)欧阳修:《春秋或问》,《全宋文》卷七百三十一。
② (宋)王应麟:《困学纪闻》卷六。
③ 《四库全书总目·春秋类》。

向性就很明显。此书的第一卷,共有《春秋》经文七十三条,其中有二十六条刘氏没有作任何说解,在余下的四十七条中,有一半左右刘氏的说解是与《公羊》或《穀梁》基本相同甚至完全相同的,另一半则与《公》《穀》有较大的差异。当然,对这所谓差异,也得分析:这里面有些是对《公》《穀》的驳正;也有的是与《公》《穀》的着眼点不同,即对经义所在的认识不同;也有的经文《公》《穀》原本就无说,刘氏自创新说。对于《左传》,刘氏一般是只限于取其事实,例如"卫人杀州吁于濮"、"公观鱼于棠",都是记事用《左传》,而褒贬则用《公羊》,对《左传》的"释义"的部分则取之甚少。特别值得一提的是,刘氏的《春秋传》的行文用语绝类《公》《穀》,也是用那种自设问答的体裁,刘氏显然是把《公》《穀》的文体视为解经之传的正宗的。《四库提要》评论说:"其书皆节录三传事迹,断以己意,其褒贬义例,多取诸《公羊》《穀梁》。"大致得之。至于《公》《穀》不同之处,刘氏则以从《公羊》者居多。可以说,刘敞之学,是以《公羊》为主的,这在当时也应该算是标新立异。

唐代的《春秋》学,是以《左传》为主体的,《五经正义》独收《左传注疏》,是《左氏》学在唐代处于官学地位的标志。唐人口中的所谓"春秋",在相当多的场合实际上是指《左传》。但唐代的《春秋》学从整体来说是呈衰颓之势的,这固然与诸种社会历史条件以及经学的整体发展状况有关,同时也与《左传》自身的特点不无关系。《左传》具有史书的性质,它长于叙事,短于解经,对经义的发挥殊少,因此对实际政治行为的指导意义常常显得暗而不彰。而且,《左传》中所表达的"义理"与正统的儒家观念多有不合,这一点也常遭人訾议。中唐以后,以啖、赵、陆三家为代表,兴起一股舍传求经之风,渐成为晚唐《春秋》学的主流。宋代学者继承啖赵陆学风的颇有其人,孙复就是一个突出的代表。孙复年辈稍早于刘敞,其主要的著作是《春秋尊王发微》。孙氏秉承了唐末舍经求传之余风,欧阳修称之为"不惑传注,不为曲说以乱经"[1],专门剔发《春秋》经里"尊王"的大义。但他既舍弃三传,则其所谓经义,主观任意的地方很多;而且失之深刻,主张《春秋》"有贬无褒",使一部《春秋》几乎处处是贬,成了所谓"罗织

① (宋)欧阳修:《孙明复先生墓志铭》,《全宋文》卷七百五十一。

之经"。孙复的学术，在当时是颇具影响力的。刘敞看到了孙氏的偏颇，对孙氏的学说有所修正。他虽对三传多有批评之语，却并不尽废三传，而是"平三家之得失，然后集众说，断以己意"①，这是刘敞学术的特点，也是与《尊王发微》的最大的不同。刘敞深知《左传》解经之不足，正确地指出左氏非受经于仲尼，但也肯定《左传》确是为解经而作的，肯定《左传》所记史实对理解经义的重要意义。他看到了《公羊》《穀梁》在褒贬、义例等方面的长处，而这些长处在使《春秋》学更具政治指导性上是至关重要的。因此，刘敞的《春秋》学在很大程度上是依据《公羊》《穀梁》（特别是《公羊》）的传义的，但他对《公羊》的那些"非常异义可怪之论"以及《穀梁》中许多不合理解释坚决予以剔除，实际上是对《公》《穀》学说进行了一番改造。加之刘氏又吸取了《左传》中的部分内容，这样一种综合三传的、经过刘敞"以己意裁断"的新的《春秋》学就产生了。

（三）借解经发挥自己的政治观点

这是刘敞《春秋》学的又一个特点。庄公十八年经文有"公追戎于济西"，《公》《穀》俱以为褒鲁君之追戎，而刘敞则发挥曰："此无爱民之意，而有不仁之心，任诈谋而尚奇功，胜固不足多也，况又不胜乎？凡君之于其民也，固犹父母之于子，子陷水火，父母不避焦溺而救之矣。岂坐视之待其然且没而施巧变哉！"②虽说这里的"任诈谋而尚奇功"云云不知其何所据，但此言明确地表达了刘氏的政治观点则无疑。桓公四年经云"天王使宰渠伯纠来聘"，《公》《左》都只纠缠在称名或称字上，刘氏则在"宰"的职掌上发挥曰："《春秋》于大夫莫书其官，至冢宰独书之，以此见任之最重也。宰天下者莫名，至纠独名之，以此见责之最备也。周公作《周礼》，冢宰之职固赏善诛恶，进贤而退不肖。"③这段解经，表明了刘敞对冢宰作用的认识。刘氏在《意林》中，曾总结隐公被弑的原因云："伐宋、败宋、取郜、取防、滕侯薛侯来朝、入许，隐公之所以弑也。德薄而多大功，虑浅而数得意也。备其四竟，祸反在内，可不哀与？孔子曰：人无远虑，必有近忧，不在颛臾，

---

① （宋）陈振孙：《直斋书录解题》卷三，上海古籍出版社 1987 年版。
② 《春秋意林》卷上。
③ 《春秋意林》卷上。

而在萧墙也。"按"伐宋"、"入许"云云,是隐公十年、十一年这两年的经文,隐公于十一年被弑,从来说者都没有把这几条经文与他的被弑联系起来,刘敞则从一个全新的角度论证隐公被弑的原因,这样的解经明显带有总结政治经验的性质。

刘敞的《春秋》学,善于发挥,勇于立异,固然是其所长,然而也不免有鲁莽灭裂之弊。例如《左传》宣公二年记晋灵公被弑一事,有孔子"惜也,越竟乃免"一语,而在刘氏《春秋传》中,则被改为"讨贼乃免",这一点已经四库馆臣指出,并有"宋代改经之例,敞导其先,宜其视改传为固然矣"的评论。① 又庄公二十四年经有"郭公"二字,《左氏》无传,杜注以为经有阙文,《公》《穀》则均把这两字连缀于上文"赤归于曹"之下;而刘敞仅根据《管子》中有一段关于"郭所以亡"的议论,就断定"郭公"的"公"字乃是"亡"字之误,他径改为"郭亡"后云:

> 郭亡,亡国之亡也。未尝不以其取亡亡之也,而独谓郭亡,何哉?郭之所以亡者,与他国异。他国之亡者,所善不善,所恶不恶也;而郭之亡,善善而恶恶。善善而恶恶,则贤贤,而亡,此天下之所疑,故圣人慎之也。善善而不能用,无贵于知善矣;恶恶而不能去,无贵于知恶矣。不能用之蔽至于怨,不能去之蔽至于乱,怨乱之兴焉,有不亡者乎?故五谷之种非不美也,其为不熟,不如荑稗。治国亦有五谷,五谷不成,何处而善哉!②

按这大段议论是由"郭亡"二字生发出来的,见识固然高明,但这些都是建立在"公"乃"亡"字之误的基础上的,倘所改之字不确,则这议论顿成沙基之塔。由此例不难看出刘敞改字之勇及其立说之悍,在这一点上,确实开了宋人学风之先河,刘氏因此而蒙后世之讥,良有以也。

刘敞颇以其《春秋》学自负,但他也深知,自己的学说曲高和寡,一时之间,恐怕也很难在士大夫间流行开来。他自序《春秋权衡》曰:"《权衡》之书始出,未有能读者。……虽然,非达学通人则亦必不能观之矣。耳牵于所闻而目迷于所习,怀恐见破之私意,而无从善服义

---

① 《四库全书总目》。
② 《春秋意林》卷上。

之公心。故亦譬之权衡矣,或利其寡而示权如赢,或利其多而示权如缩,若此者非权衡之过也,人事之变也。"事实上,刘敞的学问虽为一时名士如欧阳修等所推服,但他的《春秋》学,在当时接受的人并不很多。嘉祐中,杜谔撰《春秋会义》二十六卷,集左氏及汉唐以来直至宋代的三十余家议论,其中包括宋儒孙复至孙觉十几家,却没有刘敞的著作。① 南宋学者叶梦得曰:"今学者治经不精,而苏、孙之学近而易明,其失者不能遽见,故皆信之。而刘以其难入,则或诋以为用意太过,出于穿凿。彼不知经,无怪其然也。"②按叶氏是推崇刘敞的《春秋》学的,他认为刘氏之学所以未能风行,是因为其学"难入",也就是比较艰深。他所说的苏、孙之学,是指苏辙的《春秋集解》与孙觉的《春秋经解》。苏辙之《集解》,主要是从"史"的角度看《春秋》,其书"专本《左氏》,不得已乃取二传、啖、赵,盖以一时谈经者不复信史或失事实故也"③,"苏氏但以传之事释经之文而已……于经义皆以为求之过"④,这样的著作,自然"近而易明"。而孙觉的《春秋经解》,"以《穀梁》为本,其说是非褒贬,则杂取三传及历代诸儒、唐啖赵陆氏之说,长者从之,其所未闻,即以所闻安定先生之说解之云"⑤。孙觉稍晚于刘敞,他的学术属于胡瑗一派。孙觉对三传的看法,其实是与刘敞非常接近的。他的《春秋》学易为人所接受的原因,恐怕不能单用"近而易明"来解释,还须对这一派学说本身再做深入探求。

2001 年 3 月改定

（原载南开大学古籍所编《文史论集二集》,天津社会科学院出版社 2001 年版）

---

① 《玉海》卷四十。
② (清)朱彝尊:《经义考》卷一百八十。
③ (宋)陈振孙:《直斋书录解题》卷三。
④ 《经义考》卷一百八十二引叶梦得语。
⑤ (宋)孙觉:《春秋经解自序》,《全宋文》卷一千五百八十五。

"夏时冠周月"解

宋代学者研究、诠释《春秋》经传的著作很多,这些著作大多都能摆脱汉唐注疏的束缚,提出一些非常新颖的见解,其共同点就是企图把《春秋》改造成一部政治教科书,用以指导现实政治。胡安国的《春秋传》是其中最为显赫的一部。元、明两代,科举考试悉遵用《胡传》,至与《左传》《公羊》《穀梁》并称《春秋》四传,可见其影响力非同一般。"以夏时冠周月"是胡安国《春秋》学理论中一个很有名的、也是颇遭后人訾议的论点。从朱熹起,就不断有人对他的这一说法提出批评,现代学者更是认为此说荒唐无稽,不值一辩。[①] 但实际上,并不是每个批评者都理解胡氏"以夏时冠周月"的真实含义的,因此对这一说法也还有进一步厘清的必要。

"以夏时冠周月"说的是《春秋》记事所采用的历法问题。自汉以来,学者普遍认为中国上古有所谓"三正",孔颖达疏《春秋》"春王正月"云:

> 王者革前代、驭天下,必改正朔,易服色,以变人视听。夏以建寅之月为正,殷以建丑之月为正,周以建子之月为正。三代异

---

① 例如有人称之为"怪论",说:"其难于自圆其说,在今天一望可知。"见沈玉成、刘宁:《春秋左传学史稿》,江苏古籍出版社1992年版。

制,正朔不同。①

按建寅、建丑、建子,是说斗柄所指的方向,夏代既以建寅之月为岁首,那么建丑之月于夏历则为十二月,建子之月于夏历则为十一月。殷革夏命,要改正朔,于是不再以正月(夏历)为岁首,而是以十二月(建丑)为岁首;周革殷命,也要改正朔,于是以十一月(建子)为岁首。问题是殷人或周人在改了岁首之后,称他们始建国的第一年第一月时,是说"元年十二月"或"元年十一月"呢,还是称"元年正月"? 前者即所谓"改年不改月",后者则是"改月"。

与此相关的,还有一个"时"的问题。"时"即季节。夏历的一、二、三月属春季,四、五、六月属夏季,七、八、九月属秋季,十、十一、十二月属冬季。这样的时、月关系,大约与一年之内的农作周期最为契合。而殷、周两历的首月,其时令、物候实际上都还在冬季。那么,如果以年、时(季)、月连书的方式记时,殷人或周人新君即位的第一年第一月,是该称为"元年冬正月(假定已经改月)"呢,还是该称"元年春正月"? 前者称为"不改时",后者则称为"改时"。

《春秋》记事,很明显是用周正,而且是改月的,其所谓"元年春王正月",就是夏历的十一月。知者,桓公十四年"春正月无冰",成公元年"春二月无冰",襄公二十八年"春无冰",若所用是夏正,则正月(建寅之月)天气已渐暖,无冰是正常现象,更无论二月(建卯之月)、三月(建辰之月),《春秋》何必要记这一笔呢?定公元年经云"冬十月,陨霜杀菽",若是夏正建亥之月,陨霜有什么稀奇? 且此时也未必有菽了。故《春秋》记事是用周正而且改月,这是没有问题的。② 胡安国也承认这一事实,他在所著《春秋传》里,还常常剔发这一类事实。例如隐公九年经文"三月癸酉,大雨震电",胡氏云:"周三月,夏之正月也。雷未可以出,电未可以见,而大震电,此阳失节也。"但问题是"改月"究竟出自谁之手? 胡氏与他的批评者看法却大不相同。胡安国解"春王正月"说:

> 按《左氏》曰"王周正月",周人以建子为岁首,则冬十有一月

---

① 《春秋左传正义》,中华书局影印《十三经注疏》本。

② 参看(清)朱彝尊:《经义考》卷一百八十五。

是也。前乎周者，以丑为正，其书始即位曰"惟元祀十有二月"，则知月不易也；后乎周者，以亥为正，其书始建国曰"元年冬十月"，则知时不易也。建子非春亦明矣，乃以夏时冠周月，何哉？圣人语颜回以为邦，则曰"行夏之时"；作《春秋》以经世，则曰"春王正月"，此见诸行事之验也。或曰：非天子不议礼。仲尼有圣德，无其位，而改正朔，可乎？曰：有是言也！不曰"《春秋》，天子之事"乎？以夏时冠月，垂法后世；用周正纪事，示无其位，不敢自专也。其旨微矣。

按胡氏之意，是说"前乎周者"的殷人以建丑（即夏历的十二月）为正，但记事书时并不改月，例如商汤死后，太甲于次年即位改元就称"惟元祀十有二月"。① 而"后乎周者"的秦人则以建亥（即夏历的十月）为正，其记事书时既不改月，也不改时，秦人书始建国之月为"元年冬十月"。照这样看来，周人以建子为正月，也应该是既不改月又不改时的，周人书其君即位改元之始月，当云"元年冬十一月"才对。然而事实上《春秋》是写作"元年春王正月"的，于是胡氏就认定这是孔子的"特笔"，是孔子"以夏时冠周月"。针对孔子是否有资格"改正朔"的提问，胡氏以孟子"《春秋》，天子之事也"作答，并且说孔子"用周正纪事"，正是"示无其位不敢自专"的表现。但由夏历之"冬十一月"变为周历的"春正月"，为什么说是"以夏时冠周月"呢？胡安国曰：

> 春之为夏正，何也？夫斗指寅，然后谓之春；建巳，然后谓之夏。故《易》曰："兑，正秋也。"以兑为正秋，则坎为正冬必矣。今以冬为春，则四时易其位。《春秋》正名之书，岂其若是哉！故程氏谓"周正月，非春也，假天时以立义耳。"商人以建丑革夏正，而不能行之于周；周人以建子革商正，而不能行之于秦；秦人以建亥为正，固不可行矣。自汉氏改用夏时，经历千载，以至于今，卒不能易，谓百王不易之大法，指此一事可知矣，仲尼岂以欺后世哉！

按程氏之意，以为春夏秋冬四时，乃是由斗柄所向决定的，各有其固

---

① 《汉书·律历志》引《伊训》云："惟太甲元年十有二月乙丑朔，伊尹祀于先王，诞资有牧方明。"

定的物候特征,这些是不可改变的,春就是春,夏就是夏,纵然把十二月或十一月改称为正月,其季节属性即"时"也是不变的。而孔子修《春秋》,大书"春王正月",既已将十一月改成正月,原本是冬的"天时"也随之而变成了"春",则这变化之中,一定是有深义在的。在胡氏看来,这就是孔子在"假天时以立义"。之所以说是"假天时",因为周正的正月并不是春(是冬),如今在"周月"之上硬加上一个"春"之名,实际上是借用了夏历里面"正月"所对应的那个天时,所以叫作"以夏时冠周月"。胡氏这里所说的"夏时",已不单纯是指夏历的春夏秋冬,而主要是指夏历里春夏秋冬四时与月份的对应关系,或者说是夏历的内部秩序。只有理解了这一点,才不会认为胡氏之说荒诞无稽。

既然"以夏时冠周月"是"假天时以立义",那么孔子究竟要立什么"义"呢?据胡氏说,"三正"里面,只有夏正最顺天时,其他如殷正、周正,只能行用于一代,更不用说秦人之建亥了。孔子当年就是主张"行夏之时"的。《春秋》既是孔子为万世立法(这是公羊家的说法),故孔子是一定要在《春秋》中把"行夏时"这一思想表达出来的。但孔子空有圣人之德,并无圣人之位,他是无权也无力"改正朔"的,于是孔子就在修《春秋》时"用周正纪事",以示服从周王的正统,"不敢自专";同时通过"改时"的方法,"以夏时冠周月",这样来达到"垂法后世"的目的。表面上看,"行夏时"只是一个历法问题,孔子要推行一种万世通行的历法;但这却是一个象征,象征着《春秋》里所体现的原则、法度、精神、价值,一句话,《春秋》里的"大义",是可以传之万代而不废的,这就是孔子"假天时以立义"所立的"义"。自汉武帝改行夏正以来,直到胡安国的时代,千余年来,历朝均用夏正[①],证明了夏正确乎是"百王不易之大法",也验证了《春秋》确乎具有永恒的价值。这也就是胡安国通过"以夏时冠周月"所要告诉人们的道理。

胡氏自称他的《春秋传》"微词多以程氏(按指程颐)之说为证"[②],因此,"以夏时冠周月"之说的来源,还须从程颐的言论中去寻

---

① 只有个别朝代在短时段内行用过殷正、周正。

② (宋)胡安国:《春秋传》卷首《叙传授》,《四部丛刊》本。

找。程颐在回答弟子关于"孔子何为作《春秋》"的问题时说:"由尧、舜至于周,文质损益,其变极矣,其法详矣。仲尼参酌其宜,以为万世王制之所折中焉,此作《春秋》之本意也。观其告颜子为邦之道,可见矣。"按所谓"告颜子为邦之道",指《论语·卫灵公》"行夏之时,乘殷之辂,服周之冕,乐则韶舞"数语。孔子说的虽是很具体的值得效仿的三代事物,实际上代表着他取法三代,"参酌其宜,以为万世王制之所折中"的旨趣。程氏把这一点说成是带有根本性的《春秋》之义,认为"此义(孔子)门人皆不得闻,惟颜子得闻"①,可以想见他是如何看重了。程氏的这一思想,实际上也是渊源有自,盖源于公羊家《春秋》为后王立法之说。既然孔子是要"垂法后世",于是夏时、殷辂、周冕之类便被程氏说成了是"垂法"的一些具体条目。胡安国从程颐那里吸取了思想材料,把"行夏之时"与《春秋》的记事书时联系起来,形成了他的"以夏时冠周月"的理论。

最早对胡氏这一理论提出批评的是朱熹。他说:

> 某亲见文定家说,文定《春秋》说夫子以夏时冠周月,以周正纪事,谓如"公即位"依旧是十一月,只是孔子改正作"春正月",某便不敢信,怎地时二百四十二年,夫子只证得个"行夏之时"四个字。据今《周礼》,有正月,有正岁,则周实是元改作"春正月"。夫子所谓"行夏之时",只是为他不顺,欲改从建寅,如孟子说"七八月之间旱",这断然是五六月;"十一月徒杠成,十二月舆梁成",这分明是九月、十月。若真是十一月、十二月时,寒自过了,何用更造桥梁?古人只是寒时造桥度人,若暖时又只时教他自从水里过。②

从朱熹的话里不难看出,胡氏是认定周人虽用周正,而记事书时是不改月的,今日所见《春秋》之"春正月",乃是孔子所改。朱子的批评,也是集中在这一点上。他举《周礼》《孟子》为例,都是要证明"改月"的并不是孔子,而是史文原本就如此。朱子之后,儒者批评《胡传》,

---

① 《河南程氏遗书》卷二十二上,《二程集》,中华书局1981年点校本,第283页。
② 《朱子语类》卷八十三,中华书局1986年点校本,第2159页。

多从这里入手,且有不少人举《后汉书·陈宠传》为证。① 但陈宠是东汉人,受刘歆三统论影响,以周、殷、夏为天、地、人三元,所论实不足以为据。不过胡安国关于孔子改月之说,确实令人生疑,朱子说他"不敢信",是有道理的。胡氏说经本来就有逞臆之弊,这孔子改周月之说即其一端。

除了批评孔子改月之说外,儒者对"以夏时冠周月"说的批评,还集中在冠"周月"的"时"究竟是否"夏时"上。前面曾述及胡氏对"夏时"这一概念的理解,但反对者显然另有一种思路。他们一般把春夏秋冬理解为可变的,可随岁首而推移,例如孔颖达就说"月改则春移"。② 按照这一说法,十二月(建丑之月)改称正月,春就自十二月始;十一月(建子之月)为正,春就从十一月始。宋人吕大圭说:"《春秋》所书正月者,盖周之正月也;所谓春者,即周正月之春也。"③清人毛奇龄说:"改正必改月,改月必改时,亦无可拟议者。"④持有这种看法的人,自然认为"春王正月"的"春"即周正之春,与夏正无涉,他们大多会反对"以夏时冠周月"之说,指出胡氏所说的矛盾之处。因为在他们看来,明明是"周时"冠"周月",怎么能说是"夏时"呢? 宋人黄震说:"文定说《春秋》,以春为夏正之春,建寅而非建子,可也;以月为周之月,则时与月异。"⑤毛奇龄说:"夫子月称正,冬月称春,经传显然;而云《春秋》用夏时,不可解也。"这些都是很有代表性的意见。不过比较起来,如果从常理上推断,胡氏之说似乎更接近于事实。因为四时反映的是自然规律,每一时都有其质的规定性,本来就不应该是可以随意改变的,这一点与纯属人为划分的岁首及人为确定的月份名称有所不同。设想秦人以建亥之月(夏历十月)为岁首,如果建亥之月也改称春,则此"春"恰包夏历之冬三月,颠倒天时如此之甚,那么四季的划分还有什么意义? 反对胡氏之说的人,虽然举出了一些

---

① 《后汉书·陈宠传》:"宠奏曰:夫冬至之节,阳气始萌,故十一月……天以为正,周以为春。十二月阳气上通……地以为正,殷以为春。十三月阳气已至……人以为正,夏以为春。"

② 《春秋》隐公元年孔疏。

③ (宋)吕大圭:《春秋或问》卷一,《四库全书》本。

④ (清)朱彝尊:《经义考》卷一百八十五引。

⑤ (清)朱彝尊:《经义考》卷一百八十五引。

周人改月的例证,而除了《春秋》经传之外,周人改时的证据可以说是难得一见。前引朱熹之论,虽然对胡氏"不改月"之说表示了怀疑,但他还是赞成胡氏所说周人并未"改时"的意见。他在《答吴晦叔》中说:

> 孟子所谓七八月,乃今之五六月;所谓十一月十二月,乃今之九月十月。是周固已改月矣。但天时则不可改。故《书》云:"秋大熟未获。"此即只是今时之秋,盖非酉、戌之月(雄按指夏历之八月、九月),则未有以见岁之大熟而未获也。以此考之,今《春秋》月数,乃鲁史之旧文;而四时之序,则孔子之微意。伊川所谓假天时以立义者,正谓此也。①

又王应麟引朱子之说云:

> 朱文公谓以《书》考之,凡书月皆不著时,疑古史记事例如此。至孔子作《春秋》,然后以天时加王月,以明上奉天时,下正王朔之义;而加春于建子之月,则行夏时之意,亦在其中。②

这表明朱子已经看到了胡氏理论中的合理因素。许多胡氏的批评者,纠缠于冠于"周月"之上的表面上的"周时",而忽略了胡氏所阐发的孔子"为万世制法"的大义,从而无形中降低了《春秋》对当时政治的指导意义。清初的统治者似乎要清醒得多,他们一方面驳正胡氏"以夏时冠周月"之说,同时却悄悄地袭用胡氏所阐发之义。成书于康熙年间的《钦定春秋传说汇纂》,于"春王正月"条下云:"周正改月并改时……无可疑者。顾时、月俱时王所改,不曰'王春正月',而加春于王者,盖行夏时之志寓焉矣。正者,王事之始,春者,天道之始。王所为者系之以王,天所为者冠之以春。……欲王者上奉天时,必以得天为正。盖《春秋》为尊王而作,故以王法正天下;《春秋》为万世而作,故以天道正王道也。"③按这里的"时、月俱时王所改",就是驳《胡传》的孔子改月改时之说;而"行夏时之志寓焉",则是袭用《胡传》"夏时冠周月"所蕴含的大义。

---

① 《朱子文集》卷三,《丛书集成》本。
② 《困学纪闻》卷六,《四部丛刊》本。
③ 《钦定春秋传说汇纂》卷一,《四库全书》本。

　　对于今日的读者来说，经学上的某些争论，本没有什么是非之分，似乎大可以不置深辩，其实不然。经学上的问题，是历史上曾经存在过的精神现象，这些现象往往对当时人们的政治、社会生活以及思维方式发生过深刻影响。对这些经学问题进行客观的剖析，指出它们的真实旨趣，对理解那个时代人们的思想，理解那个时代的学术史，无疑是有积极作用的。

（原载《古籍整理研究学刊》2002 年第 4 期）

朱熹《春秋》学考述

朱熹是宋代的大儒，是宋代理学的集大成者，此乃学界之公论。朱熹的学问渊深广博，他对儒家的经典如《易》《诗》《书》《三礼》《四书》都有精深的研究，在他的著作中，对这些经典表章阐发不遗余力；唯独对于《春秋》一经，他的态度似乎有些暧昧，不像一般儒者那样无条件地推崇、尊重。他也承认《春秋》是"圣人"的"制作"，是"经世之大法"，但他在讲到《春秋》经义的时候，总显得不那么理直气壮，反而常常流露出某种怀疑、困惑之情。他关于《春秋》的许多言论，也很不像是出自一位以道统自任的醇儒之口。这真是一个很有趣的学术现象，值得我们深入地探讨。

一　朱熹的《春秋》观

关于《春秋》经传，朱熹没有留下什么专著，但他确曾发表过大量很有个性的意见。这些意见都散见于朱熹的语录及文集之中，从中不难归纳出朱熹对《春秋》的总体看法。朱子《春秋》观的一个显著的特色，就是他反对自来《春秋》学者所津津乐道的"一字褒贬"说。他说：

> 人道《春秋》难晓，据某理会来，无难晓处。只是据他有这个事在，据他载得怎地。但是看今年有甚么事，明年有甚么事，礼乐征伐不知是自天子出，自诸侯出，自大夫出，只是怎地。而今

> 却要去一字半字上理会褒贬，却要去求圣人之意，你如何知得他肚里事！[1]

按朱熹看《春秋》，着眼于其中的记事，注重这些记事反映出怎样的政治上的问题，例如礼乐征伐究系自哪里出，这是朱子所最为关心的。他不认为在一字半字之中有什么圣人的"褒贬"：

> 《春秋》只是直载当时之事，要见当时治乱兴衰，非是于一字上定褒贬。初间王政不行，天下都无统属；及五伯出来扶持，方有统属，"礼乐征伐，自诸侯出"。到后来五伯又衰，政自大夫出。到孔子时，皇、帝、王、伯之道扫地，故孔子作《春秋》，据他事实写在那里，教人见得当时事是如此，安知用旧史与不用旧史？今硬说那个字是孔子文，那个字是旧史文，如何验得？

按朱氏的态度相当客观，凡是前人说解中那些主观臆测的成分，朱氏均予反对，这样《春秋》的意思一下子变得简单明晰起来。朱氏在回答有关《春秋》的问题时说：

> 此是圣人据鲁史以书其事，使人自观之以为鉴戒尔。其事则齐威（桓）、晋文有足称，其义则诛乱臣贼子。若欲推求一字之间，以为圣人褒善贬恶专在于是，窃恐不是圣人之意。如书即位者，是鲁君行即位之礼；继故不书即位者，是不行即位之礼。若威（桓）公之书即位，则是威公自正其即位之礼耳。其他崩、薨、卒、葬，亦无意义。

按《春秋》十二公中，有七公书即位，五公没有书即位。自来《春秋》学者，对此都务作深求，在是否"书即位"上大做文章。例如程颐解隐公之不书即位云："隐公自立，故不书即位，不与其为君也"。[2] 而对桓公之书即位，程颐则解释说："桓公弑君而立，不天无王之极也，而书'春王正月公即位'，以天道王法正其罪也。"[3]朱熹的看法与此不同，他认为《春秋》不过是记实事，新君行即位礼则书"即位"，否则自然不

　① 《朱子语类》卷八十三，中华书局 1986 年版。以下所引朱熹言论，凡未另注出处者，均同此注。

　② 《河南程氏经说》卷四，《二程集》，中华书局 1981 年版，第 1086 页。

　③ 《河南程氏经说》卷四，《二程集》，第 1100 页。

书，这遣词用字当中并无圣人之意。他说：

> 《春秋》所书，如某人为某事，本据鲁史旧文笔削而成。今人看《春秋》，必要谓某字讥某人。如此，则是孔子专任私意，妄为褒贬！孔子但据直书而善恶自著。今若必要如此推说，须是得鲁史旧文，参校笔削异同，然后为可见，而亦岂复可得也？

既然无法取"鲁史旧文"与今本《春秋》参校，也就难说哪些文字是孔子有意的安排了。

对传统《春秋》学中的所谓"义例"，朱子也大不以为然。他说：

> 《春秋》传例多不可信。圣人记事，安有许多义例！如书伐国，恶诸侯之擅兴；书山崩、地震、螽、蝗之类，知灾异有所自致也。

对所谓"日月时例"，更是深致不满：

> 或有解《春秋》者，专以日月为褒贬，书时、月则以为贬，书日则以为褒，穿凿得全无义理！

但朱熹并不绝对否认《春秋》中有"例"，只是他认为《春秋》中的"例"当是史官记事的一些规则，与孔子并无关系。他在论及《春秋》之凡例时说：

> 《春秋》之有例固矣，奈何非夫子之为也。昔尝有人言及命格，予曰："命格，谁之所为乎？"曰："善谈五行者为之也。"予曰："然则何贵？设若自天而降，具言其为美为恶，则诚可信矣；今特出于人为，乌可信也？"知此，则知《春秋》之例矣。

按"命格"是谈命理的人使用的概念，出自五行家之口，并非"自天而降"，故朱子以为不足贵。《春秋》中的"例"源自史官，非孔子所创设，因此对发掘孔子的思想来说，也是没有什么价值的。

至于《春秋》中的"变例"，那就更不足信了：

> 或人论《春秋》，以为多有变例，所以前后所书之法多有不同。（朱子）曰："此乌可信！圣人作《春秋》，正欲褒善贬恶，示万世不易之法。今乃忽用此说以诛人，未几又用此说以赏人，使天下后世皆求之而莫识其意，是乃后世弄法舞文之吏之所为也，曾

谓大中至正之道而如此乎？"

朱子《春秋》学的一个最大特点，就是他把《春秋》看作是"史"，这与北宋孙复、孙觉、刘敞、程颐等人有着显著的不同。朱子与人问答云：

> 问："《春秋》当如何看？"曰："只如看史样看。"曰："程子所谓'以传考经之事迹，以经别传之真伪'，如何？"曰："便是，亦有不可考处。"曰："其间不知是圣人果有褒贬否？"曰："也见不得。""如许世子尝药之类如何？"曰："圣人亦只因国史所载而立之耳。圣人光明正大，不应以一二字加褒贬于人。若如此屑屑求之，恐非圣人之本意。"

按朱子没有正面反驳程颐之说，但实际上他是不赞成程氏对经传的看法的。朱子以含糊其词的"也见不得"回答有关圣人是否寓有褒贬的提问，而对许止尝药之类的具体文例，则公然表明这只不过是国史所记如此，并不存在以一二字加褒贬于人的事实。

朱熹也承认《春秋》之中确有大义，如他所说的"诛乱臣，讨贼子，内中国，外夷狄，贵王贱伯"等等。这些大义是怎样表达出来的呢？朱熹认为不过是通过记载实事，"使人自观之以为鉴戒"。"想孔子当时只是要备二三百年之事，故取史文写在这里，何尝云某事用某法、某事用某例邪？且如书会盟侵伐，大意不过见诸侯擅兴自肆耳。书郊禘，大意不过见鲁僭礼耳。至如三卜四卜，牛伤牛死，是失礼之中又失礼也。……如此等义，却自分明。"基于这样的认识，朱子对前人的解经，大多谥之以"杜撰"：

> 世间人解经，多是杜撰。且如《春秋》只据赴告而书之，孔子只因旧史而作《春秋》，非有许多曲折。且如书郑忽与突事，才书"忽"，又书"郑忽"，又书"郑伯突"，胡文定便要说突有君国之德，须要因"郑伯"两字上求他是处，似此皆是杜撰。大概自成、襄已前，旧史不全，有舛逸，故所记各有不同。若昭、哀已后，皆圣人亲见其事，不至于有遗处。如何却说圣人予其爵、削其爵、赏其功、罚其罪？是甚说话！

这样一来，孔子与《春秋》的关系也变得简单了。那么孟子所说的"《春秋》，天子之事也"，又该怎样理解呢？

祖道问："孟子说'《春秋》,天子之事',如何?"(朱子)曰："只是被孔子写取在此,人见者自有所畏惧耳。若要说孔子去褒贬他,去其爵,与其爵,赏其功,罚其罪,岂不是谬也!其爵之有无与人之有功有罪,孔子也予夺他不得。"

这样的议论,应该说是大胆而且接近于实际的。

二 朱熹对三传的批评

由于朱子主张以"史"看待《春秋》,故他特别看重《左传》,认为《左传》所记事实对理解《春秋》最有帮助。他说:

看《春秋》,且须看得一部《左传》首尾意思通贯,方能略见圣人笔削与当时事之大意。

《春秋》之书,且据左氏。当时天下大乱,圣人且据实而书之,其是非得失,付诸后世公论,盖有言外之意。

至于《左传》的读法,朱子也有特见:

叔器问读《左传》法。(朱子)曰："也只是平心看那事理、事情、事势。《春秋》十二公时各不同。如隐、威(桓)之时,王室新东迁,号令不行,天下都星散无主。庄、僖之时,威(桓)、文迭伯,政自诸侯出,天下始有统一。宣公之时,楚庄王盛强,夷狄主盟,中国诸侯服齐者亦皆朝楚,服晋者亦皆朝楚。及成公之世,悼公出来整顿一番,楚始退去,继而吴、越又强入来争伯。定、哀之时,政皆由大夫出,鲁有三家,晋有六卿,齐有田氏,宋有华、向,被他肆意做,终春秋之世,更没奈何。"

按这里所述从隐、桓到定、哀天下大势,就是所谓"事理、事情、事势"。在朱子看来,读《左传》就是要了解、把握这些大事,进而去理解《春秋》所记史实的意义。朱子是相信《左传》记事的,他说"左氏所传《春秋》事,恐八九分是"。但对《左传》的作者,朱子却绝不相信是左丘明。他说:"《左传》是后来人做,为见陈氏有齐,所以言'八世之后,莫之与京';见三家分晋,所以言'公侯子孙,必复其始'。"又说:"左氏叙至韩魏赵杀智伯事,去孔子六七十年,决非丘明。"他进而怀疑是"秦时文字",说:"秦始有腊祭,而左氏谓'虞不腊矣',是秦时文字分明。"

对于《左传》的"义理"，朱熹从理学家的立场出发，提出了更多的指责。他说：

> 左氏之病，是以成败论是非，而不本于义理之正。尝谓左氏是个猎头熟事、趋炎附势之人。

> 左氏有一个大病，是他好以成败论人，遇他做得来好时，便说他好；做得来不好时，便说他不是。却都不折之以理之是非，这是他大病。

> 左氏是一个审利害之幾、善避就底人。所以其书有贬死节等事。其间议论有极不是处，如周郑交质之类，是何议论！其曰："宋宣公可谓知人矣，立穆公，其子飨之，命以义夫！"只知有利害，不知有义。此段不如《穀梁》说"君子大居正"，却是儒者议论。

> 左氏见识甚卑，如言赵盾弑君之事，却云："孔子闻之，曰：'惜哉！越境乃免。'"如此，则专是回避占便宜者得计，圣人岂有是意！圣人"作《春秋》而乱臣贼子惧"，岂反为之解免耶！

正是基于这样的认识，朱子对士人读《左传》事实上持保留态度：

> 吕伯恭爱教人看《左传》，某谓不如教人看《论》《孟》。伯恭云，恐人去外面走。某谓看《论》《孟》未走得三步，看《左传》底已走十百步了。人若读得《左传》熟，直是会趋利避害。然世间利害，如何被人趋避了！君子只看道理合如何，可则行，不可则止，祸福自有天命。且如一个善择利害底人，有一事，自谓择得十分利处了，毕竟也须带二三分害来，自没奈何。仲舒云："仁人正其谊不谋其利，明其道不计其功。"一部《左传》无此一句。若人人择利害后，到得临难死节底事，更有谁做？其间有为国杀身底人，只是枉死了始得！

对《左》《公》《穀》三传进行比较，是唐宋学者时常议论的话题，朱熹亦不免于此。他对三传的评论，有一个前提，即三传是同源的：

> 孔子作《春秋》，当时亦须与门人讲说，所以公、穀、左氏得一个源流，只是渐渐讹舛。当初若是全无传授，如何凿空撰得？

虽然同源，却是异流，渐渐生出许多"讹舛"来。有弟子问三传优劣，

朱子曰：

> 左氏曾见国史，考事颇精，只是不知大义，专去小处理会，往往不曾讲学。公、穀考事甚疏，然义理却精；二人乃是经生，传得许多说话，往往都不曾见国史。
>
> 以三传言之，《左氏》是史学，《公》《穀》是经学。史学者，记得事却详，于道理上便差；经学者，于义理上有功，然记事多误。

按朱氏这里的所谓史学、经学云者，只是就三传内容之所偏做些区分，并无贬《左传》扬《公》《穀》之意。事实上他并不否认《左传》是解经之传，而且因为他主张视《春秋》为史，所以"《左氏》是史学"的提法更强调了《左传》对理解《春秋》来说的重要性。对于《公》《穀》的解经，朱氏则颇有微词："《公》《穀》专解经，事则多出揣度。""《春秋》制度大纲，《左传》较可据，《公》《穀》较难凭。""公羊是个村朴秀才，穀梁又较黠得些。"当然对《公》《穀》也并非一概抹杀，"《公》《穀》甚不好，然又有甚好处"。公、穀"想得皆是齐鲁间儒，其所著之书，恐有所传授，但皆杂以己意，所以多差舛。其有合道理者，疑是圣人之旧"。只是《公》《穀》中的某些"精义"，"据他说亦是那道理，但恐圣人当初无此等意"。"《公》《穀》虽陋，亦有是处，但皆得于传闻，多讹谬"。总之，对《公羊》《穀梁》的评价是比较低的。

三　朱熹对程、胡《春秋》传的批判

朱熹是程颐的四传弟子。朱熹的老师是李侗（延平），李侗师事罗从彦，而罗从彦是杨时的弟子。二程的高足入南宋时尚存者，唯有杨时。罗从彦甚得杨时的真传，著作中关乎《春秋》者，有《春秋解》《春秋指归》等。李侗对朱熹的影响很大。朱熹生活的时代，胡安国传盛行，俨然成为《春秋》学的主流。胡安国是程门私淑，他的《春秋》学继承了程学的学统。朱子的学术，虽然基本上是程、杨、罗、李一系的继承和发展，但在《春秋》学上，他与程颐却有较多的不同。在朱子的言论当中，不乏对程氏以及程氏《春秋》学的继承者胡安国氏的批评。

有学生问对"诸家《春秋》解"的看法，朱子答曰：

> 某尽信不及。如胡文定《春秋》，某也信不及。知得圣人意

> 里是如此说否？今只眼前朝报差除，尚未知朝廷意思如何，况生乎千百载之下，欲逆推乎千百载上圣人之心！况自家之心，又未如得圣人，如何知得圣人肚里事！某所以都不敢信诸家解，除非是得孔子还魂亲说出，不知如何。

按这段话集中反映了朱熹对众多《春秋》诠释者作品的看法，既然孔子不能"还魂"，则"圣人之心"终不能明，诸家阐发圣人之心的《春秋》学著作也就都不可信。这很有点"不可知论"的意味，但确实可见朱子治学的真诚。朱子的怀疑精神，在《春秋》学上表现得非常明显。其实，朱子也并不是反对胡安国等阐发的义理，他只是反对人们以各自的理解对《春秋》穿凿附会与务作深求：

> 胡文定《春秋》非不好，却不合这件事圣人意是如何下字，那件事圣人意又如何下字。要之，圣人只是直笔据见在而书，岂有许多㤞怛！

> 圣人作经，直述其事，固是有所抑扬；然亦非故意增减一二字，使后人就一二字上推寻，以为吾意旨之所在也。

> 圣人只是书放那里，使后世因此去考见道理如何便为是，如何便为不是。若说道圣人当时之意，说他当如此，我便书这一字；他当如彼，我便书那一字，则恐圣人不解恁地。圣人当初只直写那事在上面，如说张三打李四，李四打张三，未尝断他罪，某人杖六十，某人杖八十。如孟子便是说得那地步阔。圣人之意，只是如此，不解恁地细碎。

对胡安国传的不满，朱氏一般说得比较明白，如前举批评胡文定杜撰之事就是显例。又如对胡氏"以夏时冠周月"之说，"《春秋》恶盟誓"之说，"色出于性，淫出于气"之说等等，朱氏都曾给予明确的批判。对程氏的《春秋》学，朱氏的批评则比较含蓄，但若仔细搜寻，也可看出朱子对程氏的《春秋》说亦颇多不满。例如程氏由于恶桓公之弑君，遂以桓公有两年不书"秋""冬"为"天理灭"，"岁功不能成"，[1]又以经书"滕子"为贬其朝桓公[2]，朱子言道："鲁威（桓）之弑，天王之不

---

① 《河南程氏经说》卷四，《二程集》，第 1103 页。
② 《河南程氏经说》卷四，《二程集》，第 1101 页。

能讨,罪恶自著,何待于去'秋''冬'而后见乎?又如贬滕称'子',而滕遂至于终春秋称'子',岂有此理!今朝廷立法,降官者犹经赦叙复,岂有因滕子之朝威,遂并其子孙而降爵乎!"桓六年经云"蔡人杀陈佗",程氏强解"蔡人"与"陈佗"云:"佗杀世子而窃位,不能有其国,故书曰'陈佗'……佗,天下之恶,人皆得诛之。蔡侯杀之,实以私也,故书'蔡人',见杀贼者众人之公也。"①而朱子则云:"《春秋》书'蔡人杀陈佗',此是夫子据鲁史书之。佗之弑君,初不见于经者,亦是鲁史无之耳。"又如对《春秋》之书"即位"与不书"即位",程氏都务作深求,而朱熹则表示"窃恐不是圣人之意"。他说:"如书即位者,是鲁君行即位之礼;继故不书即位者,是不行即位之礼。若威(桓)公之书即位,则是威公自正其即位之礼耳。其他崩、薨、卒、葬,亦无意义。"

对当时人所讲的《春秋》经义,朱子评论曰:

> 《春秋》本是明道正谊之书,今人只较齐晋伯业优劣,反成谋利,大义都晦了。今人做义(按指作科举时文),且做得齐威(桓)晋文优劣论。

> (《春秋》)大率本为王道正其纪纲。看已前《春秋》文字虽粗,尚知有圣人明道正谊道理,尚可看。近来只说得伯业权谲底意思,更开眼不得。

> 《春秋》之作,不为晋国伯业之盛衰,此篇大意失之,亦近岁言《春秋》者之通病也。今人之治《春秋》者,都只将许多权谋变诈为说,气象局促,不识圣人之意,不论王道之得失,而言伯业之盛衰,失其旨远矣。

> 今之做《春秋》义,都是一般巧说,专是计较利害,将圣人之经做一个权谋机变之书。如此,不是圣经,却成一个百将传。

> 前辈做《春秋》义,言辞虽粗率,却说得圣人大意出。年来一味巧曲,但将《孟子》"何以利吾国"句说尽一部《春秋》。这文字不是今时方怎地。自秦师垣(按指秦桧)主和议,一时去趋媚他,《春秋》义才出会夷狄处。此最是《春秋》诛绝底事,人却都做好说!

> 《春秋》固是尊诸夏,外夷狄。然圣人当初作经,岂是要率天

---

① 《河南程氏经说》卷四,《二程集》,第1105页。

下诸侯而尊齐晋！自秦桧和戎之后，士人讳言内外，而《春秋》大义晦矣！

按朱熹的批评集中在两点上：一是所谓王霸之争，即《春秋》是主张王道还是主张霸道？二是所谓内外之争，即《春秋》是否有"内诸侯外夷狄"之义？前一个问题事关《春秋》所含义理是否正确，牵涉到程朱所经常议论的义利关系、天理人欲关系，故对理学家来说是特别敏感的问题。看来当时人学《春秋》，津津乐道于比较齐桓、晋文之优劣，全然不解王道、霸道之别，朱子认为这是丢掉了《春秋》的精髓。后一个问题更与时局政治密切相关。盖自秦桧议和以来，南宋朝廷内外弥漫着投降主义的空气，《春秋》"攘夷"之义大晦。朱子是主战派，他自然要强调《春秋》中的重内轻外思想。

总起来看，朱熹把《春秋》抬得很高，说成是"经世之大法"，是"正谊""明道"之作，认为"圣人此书之作，遏人欲于横流，遂以二百四十二年行事寓其褒贬"。他所概括的《春秋》大义，恢宏正大，简单明了。但朱子确实不曾写过有关《春秋》的专书，从他的言语之间，我们也不难感受到他对《春秋》及其经义的疑问与困惑。他在致友人的信中说：

> 《春秋》之说，向日亦尝有意，而病于经文之太略，诸说之太烦，且其前后抵牾非一，是以不敢妄为必通之计，而姑少缓之。然今老矣，竟未敢再读也。①

在《朱子语类》中，这类的话更多：

> 《春秋》煞有不可晓处。
>
> 《春秋》有书"天王"者，有书"王"者，此皆难晓。
>
> 书"人"，恐只是微者。然朝非微者之礼，而有书"人"者，此类亦不可晓。
>
> 某平生不敢说《春秋》。若说时，只是将胡文定说扶持说去。毕竟去圣人千百年后，如何知得圣人之心？
>
> 《春秋》难理会。
>
> 某尝谓：说《春秋》者只好独自说，不可与人论难。盖自说则

---

① 《答林正卿》，《朱子文集》卷四，《丛书集成》本。

横说竖说皆可,论难著便说不行。

《春秋》某煞有不可晓处,不知是圣人真个说底话否。

《春秋》难看,此生不敢问。如郑伯髡顽之事,传家甚异。

问:"《春秋》一经,夫子亲笔,先生不可使此一经不明于天下后世。"曰:"某实看不得。"问:"以先生之高明,看如何难?"曰:"劈头一个'王正月'便说不去。"

问:"先生于《二礼》《书》《春秋》未有说,何也?"曰:"《春秋》是当时实事,孔子书在册子上。后世诸儒学未至,而各以己意猜传,正横渠所谓'非理明义精而治之,故其说多凿'是也。唯伊川以为'经世之大法',得其旨矣。然其间极有无定当、难处置处。今不若且存取胡文定本子与后来看,纵未能尽得之,然不中不远矣。"

按《春秋》这一经,真让朱子伤透了脑筋。作为一个正统的儒者,他不能否认那简单的记事中蕴含着丰富的大义;但他又不肯轻易地相信历代经师们那近乎"臆说"的讲解和阐发,因为古来多少《春秋》经义毕竟都不是出自圣人之口,而且今日毕竟不能起圣人于地下而问之,那么比较稳妥的办法,就只有阙疑不讲了。他不唯自己不讲,也常劝别人不如把精力放在研究其他的经典上,"常劝人不必做此经,他经皆可做,何必去做《春秋》"?"若只欲为场屋计,则姑取其近似而不害理者用之;若欲真实为学,则不若即他书之易知者而求之,庶明白而不差也。"①他甚至以未能及时劝阻别人"编集"《春秋》而自责:"昨见编集《春秋》,盖尝奉劝,此等得暇为之,不可以此而妨吾涵养之务,正为此尔。但当时又见所编功绪已成,精密可爱,他人决做不得,遂亦心利其成,不欲一向说杀。以今观之,则所谓为人谋而不忠者,无大于此。"②在朱子看来,与其穿凿、逞臆、务作深求,还不如废之不讲之可取。据《语类》,朱熹在与人谈到科举之弊时说:"如他经尚是就文义上说,最是《春秋》,不成说话,多是去求言外之意,说得不成模样。某说道此皆是侮圣人之言,却不如王介甫样,索性废了较强。"③按王安石"断烂朝

① 《答林正卿》,《朱子文集》卷四。
② 《答路德章》,《朱子文集》卷八。
③ 《朱子语类》卷一百〇九。

报"之说,儒者无不以为非圣无法,朱子竟不避嫌疑,出此同情王氏之语,也足见他对逞臆说经是何等的痛恨了。但朱子毕竟是一位正统的大儒,从他的全部言论来看,他还是承认《春秋》的经典地位的,只是在他看来,学者应该从大的方面掌握《春秋》的精神,例如他反复强调过的"正谊不谋利,明道不计功"、"尊王贱伯"、"内诸侯外夷狄"等等,就是《春秋》的大旨。将这些大旨牢记于心,然后再去看《春秋》二百四十二年之史事,自然会对历史发展中的"天理"有深刻的理解,也就会对改造这个"人欲横流"的世界有所助益了。

(原载《孔子研究》2003 年第 1 期)

《春秋》诠释中的譬喻之趣

　　《春秋》之学，自古号称难治。干巴巴的记事文字，却要从中看出微言大义来，这本身就是对学者的一个挑战。简而又简的经文，据说蕴含了繁而又繁的经义，致使解说非常纷歧。而且历来的《春秋》学著作，大多文字呆板，枯燥乏味，很难引起人们阅读的兴趣。不过，自汉代以来，在《春秋》学者中间，亦不乏善于使用譬况之法的高手，他们在对《春秋》经传进行诠释、与别人进行论辩的过程中，常借助比喻的手法，将隐晦难明之理，以人所常见的事物比拟出之，取譬之妙，似信手拈来，喻义之深，虽至愚可解。最早见诸典籍的，有东汉的何休，他撰《春秋》三书，分别名为《公羊墨守》《左氏膏肓》《穀梁废疾》，这书名就是一种比喻。盖何氏为公羊专家，固守一家师法，所以著书要自称"公羊墨守"，他对《左》《穀》二传的攻击不遗余力，所以要称左氏为"膏肓"，穀梁为"废疾"。当时的郑玄，宗主《左传》，亦兼取《公》《穀》，对何休的墨守，很不满意，故作《针膏肓》《发墨守》《起废疾》，亦用譬喻之法，针锋相对，以纠何休之失，书名之妙，真可令人发噱。这些书虽然都没有传下来，我们仅据这些书名，亦可略知作者的宗旨了，譬喻的表现力于此可见一斑。曹魏时的锺繇，不好《公羊》而好《左传》，他称左氏为"太官"，而称公羊为"卖饼家"。按太官乃内府之官，掌皇帝、廷臣之饮食，《左传》辞义赡富，文采华美，可资取材借鉴之处甚多，故有"太官"之喻。而相比来看，《公羊》文字贫乏，又无文采，而且在当时地位式微，少人光顾，故比之于"卖饼家"。经营于市井里巷的"卖饼家"，与服务于宫廷、面向贵族的"太官"固不可同日而语，这就很形象地反映了那时《左传》与《公羊》的地位相差已甚悬殊了。

何休的膏肓、废疾之喻，钟繇的太官、卖饼家之称，均为熟典，人所共知。今再从历代《春秋》学著作中剔发一些解经的妙喻，看一看此种譬况之法在中国经典诠释传统中究竟占有怎样的地位。

一 关于《春秋》功能的譬喻

《春秋》有怎样的社会政治功能？《礼记·经解》引孔子的说法是："属辞比事，《春秋》教也。"但怎么就叫"属辞比事"了，历来学者也都说得不是很清楚。孟子说"孔子成《春秋》而乱臣贼子惧"，似乎更强调它的惩戒功能。汉代以后，人们多言《春秋》的褒贬。司马迁转述董仲舒的话说："《春秋》上明三王之道，下辨人事之纪……善善恶恶，贤贤贱不肖。"[1]这就是指《春秋》的褒贬。范宁说："一字之褒，宠逾华衮之赠；片言之贬，辱过市朝之挞。"[2]也是说褒贬。隋唐之际有一位王通，他认为《春秋》的功用在于辨"邪正之迹"，所以他把《春秋》比做"轻重之权衡，曲直之绳墨"，"舍则无所取衷"[3]，于是《春秋》成了一杆秤，或者成了一把尺，总之是衡量的标准。

到了唐代中期以后，强调《春秋》"贬恶"功能的多了起来，赵匡就提出了"救世"说，以为孔子作《春秋》是为了救世的，他用譬况之法，把《春秋》比做治病的"针药"："礼典者，所以防乱耳。乱既作矣，则典礼未能治也。喻之一身，则养生之法，所以防病；病既作矣，则养生之书不能治也，治之者在针药耳。故《春秋》者，亦世之针药也。"[4]把《春秋》比做针药，那么作《春秋》的目的就是拨乱世反之正，这种比喻就已经把"褒善"这一功能悄悄隐去了。到了宋代，这种单纯强调《春秋》"贬恶"功能的说解很流行。邵雍把《春秋》说成是"孔子之刑书"[5]，也是一种比喻，在当时以及后世都产生了很大的影响。被称

① 《史记·太史公自序》。

② （晋）范宁：《春秋穀梁传集解序》，《十三经注疏》本。

③ （宋）程公说：《春秋分纪》卷首"例要"引，《四库全书》本。

④ （唐）陆质：《春秋集传纂例》卷一，《丛书集成》本。

⑤ （宋）胡安国：《春秋传》卷首"纲领"，《四部丛刊续编》本。

作宋初三先生之一的孙复，著有《春秋尊王发微》，力图摆脱三传，从经文中去挖掘经义。他看《春秋》经文，几乎处处都是讥贬，在常人看来不过是一般记事文字的地方，孙复每每务做深求，总要说成是圣人对当时"犯上"、"坏法"、"弑君"、"攘国"等恶行的贬斥。孙复的《春秋》学，在当时很受推崇，但也颇受另外一派学者的抨击。反对他的人，往往批评他过于偏激苛核，指出照孙复这样子解经，《春秋》就变成了"罗织之经"，这当然也是一种譬喻。晁公武引常秩讥之曰："明复（孙复字明复）为《春秋》，犹商鞅之法，弃灰于道者有刑，步过六尺者有诛。"①按商鞅用法，以严苛著称，用来比喻孙复之说《春秋》，颇有几分神似。郑樵也批评孙复之流的解经，说"泥于有贬无褒之说，则是《春秋》乃司空城旦之书，圣人不如是之惨刻也"。②按汉代司空或为刑狱之名，"司空城旦之书"，盖指刑律。故郑樵的譬喻，也从反面说明了《春秋》的功能不应该仅限于"贬恶"。

不过《春秋》既然有褒贬赏罚的功能，那么就很难避免人们把它与"断案"联系在一起。在说明《春秋》与五经中的其他四经的关系时，程颐曾有一个著名的比喻，他说："《诗》《书》《易》言圣人之道备矣，何以复作《春秋》？盖《春秋》圣人之用也。《诗》《书》《易》如律，《春秋》如断案。""五经之有《春秋》，犹法律之有断例也。律令惟言其法，断例始有法之用。"③此即所谓"我欲载之空言，不如见之于行事之深切著明"。④按程氏之意，"法律"与"断案"（或言"断例"）的关系，就是原则精神与将此种原则精神付诸实施这两者之间的关系。程氏做此比拟，乃是表明他认《春秋》是所谓"圣人之用"，在他看来，其他经典提供的通常是道德的标准、行为的规范，《春秋》则是提供了遵守或者违反这种标准、规范的实例，以及圣人对这种实例的褒贬态度，这对于指导统治阶级的政治行为，应该具有更为直接的意义。除了"律"与"断案"之外，程颐还有一个譬喻，说"《诗》《书》《易》如药方，

---

① 《文献通考·经籍考》卷十引"晁氏曰"，华东师范大学出版社 2010 年点校本，第248 页。

② （宋）郑樵：《六经奥论》卷四，《四库全书》本。

③ 《河南程氏外书》卷九，《二程集》，中华书局 1981 年点校本，第 401 页；《河南程氏遗书》卷二，《二程集》，第 19 页。

④ 《史记·太史公自序》。

《春秋》如治法","五经如药方,《春秋》如用药治病,圣人之用,全在此书"①,也是强调《春秋》对政治实践的意义。一个是治法与药方的关系,一个是实际断案与法律条文的关系,两者极为相似。后来胡安国继承了程氏之说,再次肯定了"五经之有《春秋》,犹法律之有断例"。这种譬况,颇为宋以后学者所认同,直至清末的今文学家,依然如此。例如皮锡瑞,更为明确地指出《春秋》的记事不过是"借事明义","其事之合与不合,备与不备,本所不计",他说孔子要为后世立法,"托之空言"是不容易为人所理解的,"不如见之行事,使人易晓。犹今之《大清律》,必引旧案以为比例,然后办案乃有把握"。② 这种比喻是与程颐一脉相承的。

由此可见,古人说解《春秋》,是多么喜欢用与法律相关的事物做比。除了上述以案例比《春秋》的以外,还有人将《春秋》比做"用法之君",南宋学者叶梦得就是这样做的。叶氏在《春秋》学上用力甚勤,撰有《春秋谳》《春秋考》《春秋传》等书。他对三传都不满意,其中的《春秋谳》,就是对三传的掊击。按"谳"有审判、断案之义,叶梦得是把三传比做争讼的三方,需要有一个执法者来判断是非,这个执法者是谁呢? 叶氏以为应该是《春秋经》。他说:"以《春秋》为用法之君而己听之,有不尽其辞则欺民,有不尽其法则欺君。"③也就是说,依据《春秋》经义来判断三传的是非。这种做法,实际上还是沿袭了啖、赵以来"舍传求经"的路数,也是源于程颐的思想。因为程颐曾就《春秋》经传的关系说过这样的话:"《春秋》传为按,经为断。""按"为判案的事实依据,"断"则相当于律条。不过叶梦得的以"谳"为书名,也招来了后人的非议,乾隆皇帝就题诗批评说:"谳有评狱义,狱实刑之引。《春秋》岂其然,求精失之远。"④此后四库馆臣们就跟着说:"古引《春秋》以决狱,不云以决狱之法治《春秋》。名书以'谳',既为未允,且左氏、公羊、穀梁皆前代经师,功存典籍,而加以推鞫之目,于名尤属未安。是则宋代诸儒藐视先儒之锢习,不可以为训者耳。"⑤

---

①　(宋)胡安国《春秋传》卷首"纲领",《四部丛刊续编》本。

②　(清)皮锡瑞:《经学通论》之《春秋通论》,中华书局1954年版,第21页。

③　(宋)叶梦得:《春秋谳》自序,《四库全书》本。

④　王元杰《春秋谳义》卷首乾隆皇帝题诗,《四库全书》本。

⑤　《四库全书总目》卷二十七。

二 关于义例的譬喻

《春秋》中蕴含有大义,这在旧时的学者中是没有异词的。但这些义是如何表现出来的,学者间的意见却有不同。有一派学者认为是通过"例"表达出来的。以"例"解经,在《春秋》学上有很久的传统,三传特别是《公羊》和《穀梁》就是讲例的。那么什么是例?据我的理解,例就是一些记事的规则。同一类的事,用相同的手法记下来,这就构成了例。例如"取邑不日",就是说凡是攻取别国之邑这一类的事情,是不记具体日期的(可能记月份或者季节)。又如"外大夫不卒",是说《春秋》是不记载别国大夫去世这样的事的。经师们一般认为,孔子在这许许多多例中是赋予了义的,也就是说,《春秋》记事的"例"中是有义的,故亦称"义例"。自来讲《春秋》的人,对义例的看法就有很大的分歧。有的人专门从《春秋》中发掘"义例",不惟记日、记月、记时是例,称名、称字、称人、称国、称氏都是例,还有记事所用的字眼如薨崩卒葬、征伐围灭,即位的书与不书,"王"字之冠与不冠,都是例(有时也称"书法"),对这些例的遵守与违反,都蕴含了圣人的某种特定的意思和褒贬。

但是经师们所揭示的例,有许多是无法通贯全经的,往往是通于此则碍于彼,适于前则违于后。例如"大夫日卒,正也;不日卒,恶也",这就是《穀梁》的一个例,意思是说:大夫死了,如果《春秋》记载其死去的日期,表明这个大夫是好的;不记载日期则表示这个大夫是恶人。但事实往往并非如此。又如按照经师们所说的例,凡称"字"者都有"贵之"之意,但像邾仪父、许叔、萧叔这些人,虽都称字,并无什么可贵之处。《春秋》记载杀大夫之事,如果称大夫之名,则表示此大夫是有罪的,这也是一条义例;但陈洩冶、蔡公子燮根本就没有什么罪,他们的被杀,也称名了。按照例,灭同姓之国者是要"书名"的,但是楚灭夔、齐灭莱,尽管都是灭同姓,《春秋》的记载中并没有"书名"。按照例,诸侯的公子如果不书"公子"这两个字,那就是表示有"贬之"之意,所谓"削其属也";但是像楚国的商臣、齐国的商人,都有弑君的大罪,反而称公子。正是因为存在着虽有"例"但往往不能贯通全经的情况,致使许多学者怀疑"例"的存在。像苏辙、朱熹等人,都公开对"义例"提出质疑,朱熹就说:

"《春秋传》例多不可信。圣人记事，安有许多义例！"①苏辙说："《春秋》以事系日，以日系月，以月系时，以时系年。事成于日者日，成于月者月，成于时者时。不然皆失之也。"②这就把"日月时例"完全推翻了。但是另外一派学者，坚持义例之说，在他们看来，《春秋》的妙处全在于有例，如果没有例，圣人该如何表达他的好恶褒贬呢？读者又怎样从圣人的笔削中看出大义呢？如果没有例，《春秋》不是成了一部普通的记事之史了吗？元人黄泽的说法很典型："近时说者则以为夫子《春秋》非用例。若如此，则夫子作《春秋》，止是随事记录，止如今人之写日记簿相似，有何意义？"③这两派的观点尖锐对立。

南宋高宗时期有一位学者叫洪兴祖，此人饱学多才，著有《春秋本旨》一书。他运用譬喻之法，道出了自己对义例的理解，他说："《春秋》本无例，学者因行事之迹以为例；犹天本无度，历家即周天之数以为度。"④这个比喻应该说很形象，也很准确。天本身是自然之物，固无所谓"度"，但历家测天之时，必设周天之度数才能够将天象之种种变化加以说明，所以这些看似人为的"度"实为言天者所必不可少。在这个意义上，说这种"度"为"天之度"，也不是没有道理。所谓"《春秋》本无例"，是说孔子当初作《春秋》的时候，并不曾预设诸如弑杀攻伐、称名称字种种之例，但后来解释《春秋》的人，却不能没有"例"，"例"是后世经师解说《春秋》的一种工具，正如周天度数是言天象历法的人必不可少的工具一样。这个譬喻之所以巧妙，就在于一方面否定了孔子作《春秋》前预设义例这种令人难以置信的说法，另一方面又肯定了义例之说在解说《春秋》之义时的必要性与合理性。所以这个譬喻毋宁看作是在承认与否认义例之说的学者之间所做的调停。

朱熹是反对义例说的代表，他也有一个譬喻，就是"命格"，他说："昔尝有人言及命格，予曰：'命格，谁之所为乎？'曰：'善谈五行者为之也。'予曰：'然则何贵？设若自天而降，具言其为美为恶，则诚可信

---

① 《朱子语类》卷八十三，中华书局 1986 年版。
② （宋）苏辙：《春秋集解》卷一，《四库全书》本。
③ 《春秋师说》卷上，《四库全书》本。
④ （元）赵汸：《与朱枫林先生允升学正书》，《东山存稿》卷三，《四库全书》本。

矣；今特出于人为，乌可信也？'知此，则知《春秋》之例矣。"①按所谓"命格"，是星象测命之学的专门术语，盖指命之格局，有上格、下格、贵格、富贵格等种种区分。②朱子以为这些分别并非来自"天"生，只是出于"人为"，而人的"命"却是天生的，因此"命格"等等并不可信（程朱一派的学者均以星命之学为荒诞）。他用这个比喻来论证《春秋》之例的不可信。《春秋》之例本非《春秋》所固有，只不过是后来解经的人强加在《春秋》之上的，他以此来说明不能相信《春秋》的例。我们把朱子的这个譬喻与前面所引洪氏的譬喻做一比较，就会发现他们的观点虽然不同甚至对立，但使用譬喻之法，却有异曲同工之妙。

三　关于研治《春秋》之方法的譬喻

关于怎么样来研治《春秋》，古来学者也有一些非常精警的譬喻。例如元代学者吴澄就主张先分析再综合，他取譬于人们认识车辆及房屋结构的过程，对《春秋》的再诠释做过很明确的描述，解决了一个方法论上的大问题。他在《春秋类编传集序》中说："析轮、舆、盖、轸而求车，然后有以识完车之体；指栋、梁、桷、宗而求室，然后有以识全室之功。车、室非有假于分，而求其所以为完车、全室，不若是其详不可也。子朱子曰：析之有以极其精而不乱，然后合之有以尽其大而无余。噫，读《春秋》者，其亦可以是求之矣。"③按这是一个很形象的比喻。轮、舆、盖、轸，都是车的一个部分，而栋、梁、桷（椽也）、宗（房之中梁也），都是室的组成部分。对于车、室来说，并非依赖于将车、室分解为轮舆盖轸、栋梁桷宗才成其为车、室，但对于认识车、室来说，此种分解则是绝对必要的。你要先认识了什么是轮、什么是舆、什么是盖、什么是轸，才能对车有一个整体的认识；同样的道理，你要先知道什么是栋、梁、桷、宗，才能从整体上了解房屋的构造。研治《春秋》也是这样，要先做分析的工作，这种分析，包括将《春秋》的各个部分——文、义、例解析开来，也包括将二百四十二年的经文做分别的

---

①　《朱子语类》卷八十三。
②　参见《星命溯源》，《四库全书》本。
③　（元）吴澄：《春秋类编传集序》，《吴文正集》卷十九，《四库全书》本。

研究,然后再将各部分合为一个整体,求其总旨,求其通贯。吴澄还说:"《春秋》非有假分合于人也,如是而求之,庶几有以得其全耳。夫属辞比事,《春秋》教也。属辞所以合,比事所以析。不知比事,是舍轮、舆、盖、轸而言车,离栋、梁、楹、宋而求室也。知比事而不知属辞,则车与室其亡,矧于化工、山岳乎何有!"《春秋》并不是依赖于人们对它的分析、综合才存在的,人们所以要对它进行分析、综合,乃是为了便于从整体上来把握《春秋》罢了。吴氏在这里对属辞、比事做了全新的解释:比事就是分,就是对《春秋》各个组成部分的分别认识;属辞就是合,把各个部分综合起来,认识《春秋》的全体。如果光有比事而没有属辞,那就如同只知轮舆盖轸而不知有车,只识栋梁楹宋而不知房屋为何物了。

宋儒中有一部分人喜言心性,他们对治《春秋》之法,也有一种譬喻。南宋的赵鹏飞著有《春秋经筌》十六卷,这"经筌"的书名,就是一种譬喻。他自己解释说:"鱼可以筌求,而经不可以筌求。圣人之道寓于经,如二仪三光之不可以肖象,筌何足以圈之! 盖吾之所谓筌,心也;求鱼之所谓筌,器也。道不可以器圈,可以心求。求经当求圣人之心,此吾《经筌》之所以作也。"[①]按筌是捕鱼之具,"春秋经筌",显然带有"获取春秋经义的工具"之义。赵氏明知"经不可以筌求",但他在这里所说的筌,却不是一般的"器",而是指"心",他认为要以己之心去求圣人之心,首先要修养自己之心,使此心"公",使此心"平",然后才能通于圣人之心,也就才有可能理解圣人之义。这种从"心"到"心"的治经方法,当然就可以无视三传的存在了,所以这也是一个舍传求经的典型。他说:"故善学《春秋》者,当先平吾心,以经明经,而无惑于异端,则褒贬自见。""视经为的,以身为弓,而心为矢,平心射之,期必中于的,雁鹜翔于前不晌也,三传纷纭之论,庸能乱吾心哉!"

这种纯乎用"心"、摒弃三传的做法,颇为偏好实证的清儒所不满。清儒治《春秋》尽管多以《左传》为主,但大多亦吸取《公》《穀》之说,以为三传各有所得,虽所见有深浅,但终归都是经义所在,不当尽去众家而只尊一家。例如朱鹤龄就曾用了一个非常恰切的比喻,来

---

① (宋)赵鹏飞:《春秋经筌序》,《四库全书》本。

说明治经当博采众家之长，而不必管他是属于哪一门派："夫理之蕴于经，犹水之蕴于地也。凿井以出水，而或取之以蠡勺，或取之以缾罍，或取之以甕盎，随器之大小，为汲之浅深。及盥而饮之，则皆水也，于蠡勺、缾罍、甕盎奚别焉。"①把经义比做蕴于地下之水，这是承认经义乃客观之存在，尽管还有待于开掘；蠡勺等等取水之器具，则被用来比喻不同的学者与家派，取水多少不同，隐喻着对经义的理解深浅有差别。

以上从《春秋》学的不同侧面，分别举了几个例子，来说明古来学者在诠释《春秋》经义的时候，常常使用颇具趣味的譬喻之法。譬喻作为一种修辞手段，大量出现于各类古典文学作品之中，同时也夙为历代经师所喜用，形成了古代经典诠释中的一个优良传统。当然我们也应该看到，修辞虽然很重要，却又与文法、逻辑等等不同，在学术论证、阐释学理的活动中，修辞并非绝对必要的因素。它似乎是一种添加剂，能使文章增色，使难者变易，晦者变明，枯燥者变生动。金兆梓先生曾经说过："文法、逻辑，予人以规矩，而修辞欲使人巧者也。"②这样给修辞定位还是比较准确的。孔子曰："辞达而已矣。"③然而有的时候要做到"达"并不容易，往往要采取一些辅助的手段，其中就包括譬喻。汉儒王充说："何以为辩？喻深以浅。何以为智？喻难以易。"④足见古人对此早就已有充分的认识了。

（原载《北京大学中国古文献研究中心集刊》第九辑，北京大学出版社 2010 年版）

---

① （清）朱鹤龄：《寄徐太史健菴论经学书》，《愚菴小集》卷十，上海古籍出版社 1979 年影印本。

② 转引自郑子瑜：《中国修辞学史稿》，上海教育出版社 1984 年版，第 5 页。

③ 《论语·卫灵公》。

④ 《论衡校释》卷三十《自纪篇》，中华书局 1990 年版，第 1194 页。

公羊学的复兴与龚魏新学

　　清代乾隆盛时,《春秋》学的主流,是以惠、戴为代表的实证研究,也即汉学研究。学者的兴趣,一般集中在经典文本的校勘、训诂、考证等等之上,学者大多反对逞臆空谈,提倡征实之学,这是与东汉古文经学的精神相一致的。自唐以来,《左传》之学就成为《春秋》学的主体,《公》《穀》二传少有人问津。这种局面到清代依然没有改变。《左传》以事解经,较之《公》《穀》的空发议论,显然更符合清代学者征实的口味。故自清初以至乾、嘉,研究《左传》的学者数不胜数。学者关注的问题,也大致趋同,不外乎校勘经、传之文字,搜辑汉人的经说传注(以服、贾为主),纠正杜注之违失,考证《春秋》《左传》中的史实,研究经传所涉及的一些专门问题(例如地理、历法、礼制等等),清理《左传》的传义等几个方面。这些当然都属于"汉学"研究。

　　但在清儒这种汉学研究的主干上,竟也萌生出一段别枝来,这就是公羊学的复兴。而这一"别枝"的出现,表面上似乎与主流相违戾,实际上却是完全合乎逻辑的。因为汉学家的尊汉复古,虽然最初无不以许、郑为依归,但尊汉之风既已形成,则汉人之经学必然都会得到尊重,而公羊学作为西汉经学的主体,重新被发现、被提起、被研究,那就是迟早的事了。而且,公羊学的复兴,也与汉学流弊的日益凸显有关。从清初以至乾隆,汉学日见其盛,学者虽然以实事求是相标榜,但汉学家细碎饾饤、缺乏思想、脱离现实、不重实用等种种毛病,也常为有识所讥。而比较起来,西汉董仲舒的公羊学,则有着更强的思想性,更易于与现实政治需要相结合,更便于学者的发挥。因此在传统的汉学已臻极盛、很难再有开拓空间的时候,学者转而开发西汉公羊学的思想矿藏,就是很自然的事了。

一　清代公羊学的初祖——庄存与

庄存与(1719——1788),字方耕,江苏武进人。① 乾隆十年(1745)一甲二名进士,官至内阁学士、礼部侍郎。存与入仕数十年,大多数时间供职于翰林院、礼部,或出为学政、考官,很少参与实际政治。他是一名学者型的官僚,或者亦可称为官僚型的学者。他博通经典,尤精于《春秋》公羊之学。当乾隆时代,学者多以汉学相标榜,沉潜于训诂考据之中,治《春秋》者也多着眼于《左传》,在文字、名物、史实之考订上下功夫,而庄存与独究心于举世不为之学,这与他的家学渊源及当时常州的学术风气不无关系。

庄氏是常州的世家。明末清初以来,庄氏世代在科举上的成就都很突出。存与的高、曾祖辈中有多人中进士,其父庄柱及两个伯父也都是进士出身,存与本人曾中榜眼,其弟庄培因则是乾隆十九年(1754)的状元。因此可以说常州庄氏有着深厚的家学渊源,但这种家学显然是以举业为标的的。此外,据现代学者的研究,常州学术自明代以来就有一种经世的传统,与临近的苏州、扬州相比,常州学者往往更为关注政治与实务。② 成功的举业,加上强烈的经世意识,决定了庄存与不会醉心于惠、戴式的汉学考据之中,而必然会选择另外一种学术道路。他最终选择了《春秋》公羊学。

但严格地说起来,公羊学也是汉学,而且应该说是西汉之学。西汉的今文经学,传于后世者已经无多,作为今文经学的主干,公羊学虽也是沉晦千载,毕竟还算是不绝如缕。庄存与加以挖掘发扬,使之复兴光大,这在尊汉复古之风甚嚣尘上的乾隆时代,终属顺应潮流之事。因此,尽管庄存与并不欣赏那种专力于名物训诂的笺注之学,但

---

① 武进清属常州府,故人称庄存与之学为常州学派。

② 参看[美]本杰明·艾尔曼著、赵刚译:《经学、政治和宗族——中华帝国晚期常州今文学派研究》,江苏人民出版社1998年版,第51页。

一般汉学家对他的学术主张并无甚批评，相反倒是有一些褒扬之语，例如阮元曾述其师之语，称庄存与"践履笃实，于六经皆能阐抉奥旨，不专专为汉宋笺注之学，而独得先圣微言大义于语言文字之外，斯为昭代大儒"。阮元还称赞庄存与的《春秋》学，"主公羊、董子，虽略采左氏、穀梁氏及宋元诸儒之说，而非如何劭公所讥，倍经任意、反传违戾也"。① 武进学者董士锡说："先生（按指庄存与）深于《周礼》、深于《春秋》、深于天官历律五行之学……其为文辩而精，醇而肆，旨远而义近，举大而不遗小，能言诸儒所不能言。不知者以为乾隆间经学之别流，而知者以为乾隆间经学之巨汇也。"② 不过，要说庄氏之学是乾隆经学的"巨汇"，恐怕未必是实。他的学术在当时的影响并不很大，只是局限于门人、亲属之间，他的著作也是在他死后才得刊行，他的学术主张与当时的主流学术毕竟有相当的距离，故称之为乾隆经学之别流（或称支流），还是允当的。

庄存与的《春秋》学著作，以《春秋正辞》十一卷最为重要。《春秋正辞》全书分为九篇：正奉天辞第一，正天子辞第二，正内辞第三，正二伯辞第四，正诸夏辞第五，正外辞第六，正禁暴辞第七，正诛乱辞第八，正传疑辞第九。所谓"正某某辞"云者，殆指"正"辞中之"义"而言，也就是说，要指出各种"辞"中所包含的"义"。这样的九篇，实际上就把《春秋》的经义划分为九大类，每类之中，又有进一步的义例的划分。例如"奉天辞"中，就分为"建五始"、"宗文王"、"大一统"、"通三统"、"备四时"、"正日月"、"审天命废兴"、"察五行祥异"诸项，"天子辞"中，分为"王伐"、"王崩葬"、"王后"、"王臣外难"、"王使"、"王臣会诸侯"、"王臣会陪臣"、"王臣卒葬"、"王臣私交"、"王师"、"王都邑土田"、"王畿内侯国邑"、"大夫见天子"诸项。在这每一项义例之下，分列《春秋》中与此义例相关的"辞"，然后阐发这"辞"中之义。例如在"大一统"项下，列经文"王正月"，庄氏阐发辞中之义云：

> 公羊子曰："何言乎王正月？大一统也。"《记》曰："天无二日，土无二王，国无二君，家无二尊，以一治之也。"子曰：吾说夏礼，杞不足征也；吾学殷礼，有宋存焉；吾学周礼，今用之，吾从

---

① （清）阮元：《庄方耕宗伯经说序》，《味经斋遗书》卷首，光绪八年刊本。
② （清）董士锡：《易说序》，《味经斋遗书》卷首，光绪八年刊本。

周。王天下有三重焉,其寡过矣乎? 王阳曰:"《春秋》所以大一统者,六合同风,九州共贯也。"董生曰:"《春秋》大一统者,天地之常经,古今之通谊也。今师异道,人异论,百家殊方,指意不同,是以上无以持一统,法制数变,下不知所守。臣愚以为诸不在六艺之科、孔子之术者,皆绝其道,勿使并进,邪辟之说灭息,然后统纪可一而法度可明,民知所从矣(庄氏自注:此非《春秋》事也,治《春秋》之义莫大焉)。"

按庄氏立足于《公羊》大一统之说,列《礼记》、王阳、董仲舒诸家议论,阐明所以要"大一统"的道理。又如在《内辞篇》中,有"蒐狩"一项,列桓公四年之经文"春正月公狩于郎",庄氏阐发辞中之义云:

> 隐观鱼以五①,桓狩以四,以位为乐,日引月长,意广心逸,见于此矣。以仲冬狩,非不时也,则何以书? 狩不以地也。诸侯之狩有常所矣,郎,近郊邑也,三郊之田为民恒产,下地犹当以牧实仓廪、修武备,以为民也。为田驱兽曰田,反致兽于田,俄且以稼穑之地为禽兽之地,筑台焉,筑囿焉,恣为佚游,取近于国而朝夕往焉。郎不远也,仿于桓之狩,淫于庄之台②,卒于昭之囿③,而鲁之国恤孰经营之乎?《春秋》之义行,则庶土交正,禹之明德也。非圣人谁能修之!

按《公羊传》于隐五之"观鱼于棠"、桓四之"狩于郎"均认为是"讥",而讥的原因,则都是"远也"。庄氏在这里虽因袭《公羊》"讥狩于郎"之义,却对讥的理由作了修正。因为郎是近郊之邑④,不可谓远,故以"狩不以地"为讥,就是说,鲁君"狩"的地点不对,妨害了农事,"恣为佚游","鲁之国恤孰经营之乎",于是《春秋》的经义,就有了政治批判的色彩。像这样的义,在《左传》中是很难看到的。

庄氏经世的意识极强,但他本身并不是管理实际政务的官员,他只能借讲解公羊学说发挥维护统治秩序的政治思想和理论,虽然这些思想和理论由于脱离实际问题,未免显得空洞,但毕竟又使《春秋》

---

① 按指隐公五年"春公观鱼于棠"。
② 指庄三十一年之筑台于郎、于薛、于秦。
③ 昭公九年"冬筑郎囿"。
④ 参看《公羊传》何注之徐彦疏。

一经具有了政治教科书的性质,例如在谈到统治者对民的态度时说:

> 《春秋》之法,苦民尚恶之,况伤民乎? 伤民尚痛之,况杀民乎? 民者,《春秋》之所甚爱也;兵者,《春秋》之所甚痛也。

又如论世卿之害云:

> 公羊子曰:"讥世卿。世卿,非礼也。"其圣人之志乎? 制《春秋》以俟后圣,后世之变,害家凶国,不皆以世卿故,圣人明于忧患与故,岂不知之,则何以必讥世卿? 告为民上者,知天人之本,笃君臣之义也。告哀公曰:"义者,宜也,尊贤为大。"①述汤武之书曰:"帝臣不蔽,简在帝心,虽有周亲,不如仁人。"②是故非贤不可以为卿。君不尊贤,则失其所以为君,彼世卿者,失贤之路、蔽贤之蠹也。……世卿非礼,讥不尊贤养贤,不必其害家凶国。则凡国家之大患,靡不禁于未然之前矣。③

像这样的议论,都是治国、为政的一般原则,而在《公羊传》里,只是发其端,指出"世卿"之非礼当讥,至于为什么"非礼",则没有说。庄存与畅发其论,把"讥世卿"这一《春秋》经义阐述得无余蕴了。

在公羊学说里面,有一些所谓"非常异义、可怪之论",例如亲周、故宋、以《春秋》当新王等等,很遭后人的訾议。庄存与表章公羊学,对这些东西虽没有过分地强调,实际上还是接受下来了。隐公七年"滕侯卒",《公羊传》说:"何以不名? 微国也。微国则称'侯'何?《春秋》贵贱不嫌同号,美恶不嫌同辞。"但到底为什么称"侯"(桓公二年有"滕子来朝",公羊认为滕本子爵),还是没有说清。庄存与则根据何休之注,说:"滕侯、薛侯,《春秋》当新王也;滕子、薛伯,亲周也。公羊家识之矣。"④按滕与薛俱为小国,公羊家认为一为子爵,一为伯爵,只是因为隐公十一年滕、薛之君俱朝于鲁,"《春秋》托隐公以为始受命王,滕、薛先朝隐公,故褒之"⑤,称侯是褒滕、薛的表现,至于在

---

① 《礼记·中庸》。
② 《论语·尧曰》。
③ 《春秋正辞》之《奉天辞·王臣卒葬》,《清经解》本。
④ 《春秋正辞》之《诸夏辞·诸侯卒葬》。
⑤ 《公羊传》隐公十一年何休注。

其他地方又称滕子、薛伯,则是"亲周"的结果。

庄存与继承董、何之学,专力发挥《春秋》中的微言大义,但他的学术,并不是纯粹的"汉学"(包括西汉与东汉),而是在"汉学"的基础上有所发展,这种发展体现在融合了宋学中的某些义理、某些范畴。最明显的例子,就是他将"天理"的概念引入了公羊学说。例如他对隐公的"让国"(隐公元年不书"即位",《公羊》《穀梁》均认为隐公有让位于桓公之意),就持批评的态度:"尝得而推言《春秋》之志,天伦重矣,父命尊矣,让国诚,则循天理、承父命不诚矣。"庄氏显然是把兄弟长幼之次亦即天伦视为必须遵行的"天理"。[①] 在谈到桓公四年只有"春""夏"而无"秋""冬"时,引程子之说云:"人理灭矣,天运乖矣,阴阳失序,岁功不成矣,故不具四时。"[②]这里的"人理",实际亦是"天理",只是因为与下"天运"相对为文才改称"人理"。对宋儒所主张之"正心诚意",乃至"修齐治平",庄存与深有体悟,用之于对《春秋》的解释之中。他在讲解"元年春王正月"时,先引何休"五始"之论,又引董仲舒"一元正本"之说,继而发挥道:

> 为人君者,正心以正朝廷,正朝廷以正百官,正百官以正万民,正万民以正四方。四方正,远近莫敢不壹于正,而无有邪气奸其间者,是以阴阳调而风雨时,群生和而万民殖,五谷熟而草木茂。天地之间,被润泽而大丰美,四海之内,闻盛德而皆徕臣,诸福之物、可致之祥,莫不毕至,而王道终矣。[③]

按这一切的实现,都是以"正心"为起点,这是典型的理学家言。因此,庄存与的公羊学,是融入了宋学的成分的。

庄存与的公羊学,也不纯粹是今文经学。对古文经典的《左传》,庄氏固多批评之语,但也有吸取之处。同时,他对《毛诗》《周礼》都有研究,著有《毛诗说》《周官记》《周官说》等。他在解说《春秋》时,还能"以《周礼》济《公羊》之穷"。[④] 杨向奎先生说:"公羊学在政治上只能

---

① 《春秋正辞》之《内辞·公继世》。

② 《春秋正辞》之《奉天辞·审天命废兴》。

③ 《春秋正辞》之《奉天辞·建五始》。

④ 杨向奎语,见氏著《清代的今文经学》,收入《绎史斋学术文集》,上海人民出版社1983年版,第328页。

是理论方面的发挥,它是一部历史哲学,不是一部政治纲领,它不具备可运用的典章制度,只是空洞议论,因之要借用《周礼》'以明因监'。"①这可以作为对庄存与采用《周礼》说《春秋》的解释。但从根本上说,庄存与的研治公羊学,是乾隆时代复兴古学的一种实践,他是在尊汉复古的大潮中,选择了《公羊传》这样一个被人普遍忽视的目标,力图恢复它的本来面貌与功能。庄氏本身,并没有前辈今文家那样的门户情结,他也并不以接续前辈今文家的学统为职志,因此,他的治经原本是不拘今文、古文的。与惠、戴等乾嘉学者比较,庄氏的最大特点,就是特别注重义理,凡有利于发明义理的,他都予以采用。他的这一立场,有时妨碍了他治学的严谨和客观。例如对阎若璩的辨伪,乾隆时代的学者大多表示认同,庄存与却表现出了一种非学者式的轻蔑态度。据说当时海内学人都相信阎氏之说,于是言官、学臣上疏于朝,要求摈弃《尚书》伪古文,重写二十八篇于学官,颁行天下,规定考官命题,学者诵读,不准再用伪古文。而庄存与独持异议,以为伪古文中存有大量"圣人之真言",应当保留。他着眼于《尚书》伪古文中之义理,竟至无视其真伪。他的这一意见竟获最高统治者之赞同,表明他所论确实符合最高统治者的利益。一个有着强烈经世意识的学者,确乎很难保持完全实事求是的精神。庄存与不是改革家,他所处的时代也还没有提出社会变革的要求,他的经世,只能是为现政权、现秩序服务,因此,他的学术,不管他愿不愿意,最终恐怕都很难避免沦为统治阶级利益的婢女的命运。

庄存与的学术,传与了门人孔广森、邵晋涵及侄庄述祖、外孙刘逢禄、宋翔凤。其中邵晋涵不以公羊名家,可以不论。孔广森也是戴震的学生,而且甚得戴震的真传,他自署所居曰"仪郑堂",表明他对郑玄的景仰。他在公羊学上用力很深,著有《公羊通义》十一卷。孔广森治公羊之学,旁征博引,疏通证明,完全是一种朴学家的考据学风,因此前人多讥他不守公羊家法。他似乎并不理解《公羊》真谛,只是意识到了《公羊》的义理之长,并力图使之发扬光大,骨子里仍是一位考据学者。所以,对于公羊学的复兴,孔广森虽有提倡之功,但他的学术,毕竟与稍后的刘逢禄等真正的今文家有别。庄述祖虽传存

---

① 杨向奎:《清代的今文经学》,《绎史斋学术文集》,第328页。

与之学,但在《春秋》学方面少有撰述,他的主要精力,放在了小学及《夏小正》《礼记》《尚书》《周易》等经典上。真正将存与之学发扬光大的,是存与的两个外孙——刘逢禄和宋翔凤,其中尤以刘逢禄更为出色。

二　坚守今文家壁垒的刘逢禄

刘逢禄(1776—1829),字申受,一字申甫,号思误居士。少颖异,十一岁时随母归省,庄存与问以所学,即有"此外孙必能传吾学"之叹。[①] 不过次年存与去世,故看来刘逢禄并没有直接从存与问学。他的学术,主要得之于他的舅父庄述祖。述祖是存与的从子,对存与的公羊学体悟颇深。刘逢禄十九岁时从述祖学习,在公羊学上很快就崭露头角,述祖对他非常欣赏,曾经说:"吾诸甥中,若刘甥可师,若宋甥可友也。"[②]按宋甥为宋翔凤,刘甥即刘逢禄。舅父以外甥为可师,则此甥的造诣可想而知。据说庄述祖曾有意专治《公羊》,后来看到刘逢禄在《公羊》学上的成绩,竟放弃了《公羊》学而转治他经。刘逢禄学问虽日益精进,但举业上却不甚顺利,他屡困场屋,直至三十九岁始成进士。此后长期在礼部任职。刘逢禄的居官行事,最被人称道的,就是他的"据经决事,有先汉董相风"。[③] 按董相指董仲舒,是公认的西汉公羊学之祖。西汉公羊学最重实用,与政治实践的联系十分密切,以董仲舒为代表的今文学家以《春秋》议政,以《春秋》说灾异,以《春秋》决狱,这些史实为人所熟知,而刘逢禄的行事颇有类于此者。

刘逢禄对多种经典都有深湛的研究。但他成就最大的,应该是在公羊学方面。他曾自述对《公羊》的兴趣云:"禄束发受经,善董生、何氏之书,若合符节。"对董、何之书,他似乎情有独钟,"余自童子时,癖嗜二君之书,若出天性"。[④] 这种自幼产生的对《公羊》的兴趣,很难说不与其外家庄氏的学统有关。

刘逢禄对汉学有独特的理解,他说:"先汉之学,务乎大体,故董

---

① (清)刘承宽:《先府君行述》,《刘礼部集》附,道光十年刻本。

② (清)刘承宽:《先府君行述》。

③ (清)刘承宽:《先府君行述》。

④ (清)刘逢禄:《公羊春秋何氏解诂笺叙》,《清经解》卷一千二百九十。

生所传非章句训诂之学也；后汉条理精密，要以何邵公、郑康成二氏为宗。"①他所谓汉学，是通西汉、东汉而言的。针对当时学者言汉学大多只重贾、马、许、郑等东汉之学的情况，他把关注的目光放在了汉代的公羊学上。在他看来，汉代的儒者，只是在《公羊传》与子夏《丧服传》上堪称"知类通达、微显阐幽"，也就是创通了大义、阐发了微言，在其他经典上则仅限于训诂象数而已。"然《丧服》于五礼特其一端，《春秋》文成数万，其旨数千，天道浃，人事备，以之贯群经，无往不得其原；以之断史，可以决天下之疑；以之持身治世，则先王之道可复也。"②比较而言，《春秋》学应该是汉代经学的核心与主干，此正所谓"《春秋》者，五经之管钥也"。③ 一般乾嘉儒者也都很重视《春秋》，不过他们大多认为《春秋》是鲁史之旧文，只是直书其事，褒贬自见，并无所谓"一字褒贬"，也没有什么"义例"。三传之中，一般都比较看重《左传》，认为《左传》记事具体翔实，可以补《春秋》之阙；至于《公羊》，则以为是空发议论，没有实据，所以不足凭信。当时号为通儒的钱大昕、纪昀、郝懿行等，都发表过类似的意见。刘逢禄认为，这种观点是十分有害的，这是对《春秋》经传价值的公然的贬低，"其弊不至于等经朝报、束传高阁不止"。④ 刘逢禄批评钱大昕等人"《春秋》之法，直书其事，使善恶无所隐而已"的言论，坚守《公羊》的阵地，坚持"一字褒贬"、"三科九旨"诸说，认为这样才能够彰显《春秋》之所以为"经"，而不是一般的记事之史。对于钱大昕的《公羊》不如《左传》的议论，他从根本上给予反驳：

> 吾谓此非《公羊》之不及《左氏》，乃《春秋》之不及《左氏》也。《左氏》详于事，而《春秋》重义不重事；《左氏》不言例，而《春秋》有例无达例。惟其不重事，故存什一于千百，所不书多于所书；惟其无达例，故有贵贱不嫌同号，美恶不嫌同词，以为待贬绝不待贬绝之分，以寓一见不累见之义。如第以事求《春秋》，则尚不足为《左氏》之目录，何谓游、夏之莫赞也；如第执一例以绳《春

---

① （清）刘逢禄：《公羊春秋何氏解诂笺叙》。
② 《清史列传》卷六十九《刘逢禄传》。
③ （清）刘逢禄：《春秋公羊经何氏释例叙》，《清经解》本。
④ （清）刘承宽：《先府君行述》。

秋》,则且不如画一之良史,何必非断烂之朝报也。①

他批评钱大昕没有掌握《春秋》的精髓,只是从记事的角度看《春秋》,那不要说《公羊》不如《左传》,即《春秋》亦不如《左传》。同时,人们也不应忽视"《春秋》无达例"的道理,如果忘记了"贵贱不嫌同号,美恶不嫌同词",从而根本否认《春秋》中存在着"例",那也等于把《春秋》降格为一种蹩脚的史册了。

刘逢禄大大拓宽了汉学的范围。在他看来,贾、马、许、郑固然是汉学,董仲舒、何邵公也是汉学;古文家的训诂、小学固然是汉学,今文家的义理之学也是汉学,而且是更重要的汉学。就《春秋》学来讲,复古尊汉,一定要回归到董仲舒,回归到何休,这才是真汉学。这样,他就继庄存与、孔广森之后,继续高揭《公羊》的大旗,在乾嘉诸儒的汉学园地里另辟了一条新路。

但刘逢禄的《公羊》学与庄存与和孔广森都有不同,特别是与孔广森比较,区别甚为明显。孔广森虽治《公羊》,但他并不守公羊家法,与董、何之说多有异同。他解释三科九旨,与何休大相径庭。刘逢禄则力图恢复董、何公羊学的原貌,而且他认为董、何一体同源,是不应分别对待的。他批评孔广森背离何休之说,"乃其三科九旨,不用汉儒之旧传,而别立时月日为天道科、讥贬绝为王法科、尊亲贤为人情科",这样《公羊传》就与那未得《春秋》真义的《穀梁传》无以异了。孔广森为什么会有这样的歧说呢?刘逢禄说:"推其意,不过以据鲁、新周、故宋之文疑于倍上,治平、升平、太平之例等于凿空……又其意以为三科之义,不见于传文,止出何氏《解诂》,疑非《公羊》本义。"②刘逢禄以为,三科九旨之说虽不见于传文,但何休自言"依胡毋生条例",而且在董仲舒的《春秋繁露》以及《史记》的《太史公自序》《孔子世家》中都有其说,这些都得自《公羊》先师、七十子遗说,"不特非何氏臆造,亦且非董、胡特创也"。因此,刘逢禄对何休的"三科九旨"说深信不疑:"无三科九旨则无《公羊》,无《公羊》则无《春秋》",故在刘逢禄的著作中,对何休的三科九旨说是阐发不遗余力的。

刘逢禄的《春秋》学著作很多,其中《春秋公羊经何氏释例》十卷

---

① (清)刘逢禄:《春秋论上》,《刘礼部集》卷三,道光十年刻本。

② (清)刘逢禄:《春秋论下》。

是他《春秋》学理论的最集中的体现。此书的作意,据刘氏所说,是要全面复原董、何之学,刘氏在序中对《春秋》学之历史做了简单的回顾,一方面鼓吹董、何为《春秋》之正传,另一方面则慨叹晋唐以来《春秋》微言大义之"尽晦",在他看来,清儒学风大变,"人耻乡壁虚造,竞守汉师家法",现在是恢复《春秋》学本来面目的时候了。《释例》就是在这样的思想指导下,对何休的《解诂》作了全面的解说。刘氏自述此书的作意云:

> 何氏之于经,其最密者也。既审决诐淫,判若白黑,而引伸触类,离根散叶,贯穿周顾,网罗完具。又虑用之者轻重失伦,源委莫究,辄下宗义,以正指归。窃尝以为,先汉以《公羊》断天下之疑,而专门学者,自赵董生、齐胡毋生而下,不少概见。何氏生东汉之季,独能隰括两家,使就绳墨,于圣人微言奥旨,推阐至密。惜其说未究于世,故竟其馀绪,为成学治经者正焉。①

刘逢禄的《释例》就是在此种认识的基础上撰成的。此书分三十篇,每一篇之中,都是先抄撮《解诂》中有关某"例"的注文,篇末附以刘氏之"释"。刘氏之"释",一般都是对何休之说作一些发挥、解释,例如对何休的公羊三世说,刘逢禄就进一步解释为什么要将"十二世"分为"三等":"传曰:亲亲之杀,尊贤之等,礼所生也。《春秋》缘礼义以致太平。用坤乾之义,以述殷道;用夏时之等,以观夏道。等之不著,义将安放? 故分十二世以为三等。"②按这里是指出《春秋》的根柢在于礼义。紧接着,他进一步解释《公羊》所谓三世:"《春秋》起衰乱以近升平,由升平以极太平。"《春秋》的三世说并不是对历史实际的真实描述,而只是一种理论模式,所谓"鲁愈微而《春秋》之化益广","世愈乱而《春秋》之文益治",孔子"愀然以身任万世之权,灼然以二百四十二年著万世之治,且曰其或继周者,虽百世可知也",这就是说孔子用这二百四十二年之《春秋》为天下后世立法了。据乱、升平、太平之三世说,何休只是分别用这些概念作注,缺乏系统的论述,刘逢禄则给予了进一步的说明。

---

① 《春秋公羊经何氏释例·主书例第二十九》。
② 《春秋公羊经何氏释例·张三世例第一》。

刘逢禄极力维护何休之三科九旨，其解说也比何休更为清晰。例如关于为什么要托王于鲁，《释例》云：

> 夫医者之治疾也，不攻其病之已然，而攻其受病之处。小雅尽废，乱贼所以横行也。《春秋》欲攘蛮荆，先正诸夏；欲正诸夏，先正京师。欲正士庶，先正大夫；欲正大夫，先正诸侯；欲正诸侯，先正天子。京师、天子之不可正，则托王于鲁以正之；诸侯、大夫之不可正，则托义于其贤者以悉正之。①

按鲁本不当王，《春秋》却把它视为"王"，不过是以鲁作为一个假想的王朝的模型，以使各种礼法制度褒贬诛绝能够有所附着，按照皮锡瑞的说法，就是"作一个样子"。这就更说明《春秋》不是"史"了。

实在说来，刘逢禄的《释例》，大力阐发何氏《解诂》，使之复明于清代，对于何休来讲，刘氏不啻为功臣；但他对公羊学说，也只限于复原、提倡，而缺乏新的思想。当然，他在阐述公羊学说的时候，也免不了有一些时代的特点，例如有很明显的受宋明理学影响的痕迹，但从总体上说，刘逢禄鲜有什么理论上的创造。有的时候，他也涉及历史上的一些政治问题，试图介入实际政治，但观点往往迂腐可笑。例如他论封建之与郡县云：

> 夫周之末失强侵弱，众暴寡，士民涂炭，靡有定止。不思其所由失，而曰封建使然，于是悉废而郡县之，而天下卒以大坏。夫郡县之法，势不能重其权，久其任，如古诸侯也。一旦奸民流窜，盗贼蜂起，其殃民而祸及于国。秦汉之忽亡，晋季之纷扰，视三代之衰，则悕矣。夫王灵不振，九伐之法不修，则去封建而乱亡益迫；王灵振，九伐之法修，则建亲贤而治道乃久。②

这样的议论，表明作者缺乏史识，也缺乏政治头脑，终其身也只是一位经生，尚不足以言经世。戴望为他作《行状》，称"先生进退中礼，言动皆有则望，其容止夷然、退然，尝欲推举古制，见诸行事，咸怪笑为迂，不以措意"③，俨然一个迂夫子形象。因此，刘逢禄的力倡公羊学

---

① 《春秋公羊经何氏释例·诛绝例第九》。
② 《春秋公羊经何氏释例·侵伐战围人灭取邑例第二十五》。
③ （清）戴望：《故礼部仪制司主事刘先生行状》，《续碑传集》卷七十二。

说,很难说有什么政治理想与政治目的。这与他的一些学生及后继者不同。晚清今文学家亦主公羊,他们是以公羊学说作为变革社会的武器,像康有为等人,利用公羊学说鼓吹变法,利用公羊学中的"三世说"设计新社会的蓝图;而在刘逢禄当时,这些都还没有被历史提到日程上来。

三 开发公羊学经世功能的龚、魏新学

在刘逢禄的那个时代,汉学正处于由盛转衰的关口。刘逢禄巧妙地扩大了汉学的范围,由东汉之学进而研究西汉之学,也就由章句训诂之学转入了义理之学。他继承了庄存与的学统,旗帜鲜明地推崇董仲舒、何休的公羊学,全面复原董、何之学的旧貌,猛烈攻击古文经典,在乾嘉朴学独步一时的学界建起了今文经学的营垒。当然,他也没有忘记利用乾嘉朴学的考据方法,因此,他的学术也得到了不少来自朴学考据派的同情。

刘逢禄在学术上虽然可以称得上是一位巨人,但在政治思想方面,他却是一个矮子,缺乏政治理想,经世的意识淡薄,也缺乏改革政治现实的胆识,也许历史还没有走到这一步,还没有向他提出这方面的要求,他的尊今文抑古文,纯粹属于经学家派上的主张。但到了他的学生一辈,情况就有些不大一样了。他所提倡的今文经学,成了他的学生以及后人主张政治改革的依据和理论基础。

龚自珍(1792——1841),字璱人,浙江仁和人。道光九年(1829)进士,授内阁中书,后改任礼部职。他是段玉裁的外孙,十二岁即从段玉裁学《说文》,打下了深厚的小学功底。但他并不以朴学自限,而专喜言义理,治经偏爱今文经学。时人称之曰:"先生之学,在于由东京之训诂,以求西汉之微言。"[①]

魏源(1794——1857),字默深,湖南邵阳人。道光二年(1822)举人,入赀为内阁中书,旋南下,寄居扬州。因富经世之才,当时的封疆大吏争相延聘。道光二十四年(1844)成进士,做过知县、知州。史称

---

① 程秉钊语,见孙文光、王世芸编:《龚自珍研究资料集》,黄山书社1984年版,第97页。

魏源"经术湛深,读书精博","初崇尚宋儒理学,后发明西汉人之谊"①,是 19 世纪中叶最重要的今文学者。

龚、魏都是刘逢禄的学生,他们生活的时代,清王朝的盛世已过,各种社会矛盾逐渐显露出来。道咸以还,国家危机四伏,资本主义列强也加紧了侵略的步伐,鸦片之为害已日益明显,国家积弱积贫,官僚腐败低能,民众困苦无告。统治阶级中的有识之士,已经意识到了这个国家非改革现状不足以继续生存下去了。龚自珍和魏源,就是这个时代具有强烈忧患意识的士人的杰出代表。

龚、魏生时,并以奇才名天下,二人思想接近,志趣相投。他们在政治上都没有什么大的作为,却都有澄清天下、改革现实的大抱负。他们关心朝廷政事,关心百姓疾苦,所谓"朝章国故"、"漕盐河兵"②,靡不究心,经世的意识极强。他们从刘逢禄那里继承了公羊学的遗产。龚、魏二人都具有变革的思想,不满意于传统儒学的"言必称三代",而具有历史进化论的观点,相信"天下无数百年不弊之法,无穷极不变之法"③,主张变法,主张改制。对于西洋的新鲜事物,并不一味地排拒,而是主张学习,在这方面,魏源比龚自珍表现得更为激进,甚至提出了"师夷长技以制夷"④的口号。在他们那个时代,士人尚没有接触到什么先进的理论,他们的变法图强的主张,也只能到儒家的经典里去找根据;而在传统的儒学当中,公羊学讲"微言大义",讲"三科九旨",讲"张三世"、"存三统",是最易于在政治改革的层面上进行发挥的,因此,在那个时代,公羊学说就特别受到具有改良思想的士人的欢迎。

王国维论晚清今文学之行世有云:

> 我朝三百年间,学术三变:国初一变也,乾嘉一变也,道咸以降一变也。顺康之世,天造草昧,学者多胜国遗老,离丧乱之后,志在经世,故多为致用之学。求之经史,得其本原,一扫明代苟且破碎之习,而实学以兴。雍乾以后,纪纲既张,天下大定,士大

---

① 《清史列传》卷六十九《魏源传》。

② (清)魏源:《明代食兵二政录叙》,《魏源集》,中华书局 1976 年版。

③ (清)魏源:《筹䰄篇》,《魏源集》,第 432 页。

④ (清)魏源:《海国图志叙》,《魏源集》,第 207 页。

夫得肆意稽古，不复视为经世之具，而经史小学专门之业兴焉。
道咸以降，涂辙稍变，言经者及今文，考史者兼辽金元，治地理者
逮四裔，务为前人所不为，虽承乾嘉专门之学，然亦逆睹世变，有
国初诸老经世之志。故国初之学大，乾嘉之学精，道咸以降之学
新。……道咸以降之学，乃二派之合，而稍偏至者，其开创者仍
当于二派中求之焉。……道咸以降，学者尚承乾嘉之风，然其时
政治风俗已渐变于昔，国势亦稍稍不振，士大夫有忧之而不知所
出，乃或托于先秦西汉之学以图变革一切，然颇不循国初及乾嘉
诸老为学之成法，其所陈夫古者，不必尽如古人之真，而其所以
切今者，亦未必适中当世之弊。其言可以情感，而不能尽以理
究。如龚璱人、魏默深之俦，其学在道咸后虽不逮国初、乾嘉二
派之盛，然为此二派之所不能摄，其逸而出此者，亦时势使之
然也。[1]

按王国维对晚清今文学兴起这一现象的描述基本上是准确的。他注
意到了"道咸以降"时势的变化（只是他所说的"国势稍稍不振"未免
过于客气了一点），也注意到了学者因应这种时势而向"先秦西汉之
学"寻求理论武器的苦心。他清楚地看到龚、魏二人在当时学界起的
作用，承认龚、魏之学是超越了"国初"与"乾嘉"的新学，尽管这种新
学在"精细"这一点可能要逊于乾嘉，但其宗旨是试图"变革一切"，这
是时势使然的。

龚自珍全面继承了刘逢禄的公羊学，而且扩而大之，试图把公羊
学的理论贯彻到其他经典中去，《公羊》的"三世"说是龚自珍发挥的
重点。所谓三世说，在《公羊传》里，是把春秋二百四十二年分为三个
阶段，有所见世、所闻世、所传闻世，最初可能是用来解释《春秋》书法
的，即试图说明同类的事情在《春秋》的不同阶段里有"书"有"不书"，
有这样"书"有那样"书"种种区别。到了何休的时代，已把"三世"解
释成了"据乱世"、"升平世"、"太平世"，成了所谓"三科九旨"中的一
个重要组成部分。这种"三世"说，应当是一种以历史进化论为基础
的社会发展模型，《公羊》学者鼓吹"三世"说，是为他们的变革的主
张、"法后王"的主张服务的。龚自珍深知"三世"说在公羊学说里的

---

[1]　王国维：《沈乙庵先生七十寿序》，《观堂集林》卷二十三，《王国维遗书》本。

重要性,并进而要把这种理论说成是对其他经典也具有普遍意义的。他在《五经大义终始答问》里说:

> 问:三世之法,谁法也? 答:三世非徒《春秋》法也。《洪范》"八政"配三世,八政又各有三世。①

按八政出自《尚书·洪范》——食、货、祀、司空、司徒、司寇、宾、师,本来说的是古代八个方面的政事,是一种横向的胪举;龚自珍却把它们作了一个纵向的划分,使之分属于三世:

> 愿问八政配三世。曰:食、货者,据乱而作。祀也,司徒、司寇、司空也,治升平之事。宾、师乃文致太平之事。孔子之法,箕子之法也。②

这样一来,八种政事就有了先后发生的次序,于是他们的进化史观也就获得了不同时期历史内容的支持。不仅"八政"总起来分三世,"八政"又各有三世:

> 问八政事事各有三世。……愿问司寇之三世。答:周法,刑新邦用轻典,据乱故。《春秋》于所见世,法为太平矣。世子有进药于君君死者,书曰"弑其君",盖施教也久,用心也精,责忠孝也密。假如在所传闻世,人伦未明,刑不若是重。在所闻世,人伦甫明,刑亦不若是重。

这里仅以"司寇"为例,说明刑法本身也有三世之分。在龚自珍看来,"三世"是一个相对的概念,整个人类社会可以分为三世,其中的某一个历史时段也可以分为三世:

> 问:《礼运》之文,以上古为据乱而作,以中古为升平,若《春秋》之当兴王,首尾才二百四十年,何以具三世? 答:通古今可以为三世;《春秋》首尾,亦为三世。大桡作甲子,一日亦用之,一岁亦用之,一章一蔀亦用之。③

按这样来解释"三世",就把"三世"说与有历史循环论色彩的"三统"

---

① 《龚自珍全集》,上海人民出版社 1975 年版,第 46 页。
② 《龚自珍全集》,第 46 页。
③ 《龚自珍全集》,第 48 页。

说统一起来了。

龚自珍与魏源都推崇西汉之学,认为西汉之学注重实用,远胜东汉,魏源说:

> 夫西汉经师承七十子微言大义,《易》则施、梁丘、孟、京,皆能以占变知来。《书》则大小夏侯、欧阳、倪宽,皆能以《洪范》匡世主;《诗》则申公、辕固生、韩婴、王吉、韦孟、匡衡,皆以三百五篇当谏书;《春秋》则董仲舒、隽不疑之决狱;《礼》则鲁诸生、贾谊、韦玄成之议制度;而萧望之等皆以《论语》《孝经》保傅辅道。求之东京,未或有闻焉。[1]

按讲到经典的实用价值,今文家所最津津乐道的就是以《春秋》"决狱"。龚自珍著《春秋决事比》,就是发扬《春秋》的这一功能。按照《公羊》派的传统说法,《春秋》是"礼义之大宗",而龚氏却说《春秋》乃"万世之刑书",礼与刑究竟有怎样的关系,龚自珍说:

> 或问之曰:任礼任刑,二指孰长? 应之曰:刑书者,乃所以为礼义也。出乎礼,入乎刑,不可以中立。[2]

原来二者是一物之两面,说《春秋》是"刑书",并不能算是对《春秋》的贬损,而正是抓住了《春秋》的特质,这一观点是从刘逢禄那里继承来的。《春秋》既为"万世之刑书",它就不是为一人一事而立的:

> 决万世之事,岂为一人一事? 是故实不予而文予者有之矣,岂赏一人,借劝后世曰:中律令者如是;实予而文不予者有之矣,岂诛一人,借诫后世曰:不中律令者如是。[3]

按所谓"实不予而文予"、"实予而文不予",是公羊家的专门用语,"实"是指从实际情况出发,"文"是指从原则、理念出发。有的时候,原则与实际是有冲突的,于是就有实际上赞成(实予)、而在表面上却要表示不赞成(文不予)的情况,或者与此相反。这充分表明公羊家确实是把《春秋》看成是政治模型而非历史实录。龚氏就是这样来看

---

① (清)魏源:《刘礼部遗书序》,《魏源集》,第 241 页。

② 《春秋决事比自序》,《龚自珍全集》,第 233 页。

③ 《春秋决事比自序》,《龚自珍全集》,第 233 页。

待《春秋》中的记事的。他的《春秋决事比》,分为君道、君守、臣守、不应重律、不应轻律、不定律、不屑教律、律目、律细目、人伦之变共十篇,涉及有关刑律的各个方面,博采经传中与此相关的一百二十件事,对"以《春秋》决狱"作讲解和说明。

此书所引经传记事部分已佚,现存的只有自序、目录和某些篇所附的"答问"。姑举《不定律篇》之答问以见一斑:

> 乙问:《春秋》假立吏,许世子狱如何?答乙:书"许世子止弑其君买",是拟死;书"葬许悼公",是恩原之。《春秋》之吏,闻有父饮子药而死者,急欲成子之意,拟之死;俄而《春秋》闻之,闻其愚孝,无有弑志,乃原之。

按许世子止弑君之事,《春秋》学者多有议论。龚氏认为《春秋》书"许世子止弑君",表明《春秋》对此事之谴责;但后来又书"葬许悼公",表明对许世子的宽恕与原谅(因为实际上许世子只是未尝药,并无弑君之志)。这里很明显是把《春秋》人格化了,看成是一位君主,他手下有"吏"调查处理案件。这是公羊家"以春秋当新王"理论的最直白的注解。

魏源则对当时所谓"汉学"进行了猛烈的攻击,他说:

> 自乾隆中叶后,海内士大夫兴汉学,而大江南北尤盛。苏州惠氏、江氏,常州臧氏、孙氏,嘉定钱氏,金坛段氏,高邮王氏,徽州戴氏、程氏,争治训诂音声,爪剖釽析,视国初昆山、常熟二顾及四明黄南雷、万季野、全谢山诸公,即皆摈为史学非经学,或谓宋学非汉学,锢天下聪明知慧,使尽出于无用之一途。[①]

魏源早年治学,也是由音韵小学入手的,故他对于训诂考据,也有相当的功底。但他并不以此自限,且深知乾嘉朴学之弊端,故他更留心于经典的微言大义。他对汉末徐幹之说甚为欣赏:"凡学者,大义为先,物名为后,大义举而物名从之。然鄙儒之博学也,务于物名,详于器械,矜于诂训,摘其章句,而不能统其大义之所极,以获先王之心。

---

① (清)魏源:《武进李申耆先生传》,《魏源集》,第 358 页。

此无异乎女史诵诗,内竖传令也。"①为了避免成为"鄙儒",魏氏转而究心于西汉之学。他的公羊学,也是得自刘逢禄,不过他认为孔广森、刘逢禄都只对何氏《解诂》下了很大功夫,而董仲舒则更值得研究。他说:

> 《汉书·儒林传》言"董生与胡毋生同业治《春秋》",而何氏注但依胡毋生条例,于董生无一言及;近日曲阜孔氏、武进刘氏皆公羊专家,亦止为何氏拾遗补缺,而董生之书未之详焉。若谓董生疏通大诣(当作恉),不列经文,不足颉颃何氏,则其书三科九旨灿然大备,且弘通精淼,内圣而外王,蟠天而际地,远在胡毋生、何邵公章句之上。盖彼犹泥文,此优柔而餍饫矣;彼专析例,此则曲畅而旁通矣。故挟经之心,执圣之权,冒天下之道者,莫如董生。

在魏源看来,董仲舒的《春秋繁露》虽没有"列经文",为之章分句解,但三科九旨等义例在《繁露》中都有充分的说明,从阐发大义微言这个角度来看,《繁露》的价值远在胡毋生条例与何氏《解诂》之上。因此魏源对此书重加整理,易书名为"董子春秋",撰《董子春秋发微》七卷,"今以本书为主,而以刘氏《释例》之通论大义近乎董生附诸后,为《公羊春秋》别开阃域,以为后之君子亦将有乐于斯"。② 对《繁露》书中诸篇,魏氏最看重的是《三代改制质文》,他称此篇"上下古今,贯五德、五行于三统,可谓穷天人之绝学,视胡毋生条例有大巫小巫之叹"。按《三代改制质文》,最集中地发挥了公羊的三统循环改制的思想,与魏氏的变法主张最为契合,难怪他对这一篇情有独钟了。

魏源表章《春秋繁露》,就是表章西汉之学,他认为"西京微言大义之学坠于东京,东京典章制度之学绝于隋唐,两汉诂训声音之学熄于魏晋",而乾嘉以来,诂训声音之学已臻于极盛,该是发生变化的时候了:"且夫文质再世而必复,天道三微而成一著。今日复古之要,由诂训声音以进于东京典章制度,此齐一变至鲁也;由典章制度以进于西汉微言大义,贯经术政事文章于一,此鲁一变至道也。"①可见他视董氏的公羊学为汉学的最高境界。

魏源是 19 世纪中叶的一位激进的改革论者,他不相信祖宗之法是永恒不变的,认为后之于前,总是有因革,有损益,而且后世总要胜过前代。同时,他又主张向外国学习,吸收"夷人"的长处。而传统的公羊学,有三统论、三世说等等理论,都是讲变易、讲进化的,因此这个理论深受魏源等人的欢迎。他鼓吹公羊学说,实际上是抱着救世的目的的。正是从这个时候起,以公羊学为核心的今文经学逐渐成了有政治改革思想的士人的武器,公羊学的影响也越来越大,以至有保守倾向的张之洞惊呼:"二十年来(按指 1868 年以来之二十年),都下经学讲公羊,文章讲龚定庵,经济讲王安石,皆余出都以后风气也。遂有今日,伤哉!"②不过对公羊学的研究,19 世纪中叶以后实际上是沿着两条轨道进行的,一为政治化或政论化的轨道,二为纯学术的轨道,二者并行不悖。齐思和先生对此曾有很好的说明:

> 自魏源以后,今文学家又分两派。一为经生派,如陈乔枞之辑三家诗,精审远出魏源上。陈立之疏《公羊礼》,疏《白虎通》,纯以乾嘉诸老之方法,明西京诸儒之微言。而皮锡瑞实事求是,不尚武断,尤集清代今文学之大成。此派学者,其工作之细密,态度之矜慎,绝不在乾嘉诸老之下,确能发扬绝学,张皇幽渺。此一派也。一为政论派,如康、廖、梁、谭,其提倡今文之宗旨,在于倡导维新变法。盖至咸、同以后,累败之余,国势益危,有识之士,知非变法不足以救亡,非维新不足以图存。而顽固愚昧者流,犹挟其"祖宗之法"、"圣人之道"以抵制之,《公羊》三世三统之说,质文改制之论,适足为变法之论据。遂以孔子为教主,为变法大家。孔子以前之历史,尽属寓言,孔经之宗旨,皆在改制(即变法)。其说华辨而不穷,浩瀚而无际,荒渺不可得而原也。此等思想,当时风靡一世,在政治上发生极大的作用,而其学术

---

① (清)魏源:《刘礼部遗书序》,《魏源集》,第 242 页。

② 见《张文襄公诗集》卷四《学术》诗之注,诗云:"理乱寻源学术乖,父仇子报有由来。刘郎不叹多葵麦,只恨荆榛满路栽。"《海王邨古籍丛刊》本。

上之价值盖微。盖其经术，实政论也。[①]

按齐氏所论，已将晚清公羊学勾勒出一个清晰的轮廓。自庄存与提倡公羊，使公羊学在乾嘉训诂考据的学风中得以复兴，我们可以看作是汉学自身发展的合乎逻辑的结果；到了龚魏的时代，公羊学逐渐被有改革思想的士人所利用，成了经世、救世的理论武器。此后康、廖、梁诸人更是把公羊学当作了变法、改制的理论基础。传统的经学随着时代的推移，不断地变换着面貌，适应着时代的需要，与政治实践相结合，这就是中国封建社会中主流意识形态的突出特点，也是此种主流意识形态能够长期维持其统治地位的重要原因。

（"中国传统学术的近代转型国际学术研讨会"论文，载《中国传统学术的近代转型》，上海人民出版社 2011 年版）

---

① 齐思和：《魏源与晚清学风》，载杨慎之、黄丽镛编：《魏源思想研究》，湖南人民出版社 1987 版。

中　编

西周王畿问题辨析

今人多称西周的天下分为畿内和畿外两部分,畿内是周天子实际统治的区域,是他直接控制的地盘,畿外则遍布诸侯邦国,这些诸侯邦国认周天子为天下共主。畿内是王室财政的主要来源,王室生活以及祭祀、戎事、行政等各项开支,主要靠王畿之内的经济收入支撑,畿外则仅有方物贡纳而已。周王在畿内分封卿大夫以采邑,也分封小国,但那叫"畿内诸侯",其地位也就相当于卿大夫的采邑,没有什么独立性;而在王畿之外分封的诸侯国,则都是相对独立的政治实体,诸侯国君在自己的国内有相当充分的自主权。至于王畿的面积,一般的说法是"千里"。

应该说,上述这种对西周"王畿"的认识是有若干文献证据的支持的,《周礼·职方》:"方千里曰王畿。"是则天子直接控制着"方千里"的地面。《周语》:"祭公谋父谏曰:……先王之制,邦内甸服,邦外侯服,侯卫宾服,蛮夷要服,戎狄荒服。"韦昭注云:"邦内,谓天子畿内千里之地。"与宗周邻近的小国,汉以来儒者均称之为"畿内诸侯",如郑玄指郑桓公之封邑说:"桓公国在宗周畿内。"韦昭注祭公之封地曰:"祭,畿内国。"范宁注《穀梁传》之"寰内诸侯"云:"天子畿内大夫有采地者谓之寰内诸侯。"(按寰内即县内,"县"是汉人指称天子直辖地域的另一种说法。)此类例甚多。这种把西周的天下分为畿内、畿外的认识,看似有理有据,实际上有几个问题很不好解决。首先,支持以上关于王畿的种种说法的文献证据时代都偏晚,无法确定西周真的有"王畿"这样的概念与事实。第二,如何证明畿内诸侯与畿外诸侯性质不同? 这两种诸侯的区别究竟在哪里? 第三,如何确定王畿的范围? 如果没有确定的范围,那么又怎么区分畿内诸侯和畿外诸侯?

一

我们先来考察一下文献中的"畿"字。《说文》:"畿,天子千里地。"这里说得很明确,畿就是天子所控制的领土,而且大小也是有定制的——千里。这个说法,大概源于先秦。先秦典籍中谈到"王畿"或者与王畿相关的材料,恐怕以《商颂·玄鸟》为最早。但有趣的是,这时代最早的《玄鸟》篇,所述恰恰不是什么周代的王畿。诗云:"邦畿千里,惟民所止。肇域彼四海。四海来假,来假祁祁,景员维河。"这是商的后人夸耀他们的祖先当年势力强大的诗。毛传:"畿,疆也。"则这邦畿千里,应该是说殷邦的疆界达到千里之远。"肇域"据清儒马瑞辰说当作"兆域"[①],兆亦域也,则"肇域彼四海"的意思是说殷的势力范围达于四海。至于这里的"千里"大可不必拘泥,古人形容多或者大的事物,动辄"成千上万",他们说的时候本不是十分认真的。况且《商颂》成于春秋时代宋人之手,以春秋时人追述千百年前其祖先的业绩,当中有些夸饰也是自然的。总之这首诗是春秋时宋人说他们的祖先武丁时期地盘很大,商人的势力范围达于四海,如此而已。这里丝毫也没有什么畿内诸侯、畿外诸侯的纠葛。

《国语·周语》中没有直接谈到王畿,但是谈到了"甸服",祭公谋父说"邦内甸服,邦外侯服",据韦昭的注,"邦内,谓天子畿内千里之地",于是有学者称甸服就等于畿内。又《周语》记周襄王对晋文公说:"昔我先王之有天下也,规方千里以为甸服",这里明说甸服有千里,与王畿千里之说正相符合。但问题是《国语》"邦内甸服"这几个字其实是靠不住的。《尚书》中多见侯、甸、男连言,《顾命》:"庶邦侯甸男卫",知侯、甸、男包括在庶邦之中。又据《酒诰》:"越在外服,侯甸男卫邦伯;越在内服,百僚庶尹惟亚惟服宗工、越百姓里君","甸"

<hr>

① (清)马瑞辰:《毛诗传笺通释》,上海书店1988年影印《续清经解》本。

明明属于外服。这里的内、外,很明显是就周邦来说的。论者或谓《酒诰》所说是殷制,那么我们还可以举人们所熟知的西周金文《令彝》为证。令彝铭文记载周公子明保管理"三事"与"四方",他在成周发布"三事令",对象是卿士寮、庶尹、里君、百工,这显然相当于《酒诰》中的"内服";同时发布"四方令",对象是诸侯"侯""甸""男",侯、甸、男既在"四方",而在西周文献及金文中,"四方"是常与"周邦"对举的,则四方绝不在周邦之内可知,因此甸服也不可能在周邦之内。所以我说《国语》所谓"邦内甸服"云云是靠不住的。与此相联系的,是《禹贡》和《周礼》中的"甸服"。《禹贡》有"五百里甸服"说,其所谈服制,有侯、甸、绥、要、荒五种名目;《周礼》谈服制,复有侯、甸、男、采、卫、蛮、夷、镇、藩九种区别。前辈学者早有辨析,以为这些都不过是"后来儒者在他们的斗室里所想象出来的整齐划一的办法,同事实无法相符"。① 伪孔传解"甸服"云:"规方千里之内谓之甸服,为天子服治田,去王城面五百里。"这是解释为什么《禹贡》的"甸服"五百里,其意还是要将甸服解作"畿内"。也有学者据此说甸服在周邦周围,是所谓"畿内小国"。但据《左传》,曹国属于甸服,其地望在今山东之定陶,距宗周甚远,离成周也不算近,知甸服不必在所谓畿内。

　　《周礼》的作者在编制周代服制的时候,大概也认识到了"邦内甸服"说的不合理,于是把甸服派到了畿外。《职方氏》云:"乃辨九服之邦国。方千里曰王畿,其外方五百里曰侯服,又其外方五百里曰甸服,又其外方五百里曰男服……"这跟《国语》"邦内甸服"之说是严重冲突的。《周礼》中谈到"畿"字的地方很多,不过这个"畿"字的用法却显得有些乱,并不似后世那么单纯,一提到"畿"就是指京城附近。《秋官·大行人》:"邦畿方千里。"《职方氏》:"方千里曰王畿。"这两条所言与《玄鸟》篇"邦畿千里"相似,也许就是从那里化来的。但在其他的场合,"畿"又泛指疆界,不像是王者的专名。《小司徒》:"凡建邦国,立其社稷,正其畿疆之封。"是则诸侯(邦国)封域亦可称为畿疆。《大司马》:"乃以九畿之籍,施邦国之政职。方千里曰国畿,其外方五百里曰侯畿,又其外方五百里曰甸畿,又其外方五百里曰男畿,又其外方五百里曰采畿,又其外方五百里曰卫畿,又其外方五百里曰蛮

---

① 徐旭生:《中国古史的传说时代》,文物出版社 1985 年版,第 39 页。

畿，又其外方五百里曰夷畿，又其外方五百里曰镇畿，又其外方五百里曰蕃畿。"这是不仅王的地盘称畿，侯、甸、男、采、卫、蛮、夷、镇、蕃九服之地统统称畿了。这反映了"畿"之作为天子周围土地的专称，在战国时代似乎还没有固定下来。

在《礼记·王制》中，关于王畿的种种说法才最终定型，不过在这里用的不是"畿内"这个词，而是"县内"。郑玄注云："县内，夏时天子所居州界名也。殷曰畿，诗殷颂曰：邦畿千里，维民所止。周亦曰畿。"夏代称"县内"，不知郑玄何所据而云然，迄今我们所见到的先秦文献，全不见有"县内"的踪影，以情理度之，恐怕夏时也未必有这名称，只是郑玄觉得不好解释，于是就把问题推到夏代去罢了。《王制》对于天子与诸侯的土地规模是这样安排的："天子之田方千里（郑注：此谓县内，以禄公、卿、大夫、元士）。公侯田方百里，伯七十里，子男五十里。不能五十里者，不合于天子，附于诸侯曰附庸。天子之三公之田视公侯，天子之卿视伯，天子之大夫视子男，天子之元士视附庸。"既然是"视公侯"等等，就要给予公侯等等大小相同的封土，于是有"天子之县内，方百里之国九，七十里之国二十有一，五十里之国六十有三"之说，这些应该就是所谓"畿内诸侯"了。于是我们看到，在王畿之内有所谓畿内诸侯这种事情，直到《王制》才有明确的说法。但是《王制》的时代是很晚的，孔颖达早就指出，《王制》的制作时代当在秦汉之际。顾颉刚先生更根据探寻《王制》资料来源以及比较《王制》所记政制与其所本资料的异同，断定《王制》为汉人的作品，其说确不可易。[①]

二

第二个问题，如果西周真有所谓王畿，诸侯分为畿内诸侯、畿外诸侯，那么畿内诸侯与畿外诸侯又有什么区别呢？

按照《王制》的说法，是有区别的，"天子之县内诸侯，禄也；外诸侯，嗣也"。所谓"禄"，据郑玄说是"选贤置之于位，其国之禄如诸侯，不得世"。用今天的话来讲，就是不得世袭传子。显然，这是完全不

---

① 顾颉刚：《"周公制礼"的传说和周官一书的出现》，《文史》1979年第1辑（总第6辑）。

合先秦历史实际的。历来人们所说的"畿内诸侯",如周、召、毕、毛之属,没有一个是"不世"的,这无论在文献上还是金文中都有极坚确的证据。因此所谓"内诸侯禄、外诸侯嗣"的说法是站不住脚的。

另外,汉人在讲到畿内诸侯的时候,往往把畿内诸侯说成是王的卿士大夫,与畿外诸侯之能独立成国不同。例如郑玄注《周礼·大宰》云:"都鄙,公卿大夫之采邑,王子弟所食邑,周、召、毛、聃、毕、原之属在畿内者。"显然,郑玄是把公卿大夫之采邑说成是畿内诸侯的,因此贾公彦曾经解释说:"畿内公卿大夫亦是畿内之国。"(《周礼·掌节》疏)这可以说是深得郑玄本意的。今之学者亦有主张畿内诸侯与畿外诸侯性质不同者,他们以为畿内诸侯只是王官食采于畿内,采邑是他们的俸禄,周王可以根据需要把畿内诸侯的采邑收回、取缔或改封。而畿外诸侯不仅是独立的经济实体,而且是相对独立的政治实体。但我们来看《顾命》中的六卿——召公、芮伯、彤伯、毕公、卫侯、毛公,尽管前人强分卫侯为畿外诸侯,余皆畿内诸侯,但我们从《顾命》原文中实在看不出他们有什么区别。诸侯入为王官,在西周本是极普遍的现象,并不分什么畿内、畿外,王朝的官吏也并不是一定仅有采邑,不能成国。直至春秋时,还是如此。"郑武公、庄公为平王卿士"(隐三),"我周之东迁,晋、郑焉依"(隐六),这是人们熟知的史实。郑国肯定不能算是畿内的采邑了,如果说属于"畿内诸侯",而谁又能说出郑国作为诸侯,与晋、宋、鲁、卫等有什么不同?《左传》僖公二十四年提到周初封国:"管、蔡、郕、霍、鲁、卫、毛、聃、郑、雍、曹、滕、毕、原、酆、郇,文之昭也。邘、晋、应、韩,武之穆也。凡、蒋、邢、茅、胙、祭,周公之胤也。"其中若毛、若毕、若原、若祭,昔人以为畿内诸侯,言之凿凿,但在这里与鲁、卫等畿外诸侯杂列,毛、毕等等除了地理上可能与王室距离较近之外,也丝毫看不出与鲁、卫等有什么其他的区别。

西周的天下,实际上就是周王室与万邦并存的局面,这万邦之中就包括周王分封的大大小小的诸侯。距离王室较近的,自然更容易受到周王的控制,而离得远的,周王的控制力自然减弱,除此之外,这些诸侯作为"邦",并没有别的不同。就是周王自己,也不承认有什么畿内诸侯、畿外诸侯的区别。《左传》昭公九年:"周甘人与晋阎嘉争阎田……王使詹桓辞于晋,曰:我自夏以后稷,魏、骀、芮、岐、毕,吾西土也。及武王克商，薄姑、商奄，吾东土也。巴濮、楚、邓，吾南土也。肃慎、燕、亳，吾北土也。吾何迩封之有？"按这里所说"四土"，应指周人势力所及的范围，"西土"与其他三土固有远近的不同，但也是指周人所能控制的范围。毕、芮等与肃慎、薄姑并提，其非畿内诸侯明甚。"吾何迩封之有"，我们从来没有近处的封疆的！这表明当时人并没有畿内诸侯、畿外诸侯这样的概念。没有这样的概念，是因为没有这样的事实。迄今为止，找不到任何可靠的西周文献及金文证据，来证明本文开头所介绍的关于西周王畿的种种说法的真实性。

三

第三个问题，我们来看一看"王畿"有没有确定的范围。事实上，包有一批畿内诸侯的那种王畿在西周是并不存在的。周王并没有给自己划定一块地盘作为王畿，然后在这里分封畿内诸侯，不是的。周王把天下都看作是他可以任意支配的土地，根据自己的需要和可能进行实际的占领和分封。例如营建东都洛邑，根本不考虑它在畿内还是畿外。如果真有所谓王畿，而且如论者所说王畿是周王直接统治的领土，那洛邑的地望，应该在宗周王畿之外了吧，但周的统治者认为那里居天下之中，"四方入贡道里均"，于是就在那里建起了新都。而在其他势力所及的地方，就是分封诸侯。周王在远离都城的地方分封诸侯，造就了一批"邦"（齐、鲁等等）；在近于都城的地方也分封诸侯，同样造就了一批"邦"。所有这些邦受周王的控制程度容有不同，但作为"邦"却都是一样的。昔人虽然动言王畿，可是对于王畿的范围却从来并无定说。大约是哪个小国距王室较近，便被指为"畿内诸侯"，其实并没有什么根据。金文中常见的矢国，据考古工作者的研究，大约在今天的汧水流域，距宗周也就二三百里，从《散氏盘》可知，矢、散的土地是相邻的，散是常被人说成是畿内小国的，可是矢君称王，于金文有明征，总不能说周时尚有称王的畿内诸侯吧？即使在今天的学者中间，大家所说的王畿，也并无确定的范围。

《左传》隐公十一年有这样一条材料："王取邬、刘、蔿、邘之田于郑，而与郑人苏忿生之田：温、原、樊、隰、郕……"，这里的温、原等邑，有的学者认为位于王畿之外，有的则认为属于王畿之内，可见王畿的范围原无定说。至于战国文献中所说的"王畿千里"，这千里究竟怎样安排,各书所说也不一致。《禹贡》说"五百里甸服",这显然是就一面来说的,两面相加则为千里,南北东西相乘自然是方千里(南北千里,东西亦千里,谓之方千里),则《禹贡》所说王畿大体上是以王都为中心的方形。《逸周书·作雒》就不同了,"乃作大邑于土中……制郊甸方六百里,因西土为方千里,分为百县"。这是说成周的王畿是六百里。《作雒》的作者大概注意到了周有两都(宗周与成周),若王畿是方形,则这两都实在不好安排,于是做了一道简单的算术题:因为宗周之地旧说八百里,八八六十四,得方百里者六十四,以方千里之地扣除此数,成周也就只能有方六百里了。后来班固作《地理志》,就本《作雒》为说,他说:"初,雒邑与宗周通封畿,东西长而南北短,短长相覆为千里。"但不管是方形还是长形,这些说法都是不可信赖的。有的学者看到《周礼》有"封人"一职,"掌设王之社壝,为畿封而树之。凡封国,设其社稷之壝,封其四疆",遂谓西周时王畿有固定的边界。须知封国的边界与"王畿"的范围是两个不同的概念,且《周礼》是战国时人理想化的一种政制的设计,不能仅靠《周礼》来论证西周的实际的。

四

在以上的分析中,我们已经看到,有关王畿的记载,都出自西周以后的文献,我们所能够肯定的,只是战国时代已有"王畿千里"的观念了。此时王畿这个词似乎还不十分固定,也有称郊甸、甸服的,"畿"也并非专指王者而言。值得注意的是,尽管王畿千里的说法在战国时已很盛行,但关于"畿内诸侯"的说法在先秦的文献中却还一点踪迹也找不出来。大约是到了汉代,关于王畿以及畿内诸侯、畿外诸侯等一整套说法,才最后形成了。其标志就是那篇《王制》。那么汉人是怎样产生了"畿内诸侯"这样的观念的呢?我想,可能有两个原因。第一,汉人接受了战国时王畿千里的说法,同时他们也知道在西周王都附近,千里范围之内,确有许多小邦,若祭、若原、若毛,在典籍中是被确指为诸侯的,这就只能用"畿内诸侯"去解释。第二,汉人这类的说法,也很可能是受了汉初政治的影响。因为刘邦统一了天下之后,惩于秦朝因孤立二世而亡,又行封建之制,当时的天下遂分为两大政治区域,一部分用以封王、侯,一部分则由汉天子直辖。在天子直辖的区域中,也还有不少列侯食邑。据司马迁说,诸侯王国"大者或五六郡,连城数十,置百官宫观,僭于天子。汉独有三河、东郡、颍川、南阳,自江陵以西至蜀,北自云中至陇西与内史凡十五郡,而公主列侯颇食邑其中"。[1] 汉代经师按照当时存在的这种政治局面来推想古代,于是有了畿内诸侯等等说法,这也是完全可能的。

《说文》在解说"畿,天子千里地"之下,紧接着还有一句:"以逮近言之,则言畿。""逮"字段玉裁训"及",他解释说:"许言'以逮近言之则曰畿'者,谓畿最近天子,故称畿,'畿'与'近'合音最切。"按"畿"与"近"字相通,又见《周礼》"九畿"郑注:"故书'畿'为'近'。郑司农云:近当言畿。"在上古音中,畿、近二字声纽相同,韵部亦属阴阳对转,故二字在古时是可以通假的。这样看来,最初王畿就是指王室附近之地。王畿的概念,从战国到秦汉,有一个变化的过程。战国时人所谓王畿,似乎是一个范围广阔的(千里)的行政区划,到了汉代,王畿之内又有了所谓"畿内诸侯",于是汉人在谈论周代诸侯的时候就有了"畿内"与"畿外"的区别。

本来,即使在西周当时没有"王畿"这个概念,在今天的史学研究中,我们使用"王畿"这个词来指称王都周围地区,也并无什么不可。但如果要用这个概念来分析西周的天下,以为那时天下真的分成畿内、畿外两大区域,把距离王都较近的邦都说成是"畿内诸侯",进而又要说明此种"畿内诸侯"与"畿外诸侯"性质有种种不同,这就不大妥当了,在此种认识的基础上来讨论西周的国家形态,未免会远离西周的历史实际,因此不能不辨。

2010 年 8 月定稿

---

[1] 《史记·汉兴以来诸侯王年表》。

成王的迁洛与成周时代

一　问题的提出

　　今人习惯上把周代的前一段（武王至幽王）称为西周，而把后一段（平王东迁以后）称为东周。这是因为一般认为周代前期的首都在镐京，位于西方；而后期迁都于洛邑，位置偏东，故有西周、东周之号。但我们细读《史记》，便会发现司马迁有一种与上述认识极不协调的表述。《十二诸侯年表序》云："齐、晋、秦、楚，其在成周微甚，封或百里，或五十里。"这是说春秋时已成为大国的齐、晋、秦、楚，在初封时都不过是蕞尔小国。但他不说"在西周微甚"，也不说"在宗周微甚"，偏偏说"在成周微甚"。按成周即洛邑，旧说平王始迁都居此，照理说"成周"似乎应当是东周的代称，难道司马迁竟说"东周时"齐、晋、秦、楚等还只是百里或五十里的小国吗？

　　清人梁玉绳注意到了这个问题，他认为这是司马迁出了错。他说："成周乃洛阳，非镐京也。"（《史记志疑》卷八）他在另外一个地方又说："史于《十二侯表叙》云'齐、晋、秦、楚，其在成周微甚'，《卫世家》云'管叔欲攻成周'，并以镐京为成周，不免舛错。"（《史记志疑》卷十八）。他的意思是说司马迁本来是要说"镐京（或宗周）"的，结果误以成周为镐京了。但梁氏此说经不起推敲。如果说司马迁竟不知道成周是洛邑而非镐京，那是谁也不会相信的。如果说这是出于司马迁偶尔的疏误,将宗周误写为成周,那么我们还可以举出一条例证。《燕世家》云:"燕君送齐桓公出境,桓公因割燕所至地与燕,使燕共贡天子,如成周时职,使燕复修召公之法。"这是说在春秋前期,山戎侵略燕国,齐桓公以诸侯盟主的身份出兵助燕,赶走了山戎,并将燕人势力所及之处正式划归燕人,要他们"复修召公之法",并要求他们按照"成周时"的标准向周天子进献职贡。这里的"成周"显然是指西周时代,如果也说成是误字,那是说不过去的。况且以"成周"为时代之名,并非仅司马迁一家,还可以举出一些例子来:

> 国无道则飘风厉疾,暴雨折木,阴阳错氛,夏寒冬温……五谷不登。当成周之时,阴阳调,寒暑平,群生遂,万物宁。(《韩诗外传》)
>
> 或曰:申韩之法,非法与?曰:法者,谓唐、虞、成周之法也。(《法言·问道》)
>
> 或问泰和,曰:其在唐、虞、成周乎?观《书》及《诗》,温温乎,其和可知也。(《法言·孝至》)

按战国秦汉间人一般都把西周、东周统称为"周"的。如要说得更具体些,便每每举出王号,如说"成王之时"、"幽厉之时"、"敬王之时"等等,很少有单独称今之所谓"西周"的,也不见有称"宗周"的。

这是怎么一回事呢?

"成周"既被人当作一个时代的名称,那么它在这个时代中必有其特殊的地位。沿着这样一条思路,我们很自然地就想到了成王迁居洛邑的问题。

二 洛邑的营造

成周与洛邑本为一地,这在古今学者中无异辞。洛邑在周初几篇文献中被称作"新大邑"(《康诰》)、"新邑"(《召诰》)、"新邑洛"(《多士》),大约因为是一个新建的邑,故离不开一个"新"字。这时似乎尚没有"成周"这一名称。周人营建洛邑,最早是武王筹划的。周人灭商以后,成了新的天下共主。如何控制殷人故地以及天下诸邦,成了周统治者必须解决的难题。武王为此夜不能寐。他对周公说:"予克致天之明命,定天保,依天室……我图夷兹殷,其惟依天室。"(《逸周书·度邑》)意思是说,我能够得到天命,让天永远保佑我们周邦,必须靠近"天室";我要平定殷人的反抗,也必须靠近"天室"。按"天室"究竟是什么,昔人有不同的说法。有的说就是"灵台"、"明堂",有的说是"天之宫室",这些解释都不能令人满意。从上引《逸周书》的材料来看,我推测此"天室"可能是一处自古相传的朝天圣地,其地点大约在伊、洛附近,而且历代相因,并不因政权转移而变更。武王如今做了天子,他觉得周人的故地毕竟距离"天室"太远了,因此试图选择一处距离"天室"较近的地方,他说:

> 自雒汭延于伊汭,居易无固,其有夏之居。我南望过于三涂,我北望过于岳鄙,顾瞻有河,宛瞻延于伊、雒,无远天室。(《逸周书·度邑》)

看来武王看对了自洛汭(洛水与黄河交汇处)到伊汭(伊水与洛水交汇处)一带地方,希望能在有夏的故地建都,这样可以不致远离"天室"。当然这只是表面的原因。武王看中伊洛一带,自有其深层的战略的考虑。1963 年出土的何尊铭文,记载了武王当时告天的原话:"余其宅兹中国,自之乂民",表明了周人想使政治中心东移的强烈愿望。但武王没有来得及实施他的计划,很快就死去了。

武庚、管、蔡以及淮夷的叛乱,使周的统治者更深刻地认识了武王建都伊洛计划的意义。周公平叛之后,便开始营建成周。《逸周书·作雒》云:"周公敬念于后曰:'予畏周室不延,俾中天下。'及将致政,乃作大邑成周于土中……南系于洛水,北固于郏山,以为天下之大凑。"又据《周本纪》:"成王在丰,使召公复营洛邑,如武王之意。周公复卜申视,卒营筑,居九鼎焉。曰:'此天下之中,四方入贡道里均。'"按《作雒》所说的"俾中天下",也即武王所说的"宅兹中国",就是说要使周室居于天下之中。在当时人的心目中,伊洛之间正是"天下之中",因此要"作大邑成周于土中"。周公所谓"四方入贡道里均",只是周人"居中而治"思想的一种表述方式;究其实质,恐怕还是认为驻在这里,对于镇压叛乱、讨伐不臣来说,要比远在丰镐一带便当得多。

成周的营建,在《尚书》的《周书》诸篇中有明确的记载。《召诰》云:

　　惟二月既望,越六日乙未,王朝步自周,则至于丰,惟太保先周公相宅。越若来三月,惟丙午朏,越三日戊申,太保朝至于洛,卜宅。厥既得卜,则经营。越三日庚戌,太保乃以庶殷攻位于洛汭。越五日甲寅,位成。若翼日乙卯,周公朝至于洛,则达观于新邑营。越三日丁巳,用牲于郊,牛二。越翼日戊午,乃社于新邑,牛一、羊一、豕一。越七日甲子,周公乃朝用书,命庶殷侯、甸、男邦伯。厥既命殷庶,庶殷丕作。

这一段记营建洛邑的前期准备工作及至开工,清楚而且细致。"二月既望越六日乙未",当是二月二十一日。这里的王当是成王。成王在丰打发太保召公先于周公到伊洛一带去"相宅"(勘测、选定宗庙宫室等的基址)。召公是三月五日抵达洛地的(路上大约走了十四五天),他抵洛后即进行了占卜,得到了吉兆。三月七日,召公带领殷人测量、界划各种建筑的基址("攻位"),三月十一日完成。十二日(乙卯),周公到达洛地,视察了洛邑的工地(又据《洛诰》,周公到洛地后也进行了占卜,得吉兆,洛邑的选址算是敲定了)。十四日,周公举行郊祭(祭天)。十五日,又举行了社祭(祭土神)。三月二十一日,周公召集故殷的邦君诸侯开会,用简策的形式("用书")向他们宣布了营建洛邑的命令。周公布命之后,殷人便开始了大规模的营建工作。

　　这究竟是哪一年的事情,《召诰》本文没有说。据《尚书大传》:"周公摄政,一年救乱,二年克殷,三年践奄,四年建侯卫,五年营成周,六年制礼作乐,七年致政。"是则营成周是周公摄政五年之事。但《史记·周本纪》则说:"周公行政七年,成王长,周公反政成王,北面就群臣之位。成王在丰,使召公复营洛邑,如武王之意。周公复卜申视,卒营筑,居九鼎焉。"是则营建洛邑在周公摄政七年之后。比较起来,司马迁之说也许更为可靠,因为《洛诰》可以作为旁证。《洛诰》所记是周公与成王的对话,其中也有关于营建洛邑的内容。周公所说"予惟乙卯,朝至于洛师,我卜河朔黎水"云云,表明《洛诰》与《召诰》乃是同年之事。而在《洛诰》的结尾处,明确地标有日期,即"在十有二月,惟周公诞保文武受命,惟七年",是知周公的营洛确是在其摄政的七年。除此之外,《康诰》有一段可能的错简,似乎也有助于说明《洛诰》与《召诰》为同年事。《康诰》一开头就说:"惟三月哉生魄,周公初基作新大邑于东国洛,四方民大和会。侯甸男邦采卫,百工播,民和,见士于周。"这几句话显然与《召诰》记载的"三月乙卯周公至洛命庶殷"为一件事,却与《康诰》后文所记周公诰康叔之语了不相关。昔人多以为这是《洛诰》的开头,由于错简而窜入《康诰》的。① 此说极有可能。倘真如此,那更可证"周公初基作新大邑于东国洛"是在"惟周公诞保文武受命惟七年"了。

就在这年的某一个时候,周成王也来到了洛邑,并且举行了祭祀(成王何时抵洛很难考清)。这在《洛诰》中有所反映。不过《洛诰》的文字极为诘屈,自来说解分歧甚大,因此我们只能大致言之。周公在谈到他卜洛的经过之后说:"伻来以图,及献卜。"据王国维的解释,这是说"俾成王来雒,以谋定都之事,且献卜兆于王"。② 可见成王的来洛,一方面是视察营洛的情况,一方面也是来研究定都的问题。此次商谈的结果,是周成王仍回到镐京即王位(成王亲政,周公不再摄政),而由周公留在洛邑。周公之留洛,可能是要继续监督洛邑的营建,同时也负有镇抚东都、"诞保文武受命"的责任。"王曰:公,予小子其退,即辟于周,命公后。"按照王国维的解释,"'予小子其退'以下,则又成王将归宗周,命公留守新邑之辞也。'后'者,王先归宗周,周公留雒,则为后矣"。周公同意了这样的安排,他在答辞中说:"孺子(指成王)来相宅,其大惇典殷献民,乱为四方新辟(新辟指新君主,时成王新亲政),作周恭先。曰其自时中乂,万邦咸休,惟王有成绩。"再一次肯定了在天下之中治理万邦的必要性。

这一年的冬天,成王在洛邑举行了大祭。

> 戊辰,王在新邑,烝,祭岁。文王骍牛一,武王骍牛一。王命作册逸祝册,惟告周公其后。王宾,杀禋,咸格。王入太室祼。王命周公后,作册逸诰。在十有二月。惟周公诞保文武受命,惟七年。

按烝乃冬季祭祀先王之礼。此时洛邑的宗庙看来已经落成,故成王能够在宗庙之太室中祼祭文王、武王,并让作册逸将周公留守之事告

---

① 参看王世舜《尚书译注》中《康诰》之解题。
② 王国维:《洛诰解》,见《观堂集林》卷一。下同。

知先王。此后,成王大约就返回镐京了。

三　成王曾迁居洛邑

成王到底有没有迁居洛邑?目前所见到的文献记载都没有十分明确的答案。前面说过,周初文献中只见洛邑、新邑、新大邑等,并无成周之名。成周的得名应该在这个"新大邑"落成之后。清人程廷祚是反对成王曾经迁居洛邑之说的,他说:

> 夫洛邑为周之东都,成王、周公时谓之"新邑"、谓之"东土"、谓之"东国洛"(雄按"东土"与"东国洛"都是表示一个区域,并非洛邑之别名),不闻成周之名。其称"成周",盖在平王东迁而后。何则?成周、宗周皆指天子之居而言。……洛邑虽曰东都,而其时周王未尝居之,则不得曰"成周"也。①

此说以"成周"为东迁后之名,其错误是十分明显的,但他的论证值得注意。程氏的大前提是"成周、宗周皆指天子之居而言",这一点应该说是正确的。周是国号,同时又是邑名,应该说只有天子所居之邑才有资格以国号为名。从春秋时代的"迁国"当中,我们还可以看到,都城往往以国名为邑名,而且随着国君的迁移,这种兼为国名的邑名也跟着迁移。例如许国初居今许昌附近,后来许君数迁,先后迁于叶、夷、白羽、容城,所居之处,都被称为"许"。想来周人也应该是这样。在周初的几篇文献中,作为邑名的"周"无例外地都是指"宗周",即武王所营建的镐京而言的。但在金文中,情况就有所不同。金文中记载周王的活动地点,"王在周"的说法十分常见。这个"周"实际上是一种省称,有时候是指宗周,有时则是指成周。这个现象表明,洛邑建城以后,与原来的都城镐京一样,已被人们省称为"周"了。也就是说,在当时人的心目中,洛邑已经具有了先前镐京的地位。《左传》昭公三十二年:"昔成王合诸侯城成周,以为东都",说的确是历史实际。事实上从洛邑的营建来看,它也是自始就具有都城的性质的。据《逸周书·作雒》,在修建成周时,"乃设丘兆于南郊,以祀上帝,配以后稷,日月星辰先王皆与食,封人社壝,诸侯受命于周,乃建大社于国中

---

① 程廷祚:《晚书订疑》卷三"毕命"。

……乃位五宫大庙、宗宫、考宫、路寝、明堂"。按宗宫、考宫据前人说分别是文王、武王之庙,路寝则为天子之所居①,可见成周已具有了都城的规模。至于成周为什么叫"成",古来有种种说法,都不可信;最大的可能就是成王曾居于此。成王本是生号,这在今日已成为学者的共识;洛邑为成王时所建,又为成王所居,蒙成王之名被称为成周,这是再自然不过的事。

支持成王曾经迁洛之说的最积极的证据,就是 1963 年出土的何尊铭文。正如有的学者所说,这篇何尊铭文的史料价值足顶得上《尚书·周书》中的几篇"诰",甚至还有过之。因为毕竟直接出自地下,无容人们疑其有什么错简与讹误。不过有那么一两处关键性的字眼,也还需要费些笔墨来加以讨论。尊铭全文如下:

> 唯王初鄹,宅于成周,复禀武王豊,福自天。在四月丙戌,王诰宗小子于京室,曰:昔在尔考公氏,克弼文王,肆文王受兹大命。唯武王既克大邑商,则廷告于天,曰:"余其宅兹中国,自之乂民。"呜呼!尔有唯小子亡识,视于公氏,有劳于天,彻命,敬享哉!唯王恭德裕天,训我不敏。王咸诰,何锡贝卅朋,用作□公宝尊彝。唯王五祀。

此铭自公开刊布以来,学者纷纷加以考释。管见所及,就有唐兰、马承源、张政烺、李学勤、李民、杨宽诸先生发表了十分精当的意见。②但是对首行的第四个字,说解很是纷歧。有人释"迁",有人释"塡",有人释"相",有人释"裡"。我曾反复比较诸家的说解,觉得还是以从唐兰说释"迁"于义为长。不过唐兰先生将"唯王初迁宅于成周"作一句读,我意可以从李学勤先生句读,当中断开,读作"唯王初迁,宅于成周"。如从唐说,"宅"是一个名词,作"迁"的宾语;如从李说,"宅"就是一个动词。而从铭文整体来看,这个"宅于成周"与后面引述武王的话"宅兹中国"肯定有联系,因此"宅"为动词是没有问题的。据

---

① 参看朱右曾:《周书集训校释》。

② 唐兰:《何尊铭文解释》,马承源:《何尊铭文初释》,张政烺:《何尊铭文解释补遗》,均见《文物》1976 年第 1 期。李学勤:《何尊新释》,《中原文物》1981 年第 1 期。李民:《何尊铭文补释——兼论何尊与〈洛诰〉》,收入《尚书与古史研究》(增订本),河南人民出版社1983 年版。杨宽:《释何尊铭文兼论周开国年代》,《文物》1983 年第 6 期。

《尔雅·释言》，"宅"义为"居"，这也是人们普遍承认的，但是不是有定都的含义？依我看，即使不是定都，这个"居"也是指较长时期的居住，绝非金文中常见的"王在宗周"、"王在成周"的那个"在"字可比。从文献方面说，《大雅·文王有声》有"宅是镐京"，《尚书·多方》有"宅尔宅"、《多士》有"宅尔邑"，《逸周书·大匡》有"维周王宅程三年"，这些"宅"字均表示一个较长时期的居住，故《书序》的"成王在丰，欲宅洛邑"，从而本铭的"宅于成周"，都应该作同样的理解。这样看来，即使第一行第四个字不释"迁"，仅"宅于成周"一句，也可以使我们知道成王确曾迁居于成周了。况且，如前所说，"宅于成周"与武王的话"宅兹中国"出现在同一铭中，绝非偶然。据我的猜想，一定是"宗小子何"在成王迁居洛邑的过程中有什么特殊的贡献，王在赏赐他的诰辞中才会提到武王当年迁都的意图，而这位"宗小子何"也才会在他自作的器铭中将王的"宅于成周"特笔标出，而与武王当年的设想形成照应了。

这篇铭文另一个较有争议的地方，就是结尾处的"唯王五祀"。多数学者认为这个王是指成王，这大概是对的。但到底是指成王即位之五年（也即周公摄政的五年）呢，还是指成王亲政之五年？则还有必要讨论。按前引《尚书大传》有"周公摄政……五年营成周"的话，人们很容易跟本铭的"唯王五祀"联系起来，从而认为成王迁洛就在周公摄政（也即成王即位）的五年。但依我看，这两个"五年"恐怕是个偶合，因为从前面所述《召诰》《洛诰》的记载来看，周公的营洛当在他摄政七年、反政成王之时，而不是在他摄政五年的时候。而且，以当时落后的生产技术，又是驱使被征服的殷人进行规模可观的新大邑的营建，恐怕不是短时间内所能奏功的。因此，周公三月才抵洛，成王"四月丙戌"便在"京室""诰宗小子"，无论如何很难说通。再者，据《洛诰》文，成王在洛视察了工地之后，留周公于洛，自己就回到镐京去了，并不曾"宅于成周"。最重要的一点是，铭文里提到了"成周"，而在营洛的阶段恐怕还没有这一名称的。这样看来，《何尊》中的"唯王五祀"，只能是成王亲政的五年，而不会是周公摄政的五年了。此时距成周的营建已经五年，宗庙、宫室、城郭恐怕已大体齐备，大批迁往成周的殷人也已安排妥当，于是成王有迁洛之举，以实现武王"宅兹中国，自兹乂（治）民"的遗愿。此后成王虽也不时回到宗周，恐怕还是以居于成周为主。《史记·鲁世家》云："周公在丰,病,将没,曰:'必葬我成周,以明吾不敢离成王。'周公既卒,成王亦让,葬周公于毕,从文王,以明'予小子不敢臣周公'也。"这就更明白无误地告诉我们,成王确实是常居于成周的。

四　成周曾是天下的统治中心

从历史记载来看,成王时虽然营建了成周,并且迁居于此地,但西方的宗周并没有被废弃,终西周之世,始终是东西二都同时并存。那么这东西二都在西周历史上的作用究竟有何异同呢?

宗周有周先王的宗庙,这是没有问题的。成周也建有宗庙,这在《作雒解》里已有明言,金文中也有反映。据《令彝》,明保在成周"用牲于京宫","用牲于康宫",这京宫、康宫就都是周王的宗庙。周王在宗周举行祛灾祈福的大祭,如《献侯鼎》铭云:"唯成王大祓在宗周。"这样的祭祀同样也在成周举行,昭王时的《盂爵》云:"唯王初祓于成周。"特别是作为周王重要政治活动的册命典礼,既有在宗周举行的,也有在成周举行的。这些都看不出两者有太大的区别。但周人营建成周的意图,一开始就是十分明确的,即针对着东方殷民及诸侯诸邦,也就是说,成周是为"治天下"而建的。成周建成后与宗周二都并存,这与周初"天下"的政治格局有关。周初的"天下"是一种"周邦"与"万邦"同时并存的局面。周人以"小邦周"战胜了"大邦殷",取得了天下共主的地位。但他们并没有完全破坏殷时就已存在的天下庶邦,而只是让他们臣服于自己。同时,周王又按照当时早已存在的"庶邦"的政治形式,将自己的子弟功臣分封出去,建立了一系列新的小邦,在中原大地上形成了星罗棋布的控制据点。而周邦自己则依然保留着,宗周就是这个周邦的中心。[1] 但这个中心对于控制东方诸侯来说,显得有些鞭长莫及,故而有营建洛邑之举。洛邑主要是由殷人的劳力建成的,同时也以安置殷遗民为主(当然免不了要有一些周贵族迁来进行管理),当时并没有周邦民众举族迁洛的事,因此周邦的故地——宗周也就不可能被废弃。周天子既是天下的共主,又是周邦的邦君,这就使得成周与宗周既有某种相似的地位,也显现出

---

[1]　参看拙著《周代国家形态研究》第一章,湖南教育出版社1990年版。

一些区别。比较起来,当时的成周可能更像是"天下"的统治中心。《左传》中有"武王迁九鼎于洛邑"(桓二)、"成王定鼎郏鄏(今洛阳)"(宣三)的说法。按所谓九鼎,旧说是夏人用九州贡金所铸,说虽不可尽信,要为上古对天下诸侯拥有支配权力的象征物则无疑。故春秋时楚国强大起来,有充当霸主的野心,便去觊觎周鼎,"问鼎之大小轻重"。这九鼎当初可能是置于殷商的都城,周武王灭商,"迁九鼎于洛邑"(武王时洛邑尚未营建,可能只是迁于伊、洛一带的某地,暂时存放),到成王时成周建成,才得以"定鼎于郏鄏"。自此之后,成周作为控制天下诸侯的政治中心的地位算是确立了。此后诸侯朝觐天子、周王对诸侯发号施令,主要就是在成周进行的。《令彝》云:

> 唯八月辰在甲申,王命周公子明保尹三事四方,受卿事寮。丁亥,令矢告于周公宫,公命出同卿事寮。唯十月月吉癸未,明公朝至于成周,出令。舍三事令,眔卿事寮,眔诸尹,眔里君,眔百工;眔诸侯:侯甸男,舍四方令。

此铭中周王给了明保以"尹三事四方"的权力,而明保受任后发布"三事令"、"四方令"都是在成周举行的。又,彝铭中多见在成周"殷诸侯"的记载:

> 辛酉,王令士上眔史夫殷于成周,豊百姓豚。(《臣辰盂》)
> 唯明保殷成周年。(《䚡卣》)
> 王在□京令师田父殷成周年。(《小臣传卣》)

按"殷"是一种礼,《周礼·大宗伯》云:"殷见曰同。"郑玄注云:"殷犹众也。"这当是一种诸侯的盛大盟会。《康诰》所云"周公初作新大邑于东国洛,四方民大和会",可能就是这种殷见之礼。《逸周书·王会》云:"成周之会,墠上张赤帟阴羽",朱右曾认为:"此名为会,其实殷同,故为坛于国外",是有道理的。直至周厉王时,"召穆公思周德之不类,故纠合宗族于成周而作诗曰:'常棣之华,鄂不铧铧;凡今之人,莫如兄弟。'"(《左传》僖公二十四年)大概是此时同姓诸侯也已产生了离心倾向,故有在成周大会同姓诸侯之举。那么,宗周与成周,到底哪一个更重要些呢?宗周作为周邦的故地,在周王以及王室贵族的心目中,也许处于某种至尊无上、不可替代的地位;但对于天下诸侯庶邦来说,成周应该显得更重要一些。这也许就是战国秦汉间人把西周这一历史时期称为"成周"的由来吧。

五　成周时代

　　成王以后的西周诸王是否常居洛邑，由于史无明文，我们无法做出准确的判断。从现在掌握的金文材料来看，载明"王在成周"和"王在宗周"的都有一定的数量，此外还有大量只记有"王在周"或"王在周某宫"的材料。有人说这一类的"周"是指"岐周"，即周人的老家，其实也没有什么根据。郭沫若先生说"彝铭中凡称周均指成周"①，似乎也有点武断，因为据《应侯钟》"王归自成周，应侯见工遗王于周"，这个"周"显然就不是成周。对于彝铭中的"周"，应该做具体的分析，有时它确是成周的简称，有时则可能是宗周的简称。我曾经对记有"王在周"或"王在某宫"之类的铭文做过一些归纳、比较，虽然难以得出量化的结论，但如果说有相当一部分彝铭的"王在周"是指在成周，自信当无大错。而且这类铜器各期都有。这至少可以说明成王以后的历代周王的政治活动，有相当一部分是在成周完成的。至于成王以后是否又有哪一位周王，像当年成王迁洛一样，又有迁返宗周或别处之举，我们无法说得清楚。《汉书·地理志》注引臣瓒曰"周自穆王以下都于西郑"，也仅是一种说法而已，尚不能得到证实。不过末代的周王还是以居于宗周为主，这一点似乎是没有什么问题的。待到犬戎内侵，"宗周既灭"②之后，平王仓皇东窜，在洛邑落下脚来，"以奉周祀"，此时的天下便只有一"周"——成周了。有迹象表明，此时的成周，也开始被时人称为"宗周"了。《礼记·祭统》记卫孔悝之鼎铭有"即宫于宗周"语，郑玄注云："周既去镐京，犹名王城为宗周也。"则是东周时成周也已有"宗周"之名。③ 此后由于周王的势力日益衰落，成周（也即新的"宗周"）在时代政治中的分量也就变得越来越轻。但西周盛时的成周一定在诸侯邦国人们的心中留下了难以磨灭的印象，因此在人们提起西周这一历史时代时，也就自然地以"成

---

　　①　郭沫若：《两周金文辞大系考释》，科学出版社 1958 年版。

　　②　语出《小雅·雨无正》。今本《诗经》作"周宗既灭"，据《左传》昭公十六年引，知当作"宗周"。自来多有人以为这句诗是说西周王朝灭亡，非是。其实这只是说"宗周"这一都邑之覆灭。

　　③　参看吴申：《宗周与成周》，《上海师大学报》1979 年第 3 期。

周"为辞了。

我们在上面谈到了成王的东迁，谈到了成周的作用，从而探讨了今人所谓西周在古代被称作"成周"的理由，这一切都是由司马迁的一句话引起的。但司马迁本人是并不赞成成王曾居洛邑之说的。他在写完了《周本纪》之后，加上了这样一段话：

> 太史公曰：学者皆称周伐纣，居洛邑，综其实不然。武王营之，成王使召公卜居，居九鼎焉，而周复都丰、镐。至犬戎败幽王，周乃东徙于洛邑。

看来，司马迁虽然袭用"成周"这一名词来指称西周时代，却并不以为周天子确曾居于洛邑的。这大约是因为文献中没有明确的记载。但太史公的话中却也透露出这样一个事实，即当时绝大多数的学者是主张周伐纣后曾经居于洛邑的（"学者皆称"云云）。虽然司马迁在"综其实"后得出了"不然"的结论，但遗憾的是这一次确是太史公弄错了。生当两千年后的我们，有幸看到了何尊这一类的出土宝物，从而对太史公的说法做了一点小小的修正，又从而试着证明了"成周为什么会成为一个历史时代的名称"这样一个历来被人忽视的小问题。太史公泉下有知，相信也会为之一粲吧？

（原载《王玉哲先生八十寿辰纪念文集》，南开大学出版社 1994 年版）

周人的先王崇拜

我们读《左传》与《国语》，时常可以看到这样一种现象：臣子向国君进谏，或者就某些问题进行争辩时，往往要抬出"先王"来，作为应当怎样或者不应当怎样的例证，以增强自己立论的说服力。例如：

> 穆王将征犬戎，祭公谋父谏曰："不可。先王耀德不观兵。"①

> 庄公如齐观社。曹刿谏曰："不可。夫礼，所以正民也。是故先王制诸侯，使五年四王一相朝。……今齐社而往观旅，非先王之训也。"②

> 郑人铸刑书。叔向使诒子产书曰："始吾有虞于子，今则已矣。昔先王议事以制，不为刑辟，惧民之有争心也。"③

为了劝谏对方不要做某件事，以"先王"不做此类事为最充分的理由；同时，"先王"的做法和规定，似乎又是应当绝对效法和遵守的。这是一种明显的"先王崇拜"。

这种先王崇拜是上古祖先崇拜的延续。从甲骨文反映的情况来看，商代的祖先崇拜非常盛行。商人祭祀的种类繁多，所祭的对象有

---

① 《国语·周语》。
② 《国语·鲁语上》。
③ 《左传》昭公六年。

风雨、星辰、河岳、土神，然而最主要的则是祖先。[①] 由于卜辞绝大多数都是所谓王室卜辞，因此卜辞中反映的祭祀祖先实际上主要是祭祀先公先王。甲骨中大量的卜祭的材料表明，几乎所有的先公先王，不管是直系的还是旁系的，及位的还是未及王位的，都属于祭祀的对象，而且哪旬祭哪一世的祖先都有一定的次序安排。用几种祭法遍祀先王与其法定配偶一周，几乎相当于一年。因此，商人可以说是无旬不祭。[②] 这样频繁的祭祀，反映了商人对于祖先的敬畏与依赖。在商人的心目中，祖先具有某种近似上帝的神威——可以控制自然的现象，"令雨"或者使人"受年"；也可以左右生人的吉凶，降福或者作祟。商王一旦死去，成了"先王"，也就具有了这样的神性。因此商人的先王崇拜可以说是与祖先崇拜完全重合的。除了有的时候供品丰俭有些区别外，看不出对某一位先王或某几位先王有着特殊的崇拜。

在《尚书·盘庚》篇里，也反映出大体相似的情形。商王盘庚在训诫他的臣民要服从他迁殷的命令时说：

> 古我先王，暨乃祖乃父，胥及逸勤，予敢动用非罚？……兹予大享于先王，尔祖其从与享之。
>
> 古我先后既劳乃祖乃父，汝共作我畜民。汝有戕则在乃心，我先后绥乃祖乃父。乃祖乃父乃断弃汝，不救乃死。……乃祖乃父丕乃告我高后曰："作丕刑于朕孙！"迪高后丕乃崇降弗祥。

这是说你们这些臣民的祖先生前曾经服务于先王，死后依然与先王的灵魂在一起，共享我的祭祀。你们要是心存恶毒的念头，先王就会告知你们的父祖，你们的父祖就会抛弃你们，不救你们的死罪了！他们还会请求我们的先王施严厉的刑罚于其子孙，那时先王就要大大地降下不祥来了！由此不难看出先祖、先王对于商人所拥有的绝对权威。至于这"先王"究竟是指历史上哪一位商王，这是不能确定的。"先王有服，恪谨天命，兹犹不常宁，不常厥邑，于今五邦。"这是盘庚从历史的角度向他的臣民说明迁殷的必要性——自立国至今，先王已经迁徙五次了。足见这里的"先王"只是一个笼统的概称，并不是

---

① 郭宝钧：《中国青铜器时代》，三联书店1963年版，第228页。
② 陈梦家：《殷虚卜辞综述》，中华书局1988年版，第385、405页。

确指某一两个商王的。

周人依然保留着对祖先的崇拜,唯其祭祀似已不如殷之频繁。周人也相信人死后灵魂不死,祖先之灵被称作"严"。"严"要到天帝那里去,称为"在上"、"在帝所"、"在帝左右"。祖先之"严"能够降子孙以福佑。金文中此类材料甚多:[1]

> 用邵各(昭格)丕显祖考先王,先王其严在上,彙彙數數,降余多福。[2]
> 皇考严在上,翼在下,數數彙彙,降旅多福。[3]
> 丕显皇祖考,穆穆克哲厥德,严在上。[4]
> 皇祖考其數數彙彙,降克多福。[5]
> 前文人其严在上,數數彙彙,降余厚多福亡疆。[6]

按"彙彙數數"(即"勃勃蓬蓬")系金文恒语,据郭沫若先生说多用来对"严"进行形容、颂扬。以上数例,除第一例作器者为周王外,余皆王臣、邦君,可见对于祖先的崇拜绝不仅限于王室,乃是周人普遍的认识,一般王臣也都认为自己的祖先"严在上",能够"翼下",能够"降福",祭祀先祖是为了"用祈多福眉寿无疆"。此种意识于《诗经》中也有反映:

> 为酒为醴,烝畀祖妣,以洽百礼,降福孔皆。[7]
> 祀事孔明,先祖是皇,报以介福,万寿无疆。[8]

按二诗描写的都是对祖先的祭祀。主祭者虽不能确指,应当都是周之贵族。酒醴粢盛准备停当,希望祖先赐以大福,使主祭者万寿无疆。

周人的先王崇拜与祖先崇拜已经有所分离。对于周王以及近支

---

① 郭沫若:《金文丛考》之《传统思想考》。为便于印刷起见,本文所引金文材料中的难字,凡学界认识较为一致的,统以今字写之。

② 《默钟》。

③ 《虢叔旅钟》。

④ 《番生簋》。

⑤ 《克钟》。

⑥ 《井人妄钟》。

⑦ 《周颂·丰年》。

⑧ 《小雅·信南山》。

贵族来说,先王也就是祖先,因此对先王的崇拜必然带有祖先崇拜的色彩;但先王又不仅仅是祖先,还曾经是周人的最高政治领袖,因此对先王的崇拜更多地表现为对先王的政治行为、政治原则以及政治品德的崇拜。而且这种崇拜,往往集中在周初的几位王,特别是开国的文、武二王身上。

《大诰》是在武庚叛乱、周公决定东征时发表的诰辞。在这篇动员讲话中,周公反复提到文王、武王的功业,以继承文、武之功业作为进行东征的口实。这表明在周初,文王、武王对于周人是一种强有力的号召。

在《康诰》及《酒诰》里,文王更是所有周人的政治楷模:"王若曰:……小子封,惟乃丕显考文王,克明德慎罚,不敢侮鳏寡,庸庸,祗祗,威威。""惟文王敬忌(勤慎而有所畏惧)乃裕民。"文王的教导是必须牢记的:"文王诰教小子有正有事,无彝酒(不要经常饮酒)。"遵循文王的教导,方能灭商而受天命:"我西土棐徂邦君御事小子,尚克用文王教,不腆于酒,故我至于今,克受殷之命。"

《洛诰》记载了周公还政成王时与成王的对话,其中继承文、武功业的思想表达得至为明显:

> 王若曰:……以予小子扬文、武烈,奉答天命。
>
> 诞保文、武受民。
>
> 周公拜手稽首曰:王命予来承保乃文祖受命民,越乃先烈考武王弘朕恭。

《尚书·周书》中这一类的文字甚多,在在表现出周人对于文、武的景仰与崇拜。

《诗经·大雅》中有"文王之什",包括了《文王》《大明》《绵》《棫朴》《旱麓》《思齐》《皇矣》《灵台》《下武》《文王有声》共十篇。旧说这十篇都是歌颂文王及武王的诗。从诗的内容来看,这些诗确实大多是以歌颂文、武为主题的。其中对文王的颂扬和崇拜显得更为突出,涉及范围也比较广泛。而对武王的崇拜,则集中在伐商与迁镐这两件事:"笃生武王,保右命尔,燮伐大商","凉彼武王,肆伐大商"[①];

"考卜维王,宅是镐京,维龟正之,武王成之,武王烝哉"。①

《周颂》三十一篇,明显表达出对文王、武王崇拜的有《清庙》《维天之命》《维清》《天作》《昊天有成命》《我将》《执竞》《武》《桓》《赍》等十余篇,而对成王、康王表示崇拜的只有《执竞》一篇:"执竞武王,无竞维烈(功烈之盛,天下无比)。不显成康,上帝是皇(为上帝所赞美)。自彼成康,奄有四方,斤斤其明(功业明著)。"此诗当从朱熹说,为祭祀武王、成王、康王之诗,故也有对成、康的赞美。若从《诗经》的总体来看,周人对文、武的崇拜显然是压倒一切的。

或以为上引《诗》《书》多为周初文献②,那时周人立国未久,世数有限,又怎见得后世周人所崇拜的先王也主要是文王和武王呢? 让我们再来考察一下金文中的材料。

大盂鼎是康王时器。鼎上的铭文记载了康王册命盂时的命辞,起首就说:"王若曰:盂,丕显文王,受天有大命,在武王嗣文作邦,辟厥匿,匍有四方,畯正厥民。"对文、武进行了一番称颂之后,谈到对盂的册命时说:"今我唯即刑廪(义近于效法)于文王正(政)德,若文王命二三正",下面就说命盂如何如何,以示对盂的册命完全是效法文王的。像这样在册命之前先要称颂一番文王、武王,似乎是周人的一种传统,夷王时的《匐簋》,厉王时的《师克盨盖》《师訇簋》,宣王时的《爾(乖)伯簋》等都是这样。

墙盘是标准的共王时器。作器者史墙虽不能算是周人,但他的祖先自武王时就已归顺周邦,世代作周的臣子。盘铭前半部挨个地对历代周王加以称颂赞美,虽不无阿谀之嫌,却也能反映出诸位先王在当时人心目中的地位。

> 曰古文王,初戾和于政,上帝降懿德,大甹(屏),匍有上下,迨受万邦。籁圄武王,遹征四方,达殷畯民,永不巩狄虐,兑伐夷童。宪圣成王,左右毂觳刚鲧,用肇彻周邦。肃哲康王,分尹亿

---

① 《诗·大雅·文王有声》。

② 《大诰》《康诰》等是周初文献,殆无可疑;然《大雅》"文王之什"就不一定是西周早期的作品。于省吾先生说《文王》等篇都作于西周晚期,孙作云先生也称"文王之什"作于宣王时,是值得注意的。参看《泽螺居诗经新证》,中华书局1982年版,第138页;《诗经与周代社会研究》,中华书局1966年版,第345页。

疆。宏鲁邵（昭）王，广骏楚荆，唯寏南行。祗覵穆王，井帅宇诲，
醽宁天子。天子圌屬文武长烈……

按对文王的称颂用字最多，调子也最高，说他政美、德优、受天命、得
贤辅、有天下；对武王，则集中赞美他的武功——征四方、伐殷、攻狄
虐、伐夷童；对成王，主要是赞美他的左右大臣，有如此大臣，方得以
治理（"彻"）周邦；对康王，大概是赞美他分封诸侯的事吧；对昭王，只
说他南征荆楚一事；对穆王，只是泛泛地说他能遵循前人的谋略，给
继位的共王以安宁。"天子"以下是说时王——共王的了，"圌屬文武
长烈"是夸他能够敬谨地继承文王、武王的伟大功业。[①] 从《墙盘》中
我们不难看出，当时人尽管对每一位先王都加以称颂，而尊崇的程度
却有显著的不同，文王、武王（特别是文王）确实是享有一种特殊的
尊崇。

宣王时重器《毛公鼎》铭中也鲜明地反映出对文、武的崇拜。"王
若曰：父厝，丕显文武，皇天弘厌厥德（满意于其德行），配我有周，膺
受大命，率襄不廷方，亡不闬于文武耿光（边远方国无不被文武之耿
光所照临）。"下面又提到要巩固先王所受的天命："肆皇天亡斁（无
射，无厌也），临保我有周，丕巩先王配命。"据王国维说，"配命谓天所
畀之命"[②]，而受天命者为文、武，故这里的先王当是指文王、武王。

一般地说，西周金文中的"先王"很少是笼统地指称所有已故周
王的，往往都是特有所指。因此，金文中不大看得出对那种笼统的
"先王"的崇拜。最为引人注目的则是对于文、武的崇拜。当然，西周
金文中的"先王"也并不都是指文、武的，有相当一部分"先王"是时王
称其父祖，这往往是在册命臣属的时候，说先王曾令你担任什么官
职，或者称你的父祖于先王时有什么功劳，因此册命你为什么什么。
举《善鼎》为例："王曰：善，昔先王既令女左足䍿侯，今余唯肇醽（緟）
先王令，令女左足䍿侯，监㚔师戍。"这类的铭文还有《师虎簋》《蔡簋》
《毛公鼎》《师𤯴簋盖》《师望鼎》等等。在这种场合提到先王，一般只
是对父辈王的任命表示尊重，表明时王对父辈王意志的继承；而对先

---

① 对《墙盘》的解说分歧较大。本文主要参考了裘锡圭、徐中舒、李学勤等先生的考
释（分别见《文物》1978年第3期和《考古学报》1978年第2期），并断以己意。
② 王国维：《与友人论诗书中成语书二》，《观堂集林》，中华书局1959年版，第81页。

王的德行、功业的崇拜,则大多集中在了文、武二王的身上。

为什么会发生这样一种情况呢? 这当然首先与文、武在周人历史上特殊的贡献有关。在《诗经》的《生民》《绵》《公刘》《皇矣》等若干篇史诗性的作品中,保留了周族的部分历史,我们从中可以看到后稷、公刘、古公亶父、王季等人都曾经做出过非常重要的贡献;但在周人的心目中,周邦所以能由一个小邦强大起来,周人所以能够拥有对于"天下"的统治权,盖由于有了文王和武王,特别是文王。因此,文、武都被称为"受命"之君(他们二人的事业是连在一起,文王做了一大半,没有完成,由武王完成了)。可以说明这一点的材料很多:

> 天休于宁(文)王,兴我小邦周。①
>
> 天乃大命文王殪戎殷,诞受厥命越厥邦厥民。②
>
> 乃穆考文王肇国在西土。③
>
> 周公诞保文武受命。④
>
> 有命自天,命此文王。⑤
>
> 文王受命,有此武功。既伐于崇,作邑于丰。文王烝哉!⑥
>
> 丕显文王,受天有大命。在武王嗣文作邦,辟厥匿,匍有四方,畯正厥民。⑦
>
> 丕显文武……膺受大命。⑧
>
> 丕显文武,孚(敷)受天命。⑨

所谓"受命",当然是一种迷信的说法,但这种说法却明白无误地表达了周人对于文王(有时也包括武王)历史地位的评价——灭商有天下的事业是文王开创的。尽管文王事业的详细内容反映在文献中的很少,大多仅保留在周人的传说之中,但文、武的开创之功无疑是受到

---

① 《尚书·大诰》。

② 《尚书·康诰》。

③ 《尚书·酒诰》。

④ 《尚书·洛诰》。

⑤ 《大明》。

⑥ 《文王有声》。

⑦ 《大盂鼎》。

⑧ 《毛公鼎》。

⑨ 《师訇簋》。

后人崇拜的最主要的一个方面。

除了受命灭商这一点之外，文、武（特别是文王）的"德"恐怕也给周人留下了极其深刻的印象：

> 於乎不显，文王之德之纯。①
>
> 济济多士，秉文之德。②
>
> 比于文王，其德靡悔。③
>
> 惟文王德丕承，无疆之恤。④
>
> 丕显文武，皇天弘厌厥德。⑤
>
> 今我唯即刑廪于文王政德。⑥

至于这"德"的具体内容，从有关文献材料来看，大体上包括"敬"、"勤"、"明德慎罚"、"保民"等几个方面：

> 穆穆文王，於缉熙敬止。⑦
>
> 维此文王，小心翼翼。昭事上帝，聿怀多福。⑧
>
> 惟文王之敬忌，乃裕民。⑨
>
> 惟乃丕显考文王，克明德慎罚，不敢侮鳏寡，庸庸、祗祗、威威。⑩
>
> 文王卑服，即康功田功，徽柔懿恭，怀保小民，惠鲜鳏寡。自朝至于日中昃，不遑暇食。用咸和万民。文王不敢盘于游田，以庶邦惟正之供。⑪

从这些材料来看，文王确实是恭谨勤劳、不贪图享受、尽瘁为民的。可惜书缺有间，他的具体的"模范事迹"没有留存下来，使我们无从稽

---

① 《维天之命》。

② 《清庙》。

③ 《皇矣》。

④ 《尚书·君奭》。

⑤ 《毛公鼎》。

⑥ 《大盂鼎》。

⑦ 《文王》。

⑧ 《大明》。

⑨ 《尚书·康诰》。

⑩ 《尚书·康诰》。

⑪ 《尚书·无逸》。

考。但在当时周族民众中恐怕是有口皆碑的,故而他能够获得周人的由衷的崇拜。

此外,文、武的特殊贡献,恐怕还体现在他们所建立的一系列法典、制度上。战国时代盛行周公制礼作乐的说法,实际上我们从西周文献中可以看到,在周人的立国规模上,文王和武王已有相当的建树。

> 维清缉熙,文王之典。①
> 仪式刑文王之典,日靖四方。②

按据毛传:"典,法也。"又云:"典,常。"则文王之典当指文王所制定之常法。"仪""式""刑"都有效法、遵循的意思。

> 乃其速由文王作罚,刑兹无赦。③

这是说对那些不孝不友的人,你要根据文王制定的刑法("文王作罚")严加惩罚,绝不宽贷。可见文王是制定有刑法的。《左传》昭公七年:"周文王之法曰:有亡荒阅",也反映了同样的情况。

> 亦越文王武王克知三有宅心,灼见三有俊心,以敬事上帝,立民长伯。立政:任人、准夫、牧,作三事。虎贲、缀衣、趣马、小尹、左右携仆、百司庶府。大都小伯、艺人、表臣百司、太史、尹伯、庶常吉士。司徒、司马、司空、亚旅。④

这段材料表明文王、武王借鉴了夏、殷的经验,规定了选任官员的方法,并建立起一整套官制。

看来文、武作为"受命"之君,并不仅仅是灭商有天下,同时也为周人制定了一系列的礼法制度,因此他们同时也是"创制"之君。旧说文王在位的时间很长,"文王受命惟中身,厥享国五十年"⑤,这使他有机会为创建周制做更多的事情。神圣的"天命",崇高的"德",再加上为周人"立政",使得文、武在周代的历史上享有一种无与伦比的

---

① 《维清》。
② 《我将》。
③ 《尚书·康诰》。
④ 《尚书·立政》。
⑤ 《尚书·无逸》。

尊荣。周人的先王崇拜主要表现为文、武崇拜，正是基于文、武这种特殊的历史地位而形成的。

除了文、武本身的因素之外，周人重视人事的思维倾向也使得他们不再不加区别地对所有的先王都表示崇拜。商人笃信鬼神。人死而为鬼神，所有的先王在这一点上并没有什么区别，因而每一位先王也都具有大致相同的神的权威。这就使得商人往往笼统地对"先王"表示崇拜。周人虽然依旧相信天命鬼神，但他们同时特别注重人事，他们是把天命与人事综合在一起考虑问题的。因此，相对来说，在周人的政治中，神的作用已经大大减低了。在周人看来，天命能否保持，固然有赖于祖先的福佑，但最根本的还在于人事，"惟不敬厥德，乃早坠厥命"①，人事的荒悖会导致天命的丧失。因此，周人在对祖先祭祀祈祷之余，将目光转向了实际政治。他们特别看重统治者的"德"，看重统治者政治行为的合理性。而事实上，历代周王的政绩差异是很大的，绝不是每位先王的行事都值得后人效仿。而周人对于先王的过失似乎也并不讳言，例如"自我先王厉、宣、幽、平而贪天祸，至于今未弭"②、"周恭王能庇昭、穆之阙而为恭"③，都暴露了先王之失。因此，有的周王死后，虽然作为祖先依然受到尊崇祭享，依然成为祈福、祈寿的对象，但这只限于祖先崇拜的范围之内，至于政治上的崇拜，那就谈不到了。这种政治上的崇拜，也就自然集中在了最有资格成为王者楷模的文、武身上。

到了春秋时期，先王崇拜更为明显地表现为政治上的崇拜。"先王"成了政治行为的样板，先王行事原则甚至像法律一样具有强大的约束力。在当时人眼里，"先王"更加高大，更加完美，但先王的具体形象，却变得有些模糊了。请看《左传》中的例子：

(1)晋韩宣子如楚送女，叔向为介。……大叔谓叔向曰："楚王汰侈已甚，子其戒之。"叔向曰："……道之以训辞，奉之以旧法，考之以先王，度之以二国，虽汰侈，若我何？"④

---

① 《尚书·召诰》。
② 《周语下》。
③ 《鲁语下》。
④ 昭公五年。

（2）（卫、蔡争先歃）苌弘曰："蔡叔，康叔之兄也，先卫，不亦可乎？"子鱼曰："以先王观之，则尚德也……非尚年也。今将尚之，是反先王也。……吾子欲复文武之略，而不正其德，将如之何？"①

（3）邾人以须句故出师。公卑邾，不设备而御之。臧文仲曰："国无小，不可易也。无备，虽众不可恃也。……先王之明德，犹无不难也，无不惧也，况我小国乎！"②

（4）（晋欲使齐之封内尽东其亩）齐使宾媚人曰："先王疆理天下，物土之宜而布其利，故《诗》曰：我疆我理，南东其亩。今吾子……无乃非先王之命也乎？反先王则不义，何以为盟主？"③

（5）公会吴于橐。吴来征百牢。子服景伯对曰："先王未之有也。……吴人弗听。景伯曰：'吴将亡矣，弃天而背本。'"④

（6）恃险与马，不可以为固也，从古以然。是以先王务修德音以亨神人，不闻其务险与马也。……纣作淫虐，文王惠和，殷是以陨，周是以兴。⑤

（7）昔先王议事以制，不为刑辟，惧民之有争心也。⑥

（8）昔先王之命曰："王后无適，则择立长。年钧以德，德钧以卜。"王不立爱，公卿无私，古之制也。⑦

（9）君子劳心，小人劳力，先王之制也。⑧

（10）祭仲曰："都城过百雉，国之害也。先王之制，大都不过参国之一，中五之一，小九之一。今京不度，非制也，君将不堪。"⑨

（11）先王之制，诸侯之丧，士吊，大夫送葬。⑩

---

① 定公四年。
② 僖公廿二年。
③ 成公二年。
④ 哀公七年。
⑤ 昭公四年。
⑥ 昭公六年。
⑦ 昭公廿六年。
⑧ 襄公九年。
⑨ 隐公元年。
⑩ 昭公三十年。

(12)礼,上下之纪,天地之经纬也,民之所以生也,是以先王
尚之。①

从上引诸例中,我们不难看出"先王"在春秋时人心目的地位。例1
是说在外交活动中把"考之以先王"作为使自己立于不败之地的条
件,例2、3、4、6、7、12都是把先王的行事作为今人的榜样,如果违反
了先王的做法,则被认为是反先王、背本,是不会有好结果的。其实
这些所谓先王的做法当中,除了个别的如例2、例7可能确是周初诸
王的传统之外,他如例3、4、6、12等等何尝不是当时一班贤士大夫
的通识,却偏偏要以先王的名义说出,这显然是利用一般人崇拜先王
的心理来加重所述意见的分量。至于例5、8、9、10、11所说的"先王
之制"、"先王之命",有些可能确是古制,有些则恐怕是人们理想的制
度而冒用了先王之名,目的也无非是为了加强说服力。

还有一点值得注意。春秋时人对于先王的崇拜虽然仍旧集中在
周初诸王特别是文、武的身上,但他们在提法上更多地使用"先王"这
个词,而不是具体地指称文、武。这或许是因为世代久远,文、武的形
象逐渐模糊;或许是因为抽象地提"先王"更有利于发挥自己的主张,
免去了指名道姓容易带来的史实上的限制。这样看来,此时人们所
说的先王已经不全都是真正的先王了,先王实在太完美了,以至任何
"完美"的事物都被系在了先王的名下。于是先王也就开始逐渐脱离
历史,向着一个更加崇高的理想境界升华。

春秋时人对于先王这种近乎工具式的利用被孔子以及后来的战
国诸子大大地发扬了。在儒家的理论当中,先王就是理想政治的化
身,对先王的崇拜,就是对儒家政治原则的认同与追求。当战国诸子
"先王如何"、"先王之政如何"地争得不可开交的时候,他们已经完全
不是在说历史,只不过是现实的政治主张在激烈地交锋罢了。

顾颉刚先生曾经说过这样一段话:

其实古代很快乐的观念为春秋以前的人所没有;所谓"王",
只有贵的意思,并无好的意思。自从战国时一班政治家出来,要
依托了古王去压服今王,极力把"王功"与"圣道"合在一起,于是

---

① 昭公二十五年。

大家看古王的道德功业真是高到极顶,好到极处。①

对此我要做一点小小的修正。春秋以前,"王"诚然没有"好"的意思,但"先王"却着着实实地受着周人的崇拜。与商人不同,周人并不是简单地把先王作为祖先神来盲目地崇拜着,而是特别注重"先王"的"道德功业"、政治行为。而在这些方面,周初诸王,特别是文王、武王,恐怕确实是表现不俗,在周人看来实在是"高到极顶"、"好到极处",因此周人要崇拜他们,希图效仿他们以确保周的天命不致失坠。这样就使得我们看到的周人的先王崇拜集中在了周初诸王特别是文、武二王的身上。春秋以来,这种对先王的崇拜逐渐被利用来发挥自己的政治主张,先王也就渐渐抽象化了。战国人"依托了古王去压服今王"也是有的,不过他们所以能够"依托了古王",正是因为"古王"确曾有过那么一段辉煌的业绩,确曾被周人作为政治偶像崇拜过。

(原载《西周史论文集》,陕西人民教育出版社 1993 年版)

---

① 《古史辨》第一册,上海古籍出版社 1982 年版,第 101 页。

先秦"敬"德研究

一　解题

"敬德"一语在《周书》中习见。如《召诰》："王其疾敬德。""惟不敬厥德,乃早坠厥命。"《无逸》："则皇自敬德。"等等。前辈学者对"敬德"也曾多所论及,但其重点,则往往多放在"德"上,研究周人提出的"德"究竟是怎么一回事。殷人不讲"德"而周人非常重视"德",这一点是殷周在意识形态上的重大区别。本文所论敬德,重点则放在"敬"字上,研究的是:"敬"作为一个道德概念究竟有怎样的内涵? 周人这种"敬"的观念,究竟是怎样发生的? 西周以来,"敬"德曾经发生过怎样的演变? 周人提倡"敬"德,与他们提倡礼治究竟有怎样的关系? 在调节统治阶级的内部关系方面,"敬"德具有怎样的功能? 因此,题目中的"敬德"二字,"敬"是古文献中的原词,"德"则是今人的概念——道德的简称。所谓"先秦敬德研究",也就是关于先秦时代"敬"这一道德范畴的研究。

二　一个重要的道德范畴

春秋时代,"敬"作为一种道德规范,在贵族阶级中受到普遍的重视,我们只要随便翻一翻《左传》《国语》,就可以找到这方面的大量例证:

敬,民之主也,而弃之,何以承守?(《左传》襄公二十八年)

礼,身之干也。敬,身之基也。(《左传》成公十三年)

孝、敬、忠、信为吉德。(《左传》文公十八年)

吾闻之羊舌大夫曰:"事君以敬,事父以孝。"受命不迁为敬,敬顺所安为孝。……孝敬忠贞,君父之所安也。(《晋语一》)

昔史佚有言曰:"动莫若敬,居莫若俭。"(《周语下》)

君令臣共,父慈子孝,兄爱弟敬,夫和妻柔,姑慈妇听,礼也。(《左传》昭公二十六年)

死不迁情,强也;守情说父,孝也;杀身以成志,仁也;死不忘君,敬也。(《晋语二》)

君子勤礼,小人尽力。勤礼莫如致敬,尽力莫如敦笃。敬在养神,笃在守业。(《左传》成公十三年)

灵公虐,赵宣子骤谏,公患之,使鉏麑贼之。晨往,则寝门辟矣,盛服将朝,早而假寐。麑退,叹而言曰:"赵孟敬哉! 夫不忘恭敬,社稷之镇也。贼国之镇不忠,受命而废之不信,享一名于此,不如死。"触庭之槐而死。(《晋语五》)

看来"敬"确是当时一种非常崇高的美德,与孝、忠、信、贞、仁、义等同为贵族阶级提倡的行为规范。正因为这样,贵族之间相互勉励也就经常使用这个"敬"字,例如:

王使刘定公赐齐侯命,曰:"……敬之哉! 无废朕命!"(《左传》襄公十四年)

王赐之甲剑铍,曰:"奉尔君事,敬无废命。"(《左传》哀公十一年)

(范武子将老,谓其子曰:)尔勉从二三子,以承君命,唯敬。(《晋语五》)

(魏献子举贾辛,谓辛曰:)今女有力于王室,吾是以举女。行乎,敬之哉,毋堕乃力。(《左传》昭公二十八年)

孔子也非常提倡"敬"德,《论语》里有不少这方面的言论:

樊迟问仁。子曰:"居处恭,执事敬,与人忠。虽之夷狄,不可弃也。"(《子路》)

子路问君子。子曰:"修己以敬。"(《宪问》)

> 子张问行。子曰:"言忠信,行笃敬,虽蛮貊之邦,行矣。言不忠信,行不笃敬,虽州里,行乎哉?"(《卫灵公》)
>
> 子谓子产有君子之道四焉:其行己也恭,其事上也敬,其养民也惠,其使民也义。(《公冶长》)

可见在孔子那里,"敬"已是一种很高的道德标准了。

春秋时期人们所标榜的"敬"德,似乎包括两个方面的意义:一是指对"人"的态度,一是指对"事"的态度。对人的态度,就是人们所熟悉的、后世成为"敬"字的主要意思的尊敬、恭敬等义,如《晋语五》:"冀缺耨,其妻馌之,敬,相待如宾。"《左传》成公四年:"晋侯见公不敬。"庄公十一年:"始吾敬子,今子鲁囚也,吾弗敬子矣。"这里的"敬",都是尊敬的意思。前引《晋语》所谓"孝敬忠贞,君父之所安也",这"孝敬忠贞"也显然都是指对人的态度而言。因此,作为一种道德规范,"敬"确实指的是对人的一种态度。但是,另一方面,还有不少证据表明,当时人们提倡的"敬"德,实是指的一种对"事"的态度。《说文》:"敬,肃也。""肃,持事振敬也。"这里敬与肃互为转注,表明敬是一种临事的态度。《周语下》羊舌肸引史佚曰:"动莫若敬,居莫若俭。"按居指居处,动与居为对文,动当是有所作为的意思,则史佚的话,可以理解为"做事情一定要敬"。《论语·子路》:"子曰:'居处恭,执事敬。'"《卫灵公》:"子曰:'事君,敬其事而后其食。'"《季氏》:"孔子曰:'君子有九思:视思明,听思聪……事思敬……'"这里的"敬"作为一种道德标准,显然不是指对人的尊敬、恭敬,而是指对"事"的态度。特别是前面所引过的贵族之间相互勉励的话,什么"敬之哉"、"敬无废命"、"唯敬"等,更没有尊敬、恭敬之义了,完全说的是一种临事的态度。

这样看来,春秋时代的"敬"德,既是指对人应有的态度,也是指对事应有的态度。若再细加追寻,则不难发现,"敬"的这两重意义,后者的发生要比前者古老得多,或者换句话说,春秋以前,"敬"主要是作为一种临事的态度存在的。为什么这样说?我们只要考察一下西周文献以及"敬"字的古训,便不难得出这样的结论了。

三 "敬"本来是指一种积极的临事态度

人类社会生活中的道德规范,大约在原始社会的时候就已经出现了。以后随着时代的发展,道德规范的内容也不断地在变化。殷人的道德思想如何,由于文献无征,我们已经很难考索了。周人的道德观念,则往往给治古史的人留下深刻的印象。人们不难发现,周人是一个重道德的民族,道德思想在周人的意识形态中占据着十分突出的位置。为什么会这样呢? 这恐怕跟周人没能摆脱氏族血缘联系这一特点有关,同时也是由于周人有一种脚踏实地、注重人事的传统。不过这是一个十分复杂的问题,本文不可能对此详加讨论。不管怎么说,周初总是出现了不少全新的道德概念,按照侯外庐等先生的说法,"敬"就是其中之一。① 在统治者的典谟训诰之中,总要反复地提到"敬",特别是在谈到如何进行政治统治、谈到统治阶级个人的道德修养的时候,更是大量地使用这个"敬"字。

我们且看以下诸例:

> 王曰:"呜呼! 小子封,恫瘝乃身,敬哉! 天畏棐忱,民情大可见,小人难保。"……王曰:"呜呼! 封,敬哉!"……王若曰:"往哉,封,勿替敬,典听朕诰,汝乃以殷民世享。"(《尚书·康诰》)

这是周公在封建康叔于卫时,对康叔反复发出的告诫,说是你一定要敬啊,把民之病痛当作你自己的病痛,天威是不可依赖的,上帝的威力是通过民情来体现的,小民难保啊! 你去吧,封,一定不要丢弃了"敬",你要牢记我的教导,这样才能永世享有殷民。

> 呜呼! 皇天上帝,改厥元子,兹大国殷之命,惟王受命,无疆惟休,亦无疆惟恤。呜呼! 曷其奈何勿敬!(《召诰》)

据说此篇是召公所作,他说周王得了天命是好事,可也是值得忧虑的事(当然忧的是统治不稳固),怎么可以不敬呢!

> 公曰:"……笃叙乃正父,罔不若予,不敢废乃命,汝往敬哉!"(《洛诰》)

这是周公对成王说的话,"汝往敬哉",你到那里一定要敬啊!

> 王曰:"告尔殷多士……尔乃尚有尔土,尔乃尚宁干止。尔克敬,天惟畀矜尔;尔不克敬,尔不啻不有尔土,予亦致天之罚于

① 侯外庐、杜国庠、赵纪彬:《中国思想史》第一卷,人民出版社 1957 年版,第 91 页。

尔躬。"(《多士》)

这是周王对所谓殷顽民说的话。说是如果你们能够做到"敬",那天将可怜你们；如果不能做到"敬"，那你们不仅不能保有自己的土地，我也要代天行使对你们的惩罚。

> 敬之敬之，天惟显思，命不易哉……惟予小子，不聪敬止。（《诗·周颂·敬之》）

据说这是"成王受群臣之戒而述其言"（朱熹语），要敬啊，要敬啊，天道是十分明显的，命不易保呀！"惟予"两句是成王所说：我听你们的话，一定要敬啊。

> 维予小子，夙夜敬止。（《周颂·闵予小子》）

与上例一样，这也是周王的话：我小子日夜都是要敬的。

> 穆穆文王，于缉熙敬止。（《大雅·文王》）

这是赞美文王的话，说文王做到了"敬"。

> 嗟嗟臣工，敬尔在公。（《周颂·臣工》）

喂，各位大臣，对待你们担负的职务一定要敬！

西周金文中所见之"敬"字亦复不少，且大多见于王或诸侯对臣下的册命之中，在交代了委任给他的官职之后，总要来一句"敬夙夜勿废朕命"，就是要求臣下对于职守一定要"敬"。这类的金文辞甚多，且多大同小异，由于文繁，我们就不具引了。

从《书》《诗》以及金文辞中我们可以看到，西周统治阶级所提倡的"敬"德，实是指的一种临事的态度，而不像春秋战国以后那样，主要是指对人的恭敬有礼。至于这是一种怎样的临事态度，我们还是来考察一下"敬"字的古训吧。

前人解释先秦文献中的"敬"字，多以"警"字为说，说"敬"的意思就是"警"，甚或说"敬"即最初的"警"字。主要根据大约有两条，一是汉人所著的《释名》："敬，警也，恒自肃警也。"一是《诗·常武》"既敬既戒"一句的郑笺："敬之言警也。"阮元力主此说，他说："古圣人造字，必有一字之本义，本义最精确无弊。敬字从苟从攴，篆文作苟（音亟）……苟即敬也。加攴以明击敕之义也。警从敬得声得义，故《释名》曰:'敬,警也,恒自肃警也',此训最先最确。盖敬者,言终日常自肃警,不敢怠逸放纵也。"①马瑞辰在诠释《周颂·敬之》一诗时,也是如此说法:"敬字从攴苟,苟音亟,加攴以明击敕之义,敬之本义即警也。《说文》:'警,言之戒也。'……敬之敬之,犹云戒之戒之。"②近人在探索"敬"字的本义时,也多从清儒的说法,郭沫若先生说:"敬者警也,本意是要人时常努力,不可有丝毫的放松。"郭先生并以为"苟"即狗的象形文,苟又作苟,而苟在金文中与"敬"是相同的(按《师虎簋》"敬夙夜勿废朕命"的敬即作苟可证)。至于为什么用狗的象形文充当"敬"字,郭先生解释说:"其用为敬者,敬即警之初文,自来用狗以警卫,故字从苟从攴,与牧、敄、駁等同义。"③郭老的说法似乎又比上述清儒进了一步,不仅认为"敬"之古训为"警",简直就以为"敬"是"警"的初文。但卜辞中的"苟"实在并非狗的象形,这点学者们已经多所驳正,因此由用狗警卫而来的"苟之为警"也就不大靠得住了。

"警"字由"敬"孳乳而来,因此这两个字的意思必有关联,这是没有疑问的。但是大量见于西周文献中的"敬"是不是就等于"警"字?似乎还不能这样说。以"警"训"敬",只在个别的地方贴切妥适,远不是所有的"敬"字都可以这样解释的。《大雅·常武》:"赫赫明明,王命卿士,南仲太祖,大师皇父,整我六师,以修我戎,既敬既戒,惠此南国。"这是称美周王及其卿士南仲等人武功的诗。"整我六师,以修我戎",周王的军队要去讨伐淮夷的徐方,因此,"既敬既戒",显然指的是对军队的整饬。郑笺云:"敬之言警也。"既敬既戒,实际上也就是"既警既戒"。这种解释无疑是贴切的。但这里的"敬",应当看作是"警"的借字,《周礼》"大司马"职注引此句作"既儆既戒",儆与警音义并同,可见此句中的"敬"是用来假为"儆"即"警"的。《周颂·敬之》中的"敬之敬之,天惟显思,命不易哉",解作"警之警之"或"戒之戒之",似乎还勉强可通,他如《周颂·臣工》之"嗟嗟臣工,敬尔在公",《大雅·抑》之"敬慎威仪,维民之则",《周书》中的"公不敢不敬天之休"、"尔克敬天惟畀矜尔"之类大量的句子,特别是"敬夙夜勿废朕

---

① (清)阮元:《研经室续集·释敬》。

② (清)马瑞辰:《毛诗传笺通释》。

③ 郭沫若:《青铜时代》,科学出版社 1957 年版,第 22 页。

命"等西周金文辞,以警训敬都是不恰当的。汉儒有鉴于此,也就往往随文作解,如说过"敬之言警也"的郑康成,在《周颂·闵予小子》中笺"维予小子,夙夜敬止"一句云:"敬,慎也。"在《周礼》"小宰"职"三曰廉敬"一语下注云:"敬,不解于位也。"现在,我们就从"敬"在古文献中的用法以及前人的训诂当中,探索一下作为西周的道德概念的"敬"具有怎样的内涵。

敬有慎义。前引《闵予小子》郑笺云:"敬,慎也。"敬从苟,且金文中敬、苟通作,《说文》:"苟,自急敕也,从芈省,从勹口,勹口,犹慎言也。"可见苟有谨慎义。《左传》昭公五年叔向曰:"敬始而思终,终无不复。"襄公二十九年大叔文子引逸《书》曰:"慎始而敬终,终以不固。"可见敬、慎义极相近。《大雅·抑》:"敬慎威仪,维民之则。……慎尔出话,敬尔威仪。""敬慎威仪"有时可以用"敬尔威仪"来替代,就是因为敬字本身即包有慎义。

与敬有慎义相联系,敬有对待事情严肃认真的意思。前引西周金文中王或诸侯在册封官职之后,所说的"敬夙夜勿废朕命",显然是要求被授职的人严肃认真地对待君主的任命。《论语·学而》:"子曰:道千乘之国,敬事而信,节用而爱人,使民以时。"这"敬事"也是指严肃认真地对待政事。《左传》僖公五年:"初,晋侯使士蒍为二公子筑蒲与屈,不慎,置薪焉。……公使让之,士蒍稽首而对曰:'臣闻之,无丧而戚,忧必仇焉;无戎而城,仇必保焉。寇仇之保,又何慎焉!守官废命不敬,固仇之保不忠,失忠与敬,何以事君?'"担任官职却不能完成君主交给的任务,这就是不敬,正从反面说明了敬就是要严肃认真地对待君命。

敬还有勤勉努力的意思。前引《周礼》郑注:"敬,不解于位也。"说的就是努力。《说文》:"惰,不敬也。慢,惰也。怠,慢也。懈,怠也。"这些字的说解,也从反面说明了敬有勤勉、努力的含义。

敬还有畏惧之义。《大雅·板》:"敬天之怒,无敢戏豫。敬天之渝,无敢驰驱。"戏豫大约是游乐安逸的意思。只看这二、四两句中的"无敢",便可知敬天之敬含有畏惧的意思了。《后汉书·蔡邕传》引《诗》作"畏天之怒,不敢戏豫",可见敬、畏的意思是非常接近的。《说文》:"懃,敬也。竦,敬也。"段注云:"《商颂》:'不懃不竦。'《传》曰:'懃,恐;竦,惧也。'"懃、竦既以敬为训,则敬亦必有恐惧义。不过敬的这种恐惧、畏惧之义不应理解作消极的退缩,而应与上面所说的谨慎、严肃、认真、努力等义联系起来看,大约正是因为有所畏惧才会生出谨慎、认真等等意思来,因此仍不失为一种积极的态度。

总起来看,敬作为周人的一个道德范畴,是有着比较丰富的内涵的。最初它指的是一种办事情的积极态度,周人在使用这一概念的时候,是同时包有今天所说的谨慎、严肃、认真、努力、畏惧等种种意思在内的。周人的这个"敬"字,现代汉语中没有一个现成的词汇完全替代得了,虽然有时候为了讲解的方便,可以用上述词汇中的一个去翻译,例如"敬哉",或可译作"努力吧",但周人在讲"敬哉"的时候,显然是不单纯有努力的意思的。西周统治者把"敬"作为一种高尚的德行来加以提倡,实际上是在提倡一种郑重的、积极的处世态度。这反映了周人在建国初期确实正处于生气勃勃的发展阶段,这或许正是他们能够战胜殷人的力量所在。同时,大力提倡"敬"德,与周人重人事、重现实的传统心理素质也是完全一致的。

至于"敬"的尊敬、恭敬之义,则恐怕是相对后起的,大约以畏惧的心情、严肃的态度对待上帝、祖先、君长、父兄,便逐渐地生出了恭敬、尊敬这一层意思来。春秋时代人们所提倡的"敬"德,就已经包含有对人的态度在内了,这一点我们在前面已经看到了。战国以还,敬的这个引申义竟逐渐成了敬字的主要意思了,例如在《孟子》书中,凡是提到敬的地方几乎全部用的是恭敬义,敬作为一个道德范畴当然也就由主要指一种临事的态度一变而为调整人际关系的行为规范了。

四 周初统治者的"敬天"与"敬德"

现在要问,西周的贵族,为什么总是"敬之""敬哉"不离口,或者换句话说,周人为什么要创造出"敬"这样一个新的道德规范来呢?

在阶级社会中,统治阶级提倡的道德原则,莫不是服从于统治阶级的政治需要的,我们看封建社会的忠、孝、仁、义等等,哪一项不与政治密切相关?"敬"德也是这样。因此,"敬"德的出现,首先与统治阶级的政治需要有关。刚刚推翻了殷商政权的西周统治者,他们亲眼看到强而有力的"大邦殷"毁于一旦,深感到保住政权的不容易。如何才能不蹈殷人的覆辙?如何才能"以殷民世享"?提倡"敬"德,正反映了他们巩固政权的政治要求。

西周统治者谈到治民,似乎有两个凭靠:一是靠天的福佑,即只有得天命者才有治民的根据;一是靠人事上的努力,即只有注重人事者才有成功的可能。这两方面确实可以用"敬天保民"来概括。但这里所谓敬天,却不是一般人理解的"尊敬天道"(敬绝不是"敬鬼神而远之"的敬),这里的敬天,主要的应该是"畏天",敬天就是严肃、认真、谨慎、小心地来对待天道。

论者多以为周人对天命在根本上来说是怀疑的,此说似乎可商。周人灭商以前的文明程度是比较低的。在甚至比商人还要低许多的生产力发展水平上,一反商人虔诚事神的迷信作风而对天命采取一种怀疑的态度,这种事情恐怕不大可能发生。周人自以为灭商是得到了天命,他们口口声声"天乃大命文王,殪戎殷,诞受天大命"(《康诰》)、"天休于宁王,兴我小邦周"(《大诰》)、"文王受天有大命"(《盂鼎》),这些恐怕不能一概说成是为了吓唬被征服的殷人而采取的策略。但周人与商人对待天命的态度确有不同,这就是周人不单纯地凭恃天命,他们把天命看作是与人事密切相关的——天的作用最初在于大命的授予,此后就表现为监督,看地上王做得好坏。如果做得不好,天还会"改厥元子",就像它能授予你大命一样,天也可以剥夺你的大命,因此关键还在于人为。"天非虐,惟民自速辜",类似商这样的"坠厥命",全是他们自找倒霉。在这个意义上来说,天命是不足凭恃的,所谓"天不可信"(《君奭》)、"天畏棐忱"、"惟命不于常"(《康诰》),都应该做这样的理解。

周人的确有一种脚踏实地的气质,他们非常重视研究历史。历史上夏、殷的兴亡,给了他们强烈的刺激。"非天庸释有夏,非天庸释有殷,乃惟尔辟,以尔多方大淫图天之命,庸有辞。"(《多方》)不是天不要夏、殷了,是他们自己不好。"我不可不监于有夏,亦不可不监于有殷。我不敢知曰:有夏服天命,惟有历年;我不敢知曰:不其延。惟不敬厥德,乃早坠厥命。我不敢知曰:有殷受天命,惟有历年;我不敢知曰:不其延。惟不敬厥德,乃早坠厥命。"(《召诰》)这是说我们不能不引夏殷作为教训,谁能预先说夏、殷能享国长久,或者说他们国运不会很久呢?只要他胡作非为,就会"早坠厥命"。由夏、殷想到了自己,因此周公说道:"殷既坠厥命,我有周既受,我不敢知曰:厥基永孚于休。若天棐忱,我亦不敢知曰:其终出于不祥。"(《君奭》)我们周人也是一样,现在虽然得了天命,前途如何呢?殷鉴不远,就在夏后之世!因此周人总是提心吊胆,"战战兢兢,如临深渊,如履薄冰"(《诗·小旻》),时常有一种危机感。这种惧失天命的担心,由此而产生的要认真地对待人事的思想,终于凝结为一个全新的观念,这就是"敬"。"敬之敬之,天维显思,命不易哉。无曰高高在上,陟降厥士,日监在兹。"(《周颂·敬之》)要敬啊,要敬啊,天道是十分明显的,得天命与保天命都是很不容易的呢!不要说天高高在上,管不着我们,其实它无日不在监临着我们!天既然对地上的人王有着予夺的权力,这对于企图"子子孙孙永保用"的统治者来说,确实是十分可怕的,因此,"敬"也就显得特别重要了。"王曰:呜呼!小子封,恫瘝乃身,敬哉!天畏棐忱,民情大可见,小人难保。往尽乃心,无康好逸豫,乃其乂民。"这是周公嘱咐康叔的话,"畏"通"威","棐"通"匪",天畏棐忱即天不可信之义。天命的在否是通过民情来体现的。这里"敬"的最直接的原因是"小人难保",而"敬"的具体要求则是"往尽乃心,无康好逸豫"。至于所谓天不可信,并非是怀疑天的存在,怀疑天命的存在,只是说天命是会转移的,一时得到天命并不能保证永远保有天命。因此,与其说周人怀疑天命,不如说周人对天命有他们独特的理解。殷人是"我生不有命在天乎",一味地依赖天命;周人则认为天命与人事息息相关,天无时不在监视着人们的行为,决定着对人们的予夺。在这个意义上,说周人比殷人更笃信天命,似乎也不为过。

那么,天决定对人们的予夺的根据是什么呢?这就是看人的"德"如何了。

对于先秦文献中的"德"字,人们历来作两方面的理解:一是讲作道德之德,一是讲作恩德之德。《说文》:"悳,外得于人,内得于己也。"段玉裁注云:"内得于己,谓身心所自得也;外得于人,谓惠泽使人得之也。"前者偏于道德,后者指的是恩德,这样算是把两方面统一了起来。但"德"字的本义,其实还很值得研究。郭沫若先生曾经说:

> 德字照字面上看来是从值(古直字)从心,意思是把心思放端正。……但从周书和周彝看来,德字不仅包括着主观方面的修养,同时也包括着客观方面的规模——后人所谓礼。……礼是由德的客观方面的节文所蜕化下来的,古代有德者的一切正

当行为的方式汇集了下来便成为后代的礼。①

这是最先注意到了"德"字尚有客观行为方面的意义。王德培先生的《书传求是札记》，谈到"德"字的原始意义，比郭说又进了一步，他说：

> 考之《周书》文字，德字无道德义。……周初德字只当作一种行为或作为的意思来使用。单一个德字，既可以表示善行，也可表示恶行，所以《周书》里德字前面往往加上各种修饰词，以便知道是什么行为。……凡单用一个德字，多数即只作行为解。如敬德，不是崇敬道德，而是警惕行为。②

此说颇能给人以启发。的确，《周书》中固然有如明德、敏德、义德等表示积极意义的字眼，但同时也有酒德、凶德、暴德、桀德、受德等词，以桀纣之行而称"德"，不能不说这里的"德"字只当作一种"行为"或"作为"的意思来使用。王氏此说，或许真正探到了"德"字造字的本义。但周初"德"字是不是就绝对没有道德或恩惠等义？这个问题还值得研究。例如《尚书·盘庚》中有"实施德于民至于婚友"句，这里的"德"字似乎还是以解作"恩惠"于义为长。特别是《诗经》中所用"德"字，有不少地方显然还有道德义。或许可以这样说，"德"字的本义是指人的行为或者作为，由于领袖人物或者伟大人物的模范行为永远值得后世效法，于是"德"字逐渐地有了道德（行为规范）的含义。周初人们使用"德"字虽然已有了道德的含义，但主要地恐怕还是使用"德"字的最原始的意义（这并不奇怪，例如战国时人使用"敬"字，主要是用它的引申义——恭敬，但在某些场合也还使用它的本义）。

现在我们再回到"敬德"上来。敬德二字连言，在《周书》中比较常见。如《召诰》："王其疾敬德"；"王敬作所，不可不敬德"；《无逸》："厥或告之曰：小人怨汝詈汝，则皇自敬德"；《君奭》："其汝克敬德，明我俊民"。春秋以后，"德"字作为道德之德、恩德之德的意思逐渐固定下来，"敬德"二字便极少连言了。《周书》中的"敬德"，固不能如前人解作崇敬道德或敬重德行，但说成是"警惕行为"也稍欠准确，应该说是"在行为上要做到敬"，即做到谨慎、小心、严肃、认真、努力。敬

---

① 郭沫若：《先秦天道观之进展》，《青铜时代》，第 21 页。
② 载《天津师范大学学报》1983 年第 3 期。

德的思想来源于对天命的不敢凭恃与对人事的高度重视。《尚书》中的《召诰》，据说系召公所作，作于周公反政成王营建洛邑之时，中心意思在于总结商亡的教训，指出周人巩固统治的方法。全篇主旨，都在"敬德"二字。因为看到了夏、商二代因"不敬厥德"而"坠厥命"，因此召公向成王大声疾呼："王其疾敬德！""惟曰其迈，王敬作所，不可不敬德！""敬德"的思想，表明了周人特别重视统治阶级的个人行为，把这看成了江山能否稳固的关键。在《尚书·无逸》篇里，周公教训成王要"先知稼穑之艰难"，由此去体察民众的疾苦。他还要求后世周王，"继自今嗣王，则其无淫于观、于逸、于游、于田，以万民惟正之供，无皇曰今日耽乐"，不可以民众缴纳的赋税供自己游玩享乐。不用说，这篇《无逸》是对"敬德"思想的最具体的说明了。

周初统治者的"敬天"与"敬德"，都是以巩固统治、延续统治为其出发点的，因此，"敬天"与"敬德"实是一个事物的两个方面。那么，常见于典籍中的"敬慎威仪"又是怎么一回事呢？原来，所谓敬慎威仪，不过是对统治阶级在政治行为方面提出的"敬"的要求的进一步推衍和具体化。《鲁颂·泮水》："穆穆鲁侯，敬明其德。敬慎威仪，维民之则。"先是歌颂鲁侯"敬明其德"，接着又说他"敬慎威仪"，可以作百姓的楷模，这"敬慎威仪"显然是"敬明其德"的具体化。什么是威仪？如果说"德"指的是贵族阶级的一般的行为（主要是政治的行为），威仪则特指贵族阶级的容止，而且是贵族的典范式的容止。前辈的威仪也如同前辈的明德一样，可以作为后人的楷模。《虢叔旅钟》："旅敢肇帅型皇考威仪，□御于天子。"《叔向父簋》："余小子嗣朕皇考，肇帅井（型）先文祖共明德，秉威仪，用□□□保我邦我家。"可见父祖的"威仪"和"明德"同是后人"帅型"的对象。既然前辈的典范式的威仪可供后人的效法，因此威仪后来就演变为仪礼的代称。《中庸》："礼仪三百，威仪三千。"《汉书·艺文志》："礼经三百，威仪三千。"颜师古注云："威仪三千，乃谓婚冠吉凶，盖仪礼是也。"可证威仪后来成了仪礼的代称。

西周乃至春秋时代的贵族所以重视威仪，正是因为威仪是表明贵族身份的重要标志，在维护等级制度方面，与仪礼有其相似之处。《左传》襄公三十一年："有威而可畏谓之威，有仪而可象谓之仪。君有君之威仪，其臣畏而爱之，则而象之，故能有其国家，令闻长世。臣有臣之威仪,其下畏而爱之,故能守其官职,保族宜家。顺是以下皆如是,是以上下能相固也。《卫诗》曰:'威仪棣棣,不可选也。'言君臣、上下、父子、兄弟、内外、大小皆有威仪也。……故君子在位可畏,施舍可爱,进退可度,周旋可则,容止可观,作事可法,德行可象,声气可乐;动作有文,言语有章,以临其下,谓之有威仪也。"这虽是春秋时代卫国大夫北宫文子的议论,但与《诗》《书》中关于威仪的说法甚为相合。说是君臣上下皆有威仪,但既然有威仪指的是使人可畏、可则,那威仪就只能是贵族的事情,平民是谈不到"临其下"的。而贵族之看重威仪,正是为了使其下"畏而爱之","则而象之",从而达到有其国家、保族宜家的目的。这与在贵族的政治行为上提倡"敬"是完全一致的。《大雅·抑》:"敬慎威仪,维民之则。""慎尔出话,敬尔威仪,无不柔嘉。"《大雅·民劳》:"敬慎威仪,以近有德。"《小雅·小宛》:"各敬尔仪,天命不又。"严肃认真、谨慎小心地保持贵族应有的容止,这就是所谓"敬慎威仪"。显然,这是周人提倡的"敬德"的一个组成部分,反映了周人在政治上重视人事的积极态度。

五　调节统治阶级内部关系的道德规范

如果说,周初贵族所提倡的"敬",主要是指严肃、认真、谨慎、小心、勤勉、努力地去做事,是一种临事的郑重、积极的态度,那么,春秋时代人们所提倡的"敬"德,则主要是指人与人交往的一种行为规范,是一种对人的态度。"敬"这一概念的内涵,也发生了变化,由严肃、认真、谨慎、小心、畏惧等义引申而来的恭敬、尊敬义,逐渐地占了上风。我们在前面已经看到,春秋时人常把敬与忠、孝、慈、爱、仁、义等概念并提,足见敬与忠、孝等同为处理人际关系的原则。正是因为这种"敬"德具有调节贵族内部相互关系的功能,所以受到了贵族阶级的高度重视,所谓"能敬无灾"①,反映了"敬"这种行为规范在当时人们心目中的地位。反过来呢,要是有谁在与人交往中表现出了不敬,那就会遭到贵族社会的一致非议,甚至被认为绝不会有好下场。《左传》《国语》中有不少这类的例子:

> 晋侯使赵同献狄俘于周,不敬,刘康公曰:"不及十年,原叔

① 《左传》昭公元年穆叔引《志》语。

（按即赵同）必有大咎，天夺之魄矣。"（《左传》宣公十年）

公如晋，晋侯见公不敬，季文子曰："晋侯必不免。"（《左传》成公四年）

襄王使邵公过及内史过赐晋惠公命，吕甥、郤芮相晋侯，不敬，晋侯执玉卑，拜不稽首。内史过归，以告王曰："晋不亡，其君必无后，且吕、郤将不免。"（《周语》）

蔡侯归自晋，入于郑。郑伯享之，不敬。子产曰："蔡侯其不免乎？……君小国事大国，而惰傲以为己心，将得死乎？"（《左传》哀公二十八年）

为什么"不敬"就将"不免"（谓不免于灾祸）呢？另有两条材料说得稍微明白一些：

晋侯使郤锜来乞师，将事不敬。孟献子曰："郤氏其亡乎！礼，身之干也。敬，身之基也。郤子无基。……不亡何为？"（《左传》成公十三年）

原来敬是礼的根本，不敬也就等于抛弃了礼。在当时的社会中，不循礼而行是不会久长的。

齐高厚相大子光以先会诸侯于锺离，不敬。士庄子曰："高子相大子以会诸侯，将社稷是卫，而皆不敬，是弃社稷也，其将不免乎？"（《左传》襄公十年）

在国事交往中"不敬"，就等于是"弃社稷"，这说得真够严重了，但这又是为什么呢？《左传》僖公十一年："礼，国之干也；敬，礼之舆也。不敬则礼不行。"礼是立国的基干，而敬是礼的乘舆（即礼是要通过人的敬表现出来的），人如果不敬，礼就无法实行，而不能实行礼，社稷怎么能保得住呢？看来敬是与礼紧紧连在一起的。

"礼，国之干也。"一点不错。在宗法等级制的社会中，治理国家主要靠的是礼。礼本来指的是维护贵族阶级中各个等级尊卑、上下不相逾越的一系列制度，同时也指繁缛的礼仪细则，这些制度和礼仪细则对不同等级的贵族的行为、享受、政治待遇等等都做了明确的规定，以防止犯上作乱。礼的内容，根据时贤的研究，最主要的包括两个方面，一是"亲亲"，一是"尊尊"。金景芳先生说："亲亲，就是亲其所亲,反映这个社会的血缘关系方面;尊尊,就是尊其所尊,反映这个社会的政治关系,即阶级关系方面。在亲亲和尊尊中,贯彻着严格的等级制原则。"①《荀子·富国》:"礼者,贵贱有等,长幼有差,贫富轻重皆有称也。"可见礼的功能在于调节统治阶级内部各个阶层的相互关系,在于维护宗法等级制度。《左传》昭公二十六年载晏婴曰:"礼之可以为国也久矣,与天地平。君令、臣共,父慈、子孝,兄爱、弟敬,夫和、妻柔,姑慈、妇听,礼也。"君臣、父子、兄弟等等分别遵守各自的道德规范,便算是实行了礼。所以,一般地说,礼不是靠暴力的强制实行的,这一点与刑有别。那么,怎样才能保证维护等级制度的礼能够得到贯彻实行呢? 这里就用得着"敬"德了。

"敬,礼之舆也。"正是这样。敬是人的内心的一种道德修养。行礼的时候能够做到敬,表明行礼者在内心深处对礼所规定的等级秩序的承认和拥护,而这正是礼得以实行的最可靠的保障。《左传》成公十三年:"是故君子勤礼……勤礼莫如致敬。"孔子曰:"为礼不敬……吾何以观之哉!"(《论语·八佾》)礼是外在的,而敬是内在的,但礼正是由于人的敬才具有真正的价值。因此,两相比较,敬似乎显得更为重要,这就是所谓"祭礼与其敬不足而礼有余也,不若礼不足而敬有余也"(《礼记·檀弓》)。贵族阶级提倡"敬"德,实际上就是在强调遵守礼制的自觉性,强调对于尊卑上下秩序不仅要做到一般的遵守,而且要做到心悦诚服,显然,这对于维护礼制是至关重要的。因此,能够做到"敬"的人,往往要受到人们的赞扬。《国语·晋语》上有这样一段记载:

> 臼季使,舍于冀野。冀缺耨,其妻馌之,敬,相待如宾。从而问之,冀芮之子也。与之归。既复命,而进之曰:"臣得贤人,敢以告。"……公曰:"子何以知其贤也?"对曰:"臣见其不忘敬也。夫敬,德之恪也。恪于德以临事,其何不济!"公见之,以为下军大夫。

这条材料在今天的人们看起来实在难以理解,怎么夫妻相敬如宾,就可以被推荐做大官呢? 但这正是反映那个时代特殊的道德观念的一

---

① 金景芳:《中国奴隶社会史》,上海人民出版社 1983 年版,第 151 页。

个突出的例证。冀缺原来是贵族,因父亲犯罪,他被打发到乡下种地去了,但他毕竟曾经是贵族,熟悉贵族的礼仪,而且贵族的道德修养甚深,因此在窘迫的生活中仍能保持贵族的容止和风度,这就是他所表现出来的敬(有礼)。在当时,礼是不下庶人的,因此很快就被臼季发现他是一个贵族,而且是“不忘敬”的贵族。在田间劳作尚且不忘恭敬,他对于维护统治秩序的礼的态度便可想而知了。至于臼季推荐他做官的理由,《左传》上说得更明白些:“敬,德之聚也,能敬必有德,德以治民,君请用之。”(僖公三十三年)就是说,敬是德的集中表现,能敬的人一定是有德的贵族,而有德的贵族是可以治民的。如果我们明白了敬与礼之间的相互关系,对于这样的事情也就不会觉得奇怪了。

礼无处不在,渗透到了社会生活的各个方面。尽管政刑法度、礼仪习俗、伦理关系等等五花八门的东西往往都被称作是礼,但是在西周直至春秋时代,礼最主要的还是表现为一种政治秩序,因此,“敬”德的最明显、最重要的作用,也是表现在政治方面。在宗法等级制的社会中,“敬”德是有着比较明确的归属的:就尊卑而言,敬属于卑者之德;就上下而言,敬属于在下者之德;就父子而言,敬属于为子者之德;就君臣而言,敬属于为臣者之德。我们看《左传》《国语》等典籍中,谈到“敬”德,总是说,子对父要敬,弟对兄要敬,幼对老要敬,后代对祖先要敬;不过当时人们谈论最多的,还是臣对君要敬,或者换句话说,在春秋时代,作为道德规范的“敬”,主要的是一种臣德。

《大学》:“为人君止于仁,为人臣止于敬,为人子止于孝,为人父止于慈,与国人交止于信。”《国语·齐语》:“令夫士,群萃而州处,闲燕则父与父言义,子与子言孝,其事君者言敬,其幼者言弟,少而习焉,其心安焉,不见异物而迁焉。”君臣父子各自都有应该遵守的道德规范,这里明显地把“敬”派给了臣。为臣而能敬,被认为是君子。《论语·公冶长》:“子谓子产有君子之道四焉:其行己也恭,其事上也敬,其养民也惠,其使民也义。”

作为事君之德的敬,这时候主要有两层含义:一层意义是对公事要谨慎小心、勤勉努力,所谓“事君敬其事而后其食”,这可以说是西周时代“敬”德的延伸;另一层意义则是对君命的服从。《国语·晋语》:“吾闻事君者,竭力以役事,不闻违命。君立臣从,何贰之有?”可见在当时,"不违君命"是对为臣者的起码要求。《周语中》:"为臣必臣,为君必君。宽肃宣惠,君也;敬恪恭俭,臣也。……敬所以承命也,恪所以守业也,恭所以给事也,俭所以足用也。以敬承命则不违,以恪守业则不懈,以恭给事则宽于死,以俭足用则远于忧。"按敬、恪、恭是近义词,承命即接受君主交给的任务,"以敬承命则不违",讲的是服从。《国语·晋语》:"吾闻之羊舌大夫曰:'事君以敬,事父以孝。'受命不迁为敬,敬顺所安为孝。弃命不敬,作令不孝。"可见"以敬事君"的实质就是"不违命",就是绝对服从。由此看来,春秋时代的君臣关系中专制主义的因素已经大大加强了。

春秋时人讲到事君的道德,除了"敬"之外,还有一个"忠",似乎这二者都是为臣者所必须具有的,所谓"失忠与敬,何以事君",就是说的此种事实。敬与忠有相通之处,《说文》:"忠,敬也,尽心为忠。"但忠在最初大约只是为人办事要尽心竭力的意思,在春秋时代还没有被局限于君臣关系方面。赵光贤先生曾经分析说:"什么叫忠?后世专制主义时代,忠君、忠于皇帝是封建道德里面最重要的一条,然而在春秋时期,忠字的意义是很不确定的。当时尚无明确的忠君观念,孔子虽说过'君使臣以礼,臣事君以忠',那不过是把一般的忠诚的意义应用到事君而已。曾子说:'为人谋而不忠乎?'既然对一般人都要忠诚,那么对君也应当忠诚,如此而已。"①正因为这样,当时的人们才把"敬"看作是事君者的主要的道德规范,而不是像后世那样,"忠君"成了做臣子的主要的道德原则。战国以来,随着统治阶级政治关系的发展变化,随着道德思想的日趋发达,作为臣德的"敬",逐渐被"忠"所代替了。事君以敬,似乎偏重在对君的态度要恭敬,从而对君命要服从,要努力去做;事君以忠,虽说也要求去尽心完成君命,但又多了一层委身效命、有死不贰的意思。这反映了君主专制制度的发展。一旦忠君的观念得到强化,忠君变成了最高的道德标准,"敬"德的地位便悄悄地降低了,"敬"虽然仍旧是人们提倡的美德,但它已不再是调节统治阶级内部关系(其中主要的是君臣关系)的最重要的道德工具,因此也就无法与忠、孝、仁、义等道德范畴相提并论了。

_____

① 赵光贤:《周代社会辨析》,人民出版社1982年版,第162页。

六 结论

周人重于道德,"敬"是周人的一个十分重要的道德概念。但在周初,统治阶级所提倡的敬德,实是指谨慎、小心、严肃、认真、勤勉、努力地去做事,它虽然也属于道德的范畴,毕竟还不是一个直接反映人与人、人与社会之间关系的道德规范。春秋时代的敬德,已经主要是人际交往的道德准则了,对于维护当时的礼制,维护宗法等级制度,起着不容忽视的作用。这个时代的敬德,虽然是贵族阶级一般都须具有的道德修养,但主要地还是一种"臣德",即事君者的行为规范。这种臣德,既包括对公事的谨慎努力,也包括对君命的恭敬、服从。不过,战国以后,事君者的行为规范逐渐地凝固为一个"忠"字。忠比起敬来,更能够反映封建社会中臣对于君的人身依附关系,因此,随着君主专制制度的发展,忠也就自然地成了最主要的臣德。这样,"敬"德的地位也就逐渐降低了。

1984 年 5 月 11 日初稿
8 月 4 日改定

(原载《内蒙古大学学报(哲学社会科学版)》1985 年第 2 期)

西周至秦汉间天下观之演变

古代中国人在谈到国家政治的时候,"天下"是一个出现频率颇高的字眼,比如"有天下"、"亡天下"、"天下大治(或大乱)"、"天下有道(或无道)"、"平天下"、"天下服"、"天下已定"、"王(读去声)天下"、"天下之民"、"天下苦之"等等。一般说来,这个"天下"就是指王或者皇帝统治的范围,表面上看,有点像我们今天所说的"全国"。前辈的学者大多从历史地理的角度,讨论西周春秋时人们的天下观,例如童书业等先生在 20 世纪 50 年代曾发表《汉代以前中国人的世界观念与域外交通的故事》①,指出最古的中国人实把海看作是世界的边际的,所以有"四海"和"海内"之称,直至春秋初年,那时的"天下"还是很小的。战国时代,人们把"天下"越放越大,但也仅只包括了当时的"九州"而已。后来童书业先生在他的《春秋左传研究》一书中,对此又有进一步的论证。至于周人所谓"天下"究竟有何政治意义,"天下"作为一个概念,在不同的历史时期,其内涵是否有一些细微的变化,管见所及,似乎还很少有学者细加探究。其实这是一个很有意思的问题,值得加以深入的探讨。本文即拟对西周到秦汉间人们天下观之演变,试做一些分析和研究。

---

① 童书业、顾颉刚:《汉代以前中国人的世界观念与域外交通的故事》,《中国古代地理考证论文集》,中华书局 1962 年版。

一

"天下"这个词,在古文献里出现得很早。《尚书·召诰》:"其惟王位在德元,小民乃惟刑用于天下。"这是说周王位居道德之首,小民就会效法遵循,使道德行于天下。《立政》:"今文子文孙,孺子王矣。其勿误于庶狱,惟有司之牧夫。其克诘尔戎兵,以陟禹之迹,方行天下,至于海表,罔有不服。"这是周公在告诫成王,要他以大禹为榜样,整饬军队,使其威力行于"天下",直达于海外,让天下庶邦臣服。《顾命》曰:"皇后凭玉几,道扬末命,命汝嗣训,临君周邦,率循大卞,燮和天下,用答扬文武之光训。"这是太史宣读的成王临终时的遗命,命太子钊继承君位,君临周邦,遵守先王的法度,治理"天下",来发扬文王、武王的传统。接着康王致了答辞:"王若曰:庶邦侯甸男卫,惟予一人钊报诰。昔君文武丕平富,不务咎,底至齐,信用昭明于天下。"这也是称颂文王、武王的威信如阳光普照"天下"。《吕刑》:"天罚不极,庶民罔有令政在于天下。"这是说如果刑罚不能做到中正无偏的话,那么天下庶民就不可能享有善政了。《诗·大雅·皇矣》:"帝谓文王,无然畔援,无然歆羡,诞先登于岸。密人不恭,敢距大邦,侵阮徂共。王赫斯怒,爰整其旅,以按徂旅,以笃于周祜,以对于天下。"这是说周文王征讨密须氏,"以厚周家之福而答天下之心"(朱熹语)。以上所引,一般认为是西周时代的文献。其中《立政》《顾命》《吕刑》三篇或以为时代有些问题,可能有战国时人的增饰,未必是西周时的原貌;而《召诰》《皇矣》,则不见有人提出时代方面的问题,其为西周文献是可以肯定的。《逸周书》中,一般认为《克殷》《世俘》《商誓》《皇门》等篇可信为西周作品,其中《商誓》云:"凡在天下之庶民,罔不维后稷之元谷用蒸享。"足证"天下"这个词在西周时已经出现了。

周人"天下"观念的发生,导源于他们对"天"的认识。周人对天无比崇拜,这从西周文献以及金文资料中看得很清楚。他们把天看作是人间万物及其秩序的创造者,"天生烝民,有物有则";天监视着下民的一举一动,"天监有周,昭假于下"。[1]天也称帝,或称上帝,掌握着下民的命运,天可以降福,也可以降祸。但天并不直接统治下

---

① 《诗·大雅·烝民》。

民,而是派他的儿子——天子实施统治。故在周人的眼里,"天"所覆盖的范围"天下",也就是天子统治的范围。

问题是周人所称的"天下",是不是就等于周人的国家? 今天的研究者认为似乎应该如此,但在周人当时看来,却不是这样。由于认识水平的限制,周人不可能知道地球的其他地方还存在着人类文明,也就是说,他们不知道"天"外还有"天",他们以为他们所居住的黄河流域,再进而扩展到东至于海、南至于海、北至于肃慎、西至于流沙,这就是"天"之下的全部。因此,他们创造出"天下"这个词,实是用来指称他们眼中的"世界";而所谓"天子",实是当时的"世界"之主。"普天之下,莫非王土;率土之滨,莫非王臣",不是西周诗人的夸饰,而是当时人认识水平的真切反映。

那么周人的天下是怎样构成的呢? 从文献以及西周金文所反映的情况来看,西周的天下是由"周邦"及大大小小的"庶邦"构成的。在上古语言里,"邦"是最接近于今日我们所说的"国家"这一意思的字眼。但"邦"还不能完全等同于今日我们所说的"国家"。周人称商为"大邦殷",《顾命》:"皇天改大邦殷之命";称"殷邦",《无逸》:"不敢荒宁,嘉靖殷邦";或称"妹邦"(按"妹"即"沫",殷商故土),《酒诰》:"明大命于妹邦"。周人自称,则为"周邦"、"小邦周",《大雅·文王》:"周虽旧邦,其命维新",《大诰》:"天休于宁王,兴我小邦周","今天降戾于周邦"。而周邦之外,还有万邦、庶邦、多邦、小大邦等种种提法,如《墙盘》:"曰古文王……匍有上下,迨受万邦。"《尚书·洛诰》:"曰其自时中乂,万邦咸休,惟王有成绩。"《盠彝》:"天子不叚不其万年保我万邦。"《小雅·六月》:"文武吉甫,万邦为宪。"《酒诰》:"厥诰毖庶邦庶士越少正御事朝夕曰:祀兹酒。"《大诰》:"王若曰:猷,大诰尔多邦越尔御事。"《驹父盨盖》:"我乃至于淮,小大邦亡敢不□具逆王令。"《尚书·多士》:"凡四方小大邦丧,罔非有辞于罚。"而从西周金文中可以看到,周邦并不包容庶邦、万邦等等,而是与庶邦、万邦等等并列的:

> 《大克鼎》:"丕显天子,天子其万年无疆,保辥(乂)周邦,唆尹四方。"

> 《录伯戫簋》:"录伯戫,猷,自乃祖考有勋于周邦,右辟四方。"

《逨盘》:"天子其万年无疆,耆黄耈,保奠周邦,谏辥四方。"

按周人所谓"四方",是指除周邦之外的东南西北各方之邦,这个"四方",正是与当时的"天下"重合的。《大雅·皇矣》:"皇矣上帝,临下有赫。监观四方,求民之莫。"这是说上帝监临四方,求民之所以安定。《召诰》:"呜呼,天亦哀于四方民。"这是说天哀怜四方之小民。天子作为天的统治的代理人,自然也是四方之主。《大盂鼎》:"在武王嗣文作邦,匍有四方。""夙夕召(助也)我一人烝四方。"这是周王说的话,"烝"义为君,"烝四方"就是为四方之君。周王统治"周邦",同时也统治"四方",于是周王就统治了"天下"。这个"四方",不仅包括中原的诸侯庶邦,也是包括当时所谓"蛮夷"的,《大雅·江汉》:

> 江汉汤汤,武夫洸洸。经营四方,告成于王。四方既平,王国庶定。时靡有争,王心载宁。
>
> 江汉之浒,王命召虎:式辟四方,彻我疆土。匪疚匪棘,王国来极,于疆于理,至于南海。

这首诗共六章,这是其中的两章。召虎即召穆公,是宣王时期很有名的人物,他的事业主要是征伐南淮夷,为周室开辟南土。此诗开头明言"淮夷来铺",故诗中歌颂的正是召虎伐淮夷的事迹。那么诗中所说"经营四方"、"四方既平"、"式辟四方"等等,四方应当包括淮夷在内。诗中"彻疆土"云云,说明周王武力所达到的地方,也就是政令所达到的地方。这里容有夸饰,如说"至于南海",但当时一定有在被征服的土地上疆理土地的事实。这也是周王的统治势力及于"四方"之一证。

再看下面这段金文辞:

> 丕显子伯,壮武于戎工,经维四方,搏伐猃狁,于洛之阳。(《虢季子白盘》)

本辞是为子伯伐猃狁纪功,辞中所谓"经维四方",显然是包括了"伐猃狁"的,这是四方包及猃狁之证。《宗周钟》云:"南或服子敢臽虐我土,王辜伐其至,戴伐厥都。服子乃遣间来逆邵王,南夷东夷具见,廿六邦。"这是南夷、东夷而称邦的例子。《驹父盨盖》云:"我乃至于淮,小大邦亡敢不□具逆王令。"这是南淮夷属于庶邦的例子。

周王既是周邦之君,同时也是"天下"之主。在当时人的眼里,"天下"就是世界,是由许许多多的"邦"组成的,因此,所谓天子,应该就是当时人眼中的世界之主。

二

春秋时期,"天下"已经成为一个十分常见的政治语汇,人们用来指称昔时周天子的统治范围,这一点与西周并无多大差别。例如《左传》昭公二十八年:"昔武王克商,光有天下。"定公四年:"周公相王室以尹天下。"昭公七年:"周文王之法曰:有亡荒阅,所以得天下也。"《周语中》:"昔我先王之有天下也,规方千里以为甸服。"这个"天下"究竟有多大呢?《左传》昭公九年记周王通过使者自述其管辖的范围云:"我自夏以后稷,魏、骀、芮、岐、毕,吾西土也。及武王克商,蒲姑、商奄,吾东土也;巴、濮、楚、邓,吾南土也;肃慎、燕、亳,吾北土也。吾何迩封之有?文、武、成、康之建母弟,以藩屏周,亦其废队是为,岂如弁髦,而因以敝之。先王居梼杌于四裔,以御螭魅,故允姓之奸居于瓜州。伯父惠公归自秦,而诱以来,使偪我诸姬,入我郊甸,则戎焉取之。戎有中国,谁之咎也?后稷封殖天下,今戎制之,不亦难乎!"按此语是周王语气,"我"是周王自我,周王述其先世,夏时后稷被封于魏、骀(邰)、芮、岐、毕等地,是为"西土";武王克商后又有了"东土""南土""北土"。我们看这四土的地名,北至今北京、辽宁,南至今四川、湖北,西起今之陕甘,东至山东半岛,知当时所谓蛮夷之邦,分明是包含在这四土之内的。值得注意的是"先王居梼杌于四裔,以御螭魅"。《左传》文公十八年也有舜将浑敦、穷奇、梼杌、饕餮"四凶族""投诸四裔,以御螭魅"的记载。杜预注云:"裔,远也。放之四远,使当螭魅之灾。螭魅,山林异气所生,为人害者。"按古人对极边远地区的恶劣自然环境,例如西南的"瘴气"等等,感到不能适应和极端恐惧,故称之为"螭魅"。而"允姓之奸"被赶到了"瓜州",显然是属于"投诸四裔"的。瓜州的地望,旧说在今之敦煌,顾颉刚说在今之秦岭[①],在今人看来都不是太远的地方,可在那时已被看作是"四裔"了。

---

① 顾颉刚:《史林杂识》"瓜州",中华书局 1963 年版,第 50 页。

春秋时人除了用"天下"来指称天子的统治范围之外,同时也用来指称当时的国际社会,例如《左传》庄公十二年:"天下之恶一也,恶于宋而保于我,保之何补?"襄公十九年:"小国之仰大国也,如百谷之仰膏雨焉,若常膏之,其天下辑睦。"襄公二十六年:"获罪于两君,天下谁畜之?"原来作为天下之主的周天子虽已衰微,但天下应当有主的观念却丝毫没有动摇。这时候的霸主,尽管也难免有觊觎天子宝座的野心(特别是楚人,表现得更加咄咄逼人),却没有谁公然取代周天子的地位。一方面是传统的势力依然强大,另一方面,应该说,产生新的天下之主的历史条件还不成熟。

战国时人使用的"天下"这一概念,其内涵已悄然发生了分化。有时人们所说的"天下",明显带有自然的意味,所指包括整个自然界与人类社会;而在另外一些场合,则带有浓厚的政治意味。前者如《易传》所说的"易简而天下之理得矣"、"天下之能事毕矣"、"通其变,遂成天下之文;极其数,遂定天下之象",《老子》的"天下万物生于有,有生于无"(第四十章)、"天下之至柔,驰骋天下之至坚"(第四十三章),《庄子》的"天下莫大于秋毫之末,而泰山为小"(《齐物论》)、"以天下之美为尽在己"(《秋水》),《仪礼·士冠礼》的"天下无生而贵者",《考工记》的"凡天下之地势,两山之间,必有川焉",此类例不胜枚举,其义相当于今人所谓"人世间"、"天地之间"等等。此种用法,与西周时代人们所说的"天下"实即当时的"世界"这一情况,有直接的关联。但因为此种"天下"与政治牵涉较少,故不在本文论述之列。至于带有政治意味的"天下",则在战国思想家的著述里更为常见,举凡"治天下"、"有天下"、"乱天下"、"一天下"、"天下有道"、"天下大治"、"临天下"等等都是。那么这种"天下"究系何指呢?

春秋战国之际,国家形态的发展,主要表现为诸侯国的成长及其国内集权体制的形成。到了战国时代,昔日的诸侯国已经纷纷成长为面积广大、疆域明确、君主集权、施行郡县制的领土国家。这时国与国之间的交往与斗争日益频繁,别国实力的强大与衰弱,往往与本国的利益休戚相关。因此,不管是政治家,还是学者,对"天下"都很关注。那时人们眼中的天下,是由多个主权国家组成的,"治国"与"平天下"构成了两个明显不同的层次。这时的"平天下",意味着对其他主权国家的侵犯、吞并和占有。由于四周的蛮夷戎狄与中原地区在文化发展上存在着明显的差距,因此中原的统治者从来没有把蛮夷戎狄看作是对等的竞争对手,而只是视为"附庸"。他们所谓平天下,主要是指对中原各国的吞并,同时也似乎理所当然地意味着四周蛮夷戎狄的归服,在这里蛮夷戎狄被忽略不计了。"天下"就这样被人使用着,用来指称当时人所熟悉的国际社会。《周礼》成书于战国,其中的一些说法,可以作为当时人一般认识的代表。《周礼·大司徒》云:

> 掌建邦之土地之图,与其人民之数,以佐王安扰邦国。以天下土地之图,周知九州之地域广轮之数。

又职方氏职文云:

> 掌天下之图,以掌天下之地,辨其邦国、都鄙、四夷、八蛮、七闽、九貉、五戎、六狄之人民,与其财用九谷六畜之数要,周知其利害。乃辨九州之国,使同贯利。

按四夷、八蛮等等,统指周边的各少数族。据大司徒职文,掌握了"天下土地之图",就可以"周知""九州"的土地状况;又据职方氏职文,"天下之地"包括邦国、都鄙以及周边少数族所占之地,是则《周礼》之所谓天下,实以"九州"为主体,兼包有周边的少数族地区。此时,很少有人从语源学上去探究"天下"一词的本义,"天下"是不是真的包括了"普天之下"的所有地方,"天下"除了九州以及周边的少数族之外,还有没有别的什么国家或政权,当时似乎很少有人深究。可以说,人们用一个有着无限广阔外延的概念,概括了一个显然是十分有限的现实。

战国时代的"天下",不仅表示地理的范围,而且还是一种政权形态的代称。在当时人看来,这是一种最高级别的政权,虽然在当时社会中这一级的政权已不存在,但它在历史上曾经存在过,它与当时通行的"邦国"的政权形式应该有统属与被统属的关系。"天下"作为一个国际社会,曾经有过共主,先是三代的诸王,后是春秋的霸主,但在战国时代,"天下"已处于无主、无序的状态了。从战国诸子文献中我们可以看到,诸子的政治主张纵有千差万别,但他们对于天下包有众国、天子应是诸侯国君之主的这种统治秩序是普遍认同的。《墨子·尚同》云:

夫明虖天下之所以乱者,生于无政长。是故选天下之贤可者,立以为天子。天子立,以其力为未足,又选择天下之贤可者,置立之以为三公。天子、三公既以立,以天下为博大,远国异土之民,是非利害之辩,不可一二而明知,故画分万国,立诸侯国君。诸侯国君既已立,以其力为未足,又选择其国之贤可者,置立之以为正长。

天下之为国数也甚多,此皆是其国,而非人之国,是以厚者有战,而薄者有争。

《老子》云:

修之于身,其德乃真;修之于家,其德乃余;修之于乡,其德乃长;修之于邦,其德乃丰;修之于天下,其德乃普。故以身观身,以家观家,以乡观乡,以邦观邦,以天下观天下。(第五十四章)

以正治国,以奇用兵,以无事取天下。(第五十七章)

《管子·牧民》云:

以家为乡,乡不可为也;以乡为国,国不可为也;以国为天下,天下不可为也。以家为家,以乡为乡,以国为国,为天下为天下。

《管子·权修》云:

欲为天下者,必重用其国;欲为其国者,必重用其民;欲为其民者,必重尽其民力。

《管子·霸言》云:

使天下两天子,天下不可理也;一国而两君,一国不可理也;一家而两父,一家不可理也。

这种认识根深蒂固,影响及于当时人对国家、君主的态度,使人们对战国时的国家、君主不可能产生至尊感,也不可能产生国家至上的观念。因为在国家之上,还有天下,这个天下,是各个大的领土国家的总和,是各诸侯国之上的更高一级的政权。那时人们讨论的政治问题,除了如何治理好自己的国家以外,还有一个如何治理天下的问题,也就是说如何成为天下之主(王天下)的问题。然而这个更大的国家、更高的政权,在战国二百多年中基本上是不存在的,因此战国人所说的作为更大的一统国家、更高一级的政权的"天下",还只是记忆中的,或者说是理想中的,这样就显得比较虚。《老子》说:"天下神器,不可为也。"①这是说"天下"乃神物,是不可以有为治之的,意谓当顺其自然。按这里的"天下",应当理解为那种高出于诸侯国之上的最高的政权。当时的一些学者,特别是儒者,更把天下神圣化,把"得天下"(或"王天下"、"一天下"、"并天下"等等)说成是统治者的最高的道德体现,是"圣王"的大事业,"得天下"成了理想政治的终极目标。

孟子鼓励诸侯国的统治者行仁政,主张天下应当"定于一",声称"不嗜杀人者能一之"。荀子也认为只有像舜、禹这样的"圣人"才能够"一天下",他说:

> 一天下,财万物,长养人民,兼利天下,通达之属莫不从服······则圣人之得势者,舜、禹是也。②

此外,儒者还把"国"与"天下"严格地区分开来。孟子说:"不仁而得国者,有之矣;不仁而得天下,未之有也。"③为什么说"不仁而得国者有之"呢? 因为这是现实,大量的并非仁义的君主获得政权,使孟子不得不承认"不仁"也是可以"得国"的。为什么说"不仁而得天下未之有"呢? 因为"得天下"本身就还是一种理想,迄未成为现实,故孟子完全可以根据自己的理论逻辑推断出"不仁"就一定不能"得天下"。荀子也有类似的说法:

> 故可以有夺人("人"字疑衍)国,不可以有夺人("人"字疑衍)天下;可以有窃国,不可以有窃天下也。可以("可以"二字疑衍)夺之者可以有国,而不可以有天下;窃可以得国,而不可以得天下。是何也? 曰:国,小具也,可以小人有也,可以小道得也,可以小力持也;天下者,大具也,不可以小人有也,不可以小道得

---

① 《老子》第二十九章。
② 《荀子·非十二子》,梁启雄《荀子简释》本,中华书局 1962 年版。
③ 《孟子·尽心下》。

也,不可以小力持也。国者,小人可以有之,然而未必不亡也;天下者,至大也,非圣人莫之能有也。①

按因为"有国"是实的,而"有天下"则是虚的,且在当时,窃国、夺国的事情并不少见,因此只能承认"夺"可以"有国","窃"可以"得国";但天下则不同,天下既不可夺,又不可窃,只能是天命所归,民心所向,方能有天下。"万章曰:'尧以天下与舜,有诸?'孟子曰:'否。天子不能以天下与人。''然则舜有天下也,孰与之?'曰:'天与之。''天与之者,谆谆然命之乎?'曰:'否。天不言,以行与事示之而已矣。'"②这样,天下就有了道德的意味了。"有天下"是政治家理想的终极目标,唯有圣人才有可能实现。《荀子·正论》云:

> 天下者,至重也,非至强莫之能任;至大也,非至辨莫之能分;至众也,非至明莫之能和。此三至者,非圣人莫之能尽。故非圣人莫之能王。圣人备道全美者也,是县天下之权称也。

按作为国家与政权的"天下","至重""至大""至众"是其属性,只有"备道全美"的圣人才有资格享有及承担。显然,天下在这里被虚拟化了,也被道德化了。说它被虚拟化,是因为作为一个统一国家的"天下",只存在于战国学者理想的政治模式中;说它被道德化了,是因为只有具有极高道德的人才被认为有可能成为新的天下之主。历史上有天下的王者都是如尧、舜、禹、汤、文王这类的人,"五百年必有王者兴",按照孟子的说法,这样的王者是应该出现了。

三

战国时人所谓天下,一般是指当时的各大"战国"的总和再加上周边的戎狄蛮夷,这是没有问题的;但此时的天下,已不完全像西周时那样,是当时人们眼中的世界,至少在一部分士人中是如此。有不少证据表明,战国时人的世界的观念,实际上已较前大为扩展了。③

随着社会生产力的发展,商业交通的逐渐发达,古代中国人的眼

---

① 《荀子·正论》。

② 《孟子·万章上》。

③ 参阅童书业、顾颉刚:《汉代以前中国人的世界观念与域外交通的故事》。

界不断扩大。成书于战国时期的《山海经》，透露出当时人们对世界的认识已较前有了进步。《山海经》是一部古代的"巫书"，书中的内容奇谲古怪，荒诞不经，故自司马迁以来，史家多斥为神怪，很少有人据以述史。但是现代学者却发现了《山海经》的独特的价值，他们往往能够从书中千奇百怪的神话中探寻出远古时代的若干史影。《山海经》中谈到的稀奇古怪的"国"有一百余个，像什么结匈国、羽民国、交胫国、三首国、长臂国、女子国等等，不一而足，一望而知是得之传闻的神话之国，并非实有；但也有一些属于实有或半实有的国家，如肃慎国、三苗国、深目国、黑齿国等等。① 《山海经》的作者把这些"国"说成是与战国时各诸侯国同时并存于天下的国家，应该说表明当时人们已经知道了除华夏文明的各国之外，在那遥远的地方还存在着许多体貌习俗不仅迥异于华人，而且迥异于当时已知的"戎狄蛮夷"的民族和国家，但所知并不真确，仅限于捕风捉影，传闻加上想像，于是有了《山海经》中那些奇奇怪怪的国家。其实这些貌似荒诞的描述也是一种进步，它突破了"中国"加上四周的蛮夷戎狄就是"天下"这样一种思维模式。《山海经》的作者认为，"天地之东西二万八千里，南北二万六千里"，而这千奇百怪的一百余个"国"就分布在这广阔的土地上，这远远超过了《禹贡》所说的"九州""四海"的范围。因为据"五百里甸服、五百里侯服、五百里绥服、五百里要服、五百里荒服"，通南北而计，不过四千五百里，东西也是一样。而《山海经》所说的大地的面积，要远远超出《禹贡》九州三十多倍！这种对天地之间南北、东西里数的估计，恐怕不是《山海经》作者之逞臆空想。《管子·地数篇》云："地之东西二万八千里，南北二万六千里。"此说或与《山海经》同源。《吕氏春秋》也有同样的说法，《有始览》云："凡四海之内，东西二万八千里，南北二万六千里。"而且更有甚者，在讲了"四海之内"的里数之后，《有始览》还记有所谓"四极"的里数："凡四极之内，东西五亿②有九万七千里，南北亦五亿有九万七千里。"显然，《吕氏春秋》的作者认为，"天下"并不以四海为限，四海之外还有广阔的地方，"四极"才是大地的终点。这种认识与西周时人对天下的看法

---

① 袁珂：《略论山海经的神话》，《中华文史论丛》1979 年第 2 辑。
② 这里的"亿"与今之所谓"亿"不同，是指十万。

是迥然不同的。《吕氏春秋》的这种看法,与战国晚期出现的邹衍的大九州说颇有类似之处。邹衍说:

> 儒者所谓中国者,于天下乃八十一分居其一分耳。中国名曰赤县神州。赤县神州内自有九州,禹之序九州是也,不得为州数。中国外如赤县神州者九,乃所谓九州也。于是有裨海环之,人民禽兽莫能相通者,如一区中者,乃为一州。如此者九,乃有大瀛海环其外,天地之际焉。①

邹衍的理论,乃是对"天下"有了新的观察以后的产物。此前儒者之所谓天下,纵不能说是与《禹贡》九州完全相合,至少是以《禹贡》九州为主体,或者说是以《禹贡》九州为中心。在邹衍看来,包有《禹贡》九州之中国(即他所谓赤县神州),对于天下来说,仅为其八十一分之一,因为像"赤县神州"这样的"州"就有九个(此即后人所称之"大九州"),外面皆由"裨海"(小海)环绕之;而由"裨海"环绕的九州又有九个,最外面由"大瀛海"环绕之,这才到了天地的尽头。表面上看起来,邹衍之说迂怪虚妄,荒诞无稽,实际上反映了当时一部分士人眼界的扩大,他们已经隐约知道了在中国之外遥远的地方,还有与"中国"类似的国家、社会与人民,因而能够突破中国是天下之中的旧观念,说出了中国仅为天下八十一分之一这样石破天惊之语。

但邹衍等人的这种认识,毕竟没有成为社会的主流,或者换句话说,当时人从认识自然的角度讲,眼界是扩大了,但这种认识并没有同步地在政治层面上发生影响,人们依然沿用着"天下"这一政治兼地理的概念,而且这一概念的内涵和外延均没有大的改变。人们用"天下"来指称昔日周天子的统治范围(或周天子声称能够统治的范围),也用来指称眼下列国纷争的国际社会,当然同时也用来指称理想中的新的天子的全部领土。

四

历史跟儒者开了个不小的玩笑。经过了五百多年(从周室东迁算起)的政权分立与战乱之后,"天下"终于被统一起来了,但这"一天

---

① 《史记·孟子荀卿列传》。

下"的人物,既不是尧、舜、禹、汤之类的"圣王",也不是齐桓、晋文类型的霸主,而是在儒者看来最为暴虐无道、不施仁义的秦王政。

秦始皇用武力消灭了六国,在他势力所能达到的地方设置了郡县,这就使战国诸子统一天下的理想变成了现实。毫无疑问,在秦始皇及其大臣们看来,秦是占有了天下的,泰山刻石云:"二十有六年,初并天下,罔不宾服。"之罘刻石云:"六国回辟,贪戾无厌,虐杀不已。皇帝哀众,遂发讨师,奋扬武德。……武威旁畅,振动四极,禽灭六王。阐并天下,甾害绝息,永偃戎兵。"正是从这个时候起,"天下"成了实实在在的统一政权的代称,基本摆脱了"世界"的含义,远离了这个词原本所具有的"天之所覆、地之所载"的语源学的本义。琅琊刻石云:"六合之内,皇帝之土。西涉流沙,南尽北户。东有东海,北过大夏。人迹所至,无不臣者。"这种语气,与西周"普天之下,莫非王土;率土之滨,莫非王臣"非常相似,只是此时的天下,似已有了明确的四至了。所谓"西涉流沙",按司马迁的说法是"西至临洮、羌中",即今之甘肃临洮;所谓"南尽北户",盖指南到极南之地,可能已达到今越南之中部;"东有东海",按司马迁的说法是"地东至海暨朝鲜";所谓"北过大夏",据《史记正义》引杜预云:"大夏,太原晋阳县",当在今山西之北部,按司马迁的说法,"北据河为塞,并阴山至辽东"。看来这就是秦人口中的秦王朝之疆域,也即当时人们心目中的"天下"。这个天下,显然只限于战国时七雄的地盘,顶多再加上一些周边少数族的土地。至于"流沙"之西、"大夏"之北、"东海"之外的情形究竟怎样,当时的人们似乎并不甚措怀。但无可否认,那时人们已经知道了在秦的"天下"之外,还有着独立于秦王朝的别的势力存在。秦二世说:"先帝起诸侯,兼天下,天下已定,外攘四夷以安边竟。"四夷当然是一种泛称,从二世之语可知,"四夷"被排斥在了边境之外,也即秦王朝的"天下"之外。其中最明显的,无过于匈奴,"乃使蒙恬北筑长城而守藩篱,却匈奴七百余里,胡人不敢南下而牧马"①,是则匈奴被赶到了远离秦王朝北部边境的地方,或者换句话说,秦的"天下"是不包括匈奴在内的。

这种对"天下"一词的理解和使用延续了下来。到了汉代,"天

① (汉)贾谊:《过秦论》,载《史记·秦始皇本纪》。

下"更加明显地成了华夏地区的大的统一国家的代称。随着中央集权政治的确立,"天下"也逐渐成了一个实实在在的统一政权的代称,不再是一种理想化的政权模式。之所以会出现这样的变化,首先当然与人们的眼界逐渐开阔、见闻日益增多有关。前面说过,战国时人对远方及海外的知识在不断增多,但大多还只限于模糊影响之谈。秦汉以来,这种知识逐渐变得真切。张骞之类的人物,进行了带有探险性质的长途跋涉的出使活动,《史记·大宛列传》详细记叙了张骞通西域的过程,并记有张骞经过西行十三年,返回汉朝后,向汉武帝介绍西方各国的情形。张骞讲了大宛、乌孙、康居、奄蔡、大月氏、安息、条枝、大夏、身毒等国,讲了这些国家的地理(包括距汉之里数)、物产、人民的生活习惯与风俗,与匈奴及周边国家的关系等各方面的情况。这些具体而真确的知识,引起了西汉统治者极大的兴趣,"天子既闻大宛及大夏、安息之属皆古国,多方物,土著,颇与中国同业,而兵弱,贵汉财物;其北有大月氏、康居之属,兵强,可以赂遗设利朝也。且诚得而以义属之,则广地万里,重九译,致殊俗,威德遍于四海。天子欣然,以骞言为然"。[1] 这种全新的地理知识,无疑使汉的统治者更清楚地知道了他们所统治的"天下"并非真的是"普天之下","天下"不过是一个国家,国号为"汉"的这个国家不过是与大月氏、安息等同时并立于世的许多国家中的一个而已。

秦汉以来天下观之发生变化,也与现实的教训有关。这里最突出的就是匈奴人给秦汉的统治者上了一课。匈奴人历史悠久,远在西周时代,就不断地给华夏统治者制造麻烦。战国时代,燕、赵、魏、秦等都不同程度地受到匈奴的侵扰。但从西周到战国,匈奴一直被看作是北方的夷狄之邦,是属于《禹贡》所谓"荒服"的,也就是说,他们本应属于"天子"所统治的"天下"之内的,只是由于"政教荒忽,因其故俗而治之"(马融语),才被目为天子治下的最外围的。但至秦汉时期,匈奴的实力已非昔比,《史记·匈奴列传》云:"然至冒顿而匈奴最强大,尽服从北夷,而南与中国为敌国。"按此"敌国"非仇敌之谓,乃是"对等国家"的意思,可见此时的汉廷,已经很难维持"天子天下独尊"的局面了。汉初,以高祖之雄武有力,尚被匈奴兵困于平城,勉

---

① 《史记·大宛列传》。

强得脱，并以和亲告终，汉与匈奴力量之消长可知。文帝时，匈奴单于致书汉皇帝，称"天所立匈奴大单于敬问皇帝无恙"，并说"汉边吏侵侮右贤王，右贤王……与汉吏相距，绝二主之约，离兄弟之亲"，俨然与汉为对等之国。汉廷也只好接受匈奴的这种定位，复书匈奴云："皇帝敬问匈奴大单于无恙。……汉与匈奴约为兄弟，所以遗单于甚厚。倍约离兄弟之亲者，常在匈奴。"足见此时的汉人，已承认匈奴为兄弟之邦。在这种情况下，人们对"天下"这一概念的使用，往往会做出一些修正，把"天下"说成是包有本朝以及外国的一个更大的范围，因此也就又回到了这个词的字面上的意义。文帝在另外一封与匈奴的信中说："先帝制（按指汉高祖所定制）：长城以北，引弓之国，受命单于；长城以内，冠带之室，朕亦制之。……今天下大安，万民熙熙，朕与单于，为之父母。……朕闻天不颇覆，地不偏载。朕与单于皆捐往细故，俱蹈大道，堕坏前恶，以图长久，使两国之民若一家子。"是则汉天子所统治的范围，显然是不包括匈奴在内的，也就是说，这时所谓"天下"，至少有汉朝与匈奴两国并存其间。《史记·大宛列传》正义引康泰《外国传》云："外国称天下有三众：中国为人众，秦为宝众，月氏为马众。"按秦指大秦，即罗马帝国；月氏为西域之国。《外国传》不知作于何时，大约是南北朝时期的作品，但"外国称天下有三众"云云，显然是指汉时外国人的看法，译者既用中文转述，所称"天下"，自然是指汉代的天下。可见在那时，在谈到"外国"的时候，"天下"已不是指汉天子所统治的范围。在这种场合，"天下"是与"国家"分离的。汉朝皇帝与匈奴约为兄弟，这可以说是华夏天子第一次承认"天下"尚有与之对等的别的国家存在，而在此之前，这些别的国家是一律被看作附庸、属邦、羁縻之邦、化外之邦的。

现在，我把全文做一个小结。从西周到秦汉间，人们对"天下"的看法是有变化的，这种变化，与人们眼界的开阔与国家形态的成熟密切相关。作为一个政治语汇，"天下"一词早在西周时代就已出现了，那时人们所谓"天下"，实际上是指当时人眼中的"世界"，因此所谓天子，在他们看来，实际上是世界之主。春秋战国时期，人们用"天下"指称昔日天子统治的范围，指称当时的国际社会，也用来指称理想中的"天子"的全部领土。此时的"天下"，不仅具有空间的意义，同时也具有在列国之上的更高一级政权的意义。由于这更高一级的政权在春秋战国时代始终没有出现,故战国诸子口中的"天下",事实上被虚拟化和神圣化了。随着中央集权大国的出现,秦汉以来,"天下"已成为华夏地区大的统一国家的代称,逐渐远离了这个词字面上本来应该具有的"世界"的含义。

2009 年 9 月完稿

(原载《中国古代社会高层论坛文集》,中华书局 2011 年版)

从"国"字的古训看所谓西周国野制度

目前研究西周国家制度与社会结构的学者大多承认西周有所谓国野制度：一邦之内划分为两大行政区域，即"国"与"野"；国野的对立反映了西周时代城市与乡村的对立。此说颇为流行。为便于讨论，兹将有代表性的观点引述如下：

徐喜辰先生说："根据我们的研究，我国的殷周时代是有'国'、'野'之别的。古代文献中的所谓'国'、'野'关系，用现在的话来说，当是城市与乡村的关系。"[①]

侯外庐先生说："我们研究的结果，大体上知道了周代的城市和乡村，即是在所谓封疆之内叫做'国'，那在封疆之外的部分叫做'野'，国又叫做都，野的范围便叫做'四鄙'。古代所谓封国是这样的第一次划分城市和乡村，这是研究中国历史的学者所没有预料到的。"[②]

杨宽先生说："乡遂制度是西周春秋间社会结构的重要特征之一。'乡'与'遂'不仅是两个不同的行政区域，而且是两个不同阶级的人的居住地区。""所谓乡遂制度，就是有国野之分。"

---

① 徐喜辰：《"籍田"即"国"中"公田"说》，《吉林师大学报》1964年第2期。
② 侯外庐：《中国古代社会史论》，河北教育出版社2003年第2版，第186页。

"国的本义,是指王城和国都。"①

　　郭沫若先生说:"周代的'国'和'野'、'都'和'鄙'的区别,鲜明地反映出当时城乡之间的对立。……国都和鄙野的对立实质上反映了奴隶和奴隶主之间的矛盾。"②

近年来有关论及西周时代的国野制度者,其说法与上引观点大体相似。看来,所谓西周存在着国、野之分,几乎已成定论。

笔者认为这一问题还有重新考察的必要。

凡是主张西周时代有所谓国、野之别者,都是以这样一个训诂学认识为出发点的,即:西周时代的"国"主要指的是"城"。杨宽先生所说"国的本义,是指王城和国都",系这一观点的代表性意见。清人焦循曾把文献中"国"字的含义,做了一番归纳,他说:

　　经典国有三解。其一,大曰邦,小曰国,如"惟王建国","以佐王治邦国"是也。其一,郊内曰国,《国语》《孟子》所云是也。其一,城中曰国,《小司徒》"稽国中及四郊都鄙之夫家"、《载师》"以廛里任国中之地"、《质人》"国中一旬,郊二旬,野三旬"、《乡士》"掌国中"是也。盖合天下言之,则每一封为一国;而就一国言之,则郊以内为国,外为野;就郊以内言之,又城内为国,城外为郊。盖单举之则相统,并举之则各属也。③

钱穆先生在引述了焦氏的说法后又加以概括道:"此三义可会为一义,即一国只限于一城是也。"④按焦氏所说"国"字三义,大体上是正确的,每一义都可以在先秦文献中找到证据。但他没有说,这"国"字的三义,是次第发生的呢,还是同时存在、本无所谓先后? 从他所说"单举、并举"来看,这"国"字三义只在于你如何使用,与发生的先后并无关系。然而这正是旧时学者的一个通病,他们往往不大注意区分材料的时代。从西周到战国八百年,社会的变动是巨大的,人们使用的概念,前后往往也有很大的变化。用成于较晚时代的材料去说

　　① 杨宽:《试论西周春秋间的乡遂制度和社会结构》,见《古史新探》,中华书局 1965 年版。又,《再论西周金文中六师和八师的性质》,《考古》1965 年第 10 期。

　　② 郭沫若主编:《中国史稿》第一册,人民出版社 1976 年版,第 278 页。

　　③ (清)焦循:《群经宫室图》卷上,上海书店 1988 年影印《续清经解》本。

　　④ 钱穆:《国史大纲》,商务印书馆 1996 年版,第 44 页。

明较早时代的状况,就难免会有些隔膜。现代的学者一般都比较注意这个问题,一字多义,总要寻出诸义发生的次第来。例如钱穆先生说"一国只限于一城",就是把"国"字的本义规定在了"城"上。问题是这种规定究竟对不对呢?

孙海波先生在《卜辞文字小记》中说:

> 卜辞或作ᄀ(《前》2.6.5)(《后下》38.6)(《后下》39.6)并从戈口,盖口象都邑之形,从戈以守,国之义也。知口象城形者,国古皆训城:《周礼·士师》:"三曰国禁",《礼记·曲礼》:"入国而问俗",注:"国,城中也。"又《周礼·司士》:"掌国中之士治",注:"国中,城中也。"《考工记·匠人》:"国中九经九纬",注:"国中,城郭中也。"《荀子·致仕》:"惠此中国",注:"中国,京师也。"《孟子·万章上》(引者按当为《离娄下》):"蚤起施从良人之所之,遍国中无与立谈者",国中,即城中也。城门亦称国门,《周礼·充人》"系于国门",注:"国门谓城门,司门之官。"《孟子·万章下》:"今有御人于国门之外……"①

细心的读者不难发现,这里用来支持"国古皆训城"的证据,全部取自战国及其以后的材料(其中《荀子》虽引古诗,但孙氏依从的是汉人的笺注),真正属于西周时代的证据,则一例也没有。用战国时代的东西来证明西周时代的"国"字的意义,立论就显得不够坚实了。

下面我们来考察较早文献及西周金文辞中的"国"字的意义。

先看《尚书》。今文二十八篇,制作的时代甚为悬殊,有的虽标书名为虞夏、商、周,实则成于战国。即使不考虑这种制作时代的差别,也很难从中找到"国有城义"的证据来。"国"字在《尚书》中还算常见,但在多数情况下,"国"字可与"邦"字互换。因此,《尚书》中"国"字的一个主要意义,应当是"邦"。例如《召诰》:"皇天上帝,改厥元子兹大国殷之命",紧接着又说"天既遐终大邦殷之命",一作"国"一作"邦",可见国等于邦。又如《酒诰》:"文王诰教小子有正有事,无彝酒,越庶国,饮惟祀",与同篇的"厥诰毖庶邦庶士越少正、御事朝夕曰:祀兹酒"意思相同,可见"庶国"实即"庶邦"。再如《洪范》:"臣之

---

① 载《考古》第 3 期,1935 年。着重号为笔者所加。

有作福作威玉食,其害于而家,凶于而国",《金縢》:"我国家礼亦宜之",这家、国二字连言,犹屡见于《诗经》、金文中的"邦家"二字连言,显然,在这里,"国"是用来替代了"邦"字的。

除了可与"邦"字互换外,《尚书》中的有些"国"字,也具有今人所谓国家或国家政权的意义。如《立政》"太史、司寇苏公式敬尔由狱,以长我王国",《无逸》"肆中宗之享国七十有五年"等等。

另外还有两例须单独提出来加以讨论。一是《酒诰》的"乃穆考文王,肇国在西土"。肇者,始也。肇国,应理解作始创建国家,而不能解作始建国都。虽说文王有作邑于丰之举,但太王早已迁岐,是亦西土,故于文王不得曰始;而且周人眼中,文王是一个"受命"的人物,尽管伐商的事业是由武王完成的,但周邦成为天下之主,实自文王发其端。《盂鼎》"丕显文王,受天有大命",《大雅·文王有声》"文王受命,有此武功",《周颂·武》"允文文王,克开厥后",都是说的这个意思。《墙盘》的器主在颂扬祖业时,历数共王以前的周室诸王,自文王开始,也是这个道理。因此,"肇国在西土"只能理解为文王始建周国于西方。第二例需加讨论的是《康诰》"周公初基作大邑于东国洛"。这里的东国,绝不等于成周或洛邑。知者,《诗经》及西周金文中常见东国、南国、北国等词,大体上是指东土、南土、北土,绝无指某一具体城邑者。东国洛,是说东土的洛水一带,《康诰》此语,与《多士》之"今朕作大邑于兹洛"正可互相发明。于是我们看到,在《尚书》中是无法找到"国的本义是城"的证据的。

再来看《周易》。《易》的卦辞、爻辞,是学者公认的时代比较早的文献,其中有不少西周乃至西周以前的材料;但也不能否认,卦爻辞中也还杂有若干春秋时代的东西。郭沫若先生说:"卦爻辞多采自殷周资料,成语、故事、民歌等均有之,其时代极为复杂,有极原始的地方,也有极进步的地方。"[1]我以为这个说法是不错的。"国"字在卦爻辞中数见,其中益卦六四"中行告公,从。利用为依迁国",很值得讨论。按所谓迁国,当即《周礼·小司寇》"询国迁"之国迁,在封国规模很小、还没有形成领土国家的情况下,所谓"迁国",有的时候实际上也就是整个城的迁徙,这在战国以前,是颇为常见的现象。即便如

此，古人所说的"迁国"，其所迁的对象，主要还是指的"封国"，而并非指封君所在的那个"城"。故"迁国"云者不能作为当时"国"有"城"义的证据。再说《周易》"利用为依迁国"这条爻辞，时代也偏晚。郭沫若先生说"卦爻辞中也有极进步的地方"，恰恰是以这条爻辞以及与此相关的若干条爻辞为根据的。以下几条爻辞中都有"中行"一词：

> 中行告公，用圭。（益六三）
> 中行告公，从利用为依迁国。（益六四）
> 包荒用凭河，不遐遗。朋亡，得尚于中行。（泰九二）
> 中行独复。（复六四）
> 苋陆夬夬，中行无咎。（夬九五）

按"中行"之名初见于《左传》僖公二十八年："晋侯作三行以御狄。荀林父将中行，屠击将右行，先蔑将左行。"荀林父初将中行，故亦称中行桓子，其子孙便以中行为氏。郭沫若指上引数条爻辞说："这几条的'中行'，我相信就是春秋时晋国的荀林父。就前两例的'中行告公'而言，'中行'二字除讲为人名之外，不能有第二种解释。"[①]但也有人不同意郭氏的解释，他们以为"中行"并非人名。这样一来，解释"中行告公"等语就有了困难。他们有的把"中行"的"行"字讲成行道的行，"中行犹在道"，"中为副词，或是《诗》'中逵'即'逵中'之例，中行即行中"；有的则解"中行告公"为"以中正之德行告诫公"。[②] 这些说法都显得牵强，不如郭说顺畅而准确。准此，"利用为依迁国"这条爻辞因为其时代偏晚而不能作为西周时"国有城义"的证据了。

还有几条爻辞，例如师卦上六："大君有命，开国承家，小人勿用"；谦卦上六："利用行师，征邑国"；观卦六四："观国之光，利用宾于王"；未济九四："震用伐鬼方，三年有赏于大国"；这些句中的"国"字，也是很难解释为"城"的。

下面我们来看《诗经》。《诗》三百篇的制作时代很不统一，有早至周初的作品，也有的作于春秋末叶，现在也很难对每一篇都明确地指出其确切的时代。但大体说来，大小《雅》及《周颂》中虽也有部分

---

① 郭沫若：《周易之制作时代》，见《青铜时代》，科学出版社 1957 年版。
② 参看于洽载：《"利用为依迁国"考》，《史学集刊》1983 年第 3 期。

东迁以后的作品，但大多是西周时代的东西；而《国风》中虽也有若干西周诗歌（如《豳风》等），但大多成于春秋时代。"国"字在《诗经》中甚为常见，有一些可以按一般所谓国家来理解，如"秉国之钧，四方是维"（《小雅·节南山》），"或尽瘁事国"（《小雅·北山》），"昔先王受命，有如召公，日辟国百里，今也日蹙国百里"（《大雅·召旻》）等等。"国"字前面加"王"，则表示王的国，实即周邦，如"以匡王国"、"以定王国"（《小雅·六月》），"四方既平，王国庶定"（《大雅·江汉》），"思皇多士，生此王国"（《大雅·文王》）等等。还有些"国"字前面加上一个表示方位的词，成了"南国"（《四月》《常武》《崧高》）、"北国"（《韩奕》），这种情况与《尚书·康诰》"东国洛"相同，都不是表示一个具体的国，只是表示南土、北土、东土而已。《诗经》中大量出现的"四国"（《小雅·正月》《雨无正》《青蝇》，《大雅·民劳》《抑》《江汉》，《豳风·破斧》等），也只是统言东南西北四方之国，与"四方"的用法大体相当，从《大雅·抑》"无竞惟人，四方其训之；有觉德行，四国顺之"，可以清楚地看出。这里值得讨论的是《诗经》中的"中国"。《大雅·民劳》《荡》《桑柔》等篇屡言"中国"，到底这"中国"应该怎样理解？《民劳》首章曰："民亦劳止，汔可小康。惠此中国，以绥四方。"毛传云："中国，京师也。四方，诸夏也。"按毛传所以做这样的解释，大约是与本诗第三章比较的结果。《民劳》三章云："民亦劳止，汔可小息。惠此京师，以绥四国。"两章句法、意思全同，中国与京师可以互换，故中国等于京师。应当承认，《诗经》中不乏这样的例子——一诗数章，所咏是同一事物，各章结构章法全同，只是变换了一下说法和韵脚，这样反复吟咏，可有一唱三叹之妙。例如《曹风·下泉》：

> 冽彼下泉，浸彼苞粮。忾我寤叹，念彼周京。
> 冽彼下泉，浸彼苞萧。忾我寤叹，念彼京周。
> 冽彼下泉，浸彼苞蓍。忾我寤叹，念彼京师。

这三章所咏周京、京周、京师，显然都是同一事物。但《诗经》中同样也不乏另一种例子，即数章所咏为同一类事物，而并非同一事物，各章结构章法也全相同。例如《唐风·杕杜》：

> ……岂无他人，不如我同父。
> ……岂无他人，不如我同姓。

又如《魏风·硕鼠》：

> ……逝将去汝，适彼乐土。
> ……逝将去汝，适彼乐国。
> ……逝将去汝，适彼乐郊。

这里所谓"同父""同姓"以及"乐土""乐国""乐郊"等，虽为同类之词，而非同一之事物，是很明显的。我以为《民劳》的"中国"与"京师"，就属于这种同类的事物，而不必是同一的事物。其实"中"也是个表示方位的词，"中国"即中央之国，是与东、南、西、北四方之国相对而言的。"惠此中国，以绥四方"，"中国"相对于"四方"而言，犹如《大雅·荡》中之"中国"相对于"鬼方"而言，也正如同《左传》僖公二十五年的"德以柔中国，刑以威四夷"。这其他几个地方的"中国"不讲作京师，则《民劳》篇中的"中国"也不应作京师解。还有人为了牵合毛传，把"中国"解作"国中"，其实也不妥当。《孟子》"我欲中国而授孟子室"，此例的"中国"确应讲作"国中"，但这里中国的"中"实际上是个介词，即"在……之中"的意思，而《民劳》篇中的"中国"是与此大不相同的。

　　以上的论述，旨在证明《诗经》中时代较早的诸篇中出现的"国"字，都没有"城"或者"都城"这一意义，我们遍检《雅》《颂》，相信这一说法是可以成立的。不过，《诗经》中也有反例，那就是《邶风·击鼓》：

> 击鼓其镗，踊跃用兵。土国城漕，我独南行。
> 从孙子仲，平陈与宋。不我以归，忧心有忡。

按这是此诗的前两章。卫国的军士，久役不得归家，发出怨恨之辞。漕，卫邑名；城，这里是动词，"城漕"即筑漕邑之城。"土国"与"城漕"是并列关系，土也是动词，郑玄以为"役土功"，其实就是为备战而垒土成墙。漕既是专名，国亦不当是泛指，显然是指卫都朝歌。因此，这里的"国"，明确无误地是指都城。诗人是说，别人都在都城和漕邑筑城备战，我却被征到南方去打仗。但这首诗恐怕不是西周时期的作品。小序云："《击鼓》，怨州吁也。卫州吁用兵暴乱，使公孙文仲将而平陈与宋，国人怨其勇而无礼也。"公孙文仲与孙子仲殆为一人，史称卫与南面之郑有宿怨，州吁立而有联合宋、陈伐郑之举，故小序似得其情。朱熹曰："旧说以此为《春秋》隐公四年州吁自立之时，宋卫陈蔡伐郑之事，恐或然也。”①退一步讲，即使不据小序，单从诗中“从孙子仲，平陈与宋”来看，此诗之作，不会在西周盛时，是可以断言的。

从西周时代的文献中我们已经可以约略看出，“国之为城”并不是国字的本义，在国字诸义当中，“城”或“都城”这一意义显得比较晚出，起码在西周时人们使用“国”字时并不指城或者都城。下面我们再用西周金文来加以证实。

前辈学者早已指出，金文“国”“或”“域”为一字。此三字于铭辞中并不少见，如：

唯王令明公遣三族，伐东或。(《明公簋》)

遂省东或图。(《宜侯夨簋》)

王令毛公以邦冢君土驭戜人伐东或……三年静东或。(《班簋》)

唯武王既克大邑商，则廷告于天曰：余其宅兹中或，自之辪民。(《何尊》)

王令中先相南或贯行。(《中方鼎》)

王令保及殷东或五侯。(《保卣》)

淮夷敢伐内国。(《录卣》)

天降大丧于下或，亦唯噩侯驭方率南淮夷东夷广伐南或东或。(《禹鼎》)

淮夷今……反厥工吏，弗迹我东馘。(《师寰簋》)

康能四或……乃唯是丧我或。(《我公鼎》)

以降大福，保辪鄁国。(《宗妇鼎》)

南或服子敢臽虐我土……㝬其万年，畯保四或。(《宗周钟》)

从上举金文中不难看出，在大多数情况下，国字前面都冠有表示方位的词，是则成为“东国”“南国”“中国”“下国”“内国”；如果统包东、南、西、北四方而言，则曰“四国”。金文中“国”字的这种用法，在《诗》《书》中亦不乏其例，如《康诰》《崧高》《常武》《四月》之东国、南国，《民劳》《抑》《皇矣》《崧高》《青蝇》之四国等皆是。作此种用法的“国”字，

① (宋)朱熹：《诗集传》卷二。

是不宜讲作邦国之国的，而以解作今语的"域"字于义为长。① 也就是说，"国"有"地区""区域"的意思，东国、南国即东部地区、南部地区，用当时的语言来表示，则可称为东土、南土。《大诰》之"有大艰于西土"，《康诰》之"肆女小子封在兹东土"，其中的西土、东土就大体上相当于西部地区、东部地区。

此外，《宗妇鼎》及《毛公鼎》"乃唯是丧我或"，这两例中的"国"（或）字，似乎可以用"邦"字来替换，这就是上文所讨论的西周文献中"国"字的主要用法（邦国之国）。不过这两例都属于西周晚期铭辞，在早、中期金文中目前尚未发现这样的例子。至于相当于"城"或者"都城"的"国"字，在西周金文中一点踪迹也寻不出来，这与文献中所看到的情况是相合的。奇怪的是，长期以来，这一现象竟被人们所忽视，大家动言西周的国野之分，却无视西周文献及金文中本无所谓国野对立这一事实。

以上只是说明了西周时代"国"字的意义。甲骨文中有没有"国"字，学术界尚有分歧。前引孙海波先生说"国字在甲骨文中作或，从戈从口"，就是一种重要的意见。日人岛邦男氏赞同其说，在所著《殷虚卜辞综类》中曾辑录含有或字的卜辞二十余条，其中大部分是"王比沚或"的记载。沚是方国之名，有卜辞"……未……沚方……"（《屯南》4090）可证。② 但从岛氏所辑诸条内容来看，即使或可以隶定为"或"（国），这"或"也多半是人的私名③，很可能不是作一般邦国讲的"国"。因为除了"沚或"之外，卜辞中再不见有别的什么"或"了，可见"或"不会是通名。

于省吾先生则认为商代甲骨文中根本就没有"或"（国）字，旧以从戈从口的或为"或"（国）字乃是误释。于氏从分析早期金文的"或"字入手，以为或字从回从弋，并非从戈。其说是很有道理的。但他接着说："回字为邑之初文，从口从囗，乃会意字。其从口，是借用古文方字，以表示城邑四面有垣墙之形；其从囗，既有别于口（方），也表示

---

① 参看陈梦家：《西周铜器断代（一）》，《考古学报》总第 9 期。
② 参看王冠英：《殷周的外服及其演变》，《历史研究》1984 年第 5 期。
③ 参看于省吾：《释中国》，《中华学术论文集》，中华书局 1981 年版。

都邑以外的四郊。"①这个说法似乎还值得进一步研究。如果我们仅仅依据或（国）字所从的囗，遂断言"或"（国）字有城义，那就失之武断了。不管怎样，从金文的字形来推论一个字在西周时代的意义，总是不大牢靠，因为董作宾早就指出过，甲骨文不是原始的文字，商代不是创造文字的时代，不能简单地根据甲骨文的字形判断这个字在商代的意义。② 甲骨之于商代尚且如此，何况金文之于西周呢。

若论一个字在某一时代的意义，最好的办法是对这个字在当时的用法进行归纳，也就是我们在前面所做的那种工作。我们对"国"字进行归纳的结果，证明西周所谓"国"有两种意义：一是相当于今语地域的"域"，另一义则是邦国的"国"，而无论在文献里还是金文中，都找不出"国"有"城"或"都城"之义的证据来。这个情况既明，则所谓西周时代的国野制度也就成为令人怀疑的东西了。一切从"国野对立"出发对西周城乡关系所做的描述，自然都有重新考虑的必要。当然，单靠训诂学上的辨正或尚不足以彻底廓清国野对立说的迷雾，此外还要对西周的社会结构本身做进一步深入的研究，我当另有专文论及。

（原载《人文杂志》1987 年第 1 期）

---

① 于省吾：《释中国》。
② 董作宾：《殷墟文字甲编自序》，《考古学报》1949 年第 4 期。

《左传》中所见春秋国际关系中的"礼"

在春秋二百五十余年中，先后存在着一百三四十个大小不同的国家，这些国家间的战争、媾和、朝聘、盟会、救助灾荒、缔结婚姻、通报国情、干涉内政，就构成了一部春秋国际关系史。当时的国际关系，至为错综复杂，国与国之间的交往也很频繁，不过有些做法，在今日的人们看来，好像不那么容易理解。例如本来兴师动众去讨伐敌国，半路上听说敌国有丧，不唯不去趁火打劫，反而班师回朝。又如费了九牛二虎之力占领了敌国，往往不做久留之计，而是过了一段之后又帮助对方恢复起来。其实对这些做法不理解也并不奇怪，这主要是时代的隔阂，两千多年前的古人，社会生活条件与我们不同，观念自然有异，他们自有处理事情的原则。史学工作者的任务，就在于揭示当时历史的真相，说明古今的差异所在。

考察春秋时代的历史，所幸有一部《左传》在，《左传》中有大量的材料，对当时的国际交往做了很具体的描述。在记述史事的同时，《左传》的作者还往往对史事进行评论，这种评论有时冠以"君子曰"，大部分都是评价某种行为是否合乎"礼"。具体到当时的国际交往，作者也有不少"礼也"、"非礼也"之类的评价。此外，书中人物的谈话中，也有一些此类的议论。现在，我们就通过对《左传》作者以及书中人物关于国际关系中的行为是否合乎"礼"的评论的考察，来看一看春秋时代国际关系中的"礼"究竟是什么。

《左传》中涉及国际关系的这一类的议论,粗略地统计一下,大约有三四十条之多。把这数十条材料排排队,我们就会发现,当时国际关系中的礼,有时确实是指一种具体的礼仪或礼制,例如:

> 襄十二:公如晋朝,且拜士鲂之辱,礼也。
>
> 昭九:孟僖子如齐殷聘,礼也。

这种"礼也"的评价,是最容易理解的。因为从《仪礼》一书中可以知道,春秋及春秋以前确实存在着一种"聘礼",即诸侯之间相互访问的礼节。那具体的仪程写得十分细致,虽然不一定完全可信,但聘礼作为"吉凶军宾嘉"五礼中的一种,当是没有疑问的。与诸侯间存在着相互聘问之礼相似,以前诸侯与天子之间还存在着"朝聘"之礼。严格地说起来,这也是国际关系中的一种礼,不过是国际上非对等的礼。春秋以来,天子式微,诸侯行这种朝聘礼是比较罕见了,但在《左传》中还是有一些反映:

> 隐八:八月丙戌,郑伯以齐人朝王,礼也。
>
> 宣九:春,王使来征聘。夏,孟献子聘于周,王以为有礼,厚贿之。

因为天子实际上已经降为小国,这种朝觐之礼在实际政治生活中已经没有什么重要性可言了,相反地,诸侯间的相互聘问却成了政治生活中的大事,反映在《仪礼》一书中,朝礼与聘礼的详略甚为悬殊。崔述曾经揭橥其中的奥秘,他说:"觐礼,诸侯朝于天子,天下之大礼也。聘礼,诸侯使大夫聘于诸侯,礼之小焉者耳。觐礼之详虽百聘礼不为过,而今聘礼之详反十倍于觐礼,此何故哉?此无他,春秋以降,王室微弱,诸侯莫朝,觐礼久失其传矣,但学士大夫闻于前哲者大概如此,因而记之;若聘礼乃当世所通行,是以极其详备。"[①]这"世间所通行"的聘礼,除《仪礼》所记若干细节外,《左传》中也有一些说明,例如:

> 《春秋》襄元经:元年春,王正月,公即位。
>
> 传:九月,邾子来朝,礼也。冬,卫子叔、晋知武子来聘,礼

---

① (清)崔述:《丰镐考信录》卷五。

也。凡诸侯即位,小国朝之,大国聘焉,以继好、结信、谋事、补阙,礼之大者也。

这是说诸侯新即位,其他国家要派大夫来聘问。

文元:穆伯如齐,始聘焉,礼也。凡君即位,卿出并聘,践修旧好,要结外援,好事邻国,以卫社稷,忠信卑让之道也。

国君新即位,不仅外国要来聘,本国也要派卿出去聘问邻国。

昭二:春,晋侯使韩宣子来聘,且告为政而来见,礼也。

据杜注,这是韩宣子代赵武为政。执政大夫新上台也要到盟国去聘问修好,看来聘礼中也有这个内容。

襄十二:秦嬴归于楚,楚司马子庚聘于秦,为夫人宁,礼也。

夫人归宁,要派大夫专为此事前去聘问,《左传》许为有礼。以上这些都是关于聘礼的具体规定,凡在国际关系中符合上述规定的举动,都被认为"有礼"。除了聘礼作为一种具体的礼制外,《左传》的作者在评论国际关系时所讲的"礼",还包括许多其他内容,我们且看以下诸例:

僖元:夏,邢迁于夷仪,诸侯城之,救患也。凡侯伯,救患、分灾、讨罪,礼也。

襄三十一:郑子皮使印段如楚,以适晋告,礼也。

昭十四:春,意如至自晋,尊晋罪己也。尊晋罪己,礼也。

襄十九:晋士匄侵齐,及谷,闻丧而还,礼也。

僖二十一:崇明祀,保小寡,周礼也。

僖二十九:春,介葛卢来朝,舍于昌衍之上。公在会,馈之刍米,礼也。

成九:栾书伐郑,郑人使伯蠲行成,晋人杀之,非礼也。兵交,使在其间可也。

这些例句中所提到的礼,显然已不是似聘礼那样的具体的礼制了,也不是什么礼节、礼仪,而是一种原则,确切地说,是当时大家公认的国际交往中应当遵守的原则。那么,在国际关系中究竟有哪些原则呢?大致有以下几项:

（一）存亡继绝为有礼

> 僖二十一、二十二：邾人灭须句，须句子来奔，因成风也。成风为之言于公曰："崇明祀，保小寡，周礼也；蛮夷滑夏，周祸也。若封须句，是崇皞、济而修祀、纾祸也。"二十二年春，伐邾，取须句，反其君焉，礼也。

须句是当时小国，为邾所灭，鲁国伐邾，帮助须句君复国，《左传》作者许为有礼。

> 昭十三：楚之灭蔡也，灵王迁许、胡、沈、道、房、申于荆焉。平王即位，既封陈、蔡，而皆复之，礼也。

楚灵王时曾灭陈、蔡，平王又使陈、蔡复国，同时恢复了许、胡等被灭小国，这也是一种合乎礼的举动。

> 隐十一：（郑伐许，战胜攻取而不有其土）君子谓郑庄公于是乎有礼。……许无刑而伐之，服而舍之……可谓知礼矣。

这也是不灭别人的"国"的例子。武力的讨伐，只求对方的"服"，却不应当把人家"灭"掉。

> 昭十六：楚子闻蛮氏之乱也与蛮子之无质也，使然丹诱戎蛮子嘉杀之，遂取蛮氏。既而复立其子焉，礼也。

对当时的少数族，同样也应如此。

> 僖二十八：合诸侯而灭兄弟，非礼也。

对异姓小国尚且不能灭国，对同姓的兄弟之国更不待言了。

> 襄十：五月庚寅，荀偃、士匄帅卒攻偪阳，亲受矢石。甲午，灭之。……晋侯有间，以偪阳子归，献于武宫，谓之夷俘。偪阳，妘姓也。使周内史选其族嗣纳诸霍人，礼也。

这里是把偪阳灭了，而"选其族嗣纳诸霍人"，以奉妘姓之祀，这也是礼。看来礼的实质在于保存人家的氏族，即不灭姓，杜预所谓"善不灭姓，故曰礼也"。当然，不灭国最好，退而求其次，只要不灭人家的宗祀（姓），也就是礼了。

(二) 维持国际和平为有礼

> 僖九：夏，会于葵丘，寻盟，且修好，礼也。

这里指齐桓公在葵丘大会诸侯，发展与盟国的友好关系，是合乎礼的。

> 隐八：齐人卒平宋、卫于郑。秋，会于温，盟于瓦屋，以释东门之役，礼也。

据隐四年传，宋、卫曾联合伐郑，"围其东门，五日而还"，故宋、卫于郑有宿怨。今齐人使三国言和，齐代表郑（经言郑不与盟）对二国表示捐弃旧恶，其行为有助于当时的国际和平与团结，故《左传》作者许以"有礼"。相反地，如果行为违反上述的原则，则会被认为"非礼"。请看下例：

> 宣四：春，公及齐侯平莒及郯，莒人不肯，公伐莒，取向，非礼也。平国以礼，不以乱。伐而不治，乱也。以乱平乱，何治之有？无治，何以行礼？

(三) 国际间互相救助、忧患与共为有礼

> 僖元：夏，邢迁于夷仪，诸侯城之，救患也。凡侯伯，救患、分灾、讨罪，礼也。

侯伯指的是有盟主资格的大诸侯，此时就是齐桓公。齐桓公救邢存卫，当时传为美谈。一国有难，组织其他诸侯国前来救援，固然是盟主的责任；参与救患，也是一般诸侯国的义务。这是合乎"礼"的。

> 庄二十八：冬，饥，臧孙臣告籴于齐，礼也。

发生饥荒时向邻国求援，这也是礼的一个内容，而邻国进行救助，则是责无旁贷的。据僖公十三年载，晋国发生了饥荒，尽管秦、晋之间有怨，秦国还是决定救援，"输粟于晋，自雍及绛相继"，此事作者虽未明言"礼也"，但通过秦百里大夫之口说出："天灾流行，国家代有，救灾、恤邻，道也。"合乎"道"即合乎"礼"。

对待别国的丧事的态度，特别能表现出这种忧患与共的原则。

> 襄十九：晋士匄侵齐，及谷，闻丧而还，礼也。

《左传》中此类的记载不少。敌国有丧,正是进攻的好机会,可是却"闻丧而还",表现出一种莫名其妙的同情心来。这种"不伐丧",就是当时的一种礼。不仅如此,诸侯有丧,别国还要做出种种表示,赠襚(终者之衣)、哭临(文九、襄十二),这样做的人,往往被称为知礼。

> 襄二十三:春,杞孝公卒,晋悼夫人丧之。平公不彻乐,非礼也。礼,为邻国阙。

阙就是不举乐,大概是表示哀悼吧,晋平公不管这一套,所以被斥为"非礼"。

诸侯有丧,还应记载在本国的史册上。

> 僖二十七:夏,齐孝公卒。有齐怨,不废丧纪,礼也。

鲁与齐有怨,但还是记下了齐国的丧事,所以被称赞为有礼。

(四)尊重霸主为有礼

据《左传》成公三年,晋国大夫荀庚与卫国大夫孙良父同时来鲁国"寻盟",且二人地位相当,究竟应该先接待哪一位?考虑到晋是盟主,故鲁人先与晋续订盟约,表示对晋的尊重,作者许为有礼。

> 襄三十一:郑子皮使印段如楚,以适晋告,礼也。(杜预注云:得事大国之礼。)

按"以适晋告"者,告楚以适晋也。盖前此子产曾相郑伯适晋,此时又派印段到楚国通报访晋之情况。郑是小国,楚是大国,小国事大国应该如此,这种尊重霸主(当时晋、楚二国平分霸权)的行为被称为"礼也"。

> 昭十四:春,意如至自晋,尊晋罪己也。尊晋罪己,礼也。

这是解释经文为什么不书"季孙意如"而仅书"意如"二字。"尊晋罪己"为有礼,可见尊重霸主确是礼的一项内容。

以上我们将春秋时国际交往中应当遵循的原则(也就是"礼")大致归纳为四项。当然远不止这四项,我们的归纳,只是就材料较多、易于归纳整理者做了一点工作。还有不少材料,或者只有一例,或者很难说出名目来,例如"两国交兵,不斩来使",这也是礼,但应当怎样来表述这种原则呢?这些只好先从略了。现在我们仅就以上归纳的几条,来看一看春秋时期在国际交往当中为什么会有这样一些原则,这些礼的存在说明了什么。礼既然是人们行动应当遵守的原则,那它就是一种观念形态的东西,属于社会的上层建筑。因此,礼也就一定与社会的经济、政治条件相联系,社会的基本面貌也就决定了礼的内容。关于礼的起源,前辈学者曾经做过十分精湛的研究。李亚农先生说:"所谓周礼,其实就是周族氏族制社会的'数百年间的习惯'。"[1]我们就用这一基本思想,来看一看春秋时代国际关系中的礼。

中国古代国家的形成有着十分鲜明的特点。这就是居民的血缘联系没有被打破,最初形成的国家,仍然是以血缘为纽带的氏族国家。这种氏族国家间的相互关系,必然还带有氏族时代的遗风。例如我们在前面讲过的存亡继绝这一项礼,就与氏族传统有关。不灭人国族,早在西周初年就是这样的。武王伐纣,通常说是周灭了商,其实不过是周人推翻了商人天下共主的地位,对于"商邦",并没有灭掉,而是封纣子武庚于殷,让他仍旧统治一部分商的遗民;对于商民,采取"宅尔居,田尔田"的政策,并不去打乱其邦内原来的结构。后来武庚叛乱,周公消灭了武庚,又封微子于殷,这就是宋国。宋是子姓国,它就是商的延续。因此在一定意义上可以说,"商邦"直至春秋时还没有灭亡。周人在分封子弟功臣的同时,也分封了一批所谓"先王之后",例如尧之后封于祝,舜之后封于陈,禹之后封于杞等等。这种分封,不应当理解作是伯禽封鲁、唐叔封晋的那一类,而应理解作对于早已存在的祝、陈、杞等国的承认和确立宗主关系。周人为什么要这样做?这恐怕不能从周人的主观愿望上去解释,因为当时氏族的纽带还很强固,对于敌人,可以整族地征服,却不能设想打烂人家原来的氏族组织,而且本身就保持氏族组织的周人也没有能力吸收容纳大量氏族组织被破坏的敌人,因此,允许敌人保持他们的国族是十分自然的。这种现象就是后人所说的"存亡继绝"。春秋以来,随着国家形态的改变,情形有了些变化。吞并、灭亡别的国家的事情多起来了,晋、楚、齐、秦等大国都是在消灭了许多其他小国的基础上成长起来的。但春秋时代是一个新旧并存的时代,尽管兼并频仍,存亡继

---

[1] 李亚农:《李亚农史论集》,上海人民出版社 1962 年版,上册第 301 页。

绝作为一种昔日的传统，并没有完全绝迹，特别是在人们的观念中还占有一定的位置（意识形态的发展有时跟不上实际政治的变化），这就是当时人所谓礼。可见，礼在当时社会中是一种保守性极强的惰性物。儒家正是用这种惰性物做尺度，来衡量政治生活中的各种新事物，因此他们处处显得迂腐可笑。但儒家确实代表了一部分保守的旧贵族，这些贵族行事，总是自觉不自觉地按照传统去做，也就是依礼行事，这就表现为在处理国际关系中种种合乎礼的举措。春秋后期以来，是礼崩乐坏的时代，贵族的这种举动，在维护礼的人看来，是难能可贵的，因此总要大书特书"礼也"，给予高度的评价。

对于国际关系中的其他几项礼，我们也应作如是观。例如国际之间的救助饥荒，忧患与共，就显然是一种氏族遗风。一个氏族经过长期的发展，随着人口的培多，会逐渐分化出许多新的氏族来。这些分化出去的同宗氏族之间，往往有一种亲情，这其实也就是氏族内部亲属感情的扩大和延伸。而在氏族内部，成员之间的互相救助则是一种义务，这是由许多民族学的材料所证实了的。况且，在生产力极端低下的古代，也只有依靠这样的相互救助，才能维持氏族的生存，因此，救济饥荒，应当是氏族时代的传统。周人既然保有氏族遗习，他们必然会把这种处理氏族间关系的原则运用到国际关系中去，这就是为什么当时国际间的救助被称作"礼"。

现在我们看到，礼是一种氏族时代的传统，在春秋时代已成为过时的东西，但仍被一些守旧的人士奉为行动的准则。同时我们也应看到，礼既然存在于社会之中，随着社会的发展，它本身也不能不有所发展。上述国际关系中礼的第四项内容，就体现了这种发展。"尊重盟主为有礼"，就有着强烈的时代色彩，因为盟主或霸主的出现，是春秋时代的新事物。当然，这个礼也有其历史根源，根源就在于西周时代的"尊王"。那时周天子是至高无上的，有"礼"的表现主要就在尊王。东周以来，天子式微，新的霸主取代了周天子的位置，于是尊王为有礼也就自然变成了尊重霸主为有礼了。因此尊重霸主表面上看是一种新事物，其实还是一种旧传统，这与我们说过的礼是一种保守性极强的惰性物是一点也不矛盾的。

现在我们来把全文总结一下。《左传》这部书，描写了春秋时代错综复杂的国际关系，同时也记载了作者及时人对国际交往中的行为所作"礼也"或"非礼也"的评价。那么,什么是当时国际关系中的礼呢？这个"礼",确实有一部分是指具体的礼制、礼仪或礼节,譬如国际间的聘礼(互访礼)、吊唁礼等等;但很大一部分所谓礼,实际上是指国际交往中应当遵守的原则。我们把这些原则拿来做一番归纳、分析,就会发现这些所谓礼都是一些旧时的(主要是氏族时代的)传统和习惯。

1986 年 3 月初稿
1998 年 1 月修订

　　(原载《南开大学历史系建系七十五周年纪念文集》,南开大学出版社 1998 年版)

《春秋》中所见鲁诸姜丛考

文姜

桓公之妻,首见于《春秋》桓公三年:"公子翚如齐逆女。"按公子翚为鲁大夫,这是大夫为国君迎娶齐国之女。经又云:"九月,齐侯送姜氏于讙。公会齐侯于讙。夫人姜氏至自齐。冬,齐侯使其弟年来聘。"讙为鲁地,可见鲁侯亲自到讙迎接新娶的夫人,同时也与齐侯见面。秋天联姻,冬天聘问,可知此时齐、鲁关系十分热络。此齐侯乃齐僖公。据《史记·齐世家》,僖公之子为太子"诸儿",即日后的襄公。文姜为齐僖公之女,齐襄公之妹。这位文姜未嫁时就与其兄太子诸儿私通。鲁桓公十四年,齐僖公死去,襄公继位。后两年,齐、鲁之间因边疆之事曾发生过局部战争,战争的结果虽然史书无载,但很可能是鲁国不占上风,所以次年(十八年)桓公带着夫人到齐国去访问。此年的经文云:"十有八年春王正月,公会齐侯于泺。公与夫人姜氏遂如齐。夏四月丙子,公薨于齐。"鲁桓公之死,系为齐人所害,其直接原因就与这个夫人姜氏有关,《左传》云:"公会齐侯于泺,遂及文姜如齐。齐侯通焉。公谪之,以告。夏四月丙子,享公。使公子彭生乘公,公薨于车。"看来文姜与齐侯通奸之事被鲁桓公发现,于是齐侯派人将鲁桓公暗害。关于彭生杀害桓公的细节,典籍有不同的说法。《公羊传》云:"夫人谮公于齐侯:'公曰:同非吾子,齐侯之子也。'齐侯怒,与之饮酒。于其出焉,使公子彭生送之。于其乘焉,搚干而杀之。"《齐世家》云："齐襄公与鲁君饮，醉之，使力士彭生抱上鲁君车，因拉杀鲁桓公，桓公下车则死矣。"细节虽小异，为彭生所害则同。此后鲁国为此事向齐国提出了抗议，《左传》桓公十八年云："鲁人告于齐曰：'寡君畏君之威，不敢宁居，来修旧好。礼成而不反，无所归咎，恶于诸侯。请以彭生除之。'"看来鲁国还是慑于齐国的实力，只能要求惩办直接的凶手，齐国也就"杀彭生"以谢鲁人了事。但文姜却因此无法再待在鲁国，庄公元年三月，"夫人孙于齐"。《左传》认为是"绝不为亲"。杜预云："夫人，庄公母也。鲁人责之，故出奔。内讳奔，谓之孙，犹孙让而去。"按"孙"与"逊"音义相同，"夫人孙于齐"其实就是出奔齐的一种隐讳的提法。

继立的鲁庄公名叫子同，就是前引《公羊传》中"同非吾子"的那个"同"，他是文姜的亲子是毫无疑问的。子同之生，于《春秋》有明文，桓公六年："九月丁卯，子同生。"是则庄公继位时，只是一个十二三岁的少年。文姜的出走，未必出自这位少年的本意。而且是否如《左传》作者所说是"绝不为亲"，亦甚可疑，因为此后在鲁国的史册上，仍不断有关于文姜的记载。《春秋》庄公二年："夫人姜氏会齐侯于禚。"禚乃齐地。庄公四年："夫人姜氏享齐侯于祝丘。"杜预云："享，食也，两君相见之礼，非夫人所用，直书以见其失。祝丘，鲁地。"文姜什么时候由齐复归于鲁，经传均无记载，据顾炎武说："先孙后会，其间复归于鲁，而《春秋》不书，为国讳也。此夫子削之矣。"①这代表了旧时经师的一种看法，其实未必是实情。可能文姜之奔齐，也只是短时间内的事情，后来又回到了鲁国。其间的详情虽不可得而知，看她仍然在鲁国境内与齐侯相会，可知她在鲁国仍有地位及势力，或者因为她是鲁庄公的生母，或者因为齐强鲁弱，文姜倚外人以自重，总之早已不是那种落魄的"亡人"了。这一年的冬天，"公（庄公）及齐人狩于禚"。《公羊传》说这个"齐人"就是齐襄公，于鲁庄为仇人，故《春秋》讳之，书"齐人"。鲁庄公肯到齐地与齐襄公"狩"，至少说明此时齐、鲁关系已经正常，不知这其中是否有文姜在发挥作用。庄公五年："夏，夫人姜氏如齐师。"孔颖达称这是"往其军内就齐侯耳"，因"于时齐无征伐之事，不知师在何处"。但经记这一年的冬

① （清）顾炎武：《日知录》卷四"夫人孙于齐"条。

天,"公会齐人、宋人、陈人、蔡人伐卫"。伐卫之役取得了胜利,庄公六年,"秋,公至自伐卫。秋,齐人来归卫俘"。《左传》云:"冬,齐人来归卫宝,文姜请之也。"按《公》《穀》经传"俘"均作"宝",与《左传》同,"俘""宝"古音相同,前人多以作"卫宝"为是。《左传》说齐将伐卫所得之宝物送与鲁国,盖由于文姜从中斡旋,可见文姜在两国关系中所起的重要作用。庄公七年:"春,夫人姜氏会齐侯于防。""冬,夫人姜氏会齐侯于穀。"防为鲁地,穀为齐地,此时的文姜频繁往来于齐、鲁之间。庄公八年,齐国发生内乱,齐襄公被其堂弟公孙无知杀死。此后齐有公子纠与小白争君位之事,鲁国支持的子纠失败,小白成了国君,这就是后来的齐桓公。庄公十年齐、鲁曾有战事,此即有名的"勺之战",鲁军获胜。十三年鲁君与齐侯会于柯,复结盟好。十五年春,齐桓始霸,这一年夏天,"夫人姜氏如齐",看来文姜又恢复了齐国归省,只不过此时的齐侯已是她的另一位兄长了。十九年秋,"夫人姜氏如莒"。二十年,"春王二月,夫人姜氏如莒"。连续两年"如莒",《左传》均没有任何记载,很难判断文姜这两次旅行的缘由。莒为齐、鲁间小国,当日齐国内乱时曾支持小白,与鲁国支持的子纠对立,故与鲁国不睦。今桓公已成霸业,文姜频繁"如莒",恐怕也不能排除是一种修复两国关系的努力。

庄公二十一年《春秋》经云:"秋七月戊戌,夫人姜氏薨。"次年春正月,"癸丑,葬我小君文姜"。唐人啖助说:"凡夫人薨必书。""凡夫人葬皆书。"①确实如此。旧时经师于文姜之书薨、书葬,多有讨论,其意不过是说文姜淫乱,且参与弑君,乃鲁国的罪人,其书薨书葬,圣人另有深意云云。其实从《春秋》记载来看,鲁国史官似乎从来没有否认她的国君夫人的身份、地位,从书法中也看不出史官对她的贬抑与憎恶,这倒可能是反映了那时文姜真实的生活状态。

哀姜

庄公之妻。《春秋》庄公二十四年:"夏,公如齐逆女。""秋,公至自齐。""八月丁丑,夫人姜氏入。"按此系庄公亲自到齐国迎娶,与桓公时派大夫公子翚"如齐逆女"不同。庄公即位时十二三岁,至二十四年,已是三十六七的中年,故这位哀姜应该不是他的第一位夫人。

---

① (唐)陆淳:《春秋集传纂例》卷三,《丛书集成》本。

此前的情况怎样，已不可得知，但他曾与一位叫作孟任的女子交好，且生有一子，此事在《左传》庄公三十二年有记载："初，（庄）公筑台，临党氏，见孟任，从之，閟。而以夫人言，许之，割臂盟公，生子般焉。"按"党氏"当是一贵族之家，孟任是此家之女。从之者，追求之意。閟者，闭门也，起初孟任拒绝了庄公的追求。但庄公后来许诺将来让她做夫人，孟任这才答应了他，而且"割臂盟公"，古人对于盟誓是很看重的。此后孟任为庄公生下了子般，但夫人这一名分，似乎一直也没有给她。孟任既没有做成夫人，则子般也就没有嫡子的身份，这为日后君位的争夺埋下了伏笔。

哀姜的归鲁，不知出于什么考虑，庄公竟待之以殊礼。不仅庄公亲自到齐国去迎接，而且入鲁国之后，礼数也不寻常。《左传》庄公二十四年云："秋，哀姜至，公使宗妇觌，用币，非礼也。御孙曰：'男贽，大者玉帛，小者禽鸟，以章物也。女贽，不过榛、栗、枣、脩，以告虔也。今男女同贽，是无别也。男女之别，国之大节也，而由夫人乱之，无乃不可乎？'"按所谓贽，是指贵族晋见上级时所持之礼物，而庄公竟让宗妇晋见哀姜时持"男贽"，可见哀姜地位之特殊。

据《史记·鲁世家》："庄公有三弟，长曰庆父，次曰叔牙，次曰成季。"哀姜归鲁之后，与庆父私通。哀姜与庄公并无儿子，但哀姜之"娣"叔姜为庄公生下了一子，名为启方，此即后来的闵公。庄公于三十二年病危，他的意愿是立子般为后，《左传》云："公疾，问后于叔牙。对曰：'庆父材。'问于季友。对曰：'臣以死奉般。'公曰：'乡者牙曰庆父材。'成季使以君命命僖叔（即叔牙），待于鍼巫氏，使鍼季酖之。曰：'饮此，则有后于鲁国；不然，死且无后。'饮之，归，及逵泉而卒。立叔孙氏。"关于叔牙与庄公的对话，《史记》所记稍详："庄公病，而问嗣于弟叔牙。叔牙曰：'一继一及，鲁之常也。庆父在，可为嗣，君何忧？'"按叔牙所说的"一继一及"，虽然未必是一种制度，但据《史记》所载鲁国世系来看，鲁国历史上确实多有"一继一及"的先例，所以叔牙以为庄公死后，由庆父继为国君，是很正常的事。但这显然与庄公的意志相左，因此叔牙就不免"饮酖"的结局了。哀姜既与庆父私通，她当然也希望庆父能继为国君，《左传》闵公二年云："共仲（即庆父）通于哀姜，哀姜欲立之。"但可能是庆父的势力尚不足以成大事，于是庆父、哀姜便退而求其次，试图立哀姜之妹的儿子启方（此时不会超过八岁)为君。于是庄公死后,内乱就开始了。

先是子般在成季的支持下即位,但仅两个月之后,庆父就指使圉人荦"贼子般于党氏",成季因此而出奔陈国。这样庆父就扶植还是幼童的启方做了国君,此即闵公。闵公之立,也是得到了齐国的支持的,《左传》云:"闵公,哀姜之娣叔姜之子也,故齐人立之。"闵公在位仅两年,《春秋》闵公二年有连续三条这样的记载:"秋八月辛丑,公薨。""九月,夫人姜氏孙于邾。""公子庆父出奔莒。"鲁史对于国君的非正常死亡,照例是要隐讳的,所以只书"公薨"。紧接着"夫人姜氏"就"孙于邾"了,可见闵公的"薨"与她有关。此事《左传》的记载比较详细:"初,公傅夺卜齮田,公不禁。秋八月辛丑,共仲使卜齮贼公于武闱。"原来卜齮与闵公的师傅有夺田之恨,遂迁怒于闵公(说"公不禁"可能只是托词,很难想象一个年幼的孩子如何去制止贵族间的田产争夺),庆父利用这一点,假手于卜齮。《史记》也说:"潣公二年,庆父与哀姜通益甚。哀姜与庆父谋杀潣公(即闵公)而立庆父。庆父使卜齮袭杀潣公于武闱。"可见哀姜参与了谋杀闵公之事。此事大约是犯了鲁国的众怒,结果"鲁人欲诛庆父,庆父恐,奔莒"。据《左传》,哀姜在鲁国也待不下去了,"闵公之死也,哀姜与知之,故孙于邾"。哀姜行事与上述文姜有相似之处,她们都与鲁君之被杀难脱干系,最后都落个"孙"的结果,但文姜逃回了母国齐国,而哀姜则只能逃到邾国。这固然与文姜与齐君的特殊关系有关,也有政治上的考虑。盖此时齐国的国君是齐桓公,他支持闵公,本是因为闵公的外家是齐国,齐国更易对鲁施加影响和控制;而哀姜只为自己的私欲,便杀掉了闵公,这实际上是不符合齐国的利益的,因此哀姜的举动便为齐国所不容。《左传》闵公二年:"齐人取(哀姜)而杀之于夷,以其尸归,僖公请而葬之。"齐人竟越俎代庖,替鲁人对哀姜进行了惩罚。

声姜

僖公之妻。当庆父与哀姜谋杀闵公之际,成季带着庄公的另一位公子"申"逃出了鲁国,这位申就是后来的僖公。据杜预说,公子申是闵公的庶兄,而据《鲁世家》,则申是闵公之弟。此亦未知孰是。但如从《史记》之说,则僖公即位时亦当为幼童,是则《春秋》僖公元年之"公败邾师于偃"、四年之"春王正月,公会齐侯、宋公、陈侯、卫侯、郑伯、许男、曹伯侵蔡……八月,公至自伐楚"、五年"公及齐侯、宋公、陈侯、郑伯、许男曹伯会王世子于首止"等,与闵公元年之"公及齐侯盟于落姑"相似,都未必是国君的主动行为,而只是权臣借国君的名义行军国之大事而已。《春秋》僖公十一年云:"夏,公及夫人姜氏会齐侯于阳谷。"此经无传。但这里的夫人姜氏,显然是僖公的夫人,而且应该是齐女。杜预注云:"夫人送迎不出门,见兄弟不逾阈。与公俱会齐侯,非礼。"是杜预以为此齐女是齐侯亦即齐桓公之妹。杨伯峻注云:"夫人姜氏当即声姜,声姜疑为桓公之女而非妹。盖齐桓之父齐僖死于鲁桓十四年,至鲁僖之立已二十八年(雄按:当为四十八年),其女必不堪为鲁僖之匹配。"按杨说甚有理,声姜虽不必为齐桓之女,然为齐桓之晚辈则无疑。阳谷为齐地,本年僖公带夫人会齐桓于阳谷,政事之外,于声姜亦有省亲之意,自与文姜之淫乱不同。

僖公十七年经云:"夏,灭项。"项为小国,究竟是谁灭了项,经并未明言。《左传》云:"师灭项。淮之会,公有诸侯之事,未归,而取项。齐人以为讨,而止公。"《左传》显然是说鲁军灭了项国,但率军者并非僖公,因为僖公此时"有诸侯之事,未归"。这里所谓诸侯之事,盖指去年冬十二月"公会齐侯、宋公、陈侯、卫侯、郑伯、许男、邢侯、曹伯于淮"。鲁人于国君尚在参与诸侯盟会的时候,出兵灭了项国。而当时齐国还是霸主,鲁人擅自出兵灭小国,当是对霸主权威的挑战,故"齐人以为讨,而止公"。"止公"是说将僖公扣留。这一年《春秋》云:"秋,夫人姜氏会齐侯于卞。九月,公至自会。"《左传》云:"秋,声姜以公故,会齐侯于卞。九月,公至。"这就说得更明确了,僖公被齐人扣留,夫人声姜亲自出马,到卞地(鲁地)与齐桓公见面,显然是斡旋僖公被扣之事,结果不久,僖公就被放回来了。

《春秋》文公十六年:"秋八月辛未,夫人姜氏薨。"十七年:"夏四月癸亥,葬我小君声姜。"薨、葬相距八九个月,实为罕见。《左传》说"有齐难,是以缓",但这"齐难"究竟是怎么回事,经传失载。

出姜

文公之妻。文公即位之第四年娶妇,所娶依然是齐女,即出姜("出姜"之称,据杜预注,以为"文公薨而见出,故曰出姜")。《春秋》文公四年云:"夏,逆妇姜于齐。"至于为什么称"妇姜",杜预解释说:"称妇,有姑之辞。"盖此时声姜尚存,故云"有姑"。此前两年,经有"公子遂如齐纳币"之文,《左传》云:"襄仲(按即公子遂)如齐纳币,礼也。凡君即位，好舅甥，修昏姻，娶元妃以奉粢盛，孝也。"知文公所娶为"元妃"。至四年之娶妇，文公不曾亲迎，亦没有遣卿去迎接，只是派了一位大夫，故左氏评论说："逆妇姜于齐，卿不行，非礼也。君子是以知出姜之不允于鲁也①，曰：贵聘而贱逆之，君而卑之，立而废之，弃信而坏其主，在国必乱，在家必亡，不允宜哉！"因为致聘的是卿而迎亲的是大夫，所以说"贵聘而贱逆"，并由此预言出姜必"不允于鲁"，这当然是左氏看到出姜的结局不善而造作此类预言的。

出姜在鲁的经历，确实是一个悲剧。《鲁世家》云："文公有二妃：长妃齐女为哀姜（即出姜），生子恶及视；次妃敬嬴，嬖爱，生子俀。"这个敬嬴所生的俀，就是后来的宣公。《左传》文公十八年云："敬嬴嬖，而私事襄仲。宣公长，而属诸襄仲。襄仲欲立之，叔仲不可。"按襄仲即公子遂，鲁国之卿，此时为权臣，敬嬴与襄仲勾结，故襄仲欲立俀为太子。叔仲是鲁国大夫，对襄仲"废嫡立庶"之举很不赞成。但襄仲为此去了齐国，"见于齐侯而请之"，想借助齐国的力量，来实现自己另立新君的阴谋。此时"齐侯新立，而欲亲鲁，许之"。这个齐侯是齐惠公，刚刚在齐国内乱之后即位为君，很想拉拢鲁国，故表示了支持。一般情况下，齐国是应该支持齐女之子立为鲁国国君的，这一次却很反常，可能是由于出姜与齐惠公比较疏远，或许是齐侯在权衡诸种关系后觉得还是从襄仲之请于齐国更为有利，孔颖达疏云："恶是齐甥，齐侯许废恶者，恶以世適嗣立，不受齐恩；宣以非分得国，荷恩必厚。齐侯新立，欲亲鲁为援，故许之。"鲁文公于十八年二月死去，此年经文有"冬十月，子卒"，这个"子"，就是指"恶"（或许也包"视"而言）。《左传》云："冬十月，（襄）仲杀恶及视，而立宣公。书曰'子卒'，讳之也。"从二月到十月，这八个月期间，鲁国的君位究竟怎样，史册缺载。只知经有"六月癸酉，葬我君文公"，"秋，公子遂、叔孙得臣如齐"之文。据《左传》，此次公子遂之聘齐，一来贺齐惠公之新立，二来谢齐人来参加鲁文公的葬礼，但其实更重要的目的，恐怕就是寻求齐国对鲁宣公的支持，他们的目的显然达到了。这种恶性政争的结果，出姜成了夫死子亡的"孤家寡人"，她在鲁国是待不下去了。《左传》又云："夫人姜氏归于齐，大归也。将行，哭而过市，曰：'天乎！仲为不道，

---

① 杜预注云："允，信也。始来不见尊贵，故终不为国人所敬信也。"

杀嫡立庶！'市人皆哭。鲁人谓之哀姜。"按所谓大归,是指归而不返,看来出姜此后再未回过鲁国。她在临行前大哭于市,指责襄仲的杀嫡立庶,实为一种公开的抗议,襄仲之流亦无奈她何。从"市人皆哭"来看,鲁人对她表示同情的不在少数。

穆姜

宣公之妻。宣公元年经云:"春王正月,(宣)公即位。公子遂如齐逆女。""三月,遂以夫人妇姜至自齐。"这是公子遂为宣公娶妇。文公刚死一年,宣公就急着娶妇,且所娶为齐国之女,于此透露出鲁对齐之依赖以及齐鲁关系之密切。宣公之立,实为篡窃,而其靠山则是强邻齐国。所以宣公即位之后,急不可待地要与齐国联姻,或许这正是襄仲(公子遂)"见于齐侯而请之"时达成的交易,也未可知。旧时经师多以宣公于服丧期内娶妇讥其非礼,恐怕是未能看透当时鲁齐政治关系的微妙之处。这一年,"夏,季孙行父如齐。公会齐侯于平州。公子遂如齐。六月,齐人取济西之田。"按季孙行父即季文子,乃是当时鲁国的重臣,据《左传》,"夏,季文子如齐,纳赂以请会……会于平州,以定公位"。杜预注云:"宣公篡立,未列于会,故以赂请之。"这里的赂,显然是指"济西之田";所谓"未列于会",是说尚未参与诸侯之盟会。若能与诸侯特别是当时的强国盟会,则意味着君主的地位得到承认,所以季孙行父要"如齐"去行赂。结果是"公会齐侯于平州",然后是"齐人取济西之田"。按济西之田本曹国地,当年鲁人随晋文公伐曹,晋文公将济西之田分给了鲁国。杜预云:"篡立者,诸侯既与之会,则不得复讨。臣子杀之,与弑君同。故公与齐会而位定。"孔颖达疏云:"宣公杀子恶而取国,常畏鲁人讨己,心不自安,纳赂请会。故既与齐会,而公位乃定。成十五年戚之会,讨曹成公,成公得列于会,后曹人请于晋曰:'先君无乃有罪乎?若有罪,则君列诸会矣。'是列会则位定也。"

穆姜归鲁之后,经传中均无关于她的记载,直到成公九年,《左传》中才见一段有关穆姜的记事。经云:"二月,伯姬归于宋。"这位伯姬,乃是穆姜之女,成公之妹,就是历史上很有名的那位在火灾中因为恪守"妇人之义,傅母不在,宵不下堂"训条,而被烧死的可怜的女人。伯姬于成公九年嫁到宋国,《左传》云:"夏,季文子如宋致女,复命,公享之。赋《韩奕》之五章。穆姜出于房,再拜曰:'大夫勤辱,不忘先君,以及嗣君,施及未亡人,先君犹有望也。敢拜大夫之重勤。'又赋《绿衣》之卒章而入。"按贵族交往,赋诗言志是那时候的风习,能够在交际中准确地用赋诗的形式表达自己的意思,是具有贵族文化修养的表现。在成公招待季文子的宴会上,季文子赋《韩奕》之第五章。《韩奕》是《大雅》中的一首诗,其第五章是说蹶父为女儿择婿,选中了韩侯,通过考察,发现韩国是一片富庶的乐土,蹶父的女儿一定会安居乐业,并有美誉。季文子赋此诗,显然在称颂伯姬嫁宋是一段美满的姻缘,同时也有向国君汇报此行感受之意。成公如何作答,史不见载,倒是穆姜此时从后堂出来,对季文子说了一些感谢的客套话,接着也赋诗一章。她赋的诗是《邶风·绿衣》的最后一章:"絺兮綌兮,凄其以风。我思古人,实获我心。"这样的赋诗,正是所谓"赋诗断章",只取"实获我心"这一句之义,暗指季文子所说完全合乎穆姜之意。可见穆姜的贵族文化修养颇深,在贵族交往中可以从容应对而绰有余裕。穆姜可能还是一个很注重贵族等级身份的人,宣公的同胞兄弟娶妇,因没有行媒聘之礼,按照礼制只能算是"妾",而不能认定为正妻,于是穆姜便不承认是她的妯娌,断然声称:"吾不以妾为姒。"

　　表面看起来,穆姜是个守礼之人,实际上她也与人私通,且参与政治。与穆姜私通的人是宣伯,亦即叔孙侨如,此人乃是前面提到过的鲁桓公三个公子之一的"叔牙"之后,其族于鲁国也是一支强宗。据《左传》成公十六年记载,当时鲁国正受晋国之召,参与晋与楚的鄢陵之战。"宣伯通于穆姜,欲去季、孟而取其室。将行,穆姜送公,而使逐二子。公以晋难告,曰:'请反而听命。'姜怒,公子偃、公子鉏趋过,指之曰:'女不可,是皆君也。'"这段记事非常生动,使人如见当时情状。盖宣伯欲夺季、孟二氏之家产,借力于穆姜。穆姜在为成公送行时要求他除掉季、孟二氏,成公以目前有晋国之催逼为由,答应战事结束后再行此事。这时有成公的两个庶弟公子偃和公子鉏恰从此过,穆姜就指着这两个人说:"你要是不行,这两个人都可以做国君的!"这显然是一种威胁,倘成公不从命,则君位恐怕就难保了。此时的穆姜,不过是母后,前此亦无母后临朝的记载,却可以这样凌驾于君权之上,动以易君相威胁,足见大夫专权之甚,亦可见后宫涉政之深。《左传》记此事,还特别提到了成公临走时"申宫、儆备、设守",并

"使孟献子守于公宫",看来是对政变有所防备的,因而穆姜、宣伯等人并没有得逞。此后,宣伯在与季、孟的斗争中落败,被逐出鲁国,穆姜也被迁往东宫。此时的穆姜,对自己的行为似乎也有所反省,据《左传》,在迁往东宫时曾以《周易》"筮之",得"艮之随"(即由艮卦变卦而为随卦),主持占筮的史官说:"随,其出也。君必速出。"按此次占筮,本卦为"艮",变而为"随",则当以随卦的卦辞占之,随卦的卦辞云:"随,元亨利贞,无咎。"于是史官为讨好穆姜,解释说,"随"卦有"出"之义,筮得此卦,穆姜必不会在东宫闭固很久,很快就会出去的。但穆姜却对《易》理别有一番理解,对自己的前途有清醒的认识,她认为"元亨利贞"体现的是"四德",只有真正具备这四德的人,才能"虽随无咎",然而"今我妇人,而与于乱,固在下位,而有不仁,不可谓元;不靖国家,不可谓亨;作而害身,不可谓利;弃位而姣①,不可谓贞。有四德者,随而无咎;我皆无之,岂随也哉!我则取恶,能无咎乎?必死于此,弗得出矣"。② 意思是说,我作为一个妇人,却参与了内乱,这就是不仁,已失去了"元"德;伤害了国家,就没有了"亨"德;同时也害及自身,不可谓"利";不顾自己太后的身份而与人私通,也就谈不到"贞"德了。这样四德俱失,哪能"无咎"呢?恐怕是要老死于此宫了!《左传》的这一段记载,表现了穆姜精于《易》理且对局势有准确的判断。这种记载,纵有左氏增饰的成分,毕竟反映了当时贵族妇女的文化修养及政治见识。

从《左传》中还可以看到,季文子等人与穆姜的裂隙也明显加深。襄公二年,"夏五月庚寅,夫人姜氏薨"。据《左传》,这个"夫人姜氏"是成公的夫人,"初,穆姜使择美槚,以自为榇与颂琴,季文子取以葬"。本来是穆姜为自己准备的身后所用的木材,被季文子拿来做成公夫人的葬具了。左氏通过"君子"之口,对季文子此举大加挞伐:"非礼也。礼无所逆。妇,养姑者也。亏姑以成妇,逆莫大焉。"穆姜于成公之妻自然是"姑",损害"姑"的利益而成全儿媳,自然是"逆莫大焉"。但"君子"之言只是就一般情理来说的,事实上季文子的举动更有报复的含义在,同时也表明此时的穆姜已完全是政治上的失败

---

① 杜预注云:"姣,淫之别名。"
② 《左传》襄公九年。

者了。

　　《春秋》十二公中,除闵公年幼早殇外,桓、庄、僖、文、宣、成六公均与齐国联姻。本文中我们考察了文姜等五位鲁君的姜姓配偶,可以看到,此种婚姻,尽管不能说是完全的政治联姻,但在鲁弱齐强的情况下,很难不对当时鲁国的政治发生影响。一般而言,诸姜是齐鲁亲邻关系的纽带,有时她们也能充当一种协调的角色,文姜之请齐归卫宝,声姜之说齐放人,都是这方面的显例。诸姜之中,不乏与人通奸者,这在当时的贵族阶层应该是常见的现象。尽管通奸在当时也是一种被谴责的行为,但似乎并不像后世人看得这么严重,而且此种宫闱秘事,至少在统治阶层里,往往并不十分隐讳。诸姜参与政治的程度很深,国君之废立,国内卿大夫之间的斗争,往往都有她们的身影。研究诸姜的经历与行事,应该有助于我们更深入地认识那个时代贵族妇女的精神面貌、文化修养、生活状态以及她们在国家政治生活中所发挥的作用。

2009 年暑中作,9 月 2 日改定

赵衰父子与晋国政治

晋国自献公翦灭公族，"诅无畜群公子"以后，公族势力遭到了严重打击。晋文公返国掌权，晋国的国力得以发展，政治也渐趋清明。当时的政坛，"胥、籍、狐、箕、栾、郤、柏、先、羊舌、董、韩，实掌近官。诸姬之良，掌其中官。异姓之能，掌其远官"。①按所谓"近官"，指朝廷内的官；"远官"，指县鄙之官；"中官"，则指宫廷内官。胥、籍等十一族，据韦昭注，皆"晋之旧姓"，可见文公团结了晋国各有力的卿大夫世族，从实际效果来看，晋文公建立的是一种公室与异姓卿大夫世族的联合政权。此时的赵氏，尚不在《国语》所列十一族之内，大约是因为赵氏出任晋国的卿职稍晚之故。实际上赵氏也是晋国一支旧族。据《史记·赵世家》，赵氏的始祖可以追溯到商代的大戊时期（"为大戊御"）。其后世有称季胜者，大约生存于商周之际。其后又有称造父者，在历史上很出名，因为他是周穆王的"御"，穆王西行，就是由他驾车的，后来因功被赐以赵城，赵氏即由此而来。造父的后代又有称公仲的，当周宣王时，也是"为御"，在千亩之战中，曾救过宣王一命。西周之末，公仲之子迁于晋国，始在晋国建立了赵氏，成为一支与公室异姓的贵族。大致说来，赵氏似乎历来以驯马、驾车见长，惯于南征北讨，当是以武事传家的。但是自入春秋以来，赵氏的家风

---

① 《国语·晋语四》。

似有所变化。其中有两个关键的人物，即赵衰、赵盾父子，自他们开始，赵氏一族在晋国的政治中就常常起着举足轻重的作用，而这父子二人，都对晋国的政治发生过深刻的影响。

《左传》文公七年有这样一段记事："狄侵我西鄙，公使告于晋。赵宣子使因贾季问于酆舒，且让之。酆舒问于贾季曰：'赵衰、赵盾孰贤？'对曰：'赵衰，冬日之日也；赵盾，夏日之日也。'"按贾季原为晋国的贵族，他的话反映了当时人对赵衰父子的评价。杜预注云："冬日可爱，夏日可畏。"贾季的比喻，也许主要是就赵衰父子的性格、为人、待人接物的态度等方面来说的，但若对赵衰、赵盾的事迹及思想做全面的考察，就会发现，这冬日、夏日的比喻，用来形容这父子二人的政治手段、治国理念与为政风格，也是非常贴切的。

见于《左传》《国语》的赵衰的事迹，最主要的就是他的"从亡"，也就是跟随重耳在外流亡了十九年。重耳本为献公之子，因国内的权力斗争，被迫流亡国外，跟随他的主要有五个亲信，其中以狐偃、赵衰为最重要的谋主。赵衰对重耳忠心耿耿，史称"昔赵衰以壶飧从，径，馁而弗食"[①]，也就是说，赵衰为重耳带着饭食，歧路而行，虽饿不食，这是忠诚的表现；但他最主要的特点恐怕还在于他的"文"。在重耳流亡秦国期间，有一次秦伯设宴招待重耳，重耳让狐偃随同前往，狐偃却推荐赵衰："吾不如衰之文也，请以衰从。"那么什么是"文"呢？韦昭注以为"文辞也"，固然不错，但还不够全面，从《国语》的记述来看，所谓"文"实是一种修养，是基于对传统典籍的熟悉、理解而形成的合乎当时礼制的处事能力。《晋语四》云：

> 明日，宴。秦伯赋《采菽》，子馀（赵衰字）使公子降拜。秦伯降辞。子馀曰："君以天子之命服重耳，重耳敢有安志，敢不降拜？"成拜卒登，子馀使公子赋《黍苗》。子馀曰："重耳之仰君也，若黍苗之仰阴雨也。若君实庇荫膏泽之，使能成嘉谷，荐在宗庙，君之力也。君若昭先君之荣，东行济河，整师以复强周室，重耳之望也。重耳若获集德而归载，使主晋民，成封国，其何实不从！君若恣志以用重耳，四方诸侯，其谁不惕惕以从命！"秦伯叹曰："是子将有焉，岂专在寡人乎！"秦伯赋《鸠飞》，公子赋《河

---

① 《左传》僖公二十五年。

> 水》。秦伯赋《六月》，子馀使公子降拜。秦伯降辞。子馀曰："君
> 称所以佐天子匡王国者以命重耳，重耳敢有惰心，敢不从德？"

按宴会赋诗，是当时贵族交际中十分常见的一种现象，交际的各方往往不直接说出自己的意愿、看法，而是通过赋诗，委婉地表达出来。这就要求参与交际的人对"诗"相当的熟悉，并且善于截取诗篇某一部分字面上的意义，加以引申和发挥。孔子当年所说的"不学诗，无以言"①，大约就是指此而言的。从《左传》《国语》所载赋诗的情况来看，那时人们所赋之诗大部分都在今本《诗经》之内，当然也有少量的逸诗，这说明孔子所称的"诗三百"，与今所见之《诗经》，相去并不甚远。可以认为，以"诗三百"作为贵族教育的基本教材，在孔子之前恐怕就已经如此了。从赵衰对赋诗手段的运用来看，他可能就在这方面受过良好的教育。

在这次宴享当中，秦伯与重耳之间的往返赋诗，大致有三个回合。先是"秦伯赋《采菽》"，作为答辞，"子馀使公子赋《黍苗》"。按《采菽》一诗，出自《小雅》，本是歌颂天子对来朝诸侯的赐予的，其中有句云："君子来朝，何锡予之？虽无予之，路车乘马。"赵衰听了，忙让重耳下堂拜谢，他向秦伯解释拜谢的原因说："君以天子之命服命重耳，重耳敢有安志，敢不降拜？"这说明赵衰从秦伯的赋诗里读出了秦人有意扶植重耳，使之成为一位受天子之命的诸侯的企图。《黍苗》一诗，也出自《小雅》，原诗可能是歌颂召伯的，赵衰只是借用其中两句，即"芃芃黍苗，阴雨膏之"，表达重耳对秦伯的依赖、感激之情——"重耳之仰君也，若黍苗之仰阴雨也"。第二回合，秦伯先赋《鸠飞》，赵衰佐重耳答以赋《河水》。按《鸠飞》《河水》，均不在今本《诗经》之内。据韦昭注，"河水"当是"沔水"之误，《小雅·沔水》有句云："沔彼流水，朝宗于海"。若韦说不误，则赵衰让重耳赋此诗，是要向秦人表明将来一旦返国，要像河水朝宗于海一样地朝事秦君。第三回合，秦伯赋《六月》，此诗也在《小雅》，是歌颂宣王时期朝廷重臣尹吉甫出兵北伐猃狁的诗，诗中有"王于出征，以匡王国"，"王于出征，以佐天子"，"共武之服，以定王国"，"文武吉甫，万邦为宪"等语。秦伯赋此诗，当是表达对重耳返回晋国定能使晋国强大，成为天子良

---

① 《论语·季氏》。

辅、诸侯领袖的期待。对秦人的这种恭维,赵衰马上做出反应,他急忙让重耳"降拜",并明确表示说:"君称所以佐天子、匡王国者以命重耳,重耳敢有惰心,敢不从德?"这样就使重耳圆满地完成了此次与秦君之间的交流。在这样的外交场合,赵衰充分展示了他"文"的一面,表现出他对传统的典籍非常熟悉并有相当深度的素养,在当时的贵族中堪称翘楚。

晋文公重耳返国之后,赵衰并没有马上成为朝廷里的高官,但仍是文公的重要谋臣。晋文公四年(前633),晋国在被庐之地检阅三军("蒐于被庐"),寻求中军统帅的合适人选,赵衰向文公推荐郤縠,他的理由殊堪注意。他说:

> 郤縠可。臣亟闻其言矣,说礼、乐而敦《诗》《书》。《诗》《书》,义之府也;礼、乐,德之则也。德、义,利之本也。《夏书》曰:"赋纳以言,明试以功,车服以庸。"君其试之![①]

按"说礼、乐"是指对西周以来之礼乐文明的喜爱与迷恋;"敦"字通"惇"(从段玉裁说),惇者,厚也,"敦《诗》《书》"据孔颖达说即"厚重《诗》《书》",看来《诗》、《书》、礼、乐四者是当时贵族政治文化的主要内容,喜爱、熟悉并能深刻理解这四者的人就适宜于做国家的执政者。赵衰此语,表面上看是称赞郤縠的,其实也可以看作是他的夫子自道。他称《诗》《书》是"义之府",意思是说《诗》《书》中包含有当时贵族政治的基本精神和原则;他称礼乐是"德之则",显然是把礼乐看作是行事的规范和准则。从赵衰这段话里,不难看出赵衰所具有的政治理念,国家强盛(这是"利")的根本在于行德、义,而怎样才能行德、义呢? 还要归本于《诗》、《书》、礼、乐。

赵衰的"说礼、乐而敦《诗》《书》",也表现于他的行事之中。《晋语四》记载有赵衰的"三让":"(晋文)公使赵衰为卿,辞曰:'栾枝贞慎,先轸有谋,胥臣多闻,皆可以为辅,臣弗如也。'"这是第一让,此事发生在晋人"蒐于被庐"之时,即《左传》中所说的"命赵衰为卿,让于栾枝、先轸,使栾枝将下军,先轸佐之"。此后,晋文公再一次要任命赵衰为卿,赵衰又让于狐偃:"公使原季(即赵衰)为卿,

----

① 《左传》僖公二十七年。

辞曰：'夫三德者，偃之出也。以德纪民，其章大矣，不可废也。'"按所谓"三德"，韦昭注引虞云："三德，谓劝文公纳襄王以示民义，伐原以示民信，大蒐以示民礼。"这三件事《左传》上都有记载。因为狐偃有向民众昭示"义""信""礼"的三项举动，故赵衰向国君力荐狐偃为卿。赵衰的第三次"让"，是让卿位于先且居，他说："城濮之役，先且居之佐军也善，军伐有赏，善君有赏，能其官有赏。且居有三赏，不可废也。"这次他着眼于功劳，认为先且居功劳更大，故推让于他。赵衰的这类让贤之举，显然属于《诗》《书》、礼、乐所规范的贵族道德，在当时以及后世都是很受人称赞的。由此可以看出，他是那种依礼行事的"君子"。

直至晋文公八年（前629），晋国扩大军队，由三军变为五军，赵衰才以新上军之将成为卿，后来又升任为中军之佐，成为晋国的副执政官。晋襄公六年（前622），赵衰死去。不久，晋国的政权就掌握在了他的儿子赵盾的手里。

赵盾的上台，与他父亲的势力及影响不无关系。虽然赵衰生前没有做到晋国的最高执政（中军帅），但赵氏宗族在晋国的政坛上的地位是呈上升趋势的。本来在夷之蒐（晋襄公七年，前621）时，确定的中军帅是狐射姑，赵盾只是中军佐。后来赵衰的旧属阳处父出面，改蒐于董，重新任命中军帅，将赵盾与狐射姑的位置做了调换，赵盾"于是乎始为国政"。①

就在赵盾担任执政的那一年，晋襄公死去。嗣位的灵公年纪幼小，这使得赵盾有机会独揽大权，得以施展他的政治才能。赵盾一反他的父亲温文敦厚的行事风格，在治理国家方面有许多大的举措，这些举措包括"制事典，正法罪，辟狱刑，董逋逃，由质要，治旧洿，本秩礼，续常职，出滞淹"。对这九项举措的具体内容，孔颖达有疏解，他说：

> "制事典"者，正国之百事，使有常也。"正法罪"者，准所犯轻重豫为之法，使在后依用之也。"辟狱刑"者，有事在官未决断者，令于今理治之也。"董逋逃"者，旧有逋逃负罪播越者，督察追捕之也。"由质要"者，谓断争财之狱，用券契正定之也。"治

旧洿"者,国之旧政,洿秽不絜,理治改正之也。"本秩礼"者,时有僭逾,贵贱相滥,本其次秩,使如旧也。"续常职"者,职有废阙,任贤使能,令续故常也。"出滞淹"者,贤能之人,沉滞田里,拔出而官爵之也。①

按这是对晋国旧有的贵族政治的全面整顿和革新。这九项措施,有的意在完善国家的法规制度(制事典),使政事能够有所遵循;有的意在维护旧有的统治秩序,使尊卑上下不相逾越(本秩礼);有的是治理贪污腐败,使政治复归于清明(治旧洿);有的属于用人问题,规定选贤使能是用人的原则(续常职、出滞淹)。值得注意的是,这九项措施中有四项与晋国的"法制"有关:"正法罪"是确定刑罚标准,"辟狱刑"、"董逋逃"都有清理旧案的意思,"由质要"则是确立处理民事纠纷的原则。史称"既成,以授大傅阳子与大师贾佗,使行诸晋国,以为常法",就是说在晋国形成了制度。至于他这九条措施具体的实施经过,史无明文;但在赵盾执政的二十余年中,晋国确是处于强盛时期。不难看出,赵盾治国,礼法并用,即在维护旧有礼制之外,更加依赖法制,更多地采取强硬的手段,对被统治阶级是如此,对统治阶级内部也是如此。赵盾的以法治国,似乎成了晋国的一种传统。五十年后,晋国又一位大政治家范宣子做"刑书",在那个时候,也是一个创举,应该说是继承了赵盾的法治传统。这部刑书在春秋末期,曾被赵氏的后人赵鞅(即赵简子,赵盾玄孙,春秋末期晋国的执政)铸于鼎上,此即晋国有名的"刑鼎"。② 看来晋国之所以能国力强大,并能长时间地保住在诸侯中的霸业,跟赵盾以来执政者的重视以法治国不无关系。

赵盾为政的这种强硬的风格,还表现在他与国君的关系上。赵盾初为政时,正赶上晋襄公死去,当时的太子(即后来的晋灵公)年幼,赵盾和朝廷的大臣曾经一度为了国家的利益,"欲立长君"。③ 只是由于太子之母穆嬴"日抱太子以啼于朝"④,口口声声以先君之命

① 《左传》文公六年孔颖达疏。
② 《左传》昭公二十九年。
③ 《左传》文公六年。
④ 《左传》文公七年。

为辞,赵盾等人才决定拥立灵公。从《左传》的记载来看,此时的太子不会超过三四岁。这样的幼主嗣位,却也给了赵盾以独揽朝政、大刀阔斧实施改革的机会。但在十四年后,这个不过十七八岁的青年国君就被人杀了,此即著名的"赵盾弑其君"一案。其实赵盾表面上是谨遵传统的道德准则的,特别强调君臣秩序,把"弑君"视为大恶。据《晋语五》记载:"宋人弑昭公,赵宣子(即盾)请师于灵公以伐宋。公曰:'非晋国之急也。'对曰:'大者天地,其次君臣,所以为明训也。今宋人弑其君,是反天地而逆民则也,天必诛焉。晋为盟主,而不修天罚,将惧及焉。'公许之。"按将君臣关系置于仅次于天地一等的地位,大概是传统礼制的精神,赵盾的这番议论表明了他对传统政治道德的固守。但他实际上并不受此种政治道德的约束,当君主的干预成了他实现政治理想的障碍的时候,他敢于采取极端的手段解决问题。据《左传》记载,年轻的晋灵公极端"不君",其残暴的劣迹令人发指。赵盾为此"骤谏",灵公非但不听,还派刺客谋杀赵盾。只是由于刺客的良心发现,赵盾才得免于死。后来灵公又伪装设宴招待赵盾,欲"伏甲将攻之"。在这种情况下,赵盾仓皇出逃。不久,赵盾的族人赵穿等"杀灵公于桃园"。此时赵盾尚未逃出国境,听到这个消息后返回了国都。赵盾回来后,并没有治赵穿的弑君之罪,反而对赵穿委以重任,派他前去迎接晋文公的一个幼子回国来即位为君。晋国的太史在史册上记下了"赵盾弑其君夷皋","以示于朝"。赵盾连呼冤枉,但太史坚定地说:"子为正卿,亡不越境,反不讨贼,非子而谁?"[1]按太史的指责是很正确的,即使我们无法拿出证据说赵穿的"弑君"是出自赵盾的主使,但赵盾回朝后对赵穿的态度,也足以说明他对"弑君"至少是采取了默许的态度,从认定责任这个角度说"赵盾弑君",应该是一点都不错的。把这件事情与前面提到的赵盾因宋人弑君而请师伐宋联系起来,可以看出赵盾尽管也承认传统礼数,但他却不是那种规行矩步的谦谦君子,而是一个善于权变的铁腕人物,在他认为国君昏庸暴虐、已成为他治国障碍的情况下,他会采取最极端的手段,用"弑君"的方式来解决问题。

赵衰和赵盾,两种不同的为政风格,却体现了晋国贵族政治的两

---

[1] 《左传》宣公二年。

面性。一方面讲究《诗》、《书》、礼、乐，注重文化修养，倡导德、义政治，表现出了"柔"的一面；一方面强调以法治国，采取强硬的手段，表现出了"刚"的一面。晋国的政治就是这两方面的结合。赵衰、赵盾以后，晋国还出现过不少杰出的政治人物，他们的言论、行为，颇有类于赵衰父子，例如晋悼公时期，"蒐于绵上以治兵"，使士匄（范宣子）将中军，士匄推让于荀偃，自己甘为其副；使韩起将上军，韩起推让于赵武。人称"君子尚能而让其下"，"是以上下有礼"。① 执政栾书颇能善待民众，当时人称"武子（栾书）之德在民，如周人之思召公焉"。② 魏绛力主和戎，倡言"诸侯新服"，"我德则睦"，主张"德于民"。③ 卫国发生了国君被逐的事件，晋悼公问师旷说："卫人出其君，不亦甚乎？"师旷的回答是："或者其君实甚。"接着，师旷就讲了一套"良君"应当"养民如子"的道理，并说"天之爱民甚矣，岂其使一人肆于民上，以从其淫，而弃天地之性"？ 言外之意，国君如果虐民太甚，被逐也是应该的。赵盾之孙赵武，谥文子，他接替范宣子执掌国政，"赵文子为政，令薄诸侯之币，而重其礼"。他在许多交际的场合，表现出了良好的贵族文化修养。而赵武之孙赵鞅，则是一位强有力的铁腕人物，他非常重视"法治"，曾铸"刑鼎"，"著范宣子所为刑书焉"。这些情况表明，赵衰、赵盾的治国理念与为政风格，并非孤立的现象，在晋国是很有代表性的，他们的理论及实践已为后来众多有所作为的后继者继承。

值得注意的是，赵衰与赵盾生活于春秋的早期，那时候还没有所谓儒家，当然更没有什么法家。旧时学者讨论战国诸子的来源，喜欢说某家源于古代的某官。其实我们考察春秋时期赵衰、赵盾这一类人物的政治活动，就会发现他们的言论与实践，往往为春秋末叶以来士人创建种种政治理论所取资。百年以后的孔子及其儒家学派，主张为政以德，主张仁爱，主张遵循周礼，"以六艺为法"，似乎更多地继承了赵衰之流的政治传统；而法家人物主张法治，"不别亲疏，不殊贵贱，一断于法"，表现得"严而少恩"，则很有赵盾

① 《左传》襄公十三年。
② 《左传》襄公十四年。
③ 《左传》襄公四年。

之流的影子。其实两者在源头上是相通的,都来源于西周至春秋时代之贵族政治,只不过是随着时代的进步与情况的变化,不断有所损益扬弃而已。

（原载《赵文化论丛》,河北人民出版社 2006 年版）

穰侯封陶考

  战国时代秦国的丞相魏冉曾经被秦昭王封于陶,此事《史记》上是这样记载的:"昭王十四年,魏冉举白起⋯⋯明年⋯⋯魏冉谢病免相⋯⋯其明年⋯⋯复相冉,乃封魏冉于穰,复益封陶,号曰穰侯。"(《穰侯列传》)但历来人们对此事颇有怀疑,因为按《索隐》的说法,陶即定陶,在今山东省定陶附近,远在西方的秦王怎么会用山东的土地封自己的臣属呢?清人张琦的《战国策释地》云:"冉别封当是今蒲州府北三十里之陶城。从来说者皆主定陶,然定陶宋地,后属齐,无由取异国之地以封其相也。"(按蒲州府在今山西永济一带。)沈涛则以为文字有误,他说:"定陶,齐地,此时未为秦有,岂得以封穰侯? ⋯⋯诸陶字,徐广本自皆作阴⋯⋯按《地理志》穰县、阴县俱在南阳,阴为穰之益封,地必相近,则魏冉所封,当为南阳之阴(按在今湖北光化县),《左传》所谓迁阴于下阴者也。"①这是根据《集解》中"徐广曰:'陶,一本作阴'"的说法所做的推测。《史记会注考证》的作者泷川龟太郎对此也有考证,他说:"然以陶为阴,未免牵强,冉别封,当是山西永济县北之陶城,则距穰故城,尚不甚远。"看来他也是赞成《战国策释地》的看法。

  穰侯别封究竟在哪里? 其实《索隐》所说并没有错,确是在今之

---

  ① (清)沈涛:《铜熨斗斋随笔》。

定陶，当时称为陶。我们且举三证明之：

甲，《史记·穰侯列传》："昭王三十六年，相国穰侯言客卿灶，欲伐齐取刚、寿，以广其陶邑。"《秦本纪》也说："三十六年，客卿灶攻齐，取刚、寿，予穰侯。"按刚、寿二地，据《正义》引《括地志》云："故刚城在兖州龚丘县界。寿，郓州之县。"都在齐国西部。取齐地以广陶邑之封，则陶邑的地望，非近齐之地莫属。

乙，《战国策·秦策》："秦客卿造谓穰侯曰：'秦封君以陶，藉君天下数年矣。攻齐之事成，陶为万乘，长小国，率以朝天子，天下必听，五伯之事也；攻齐不成，陶为邻恤，而莫之据也。故攻齐之于陶也，存亡之机也。'"如果穰侯的别封在湖北光化之阴城，或者在山西永济县北之陶城，则攻齐的成败不会对穰侯的封地有如此重大的影响。这也从反面证明了陶必是近齐之地。

丙，《韩非子·定法》："穰侯越韩魏而东攻齐，五年而秦不益尺土之地，乃成其陶邑之封；应侯攻韩八年，成其汝南之封。"按应侯封应，在今河南鲁山县附近，在汝河之南，当时属韩地，秦攻韩所得；则穰侯所封陶邑，亦必是攻齐所得无疑。

把以上三证联系起来看，穰侯所封之陶邑，必是近齐之地或者就是齐地，《索隐》所说"陶即定陶"不错。另有一个有力的旁证是《索隐》引王劭按："陶现有魏冉冢。"

那么穰侯封陶究竟在什么时候？《穰侯列传》只是说，秦昭王十六年，"复相冉，乃封魏冉于穰，复益封陶，号穰侯"。看起来，好像封穰、又加封陶都是昭王十六年的事情。

考陶邑本春秋时曹国地。宋景公三十年，宋灭曹，陶邑遂为宋有。[①] 秦昭王十九年，齐、秦分别称东帝、西帝，苏代说齐湣王，劝他释帝号、伐桀宋，其辞曰："……而王以其间举宋。夫有宋，卫之阳地危；有济西，赵之阿东国危；有淮北，楚之东国危；有陶、平陆，梁门不开。"[②]由这段说辞看来，此时陶邑尚在宋人之手，是齐人觊觎的对象。《穰侯传》所谓昭王十六年封陶的说法，显然是错误的。

《史记·孟尝君列传》载秦昭王十九年孟尝君遗秦相魏冉书："吾

---

① 《史记·宋微子世家》。

② 《史记·田敬仲完世家》。

闻秦欲以吕礼收齐,齐,天下之疆国也,子必轻矣。……子不如劝秦王伐齐。齐破,吾请以所得封子。……是子破齐定封。"这里的"吾请以所得封子"虽然没有说明是封陶,但我们如把前后这两条材料合起来看,可以断定,穰侯的封陶(破齐定封)不会早于秦昭王十九年。

从前引《秦策》中"秦客卿造谓穰侯"的那一段话,可知客卿造在对穰侯讲这番话的时候,穰侯已经封陶了。原策文中那段话的后面,客卿造紧接着又向穰侯提出了一个建议,建议他派人去劝说燕王大举攻齐。考燕人的伐齐,是在秦昭王二十三年,那么客卿造谓穰侯,从而穰侯封陶,必在秦昭王二十三年以前。

秦昭王十九年到二十三年之间发生了齐攻灭宋的事件。《年表》:"秦昭王二十一年,齐灭宋。"陶邑可能在此时落到了齐人手里。第二年,秦大举伐齐。《齐世家》:"三十九年(按当秦昭王二十二年),秦来伐,拔我列城九。"可能秦就在这一年夺得了陶邑,随后就把陶邑封给了穰侯。

穰侯封陶的记载之所以引人怀疑,大约是因为人们习见战国封邑多在各国的本土,陶之于秦,"地隔韩魏,相去殊远",人们感到奇怪。那么,远在西部的秦国,跨越了韩魏两国,在今山东省的定陶封自己的丞相,这到底有没有可能?这关系到了战国时代封君的状况,是一个很值得探讨的问题。

首先,这种分封并不是绝无仅有的。元人吴师道曾说:"战国封地,往往取之他国。"①例如战国早期的赵襄子,攻取代地,"遂以封伯鲁子周,为代成君"。② 晚期燕国的乐毅,大破齐兵,燕昭王以所得齐国之地昌国封之,号为昌国君。③ 秦灭蜀,"秦惠王封子通国为蜀侯"。④ 秦宣太后之弟芈戎封华阳,号华阳君。⑤ 按华阳在今郑州南约四十里,距秦本土颇远,原系韩地,秦战胜攻取以封芈戎,此颇与穰侯封陶事相类。又如《秦策》:"或谓山阳君曰:'秦封君以山阳。'"据鲍注山阳在兖州郡,而秦竟能用以封人,也正可作穰侯封陶的佐证。

① 《战国策·赵策》"或谓皮相国"章补正。
② 《史记·赵世家》。
③ 《史记·乐毅列传》。
④ 《秦本纪》索隐引《华阳国志》。
⑤ 《史记·穰侯列传》。

再如《秦策》曾记载赵以河间十二县赂秦。考河间在今河北献县一带,距秦本土十分遥远,中隔三晋,不啻海上孤岛,但既然赵用以赂秦,秦也就完全有可能对它拥有主权,《秦策》中"文信侯欲攻赵以广河间"的记载,也正可与"穰侯欲攻齐之刚、寿以广陶封"相发明。大抵秦人当时在远离本土的地方攻城略地,即据为己有,封给功臣宗室,成为小的诸侯。虽然小,但因是强秦所封,故周围大国亦奈何它不得,此颇类近世强国之海外殖民地。

穰侯远封陶邑之所以有可能,还因为战国时代的封君,往往依然具有比较大的独立性。战国时代固然是七雄割据的时代,但在这七个大国之间,却还夹着不少中小诸侯国,宋、卫、鲁、中山这些自不必说,就是规模更小的诸侯国也还所在多有。钱大昕说:"孟子书有邹穆公、费惠公,此文云泗上十二诸侯,则战国之世,小诸侯存者尚多也。"[1]当时大国的某些封君,也具有与这些小诸侯国同等的地位,并非像某些论者所说,战国的封君只享受食邑的收入,而没有什么独立性。《孟尝君列传》:"齐襄王立,而孟尝君中立于诸侯,无所属。"《秦本纪》:"昭王八年,魏公子劲、韩公子长为诸侯。"(《索隐》:"别封之邑,比之诸侯,犹商君、赵长安君然。")"昭王十六年,封公子市宛、公子悝邓、魏冉陶,为诸侯"。当时人们把这种分封叫作"裂地定封"(《齐策》六),如果仅仅是衣食租税,则这"裂地"二字从何说起?这些封君不仅有诸侯之名,也是有诸侯之实的。《齐策》"靖郭君善齐貌辨"章:

> 至于薛,昭伯(按楚将也)请以数倍之地易薛,辨又曰:"必听之。"靖郭君曰:"受薛于先王,虽恶于后王,吾独谓先王何乎!"

靖郭君是孟尝君之父,受齐封于薛。别国人竟可以与封君易地,此交易虽未做成,却足以说明封君具有怎样的独立性。又如《秦策》"应侯失韩之汝南"章:

> 应侯失韩之汝南。秦昭王谓应侯曰:"君亡国,其忧乎?"应侯曰:"臣不忧。"

按应侯即范雎,入秦后被昭王封于应。从这段对话看,土地既封之

---

① (清)钱大昕:《廿二史考异》卷四。

后,就是被封诸侯的领土了,与原来的分封者已无多大的关涉。否则,秦失汝南,首先忧的应该是秦王,他哪里会去问别人忧不忧呢! 又如《齐策》"齐将封田婴于薛"章,记载着这样一件事:齐将封田婴于薛,楚王闻之,大怒。公孙闬就劝说楚王道:"夫齐削地而封田婴,是其所以弱也。"为什么削地以封人就会弱呢? 不正是因为封君具有某种程度的独立性吗? 前引《韩非子》:"然后攻齐五年,秦不益尺寸之地,反成陶邑之封"①,并非是说攻齐五年寸土未得,只是得到的土地成了穰侯的私封,秦国本身没有得到什么土地罢了。

论者或以为战国时代已是中央集权的时代,各国都已普遍实行郡县制,怎么可能又出现小诸侯呢? 让我们来简单地回顾一下周代封君的历史。西周天子所封的诸侯,名义上是天子的臣属,实际上却都有比较大的独立性,有的则很像是个基本独立的国家。东迁以后,天子式微,这时候的封君,主要是各诸侯国君所封的大夫了,大夫与封主的关系要紧密得多,他们的采邑是很难说成是独立的国家的。到了战国时代,对采邑的统治权渐渐集中到了国君的手中,旧式的封君制度濒于灭亡。但这时候,各大诸侯纷纷称王,他们既然自居于过去周王的尊位,行事模仿昔日的周天子,也是很自然的事。于是历史好像又回到了西周时代——王封诸侯的现象又出现了。战国时代封君的独立性当然无法与西周时代相比,而是有一定的限度的,在一般情况下,封君还是作为大国政治上的附庸存在,但他们毕竟不同于郡县,仍有可能不完全依赖大国而独立地存在于大国争霸的夹缝之中。所以秦在远离本土的东方攻占了陶邑,用以封自己的臣属,使之以小诸侯的形式存在一段时间,也就没有什么奇怪了。

(原载《南开学报》1982 年第 4 期)

---

① 此据《北堂书钞·封爵部下》引。

汉武帝与汉代经学的神秘主义倾向

一

本文试图说明汉武帝与汉代经学的发展之间的关系。

谁都知道,汉武帝"罢黜百家,独尊儒术",是中国历史上的大事件。从此,儒家思想成为中国封建社会的统治思想,独霸中国思想界两千年。但汉武帝与经学的关系,其实并不主要表现在这"独尊儒术"上。因为儒术之兴,应该说是汉初几十年政治经济发展的必然结果,同时也是由儒学本身的性质决定了的,历史只不过是假武帝之手,完成它本来注定要完成的任务罢了。让我们来简要地回顾一下这一过程。汉初的统治者不好儒术,他们主要尊奉的是黄老思想。随着社会经济的逐渐恢复和政治统治秩序的不断巩固,经过了几十年的经营,到汉武帝的时候,汉王朝已经以前所未有的姿态出现在世界上了,它是空前统一的,也是空前强盛的,同时,它也是相对安定的。显然,治理这样一个统一的强大国家,单纯依靠主张"无为"的黄老思想是远远不够的。法家是主张君主集权的,这一点很合乎统治这样一个大帝国的专制君主的口味。但是历史已经证明,纯粹任用法家必然会迅速地导致阶级矛盾的激化,秦的短祚就是明证。这一历史的教训人们是不会很快就忘记的。于是,儒家思想应运而起。早在汉初,人们就已经意识到,"得天下"与"治天下"应该异道①,儒者虽然"难与进取",但却"可与守成"②,儒家维护统治阶级尊卑上下秩序的礼法思想,调整阶级关系的仁政思想,为统治权力的合理性作辩护的天命思想,都是封建统治阶级手中有力的武器。比较战国以来各家各派的学说,如果从维护封建统治阶级的长远利益这个角度来看,是没有哪一派比儒家更为得力的了。因此,儒学在汉初七十年后上升于独尊的地位,应该说是一种必然的历史过程。即使没有汉武帝,儒学迟早也要成为中国封建社会的统治思想,这是不以人们的意志为转移的。吕思勉先生曾经正确地指出:汉代儒术之兴,实是"风气使然","时势使然","不特非武帝若魏其、武安之属所能为,并非董仲舒、公孙弘辈所能扶翼也"。③

但是对于汉代经学的发展来说,汉武帝确实是一位举足轻重的人物,他个人的性格、爱好,给了经学的发展以十分显著的影响,不过这主要表现在经学发展的外部形式上,也就是我们所谓的经学发展的"神秘主义倾向"上。纵观中国经学发展的历史,人们不难看出汉代的经学有着显著的特点,这就是经学逐渐与阴阳五行学说相结合,与专讲鬼神术数的方士相结合,给自己披上了一层神秘的外衣。传统的儒学变成了一种"天人之学",孔子几乎变成了通天教主,经学家都变成了预言家,解说经典的著作中充满了讲灾异、谈神怪的荒诞内容。那么,是什么因素影响了汉代经学朝着神秘主义的倾向发展呢?历史上的事物往往不是由单一的因素决定的,而是由众多的因素共同促成的,经学的神学化也是如此。有不少学者曾经从当时的政治、经济、社会等各个方面,对经学的神学化做出本质的说明,这当然都是非常重要的。本文则打算从另一个角度——封建帝王的个人因素上考察这一问题。尽管封建帝王的个人条件不是决定历史面貌的本质因素,但有时候也还不失为一个重要的因素,特别是那种称得起是伟大人物的帝王是这样。而这种个人的因素往往被人们所忽视。因此,为了更全面地描述一个历史现象,这种个人的因素似乎也还有提

---

① 《史记·陆贾列传》。

② 《史记·叔孙通列传》。

③ 吕思勉:《秦汉史》,上海古籍出版社1983年版,第100页。

一提的必要。

二

儒学与阴阳五行学说相结合，逐渐走上神学化的道路，这一历史过程实际上在战国时代已经开了头。原始儒学本身就包含有神学迷信的因素。孔子相信天命鬼神，《论语》中有大量这方面的证据，这也是大家所熟知的，我们就不一一引证了。儒家经典中的《易经》，本来就是卜筮之书，《卦辞》《爻辞》都很有些神秘色彩。不过以孔子为代表的儒者，对待天命鬼神实又持一种审慎的态度，"子不语怪、力、乱、神"。^① 他的学生子贡说："夫子之文章可得而闻也，夫子之言性与天道，不可得而闻也。"^②孔子更注重的是人事方面——"未能事人，焉能事鬼"。^③ 儒家的着眼点总是政治、社会、伦理、道德，是一种"敬鬼神而远之"的学派，虽然原始的儒学中也包含有神秘主义的内容，但这种神学的东西最初是很不突出的。

孔子以后，儒分为八。战国时各派儒生对天道鬼神的态度是不尽相同的。荀子一派，发挥了原始儒学中唯物的成分，他们把天看作是自然的天，与人事没有什么关系，"天行有常，不为尧存，不为桀亡"。^④ 在荀子那里，是很难看到神学迷信的东西的。与荀子对立的思孟学派，则受当时阴阳五行学说的影响较深，荀子批评他们的学说是"甚僻违而无类，幽隐而无说，闭约而无解"。^⑤ 按这里的僻违、幽隐、闭约，大约就有荒诞、神秘的意义。传说为子思所作的《中庸》，有这样的话："至诚之道可以前知。国家将兴，必有祯祥；国家将亡，必有妖孽。见乎蓍龟，动乎四体。祸福将至，善，必先知之；不善，必先知之。故至诚如神。"以后汉代经学家说灾异、谈符瑞，应该说是滥觞于此。邹衍创始的阴阳学，给了儒家以很大的影响，不管邹衍本人是否出自儒家，可以肯定的是，当时有不少儒者接受了阴阳五行学说，使儒学的面貌逐渐发生变化，逐渐地阴阳五行化了。因此，考察战国

---

① 《论语·述而》。
② 《论语·公冶长》。
③ 《论语·先进》。
④ 《荀子·天论》。
⑤ 《荀子·非十二子》。

的儒家,不能忽视邹衍这层关系。前人早已指出过,《史记》中邹衍与孟、荀同传,不是没有缘由的。到秦时,有些儒生甚至兼营起方士的买卖来,成了一种儒生兼方士式的人物。秦始皇坑儒,最初就是因为求仙炼药的方士得罪了始皇,始皇就"使御史悉案问诸生",扶苏的谏辞中有"诸生皆诵法孔子,今上皆重法绳之,臣恐天下不安"的话,可见求仙的方士中有不少是孔门的信徒。[1]

汉兴,儒学分为齐学、鲁学两大支派。战国以来儒学中的神秘主义传统,被齐学一派继承下来了。皮锡瑞氏说:"汉有一种天人之学而齐学尤盛。《伏传》五行,《齐诗》五际,《公羊春秋》多言灾异,皆齐学也。"[2]这好讲"天人之理"的齐学,从伏生到董仲舒,逐渐地对儒学做了一番神学化的改造。章太炎氏说:"燕齐怪迂之士,兴于东海,说经者多以巫道相糅,伏生开流,仲舒衍流。"[3]董仲舒是当时的大儒,据说他钻研经学,专心致志,"三年不窥园","进退容止,非礼不行",俨然一个醇儒。但他同时也颇像一个巫师——"仲舒治国,以《春秋》灾异之变推阴阳所以错行,故求雨,闭诸阳,纵诸阴,其止雨反是。行之一国,未尝不得所欲"。[4]可见所谓齐学确是把儒学和阴阳五行学说糅合在一起了。而鲁学,则继承了先秦儒学中重人事、重礼乐制度的传统,主要的是荀派儒学的传统。马宗霍氏说:"大抵齐学尚恢奇,鲁学多迂谨;齐学喜言天人之理,鲁学颇守典章之遗。"[5]算是道出了这两个学派的差异。汉高祖"举兵围鲁,鲁中诸儒尚讲诵习礼乐,弦歌之音不绝"[6],这正是鲁学的风格。叔孙通欲定朝仪,征鲁诸生三十余人,鲁有两生不肯行,说什么"礼乐所由起,积德百年而后可兴也"。叔孙通笑他们是"鄙儒"[7],这两个"鄙儒",其实正是鲁学的两个正统儒者。齐学、鲁学的出现,标志着儒学进一步的分化。儒学正是在这种情况下被推上独尊的宝座的,而被最高统治者认可了的官

---

① 夏曾佑氏曾有此说,见氏著《中国古代史》,商务印书馆 1933 年版,第 228 页。

② (清)皮锡瑞:《经学历史》,中华书局 1959 年版。

③ 章太炎:《太炎文录》卷二。

④ 《汉书·董仲舒传》。

⑤ 马宗霍:《中国经学史》,商务印书馆 1937 年版,第 46 页。

⑥ 《汉书·儒林传》。

⑦ 《史记·叔孙通列传》。

方哲学正是已经阴阳五行化了的齐学。这样,随着经学的被"独尊",经学的发展道路也就被确定了。从此,经学沿着神学化的轨道滑了下去,一发而不可止,直到发展为谶纬神学,到此,汉代的今文经学也就基本走完了自己的历史路程。那促使汉代经学走上神学化轨道的最高统治者,就是汉武帝。

三

现在我们来看一看汉武帝究竟是怎样一个人,这也许有助于我们弄清汉武帝究竟给予汉代经学以怎样的影响。

史称汉武帝乡儒,"及今上(按指武帝)即位,赵绾、王臧之属明儒学,而上亦乡之"①。但我们看汉武帝的行事,实在不像一个"好儒"的君主。儒家尚德治,武帝却重刑法;儒家重教化,武帝却任用酷吏;儒家主张"使民以时","使民如承大祭",而武帝则滥用民力,任意加重民众的劳役负担;儒家主怀柔,主张"柔远能迩",武帝则好大喜功,肆力于征伐,以武力开拓疆土。这样一个行事处处有乖经义的皇帝,却恰恰使儒学定于一尊,这真是历史上的一个怪现象! 那么这种现象为什么会出现呢? 这只能解释作儒术之兴是时代的需要。至于汉武帝本人,从历史记载上来看,他真正喜好的,乃是神仙之道。

"今天子(按指武帝)初即位,尤敬鬼神之祀。"②"是时李少君亦以祠灶、谷道、却老方见上,上尊之。"这个李少君,实际上是一个江湖骗子。"匿其年及其生长,常自谓七十,能使物、却老。……人闻其能使物及不死,更馈遗之,常余金钱衣食。人皆以为不治生业而饶给,又不知其何所人,愈信,争事之。"武帝对他自然更是尊信。

> 少君言上曰:"祠灶则致物,致物而丹沙可化为黄金。黄金成,以为饮食器则益寿,益寿而海中蓬莱仙者乃可见,见之以封禅则不死,黄帝是也。臣尝游海上,见安期生……安期生仙者,通蓬莱中,合则见人,不合则隐。"于是天子始亲祠灶,遣方士入海求蓬莱安期生之属,而事化丹沙诸药齐为黄金矣。

---

① 《史记·儒林列传》。
② 此处及以下言汉武帝好神仙事均采自《史记·封禅书》。

这大约是武帝求仙炼药之始,其结果当然是可想而知的,但武帝却在这鬼神的泥潭里越陷越深了——"居久之,李少君病死。天子以为化去不死,而使黄锤史宽舒受其方"。皇帝既好此道,难怪谈鬼神的人越来越多了:

> 求蓬莱安期生莫能得,而海上燕齐怪迂之方士多更来言神事矣。
>
> 其明年,齐人少翁以鬼神方见上。上有所幸王夫人,夫人卒,少翁以方盖夜致王夫人及灶鬼之貌云,天子自帷中望见焉。于是乃拜少翁为文成将军,赏赐甚多,以客礼礼之。文成曰:"上即欲与神通,宫室被服非象神,神物不至。"乃作画云气车……而置祭具以致天神。居岁余,其方益衰,神不至。乃为帛书以饭牛,详不知,言曰此牛腹中有奇。杀视得书,书言甚怪。天子识其手书,问其人,果为伪书,于是诛文成将军,隐之。

武帝经此一骗,并未觉悟。当时又出来一个栾大,曾与文成同学,大约是个魔术师,据说会"斗棋,棋自相触击",这又使武帝深信不疑。

> 大……敢为大言,处之不疑。大言曰:"臣常往来海中,见安期、羡门之属。顾以臣为贱,不信臣。……臣之师曰:黄金可成,而河决可塞,不死之药可得,仙人可致也。"……是时上方忧河决,而黄金不就,乃拜大为五利将军。……大见数月,佩六印,贵震天下,而海上燕齐之间,莫不搤腕而自言有禁方、能神仙矣。

但不久五利也事败被杀——"五利妄言见其师,其方尽,多不雠。上乃诛五利"。武帝就是这样不断地信用一些讲鬼神的方士,屡次受骗,但始终也不觉悟。他到晚年虽然对求仙总是没有结果也感到有些厌倦了,但到底还总是希望能够侥幸成功,"天子益怠厌方士之怪迂语矣,然羁縻不绝,冀遇其真",公孙卿为他讲黄帝成仙的故事,武帝慨叹说:"嗟乎!吾诚得如黄帝,吾视去妻子如脱躧耳。"于此可见武帝对于神仙之道爱好迷信之深到了怎样的程度!

汉武帝在政治上可能是一个有雄才大略的英主,但在对待鬼神的问题上,他却只是一个十足的庸人。有人说武帝的好神仙只是求长生不死,因为他作为一个专制君主,"富贵已极,他无可希,惟望不

死以长享此乐"。① 此说其实不尽然。在中国的封建帝王当中,汉武
帝的求仙是非常之突出的,他当然是想求长生不死,但这也是他的宗
教神学趣味异常浓厚的表现。他深深地沉溺于迷信之中,对一切具
有神学迷信色彩的东西都表现出了极大的兴趣,求仙只是其中的一
项而已。武帝自继位伊始,就特别重视"鬼神之祀",五十余年中,用
事于鬼神可以说是尽心竭力,郊祀五帝,祠太一、祠天一、祠地一、祠
黄帝、冥羊、马行、泽山君地长、武夷君,祠五畤、祠后土、祠灶、祠八
神,淫祠滥祀,数不胜数。除了祀神,他还相信所谓"巫蛊",并因此几
次兴起大狱,最严重的一次,使他的太子也枉死其中。他也相信所谓
"望气",《汉书·宣帝纪》载:"武帝疾…… 望气者言长安狱中有天子
气,上遣使者分条中都官狱系者,轻重皆杀之。"简直是由迷信而至于
滥杀了。以五行学说为基础的五德终始说,更是完全被武帝所接受,
改正朔、易服色、"色上黄、数用五"②,这一套做起来津津有味。这也
是很自然的,因为神仙家源出于邹衍,而邹衍也正是阴阳五行学说的
创始人,好神仙的武帝,是很容易接受阴阳五行家的说教的。以上这
一切都说明,汉武帝的宗教神学趣味是异常浓厚的。下面我们就将
看到,他的这种宗教神学趣味对当时的意识形态发生了怎样的影响。

四

到汉武帝的时候,由于封建统治阶级的政治需要,儒学之兴已成
为不可遏制的潮流了。这不是汉武帝个人的意志所能决定的。他适
逢其会,也被潮流所裹挟。但他毕竟是有作为的一代雄主,因此必然
要在时代的发展上打下他自己的印记。他推波助澜,使本来在战国
时已露端倪的儒学的神学化更加急速地向前发展了。

儒学中某些与神仙家相通的东西,理所当然地受到了汉武帝的
高度重视,最突出的无过于"封禅"了。封禅本是儒家的理论,其实也
就是一种祭天地的典礼,凡新受命的帝王,都要到当时人们目为最高
山的泰山上去"报天之功",这就是"封",同时要到泰山下的小山上去
"报地之功",这叫作"禅"。因此封禅在儒者看来,是沟通天人之间的

---

① 夏曾佑:《中国古代史》,第 256 页。

② 《汉书·武帝纪》。

桥梁。儒者特别看重封禅的礼仪,但因为"封禅用希旷绝,莫知其仪礼",就是博洽多闻如孔子,也已不甚了然——"孔子论述六艺,传略言易姓而王、封泰山禅乎梁父者七十余王矣,其俎豆之礼不章,盖难言之"①。尽管如此,儒家这一套封禅理论,也已足以引起汉武帝的兴趣了。当时方士们也讲封禅,不过他们的重点是放在"与神会"上,齐人丁公曰:"封禅者,合不死之名也。"另一个齐人申公曰:"汉主亦当上封,上封则能仙登天矣。"他们的说法无疑对武帝更有吸引力,于是汉武帝决心封禅了。他多次邀集儒者讨论封禅的礼仪,尽管群儒杂采《尚书》《周官》《王制》上的"望祀射牛"之事,但终是言人人殊,迄无成果,气得汉武帝只好"尽罢诸儒不用"②,"乃自制仪,采儒术以文焉"。③ 元封元年,汉武帝完成了封禅大典。此后五年一修封,遂成定制。武帝封禅之举,得到了方士与儒生们的一致捧场和赞许。正是在封禅这一类事情上,儒学与神仙之道统一起来了,因而封禅也就必然促进了儒学与方士们的神学进一步的结合。

我们已经看到,与其说汉武帝好儒,倒不如说他好儒学中的神学迷信因素。因此,经过汉武帝的表彰和提倡,儒学中的神秘主义倾向大大加强了。这里最明显的就是春秋公羊学上升于统治的地位。"上因尊公羊家,诏太子受《公羊春秋》,由是《公羊》大兴。"④"汉兴,承秦灭学之后,景武之世,董仲舒治《公羊春秋》,始推阴阳,为儒者宗。"⑤这"为儒者宗"一语,颇能说明当时董氏公羊学的地位。

董仲舒的公羊学为什么如此地走运呢?这固然是因为公羊学作为儒家的政治理论,主张"大一统",主张尊君抑臣,这在当时是很适合封建专制统治者的政治需要的;还因为在当时的经师里面,董仲舒是最善于把阴阳五行家的神学观念与儒家的经义糅在一起的一个人。前面说过,董仲舒虽然算是个大儒,却很有巫师的味道,同时,他对神仙之术也不陌生,曾经亲自为李少君撰写过《家录》。⑥ 他善于

① 《史记·封禅书》。
② 《史记·封禅书》。
③ 《汉书·倪宽传》。
④ 《汉书·儒林传》。
⑤ 《汉书·五行志》。
⑥ 据《抱朴子·论仙》,董仲舒撰有《李少君家录》。

揣摩汉武帝的心理,对公羊学进行了一番神学化的改造,这就难怪董氏公羊学特别得到武帝的青睐了。从现在保留下来的册问中,我们可以看到汉武帝最关心的是所谓"天人之际"的大问题。元光五年,武帝策诏诸儒"敢问子大夫天人之道,何所本始? 吉凶之效,安所期焉? 禹汤水旱,厥咎何由? 仁义礼知四者之宜,当安设施? 属统垂业、物鬼变化、天命之符,废兴何如?"①在有董仲舒参加的一次策问中,武帝问道:"三代受命,其符安在? 灾异之变,何缘而起? 性命之情,或夭或寿,或仁或鄙,习闻其号,未烛厥理。"②董仲舒紧紧地抓住这一点,在天人关系上大做文章,大量采用了阴阳五行学派的说法,把汉儒对于经义的神秘主义的阐发推向了极端。在他那里,天成了能够主宰人间事物的有意志的至上神,天也像人一样有喜怒哀乐,天道与人事是相互影响的,这样,他就把"天"与"人"统一了起来,创立了"天人合一"的理论。这种理论的最典型的运用,就在于对"灾异"的说明。所谓灾异,其实就是一些自然界的反常现象。董仲舒把这种灾异说成是人间政治上出了毛病的表现,说成是"天"对于"人"的警告,他说:"国家将有失道之败,而天乃先出灾害以谴告之;不知自省,又出怪异以警惧之;尚不知变,而伤败乃至。以此见天心之仁爱人君而欲止其乱也。"③由于他采用了五行学说,他的说灾异也就显得更加神秘了——他把一年中的春夏秋冬四季硬派给了木、火、土、金、水的所谓五行,用五行干犯来解释灾异的产生,即水干木春下霜、木干火地动,火干土则大旱,火干水则星坠等等,而春凋秋荣、冬温夏寒一类的反常现象,都是五行有变、阴阳错行的结果。而阴阳之所以错行,又要从人事方面找原因,补救的办法,则是"以德施之天下",归结为儒家的"德治"。④ 我们看,比起先秦时代儒家苦口婆心劝说统治者行仁政来,这套天人感应说不是更有宗教神学的意味吗? 深深地沉溺于鬼神迷信中的汉武帝,对这一套表示赞赏,不也是可以理解的吗? 而董仲舒也正是因为得到了汉武帝的赏识和推崇,才成为了"一代儒宗"。

---

① 《汉书·公孙弘传》。
② 《汉书·董仲舒传》。
③ 《汉书·董仲舒传》。
④ 见《春秋繁露》之《五行逆顺》《治乱五行》《五行变救》等篇。

在儒家诸经典中如此推重《公羊春秋》,其意义不容低估,这无异于给经学的发展规定了方向。对于《春秋》以外的其他儒家经典,汉武帝的兴趣也是集中在其中的神学迷信因素上。当时《诗》的传授,分为齐、鲁、韩三家。齐诗属于"天人之学",其中的"五际"之说,是诗学中最带神秘色彩的东西。《汉书·翼奉传》:"臣闻之于师:《易》有阴阳,《诗》有五际,《春秋》有灾异,皆列终始推得失考天心以言王道之安危。"可见齐诗的五际,是与《易》之阴阳、《春秋》之灾异为同一类型的东西。而鲁诗则异其趣。《汉书·艺文志》:"汉兴,鲁申公(按非前所引述之齐申公)为诗训故,而齐辕固、燕韩生皆为之传。或取《春秋》,采杂说,咸非其本义。与不得已,鲁最为近之。"看来三家皆不得其真,但比较起来,还是以鲁诗为最接近于先秦的诗学。汉代传鲁诗者为申公。《汉书·楚元王传》:"申公始为诗传,号鲁诗。"《史记·儒林列传》:"申公独以《诗经》为训以教,无传,疑者则阙不传。"看来申公的传《诗》是比较拘谨慎重的,《楚元王传》说申公"受诗浮邱伯,伯者,孙卿门人也",申公当是荀子的再传弟子。荀子说经是不杂神学迷信的,鲁诗算是比较得了荀子的真传。

我们看一看汉武帝对待申公的态度,便可推知他对鲁诗的态度。由于赵绾、王臧的推荐,武帝乃"使使束帛加璧安车驷马迎申公……至,见天子。天子问治乱之事,申公时已八十余,老,对曰:'为治者不在多言,顾力行何如耳。'是时天子方好文词,见申公对,默然。然已招致,则以为太中大夫。舍鲁邸,议明堂事"。① 本来武帝是怀着极大的兴趣去请申公的,"束帛加璧安车驷马",给予优渥的礼遇,但申公却使武帝大失所望。申公大约是属于朴实说经的那一流,因此,他的不为汉武帝所喜欢,也是当然的。还有一位瑕丘江公,也是申公一流人物,他原与董仲舒齐名,但两相比较,武帝是更喜欢董仲舒的:"瑕丘江公受《穀梁春秋》及《诗》于鲁申公……武帝时,江公与董仲舒并。仲舒通五经,能持论,善属文。江公呐于口,上使与仲舒议,不如仲舒。……卒用董生。"② 而汉武帝对于齐诗的态度就与此不同。《汉书·两夏侯传》:"夏侯始昌,鲁人也。通五经,以齐诗、《尚书》教

---

① 《汉书·儒林传》。
② 《汉书·儒林传》。

授。自董仲舒、韩婴死后,武帝得始昌,甚重之。"为什么武帝对他这么重视呢?"始昌明于阴阳,先言柏梁台灾日,至期日果灾。"原来夏侯始昌是一个好言阴阳灾异的董仲舒式的人物。

再看汉武帝对《书经》的态度。《汉书·儒林传》:"(倪)宽有俊材,初见武帝,语经学。上曰:'吾始以《尚书》为朴学,弗好,及闻宽说,可观。'乃从宽问一篇。"按所谓朴学,应该是指学风质朴而言。这一条材料再清楚不过地表明,武帝对于作为朴学的先秦儒学是不感兴趣的,他所好的,实际上是经过了改造的经学,加进了阴阳五行等等神学迷信的因素,已非昔日朴实说经的面貌了。据《汉书·儒林传》,倪宽师事欧阳生,欧阳生乃是伏生的弟子。汉代的尚书学,都是导源于伏生的,而世所传伏生的《尚书大传》,中有《洪范五行传》,可知自伏生始传《尚书》时就已经加进了神学迷信的因素了,而倪宽的尚书学,可能正是继承了这些神学迷信的因素,因此有别于所谓朴学而被武帝所喜爱。《易经》本是卜筮之书,按理说更应该得到迷信的汉武帝的喜爱,但从现存的史料中,却很难发现武帝与《易》有什么关系,也看不出他对《易》有什么特殊的爱好,这是因为汉初传《易》的学者,大多还都保持着素朴说经的学风,很少有用阴阳灾异来附会的。皮锡瑞《经学通论》说:"战国诸子及汉初诸儒言《易》,亦皆切人事而不主阴阳灾变,至孟、京出而说始异。"《汉书·儒林传》:"(孟)喜好自称誉,得易家候阴阳灾变书,诈言师田生且死时枕喜膝,独传喜,诸儒以此耀之。同门梁丘贺疏通证明之,曰:'田生绝于施雠手中,时喜归东海,安得此事?'"这个孟喜是宣帝时人,他大约是受了当时风气的影响,用阴阳灾变来说《易》,而且还要了点小手腕,冒充是得了田氏老师的真传。京房是孟喜的再传弟子,他以"明灾异"而闻名当世,所以这孟、京一派,实是易学中神学色彩颇为浓重的一支,但它的形成却是在武帝的身后,无怪乎武帝与易学没有发生什么特别的关系了。

汉武帝在位长达五十年,他又是一位叱咤风云的专制君主,因此,他的好尚,对于当时的意识形态,不可能不发生一定的影响。汉武帝对汉代经学的最大的影响,就在于他加速了汉代经学神学化的过程。这一过程的实现,当然不完全决定于汉武帝个人的性格,但也不能忽视这种个人因素的作用。因为经学的这种神秘主义倾向,毕竟只是经学发展的外部形式问题,正是在这种外部形式问题上,往往更多地表现出重要历史人物个人因素的影响。中国经学有两千多年的历史,而这种神学化的经学,只占其中的一小段。到了魏晋时代,经学身上的神学外衣便被完全脱掉,但是经学作为封建统治阶级的意识形态却依然存在。这个事实本身就足以说明,经学的神学化绝非经学的本质问题,它只不过是经学发展的外部形式罢了。

不管多么伟大的人物,他都无法改变历史发展的方向,作为个人,从根本上说,他无力决定历史的本质面貌。当然,汉武帝也绝不例外。他本身就是时代历史的产物,他只能在时代允许的范围之内,施加自己的影响。他无力决定经学兴衰的历史命运;但是,有谁能够说,经学在被推上"独尊"地位以后表现出来的越来越强的神秘主义倾向,与汉武帝个人的好尚无关呢?

1983 年 12 月 19 日初稿

1984 年 8 月 6 日改定

(原载《内蒙古大学学报(哲学社会科学版)》1984 年第 2 期)

北魏鲜卑统治者的崇儒

自西汉以来,以儒家思想为主体的中国传统意识形态,在封建社会漫长的岁月中始终处于支配的地位。即使是文化背景全然不同的少数民族,只要它在中原地区建立了较为长期的统治,它便不得不扛起尊孔崇儒的大旗,主动也好,被动也好,似乎就不能有别的选择。当然,在不同的历史阶段,不同民族的统治者的崇儒,可能会有各自的特点,程度也可能会有差别,但是对儒学的基本态度却是惊人的一致。历史曾经不止一次地证明了这一点。本文以北魏鲜卑统治者为考察的对象,看一看北魏统治者的崇儒有哪些事实,崇儒对于北魏政权具有怎样重要的意义,以及鲜卑统治者的宗教趣味对崇儒发生了怎样的影响。

一

北魏政权是由鲜卑拓跋部建立的。晋室南迁以后,北方陷入了长期战乱之中,几个少数民族曾经分别在中原建立政权。其中除了氐人的前秦曾经取得过短期的统一外,都没有能够在整个北中国站稳脚跟。公元 4 世纪末叶,鲜卑拓跋部崛起,他们在中原建立了政权,并且逐渐统一了北方。北魏对于中原的统治,维持了将近一个半世纪,成了中国历史上第一个比较长时期地、比较稳定地统治中原的少数民族政权。

在太祖拓跋珪以前,鲜卑人主要还过着氏族制的逐水草而居的游牧生活。[1] 这样一个民族,在进入中原之后,其统治者很快便发现提倡儒学的重要性,越来越自觉地拿起儒学这个武器来维护自己的统治了。

道武帝拓跋珪是北魏的第一个皇帝。他特别重视吸收儒者参加政权。当时一些著名的儒者,例如燕凤、许谦、张衮、崔宏(玄伯)等人,都甚为道武所礼重。其中特别是崔宏,在北魏建国初期,"议国号"、"草创制度",俨然是王朝规模的总设计师。道武本人也经常向崔宏请教"古今旧事、王者制度、治世之则。玄伯陈古人制作之体,及明君贤臣,往代废兴之由,甚合上意"。[2] 另一位儒者李先曾与道武有过这样一段对话:"太祖问先曰:'天下何术最善,可以益人神智?'先对曰:'唯有经书。三皇五帝治化之典,可以补王者神智。'"[3]这里的"益人神智",显然是指增加统治者的政治智慧。这个意见也为道武所接受。儒家的经典在战乱中散失严重,道武帝也曾下令做过一些收集和整理工作。[4]

继道武而立的是明元帝(太宗)。这个时期的战争仍然很频繁,还是崇尚武力的时代。但已有某些有见识的儒臣向明元帝提出了要文武并重的忠告。老臣张衮临终前上书,明确提出了"揖让与干戈并陈,文德与武功俱运"的原则。[5] 此时虽无法把崇儒摆到高于一切的位置,但至少已把"崇儒"与"尚武"等量齐观了。从太宗及其以后历代皇帝的表现来看,他们对这一原则是有着相当的理解的。[6]

太武帝(世祖)是北魏历史上的一位雄主,就是他于在位期间统一了北部中国。这位南征北战的马上皇帝,对于儒学也曾给予相当的重视。太武帝即位的第三年(始光三年),"起太学于城东,祀孔子,以颜渊配"。太平真君五年颁诏,强制贵族子弟要入太学读书。[7] 太

① 参见李亚农:《周族的氏族制与拓跋族的前封建制》,《李亚农史论集》上册,上海人民出版社1962年版,第306页。

② 《魏书·崔玄伯传》。

③ 《魏书·李先传》。

④ 《魏书·太祖纪》。

⑤ 《魏书·张衮传》。

⑥ 《魏书·太宗纪》。

⑦ 《魏书·世祖纪》。

武帝虽以武功著称于世,但也非常懂得文人儒者的重要性。他所重用的儒臣极尽一时之选,前期主要是崔浩。他对人夸赞崔浩说:"才略之美,当今无比。朕行止必问,成败决焉,若合符契"。① 崔浩被诛后,太武倚重李孝伯。孝伯也是一位儒者,其父李曾以教授《郑氏礼》《左氏春秋》为业。史载"自崔浩诛后,军国之谋,咸出孝伯"。② 此外得太武重用的还有高允、卢玄、李灵等人。这些儒者的被征,自然要在当时的士人中引起反响,"于是人多砥尚,儒林转兴"。③

到了孝文帝的时候,北魏统治者的崇儒达到了一个新的高度。此时的北魏政权早已在中原地区站稳了脚跟,鲜卑统治者对于如何治理汉族民众已经积累了一定的经验,加上孝文帝本人又深慕汉人的文化,对儒学有着比他的几位前辈更为深入的理解。因此,孝文帝对儒学的推崇也就更为有力。史称孝文帝"雅好读书,手不释卷,五经之义览之便讲"④,"高祖钦明稽古,笃好坟典,坐舆据鞍,不忘讲道"。⑤ 太和十九年四月,孝文帝巡视河南、山东等地,"庚申,行幸鲁城,亲祠孔子庙。辛酉,诏拜孔氏四人、颜氏二人为官。诏兖州刺史举部内士人才堪军国及守宰治行,具以名闻。……又诏选诸孔宗子一人,封崇圣侯,邑一百户,以奉孔子之祀。又诏兖州为孔子起园柏,修饰坟垅,更建碑铭,褒扬圣德"。⑥ 这个时期的儒臣,受到孝文赏识与重用的特别多。史称"刘芳、李彪诸人以经书进,崔光、邢峦之徒以文史达。其余涉猎典章,关历词翰,莫不縻以好爵,动贻赏眷。于是斯文郁然,比隆周汉"。⑦ 这样一批儒者围绕在孝文帝身旁,对于北魏政权的崇儒,自然会起到推动的作用。

总的来看,自道武帝以来的历代北魏皇帝,虽然表现的形式以及程度有所不同,但崇儒的方针却是基本一致的。

---

① 《魏书·崔浩传》。
② 《魏书·李孝伯传》。
③ 《魏书·儒林传》。
④ 《魏书·高祖纪》。
⑤ 《魏书·儒林传》。
⑥ 《魏书·高祖纪》。
⑦ 《魏书·儒林传》。

二

北魏统治者的"崇儒",究竟有什么政治上的意义呢？这可以从三个方面加以说明。

首先，崇儒缩小了鲜卑政权与汉族人民特别是汉族士人之间在感情上的距离，争取到了汉族知识分子的支持。儒学本是汉族的意识形态，北方的少数民族原本是与儒学毫不相干的。这种文化上的差异往往影响政治上的认同。面对有着深厚文化积累的汉族，如何减弱民族之间的对立情绪，乃是北魏政权不可忽视的大问题。鲜卑统治者对被征服民族的意识形态表示认同，这样一下子就缩短了民族之间的距离。特别是那些以儒学为业的士人，他们看到自己崇拜的圣人得到鲜卑统治者的祭祀，自己研习的经典得到鲜卑统治者的尊奉，他们对于北魏政权的态度自然就会亲近许多。况且在儒家的理论中，所谓"华夷之辨"本来就不是单纯种族上的分别，而主要是文化上的差异。"中国"可以因为不行礼义而被目为"夷狄"，"夷狄"也可由于奉行礼义而被目为"中国"。[①] 这表明只要崇儒尊道，本是夷狄的鲜卑也有资格成为"中国"。这样，汉族的士人也就可以向北魏政权靠拢了。我们在前面已经看到，自道武开始鲜卑统治者就很重视利用汉族的士人，道武帝初定中原就"立太学，置五经博士，生员千余人"，显祖的时候又在州郡立学[②]，这些学校都吸引了大批的士人。鲜卑统治者还多次征辟知名的儒者，当时北方的不少大儒都成了北魏皇帝倚重的人物。太武帝曾一次征辟了 42 位士人，应命而至的有35 人，其中就有名儒高允、卢玄等。[③] 可见当时多数的士人是愿意为北魏政权效力的。掌握了汉族的知识分子，也就有了统治中原的资本，北魏政权能够在中原延续一百四五十年，看来不是偶然的。

其次，崇儒有利于鲜卑统治者论证自己的正统地位。鲜卑人以塞外的游牧民族入主中原，尽管他们已经建国号称皇帝，但在中原人民看来，他们的政权总是意味着僭伪、化外和暴力。如何论证自己政

---

① 这个思想在《公羊传》中最为明显。

② 《魏书·高允传》。

③ 《魏书·高允传》。

权的合法性呢？如何证明自己确是天命所归、是中华正统呢？鲜卑统治者发现，在这方面，儒家的理论可以帮忙（不是先秦儒家，而是汉儒）。汉儒有五德终始的理论，正好被用来作论证的依据。道武帝初建国时，群臣就奏"以国家继黄帝之后，宜为土德"，于是"始以土德，数用五，服尚黄"。① 太和十四年八月，孝文帝提出，按照汉儒五德相生的理论，北魏是应该有它固定的"德"的，但这究竟是什么"德"，还可以讨论。当时有两种意见。高闾认为，北魏应该承苻秦为土德。因为汉为火德，曹魏承汉，火生土，曹魏为土德；晋又承曹魏，土生金，故晋为金德；石赵承晋，金生水，故石赵为水德；北燕承赵，水生木，故北燕为木德；苻秦承北燕，木生火，故苻秦应为火德。如此循环，北魏又承苻秦，故北魏应为土德。这里关键在于像石赵、北燕、苻秦等政权能否被纳入五德终始的系统中去。高闾的回答是肯定的。他说："臣闻居尊据极、允应明命者，莫不以中原为正统，神州为帝宅。苟位当名全，化迹流洽，则不专以世数为与夺，善恶为是非。"这就是说，只要占据了中原，有了皇帝的名分，就应该算是华夏正统，不管他世数的长短，也不管他统治的善恶。根据这个标准来衡量，"秦、赵及燕，虽非明圣，各正号赤县，统有中土，郊天祭地，肆类咸秩，明刑制礼，不失旧章。奄岱踰河，境被淮汉。非若蛆齰边方僭拟之属，远中孙权、刘备，近若刘裕、道成，事系蛮夷，非关中夏"。② 这里不仅把北方少数族政权视为正统，而且贬斥刘宋、萧齐等为"边方僭拟"、"非关中夏"的"蛮夷"。

李彪、崔光则持另一种意见。他们认为北魏应该承晋为水德。他们说："夫皇统崇极，承运至重，必当推协天绪，考审王次，不可杂以僭窃，参之强狄。"而石赵、北燕、前秦等都是僭伪政权，"世业促褊，纲纪弗立"，是不配排到正统的世次里面去的。他们将北魏比汉朝，汉既弃嬴秦上承周为火德，北魏也应弃石赵等等直接西晋为水德。而且从周亡至汉立，中间有六十余年的混乱时期，而从西晋灭亡到道武帝，恰好也是六十多年。真是"自然合应，玄同汉始"。③

----

① 《魏书·礼志》。
② 《魏书·礼志》。
③ 《魏书·礼志》。

应该说这两种意见都对北魏政权有利。高说强调谁占据了中原谁就是正统,这当然为鲜卑统治者所欢迎;承认石赵、苻秦等的正统地位,实际上也就维护了北魏的正统地位。而李、崔之说则把北魏比隆于汉朝,他们虽然不承认石赵等政权的正统,其用意却是要把北魏与石赵、苻秦等区别开来,赵、秦等"虽地据中华,德祚微浅",而北魏则是"积德修长,道光万载"。其意似乎在说,虽同为少数族的政权,我们魏可与他们不一样,我们是像汉朝一样正经得了天命的!这种意见既适应了中原汉族人民目十六国政权为僭伪的一般心理,又在更高的层次中维护了北魏政权的权益。因此,比较起来,李、崔的提法或许更能得到北魏统治者的欢迎。于是,北魏终于选择了承晋:"朝贤所议,岂朕能有违夺。便可依为水德。"①

其实水德也罢,土德也罢,最终都是要证明北魏政权存在的合理性。这里关键在于必须承认并尊信汉儒五德终始理论的权威性。如果不推行崇儒的政策,汉儒的这一套理论就很难发挥其应有的作用。

再次,最高统治者崇儒,以及大量的儒者参加政权,使儒家的某些政治伦理、政治原则得到了普遍的承认,这无疑地促进了鲜卑政权的封建化进程。例如孝文帝根据《尧典》"三载考绩,三载黜陟幽明"的原则,对地方官吏以及朝臣全面实行考核,然后加以赏罚,这就使得北魏的封建官制更加趋于完善。②又如在司法当中,儒家的经典也发挥着指导的作用:"初,廷尉少卿袁翻以犯罪之人经恩竞诉,枉直难明。遂奏曾染风闻者,不问曲直,推为狱成,悉不断理。诏门下、尚书、廷尉议之。(辛)雄议曰:'《春秋》之义,不幸而失,宁僭不滥。僭则失罪人,滥乃害善人。……古人难患察狱之不精,未闻知冤而不理。'诏从雄议。"③这里《春秋》的经义决定着司法的精神。再如高宗时为了缓和阶级矛盾,曾经"务崇宽征,罢诸杂调",但是不久"有司奏国用不足,固请复之"。于是有人就抬出儒家的说教:"百姓不足,君孰与足",而皇帝也就"善而从之"了。④像这样不断地把儒家的思想贯彻到政治行为中去,当然也就逐渐把北魏政治纳入了封建化的轨道。

---

① 《魏书·礼志》。
② 《魏书·献文六王传》。
③ 《魏书·辛雄传》。
④ 《魏书·昭成子孙传》。

三

北魏的崇儒与两汉比较起来,有着显著的不同。汉人罢黜百家,独尊儒术,从天子到士人,思想、行动莫不以儒家经典为依归。北魏则不然。虽经道武以下历代鲜卑统治者的提倡,儒学却始终没有真正上升到独尊的地位。这里除了儒家本身的原因之外,从北魏统治者方面来说,崇儒只是一种政治需要,并不是因为他们对儒学有着多么大的兴趣。儒学之外,还有更使他们感兴趣的东西,这就是宗教。主要是佛教,个别人也喜欢道教。因此,鲜卑统治者在崇儒的同时也崇佛。儒佛并行,这自然减弱了儒学的势力。

十六国时期,佛教就已经在中原地区传播开来。对于鲜卑族人是否更容易接受佛教这个问题,我无意加以探讨;不过有关历代鲜卑皇帝都喜欢佛教的记载却能给人以深刻的印象。

> (道武)帝好黄老,颇览佛经。但天下初定,戎车屡动,庶事草创,未建图宇招延僧众也。然时时旁求。……天兴元年下诏曰:"夫佛法之兴,其来远矣。济益之功,冥及存没,神踪遗轨,信可依凭。其敕有司,于京城建饰容范,修整宫舍,令信向之徒,有所居止。"是岁,始作五级佛图、耆阇崛山及须弥山殿,加以绘饰。别构讲堂、禅堂及沙门座,莫不严具焉。太宗践位,遵太祖之业,亦好黄老,又崇佛法,京邑四方,建立图像,仍令沙门敷导民俗。①

这是北魏崇佛之始。此后佛教日益盛行。世祖本来也是好佛的:"世祖初即位,亦遵太祖、太宗之业,每引高德沙门,与共谈论"。② 但后来他有些变化,"虽归宗佛法,敬重沙门,而未存览经教,深求缘报之意。及得寇谦之道,帝以清净无为,有仙化之证,遂信行其术"。③ 就是说他改信道教了。这一变化,似乎成了后来太武帝大规模灭佛的主因,灭佛好像是佛道之争。其实不然。因为当时的道教的首领寇谦之也是不赞成这种灭佛之举的。可能是佛教的势力越来越大,威

---

① 《魏书·释老志》。
② 《魏书·释老志》。
③ 《魏书·释老志》。

胁到了儒学的地位,统治者不得不采取一些压制的措施,以保证崇儒的方针能够得到贯彻。这从太武帝灭佛的诏书中可以看出来:

> 彼沙门者,假西戎虚诞,妄生妖孽,非所以一齐政化,布淳德于天下也。

> 昔后汉荒君,信惑邪伪,妄假睡梦,事胡妖鬼,以乱天常,自古九州之中无此也。夸诞大言,不本人情。叔季之世,暗君乱主,莫不眩焉。由是政教不行,礼义大坏,鬼道炽盛,视王者之法蔑如也。自此以来,代经乱祸,天罚亟行,生民死尽,五服之内,鞠为丘墟,千里萧条,不见人迹,皆由于此。朕承天绪,属当穷运之弊,欲除伪定真,复羲农之治。其一切荡除胡神,灭其踪迹。①

这里把汉末以来的战乱衰败都归咎于佛教盛行,显然是有些过分了,但说因此而“政教不行,礼义大坏”,则恐怕是实情。所谓政教、礼义,正是儒学所要推行的东西。佛教的势力太盛,则崇儒就会落空,因此打击佛教对于崇儒是有利的。这里把佛说成是“胡”神,本来不无“胡种”嫌疑的鲜卑统治者却以华夏正统自居,发愿要“复羲农之治”,由此不难窥到鲜卑统治者的良苦用心。

但在北魏的历史上大规模地灭佛仅此一次,在大多数情况下崇儒与崇佛是并行的。这是因为佛理与儒学在好多地方本来就相通,只是各有各自擅长的范围。北魏统治者在政治上崇儒,在思想上佞佛,儒学固然不能真正地独尊,但在一般情况下,儒、佛却可以相安无事。而且儒者兼通佛理,在当时似乎是一种时尚,像高允、崔光、刘献之等名儒,都喜谈佛理。太武帝之后,朝廷很快就宣布“复佛法”②,又恢复了儒佛并尊的局面。孝文帝对佛教也甚感兴趣,史称他“善谈庄老,尤精释义”③,但他更懂得崇儒的重要。因此在他在位期间,尽管佛教也有发展,毕竟对儒学没有太大的冲击。孝文以后,情况就又有了变化。宣武帝(世宗)、孝明帝(肃宗)没有孝文帝那样的见识,却比孝文帝还要崇佛,于是儒学的地位又开始受到了威胁。《魏书·裴延俊传》云:

---

① 《魏书·释老志》。
② 《魏书·高宗纪》。
③ 《魏书·高祖纪》。

时世宗专心释典，不事坟籍，延俊上疏曰："臣闻……汉光神睿，军中读书，魏武英规，马上玩籍。先帝（按指孝文帝）天纵多能，克文克武，营迁谋伐，手不释卷。良以经史义深，补益处广，虽则劬劳，不可暂辍。……陛下道悟自深，渊鉴独得，升法座于宸闱，释觉善于日宇，凡在听瞩，尘蔽俱开。然五经治世之模，六籍轨俗之本，盖以训物有渐，应时匪妙，必须先粗后精，乘近即远。伏愿经书玄览，孔释兼存，则内外俱周，真俗斯畅。"

从此疏来看，宣武帝居然在宫中聚僧徒讲论佛法，其佞佛的程度可知。裴氏之意，佛法虽精，毕竟不能用来治国，"五经"才是"治世之模"，"六籍"才是"轨俗之本"。他不敢提出来灭佛，只好说"经书玄览，孔释兼存"，希望在崇佛的同时也要崇儒。

孝明帝时也有类似情形。据《魏书·张普惠传》，"肃宗不亲视朝，过崇佛法，郊庙之事，多委有司"，普惠上疏，劝肃宗要先"释奠成均，竭心千亩"，然后再去"精进三宝，信心如来"。李崇亦上表，指出孝文帝曾经"列教序于乡党，敦诗书于郡国。使揖让之礼，横被于崎岖；歌永之音，声溢于仄陋"，而现在则是"今国子虽有学官之名，而无教授之实"。这种局面是应该改变的，"但事不两兴，须有进退"。应该"道（疑当作更）发明令，重遵乡钦，敦进郡学，精课经业"，"诚知佛理渊妙，含识所宗，然比之治要，容可小缓"。[1] 李崇看到崇儒的方针受到威胁，发出了这样的忠告。按所谓"事不两兴"，是指寺院、石窟之类的兴建与明堂、太学之类的修筑不能同时并举，须要有个轻重缓急；佛理虽然精妙，比起儒学之有关治道来，是应该往后放一放的。可见在孝文以后，最高统治者"过崇佛法"，致使北魏崇儒的方针不能落实，这对封建国家来说，是个大问题。当然，佛教大盛的结果，还不单是儒学之相形见绌，还会造成靡费金钱、损失劳力、土地向寺院集中、政府税收减少等种种弊端，这些都是统治阶级所难以接受的。因此不久又有周武帝的第二次灭佛——不过这都是后话。北魏后期儒学受到佛教的严重冲击，就已经使统治阶级中的有识之士感到忧虑了。

---

① 《魏书·李崇传》。

纵观北魏一百多年的历史,鲜卑统治者崇儒,这是没有问题的。但他们的崇儒,似乎主要体现在政治上,崇奉儒家的政治伦理,吸收儒者参加政权,奉行儒家的礼仪制度等等。在思想上,大多数的鲜卑统治者都是崇佛的。虽然崇儒与崇佛有时似乎可以并行,但思想上的佞佛不能不对他们政治上的崇儒产生一定的影响,有时这种影响甚至是十分严重的,从而使得儒学在北魏始终也没有达到两汉时代那样的高度。

(原载《北方论丛》1993 年第 1 期)

下　编

《诗·下武》"应侯顺德"解

《诗·大雅·下武》云:

> 下武维周,世有哲王。三后在天,王配于京。
> 王配于京,世德作求。永言配命,成王之孚。
> 成王之孚,下土之式。永言孝思,孝思维则。
> 媚兹一人,应侯顺德。永言孝思,昭哉嗣服。
> 昭兹来许,绳其祖武。于万斯年,受天之祜。
> 受天之祜,四方来贺。于万斯年,不遐有佐。

此诗第四章的"应侯顺德"应怎样理解,很值得研究。

《诗经》中的"侯"字有四义:或为射箭之靶,或指诸侯,或训"维",或训"美"。射箭之靶,殆"侯"字的本义,"终日射侯,不出正兮"(《齐风·猗嗟》)的"侯"就作此解。此解显然与"应侯顺德"无涉。训"美"之例如"羔裘如濡,洵直且侯"(《郑风·羔裘》),尽管宋代有个别学者训"应侯顺德"之"侯"为"美"①,但此说终觉勉强,很难为多数学者所接受。《诗经》中的"侯"字指诸侯之例甚多,如"俾侯于鲁"(《鲁颂·閟宫》)、"尔公尔侯"(《小雅·白驹》)、"齐侯之子""卫侯之妻""邢侯之姨"(《卫风·硕人》)、"韩侯受命"(《大雅·韩奕》)、"鲁侯是若"

---

① (宋)范处义:《诗补传》卷二十三。

《《鲁颂·閟宫》》等等都是。训"维"之例,用于句首的,如"陈锡哉周,侯文王孙子"(《大雅·文王》)、"侯谁在矣,张仲孝友"(《小雅·六月》);分别用于几个并列词语之前的,如"瞻彼中林,侯薪侯蒸"(《小雅·正月》)、"侯主侯伯,侯亚侯旅,侯强侯以"(《周颂·载芟》)、"侯作侯祝,靡届靡究"(《大雅·荡》);用于句中的,如"菀彼桑柔,其下侯旬"(《大雅·桑柔》)、"择三有事,亶侯多藏"(《小雅·十月之交》)。那么"应侯顺德"的"侯"该怎样理解呢?

《下武》第四章《毛传》云:"应,当;侯,维也。"照这个解释,读通全句很困难。郑玄勉强释之曰:"可爱乎武王,能当此顺德。谓能成其祖考之功也。"但"媚兹一人"的"媚"郑玄既解为"爱",则应当是动词,"一人"当为"媚"的对象,而郑笺却串讲为"可爱乎武王,能当此顺德",这里的"一人"便由宾格变为主格了,因此可能不符合诗的原意。"顺德"这个词应该理解为一个动宾结构,知者,《大雅·抑》云:"其惟哲人,告之话言,顺德之行。"据郑笺,这话是说"语贤智之人以善言,则顺行之","德"应是"顺"的宾语。又《周易·升卦》之《象辞》有云:"君子以顺德,积小以高大",升卦下巽上坤,其卦象为"地中生木",故高亨先生解释说:"君子观此卦象及卦名,认为人之美德,正如木之逐渐升长,从而遵循美德,积微小,上升至高大。"[1]可见《周易》中之"顺德"也是一个动宾结构。反观《大雅·下武》,如果把"应"解作"当",把"侯"解作"维","应侯顺德"便很难讲通了。

但毛、郑之说影响至为深远。自宋以来,多数学者都是按照这一思路来读《下武》之诗的。例如苏辙解"媚兹一人,应侯顺德"说:"侯,维也。武王既成王业,天下咸法则之。故人思所以媚之者,维顺其德以应之。"[2]朱熹说:"侯,维。言天下之人皆爱戴武王,以为天子,而所以应之,维以顺德。"[3]类似的说解还有很多。明人姚舜牧对此说提出了疑问,他将第四章与前三章经文联系起来看,说:"此侯字正照上成王之孚一王字……见王者孝思维则,所以能致人之媚兹,致人之顺应,故更出'永言孝思'二句,以赞其嗣服之无忝也。若训侯字作维

---

① 高亨:《周易大传今注》,齐鲁书社1979年版,第390页。
② (宋)苏辙:《诗集传》卷十五。
③ (宋)朱熹:《诗集传》卷十六。

字,则上文'孝思维则'亦既用维字矣,此胡独取巧而改用一侯字耶?且应之维以顺德,语殊欠畅,似未得诗人之旨。"①

其实在毛、郑之外,对"应侯顺德"还有别的解释。《水经注》"滍水"条云:"滍水东经应城南,故应乡也,应侯之国,《诗》所谓'应侯顺德'者也。"这是直以应侯为应国之侯,表明至少在郦道元的时代,说诗的人并不都是解"应"为"当"、解"侯"为"维"的。《太平御览》引《陈留风俗传》云:"周成王戏其弟桐叶之封,周公曰:'君无二言。'遂封之于唐。唐侯常慎其德。其《诗》曰'媚兹一人,唐侯慎德'是也。"慎德即顺德,慎、顺音近相通;应侯在这里成了唐侯,也许是形近致误。重要的倒不在于文字的异同,而在于对"侯"字的理解。《陈留风俗传》的时代不详,大致在两晋之间,这表明在魏晋时是存在对《下武》诗的别解的。把"应侯"理解为应国之侯,必然会认为"媚兹一人"的主体也是应侯,既然"一人"无疑问是指天子,那么"媚兹一人"自应理解为是就臣对君来说的。从汉儒对这句诗的引用来看,这种理解可能相当普遍。《淮南子·缪称训》云:"人以其所愿于上以交其下,谁弗戴?以其所欲于下以事其上,谁弗喜?《诗》云:'媚兹一人,应侯慎德。'慎德大矣,一人小矣,能善小,斯能善大矣。"这种"能善小"又"能善大"的人,显然应该是臣子。《汉书·叙传》在谈到《张汤传》的作意时说:"张汤遂达,用事任职,媚兹一人,日旰忘食。""媚兹一人"显然是指一种臣子对君的态度。这样看来,汉人把应侯作为人称来理解的并不少见。这种理解自有其渊源,战国时儒者读《下武》诗,就有以应侯为应国之侯的。《荀子·仲尼》云:

> 持宠处位终身不厌之术:主尊贵之则恭敬而僔,主信爱之则谨慎而嗛,主专任之则拘守而详,主安近之则慎比而不邪,主疏远之则全一而不倍,主损绌之则恐惧而不怨。贵而不为夸,信而不处谦,任重而不敢专。财利至则善而不及也,必将尽辞让之义然后受。福事至则和而理,富则施广,贫则用节,可贵可贱也,可富可贫也,可杀而不可使为奸也。是持宠处位终身不厌之术也。虽在贫穷徒处之势,亦取象于是矣,夫是之谓吉人。《诗》曰:"媚兹一人,应侯顺德。永言孝思,昭哉嗣服。"此之谓也。

---

① (明)姚舜牧:《重订诗经疑问》卷八。

这段话的意思是讲臣子如何才能保持自己受宠的地位，必须达到"贵而不为夸，信而不处谦，任重而不敢专"等等一系列要求，才能够"持宠处位终身不厌"，而这样的人才可以称之为"吉人"。值得注意的是，这段文末引《下武》的四句诗为证，这四句诗如果按照《毛传》《郑笺》的解释，是无论如何也难与《荀子》文义相谐的。但是如果把应侯理解作"应国之侯"，则"媚兹一人"者是应侯，"顺德"者也是应侯，诗中的应侯正与《荀子》文中所称"吉人"相应，《荀子》这段话便上下文义贯通，毫无窒碍了。

"应侯顺德"之"应侯"乃应国之君，正如《诗经》中所见之齐侯、卫侯、邢侯、韩侯、鲁侯，都是指诸侯国君，这本是显而易见的事实，为什么古代的经师宿儒大多视而不见，偏偏要作一种迂曲的解释呢？这当然与《毛传》《郑笺》的权威地位有关，同时也与《诗序》有很大的关联。《下武》序云："下武，继文也。"这就规定了此诗的性质，是一首歌颂武王的诗。《毛传》注此诗首章"三后"云："大王、王季、文王也"，而且明确指出"王配于京"的王是武王，这样就束缚了后人的思想。由于应国的始封君是武王之子，其被封为诸侯是武王死后的事情，故一旦接受了《诗序》和《毛传》的说法，对"应侯"二字当然就不会按其最直接的意思来理解了。其实这首诗的时代，不一定如汉儒所说作于武王时。从诗的内容来看，这可能是一首歌颂成王和应侯的诗。第二、三两章都有"成王之孚"，昔人囿于谥法观念，或以为此诗必作于康王以后，或者干脆把"成"解释为一个动词，"成王之孚"即"成王者之信"，显得非常牵强。随着地下出土青铜器铭文的增多，周初诸王号均为生称已成了学界的共识。用这一观点来看《下武》诗，把"成王之孚"解释成是歌颂成王的话就没有障碍了。而且从全诗的结构来分析，也可以看出此诗是歌颂成王与应侯的。全诗六章，章四句。每章的末句都被重复用来作下一章的首句，只有第三、四句之间不是这样。三章说"成王之孚，下土之式"，这是咏"君"——成王当然是君；四章说"媚兹一人，应侯顺德"，这是咏"臣"——应侯是天子之臣。这两章一咏成王，一咏应侯，可见两人都是这首诗歌颂的对象。

应国的始封君是武王之子，《左传》僖公二十四年："邢、晋、应、韩，武之穆也。"应的分封，当在周公东征之后。应的地望，据前引《水经注》，在河南省滍水之北。八十年代以来，河南省平顶山市附近相继出土了一批应国铜器,证明了西周所封之应就在这里。周初的应侯,地位可能很显赫,《逸周书·王会》记周成王举行成周之会,列举了当时王朝中几个重要的贵族大臣,其中就有应侯。西周早期应国铜器中有一件"应监甗",其铭曰:"应监作宝尊彝。"表明周初的应侯还负有监国的使命。《诗·下武》所咏的应侯,殆即应国的始封君,他与成王是君臣关系,也是兄弟关系。这从第三章后两句"永言孝思,孝思维则"与第四章后两句"永言孝思,昭哉嗣服"可以看出来。因为这诗的主题是歌颂对先王的继承的,"三后在天"应是指王季、文王与武王,三、四两章的后两句都强调"孝",强调"继承",这样的用语只有在成王与应侯是兄弟关系的情况下才相宜。不过有的学者认为应国的始封君不是侯,理由是早期铜器铭文只见"应公",不见"应侯"。对此还有必要作一说明。目前已知传世及出土应国铜器已有十几件,器主或称应公,或称应叔,或称应侯,或称应监。诚然,以"应公"命名的几件都是西周早期之器,但不能因此说西周早期应公就不是"侯",因为西周诸侯本无定称,金文中公侯兼称之例所在多有。"公"本为一切有土之君的尊称,称公时未必就不是侯。我们不能因现在所知的两件标明"应侯"的铜器是西周中期器,就说西周早期应君不是侯。《应侯见工钟铭》云:"用作朕皇祖应侯大林钟。"古人于祖以上先辈俱称祖,很难断此"皇祖"为几世祖,因此,说成王时的应君已经称侯并不是没有可能。①

把"应侯顺德"中的"应侯"理解为人称,在现代学者中不乏其人②,但大都缺乏论证。故不揣谫陋,强充解人,为之疏证如此。

(原载《古籍整理研究学刊》1998 年第 6 期)

---

① 参阅拙著《周代国家形态研究》,湖南教育出版社 1990 年版,第 155 页。

② 较早的如柯昌济说:"应侯当是人称","盖成王时有德之臣"(《韡华阁集古录跋尾》,转引自周永珍文)。高亨《诗经今注》(上海古籍出版社 1980 年版)亦主此说。他如周永珍、何浩、伍仕谦等学者都曾论及,分别见《两周时期的应国、邓国铜器及地理位置》(《考古》1982 年第 1 期)、《应国兴亡考略》(云南民族出版社编《先秦史研究》)、《论西周初年的监国制度》(《人文杂志》丛刊《西周史研究》)。

读左札记二则

"天王狩于河阳"的断句

《春秋》僖公二十八年有一条经文"天王狩于河阳",《左传》解释说:

> 冬,会于温,讨不服也。……是会也,晋侯召王,以诸侯见,且使王狩。仲尼曰以臣召君不可以训故书曰天王狩于河阳言非其地也且明德也

按"仲尼曰"以下,我暂不加标点,因为这一段的标点,正是我们要讨论的问题。

郑良树先生在《中国经学》第一辑中发表了一篇文章,谈到了《左传》这段话的标点问题,他认为《左传》此段是在解释《春秋》的书法,不过由于断句的不同以及主语的省略,其解释无法令人清楚明晓。郑先生认为,自"仲尼"以下,至少有下列四种读法:[①]

> A1 仲尼曰:"以臣召君,不可以训。"故(仲尼)书曰:"天王狩于河阳。"言非其地也,且明德也。

---

① 郑良树:《孔子作〈春秋〉说的形成》,《中国经学》第一辑,广西师范大学出版社2005年版。

A2 仲尼曰:"以臣召君,不可以训。"故书曰:"天王狩于河阳。"言非其地也,且明德也。

B1 仲尼曰:"以臣召君,不可以训。故书曰:天王狩于河阳。言非其地也,且明德也。"

B2 仲尼曰:"以臣召君,不可以训。故(我)书曰:天王狩于河阳。言非其地也,且明德也。"

今按表面看起来,A1与A2、B1与B2标点并无不同,好像这段话只有两种读法,但郑良树先生在这里是讨论《春秋》是否孔子所作这个问题的,所以他特别关注到了句子中主语的省略,若A1"书曰"的主语真的略掉了"仲尼",自与A2的意思迥殊。B1与B2的情形也是如此。因此,说这段话可以有四种读法,是不无道理的。

对《左传》的这段话,读法不同,就会有不同的理解。照A1、B2的读法,则孔子当为《春秋》的作者;若照A2、B1的读法,《春秋》的作者就未必是孔子。而照A1、A2的读法,则孔子所说的话仅限于"以臣召君,不可以训"八个字;照B1、B2的读法,"以臣召君"至"且明德也"均为孔子的话。

尽管今日对这段话的读法有四种可能性,但在左氏当日,意思应该是唯一的,也就是说,四种读法中只有一种是正确的。那么究竟是哪一种读法正确呢? 我们就来试着解决这一问题。

《左传》主要是以史实解经的,但也有若干解经语,"君子曰"、"五十凡"、"礼也"、"非礼也"之类都是解经语。还有一些解释所谓"书法"的话,如"书"、"不书"、"书曰"等等,也属于解经语,意在讲解经为什么要"书"、为什么"不书"、为什么要这样"书"。像前引僖公二十八年这一段话,"故书曰天王狩于河阳"云云,是解释经为什么要写下"天王狩于河阳"这一笔,显然也是属于解经语的。根据我的研究,这些解经语是《左传》的作者(我们姑且称之为左氏)在杂取各国的各类史料编撰《左传》时,自己加进去的,应当与《左传》的传文出于同一人之手。① 我们不妨先看一看此类解经语的文法结构。

《左传》全书中以"书曰……"这种形式出现的解经语有六十余处,例如:

① 赵伯雄:《〈左传〉无经之传考》,《文史》1999年第4辑(总第49辑)。

> 故书曰"翚帅师",疾之也。(隐四)
>
> 书曰"仲孙",亦嘉之也。(闵元)
>
> 书曰"杀其君之子",未葬也。(僖九)
>
> 书曰"子",杞,夷也。(僖二十三)
>
> 书曰"宋人弑其君杵臼",君无道也。(文十六)

此类解经语,后半句都是左氏解释经之所以要这样"书"的原因,其中有的是揣摩《春秋》作者的好恶褒贬,有的则是解说《春秋》的"例"。有些解经语,在解释所以这样"书"的原因之前加一个"言"字,可以看作是左氏行文的一种习惯:

> 书曰"宋杀其大夫山",言背其族也。(成十五)
>
> 书曰"叔孙豹、鄫大子巫如晋",言比诸鲁大夫也。(襄五)
>
> 书曰"遂灭偪阳",言自会也。(襄十)
>
> 书曰"盗",言无大夫也。(襄十)
>
> 书曰"蔡杀其大夫公子燮",言不与民同欲也。(襄二十)
>
> 书曰"晋人杀栾盈",不言大夫,言自外也。(襄二十三)

按这里的"言"字,用现代汉语来翻译,可以译作"这是说"。"宋杀其大夫山",这是说大夫山背叛了他的族;"叔孙豹、鄫大子巫如晋",这是说把鄫大子视为鲁国的大夫,如此等等。这显然是左氏在讲解《春秋》所以这样遣词造句的原因。

在此类解经语中,有时左氏所解不止一个意思,则用"且"字加以连接,如:

> (1)故书曰"晋人执虞公",罪虞,且言易也。(僖五)

按此传记载的是晋侯"假道于虞以伐虢"的故事,虞君不听宫之奇"唇亡齿寒"之谏,执意要为晋人伐虢提供方便,结果晋人在灭虢之后也顺道伐灭了虞国。左氏言"罪虞",是说《春秋》经文书"晋人执虞公"乃是归罪于虞,同时左氏认为《春秋》所以要这样书,还有一层意思,就是表明晋人取虞实在是轻而易举。与此句法相类的解经语还有:

> (2)书曰"至自会",犹有诸侯之事焉,且讳之也。(僖十七)
>
> (3)书曰"宋人杀其大夫",不称名,众也;且言非其罪也。
>
> (文七)

（4）书曰"齐人归公孙敖之丧"，为孟氏，且国故也。（文十五）

（5）书曰"崔氏"，非其罪也；且告以族，不以名。（宣十）

按自例1至例5，均为左氏解经之语，毫无疑问；"且"字以下，为所解经文的另一层意思，也至为明显。明白了左氏的此种句法，我们再回过头来看僖公二十八年的那段话，"故书曰'天王狩于河阳'，言非其地也，且明德也"，其句子结构与上引5例完全相同，故此语应当也是出于左氏的，左氏认为《春秋》所以这样"书"，是为了表明此次天王之狩"非其地"（地点选择不恰当），而这样书的另外一层意思则是为了"明德"（"明德"之义详后）。这样看来，僖公二十八年那段话"故书曰"云云不应该是孔子的话，而应是左氏的话，其标点应该如A1及A2才是。

以上是从文章的句法所做的分析。我们还可以从文义上做一些探讨，同样可以得出这样的结论。根据《左传》，此事的原委是这样的：这一年的夏天，晋文公率诸侯之师与楚人大战于城濮，楚军大败，于是晋国的霸主地位得以确立。到了冬天，晋文公又大会诸侯于温，就在这次盟会上，"晋侯召王，以诸侯见，且使王狩"。所谓"以诸侯见"，是说晋侯率领诸侯朝见天子，表明晋侯此时还是很尊重周王的，他还在试图借重于天子的权威巩固自己的霸权，但周王并未主动莅会，于是晋侯只好"召王"。《史记·晋世家》云："冬，晋侯会诸侯于温，欲率之朝周，力未能，恐其有畔者，乃使人言周襄王狩于河阳。壬申，遂率诸侯朝王于践土。"这里的"言"，当有"进言"之意，盖使人进言于周襄王，使周襄王至河阳狩猎，从而达成其"朝王"的目的。对于这段历史，孔子有自己的看法，他观察的角度主要是君臣上下的等级关系，《晋世家》记此事曰："孔子读史记至文公，曰：'诸侯无召王。王狩河阳者，《春秋》讳之也。'"可见在司马迁看来，孔子的着眼点也只在"以臣召君"上，并不关注王狩的地点。我们再来看《左传》的原文。左氏记载了孔子"以臣召君，不可以训"的言论，但同时在讲解经文之所以这样"书"的理由时，强调"言非其地也"，就是说"王狩于河阳"的"河阳"不是王狩的合适的地点。至于"且明德也"，据杜预的解释，"隐其召君之阙，欲以明晋之功德"。从《左传》全书对"明德"的使用来看，杜预的解释大体不误。《左传》成公二年引申公巫臣之语曰：

"明德,务崇之之谓也。"知僖公二十八年之"且明德也",左氏确以为经书"天王狩于河阳"是"崇"晋侯之"德"。那么晋侯之功德表现在哪里呢?孔颖达疏云:"晋侯所以召王,志在尊崇天子。……功德,谓尊事天子是也。"杜预、孔颖达的解释,都是深得左氏之旨的。看来,孔子从尊王的立场出发,强调的是不可"以臣召君",左氏除了对孔子的这种批评表示认同之外(认为经书"狩于河阳"是隐去了晋侯召君的事实的),还自作聪明地从书法的角度对经文做了解释:"言非其地也,且明德也",认为经书"狩于河阳"是批评狩非其地,同时又称赞晋侯的尊王。左氏的解释是否符合《春秋》作者的原意另当别论,这一贬一褒确乎是左氏的解经语则无疑。因此《左传》的那段话中,只有"以臣召君,不可以训"八个字是孔子所说的话,其余"故书曰:天王狩于河阳。言非其地也,且明德也"云云应是左氏的解经语。故 A1、A2 的标点是正确的。如果如 B1、B2 的标点,"以臣召君,不可以训。故书曰:天王狩于河阳。言非其地也,且明德也"都出自孔子之口(今所常用的杨伯峻《春秋左传注》就是这样标点的),那么孔子说话,未免过于没有条理,因为"言非其地也,且明德也"毫无批评晋侯不尊周王之意,与前面的"以臣召君,不可以训"无论如何也无法相协调,可见"故书曰"云云不会是孔子之语。至于"书曰"的主语,文中确实省略了,但很明显说的是《春秋》的作者,至于这作者是不是"仲尼",那恐怕还要从其他的角度加以考察。

关于"民之所欲,天必从之"

《左传》襄公三十一年记载鲁襄公之死云:

> 公作楚宫。穆叔曰:"《太誓》云:'民之所欲,天必从之。'君欲楚也夫,故作其宫。若不复适楚,必死是宫也。"六月辛巳,公薨于楚宫。

按鲁襄公于二十八年冬天与宋公、陈侯、郑伯等人"如楚",此行本是因为晋、楚在"宋之盟"时有约定,凡从属于晋、楚的小国要对晋、楚两大国"交相见",即既要朝晋,也要朝楚,所以鲁襄公是去朝见楚康王的。但在途中就得知楚康王去世的消息,鲁襄公在他的谋臣的建议下,还是到了楚国,并参加了楚康王的葬礼,而这一住就是半年多。

次年五月,襄公返国。大概是喜欢楚地的生活,或者是欣赏楚国的建筑,于是鲁襄公有"作楚宫"之举。此宫落成之后,襄公就搬了进去。大夫穆叔就此做出预测,他说根据《太誓》上的说法,"民"所希望得到的,天就一定会尽量满足他。如今鲁君这样喜欢楚国,如果他不再到楚国去,那么他一定会死在楚宫。后来到了"六月辛巳",鲁君果然死于"楚宫"。

这条材料中所引《太誓》那句话,往往被人引来作为古代重民思想的证据。但我们细审传文,就会发现穆叔在引用这句话的时候,这里所谓"民",其实并不是指一般民众或者平民,而当另有所指。穆叔的预言后来应验了,"天"果然满足了鲁君"欲楚"的愿望,让他死在了楚宫,显然,"民之所欲"的民,在这里是与鲁君相对应的,所以这里的民,不可能是指民众或者下层的人民,而应是指一般意义上的"人"。

"民"的这种用法,在文献中多有其例。《孟子·万章》引《泰誓》曰:"天视自我民视,天听自我民听。"这里说的实际上是天人关系,这个"民"自然是说"人"。同理,《尚书·皋陶谟》"天聪明自我民聪明,天明畏自我民明畏",《尧典》"浩浩滔天,下民其咨,有能俾乂",《高宗肜日》"惟天监下民,典厥义"等等,也都是此类用法。《诗经·生民》"厥初生民,时维姜嫄",《绵》"民之初生,自土沮漆",这里的民也不应该仅限于下层民众,而是指整个族群的"人"。

童书业先生在《春秋左传研究》中说:"民字在古代亦有多种意义。其一,即人也。……其二,包括士在内,所谓'四民'之民……其三,即被统治者……"按童先生说民字有多种意义,是完全正确的,但他没有进一步分析这几种意义在《左传》中的具体分布情况。《左传》中使用"民"字之处甚多,大约有三四百见,绝大多数都是指称平民及被统治的下层民众,有些一望而知,有些联系前后文也能判断其意义,例如"虐用其民"(隐四)、"抚柔此民"(隐八)、"民不堪命"(桓二)、"有恤民之心"(庄十一)、"德以治民"(僖三十三)、"晋侯始入而教其民"(僖二十七)、"民不罢劳"(宣十二)、"使重其罪,民将叛之,无民,孰战"(成十五)、"养民如子"(襄十四)、"唯有德者能以宽服民"、"民望而畏之"(昭二十)、"无民而能逞其志者,未之有也"(昭二十五)等等。这些"民"字的使用有一个共同点,就是都是相对于统治者、君主来说的。

用"民"来指称一般意义的"人",这样的例子在《左传》中甚为罕见。成公十三年,周王的大夫刘康公说:"吾闻之,民受天地之中以生,所谓命也。是以有动作礼义威仪之则,以定命也。"刘康公此语,是针对他的同僚成肃公说的,他在批评"成子惰,弃其命",所以这里的"民",就不单是指下层的民众了,应当是包所有的人而言的,可以说"民"之义就是"人"。僖公十九年,宋襄公将"鄫子"(鄫国之君,大约是对盟主宋国表现得不够服从,所以被执)杀掉,作为人牲祭神。宋国的司马子鱼大不以为然,他说:"古者六畜不相为用,小事不用大牲,而况敢用人乎?祭祀以为人也。民,神之主也。用人,其谁飨之?"子鱼据此判断,宋襄公追求的霸业是不可能成功的。按子鱼在这里强调,"民"是"神之主",如果用人为牲,哪个神能够飨用?显然,这个作为"神之主"的"民",应当就是指"人"了。不过《左传》在另一个地方提到"民为神之主",民似乎又指民众了。桓公六年,随国的大夫季梁在谈到小国如何能够抵御大国的侵伐时说:"臣闻小之能敌大也,小道而大淫。所谓道,忠于民而信于神也。上思利民,忠也;祝史正辞,信也。"至于这"忠于民"与"信于神"的先后,他说:"夫民,神之主也,是以圣王先成民而后致力于神。"从季梁的表述来看,他这里所说的民,显然是指与国君相对而言的平民、民众,这跟上面看到的子鱼之说是有一些不同的。可能"民为神之主"是春秋时期的一句较为流行的老话,人们说这个话,在不同的场合,恐怕所指也不一样。强调民众之重要性的时候可以引用,如季梁;讨论人神关系的时候也可以引用,如刘康公。"民"字最初可能同时兼有"人"与"平民、民众"两义,只是到了春秋时代,前一义渐晦而后一义大显,故我们所看到的《左传》中的"民",绝大多数都是指平民、民众,只有极个别地方是用来指称"人"的。

"民之所欲,天必从之"一语,据穆叔说是引自《太誓》,这应该属于较早时期的文献了。孤立地看这句话,把"民"字理解为民众、人民,亦未尝不可,但是放在《左传》的具体语境中,就可知此语的原义,当是指"人之所欲,天必从之"了。"民"字的"人"与"民众"这两义,如果一定要分出先后,恐怕指"人"要更早一些,由一般意义的"人"过渡到君主治下的"民众",其实也很自然,对于统治者来说,重要的无非就是两样东西——土地与人众。西周金文《大盂鼎》所谓"受民受疆土",其中的"民"固然可以说是指被统治的民众,但实际上说是除君主之外的所有的人,亦未尝不可。由此不难想到,对《尚书》中出现的大量的"民"字,也要做认真细致的分析,因为《尚书》艰涩难读,很多地方仅从上下文,很难判断"民"字的意义,如果我们一遇到"民",就以为是说民众如何如何,恐怕就会对古人的政治思想,产生很多误解。至于有前辈学者说西周的"民"是奴隶,指"民"字的初形为"盲其一目"云云,恐怕离历史事实更远,不足深辨了。

《国语》"隶农"解

　　《国语·晋语一》载："吾观君夫人也,若为乱,其犹隶农也。虽获沃田而勤易之,将不克飨,为人而已。"按先秦典籍中"隶农"二字连言,仅此一见。现代学者多把"隶农"理解为一种阶级身份。有人说这是一种农业奴隶,也有人说这是一种依附农民,或者是有奴隶色彩的农奴。其实这都是误解。

　　首先从语法上看,《国语》中的"隶农"不是一个名词,而是一个主谓结构。"农"在这里是一个动词,意为"耕作","隶农"就是"隶从事耕作"。上引《国语》原文是一个比喻,译为今语当为:"我看君夫人如果作乱的话,就好像隶种田一般,虽然得到肥沃的田地来辛勤耕作,却不能享受其果实,(因为)这是为别人干的。"这里被说明的不是"君夫人",而是"君夫人为乱";用来比喻的是"隶农"(即"隶种田"),前后正相对应。"虽获沃田"以下是对"隶种田"的含义的解释。如果"隶农"是个名词,用一种阶级身份的名称来比喻"为乱"这一动作,显然是不妥的。《国语》中与此相类的句子还有:"人之有冠,犹宫室之有墙屋也"(《晋语六》),用"宫室之有墙屋"来比喻"人之有冠";"人之有学也,犹木之有枝叶也"(《晋语九》),用"木有枝叶"比喻"人有学";"劳师于戎而失诸华,虽有功,犹得兽而失人也"(《晋语七》),用来作比方的事物是"得兽而失人",被说明的事物是"伐戎有功而失诸华"。此种句型也多见于《左传》,如隐公六年君子引《商书》曰"恶之易(按指蔓延)也,如火之燎于原",僖公三十三年"郑之有原圃,犹秦之有具圃也",均是其例。在这种句型中,被说明的部分与用来比喻的部分在语法结构上是相同的。因此,《国语·晋语一》的"隶农"也必是与"君夫人为乱"相同的一种主谓结构。

"农"字作动词使用,于文献亦有征。《左传》襄公九年:"其庶人力于农穑",杜预注云:"种曰农,收曰穑。"《汉书·食货志》:"四民有业,辟土植谷曰农。"这显然都是把"农"字作动词理解。又据《晋语七》所记,魏绛献"和戎"之策,说和戎的好处是"边鄙耕农不儆",耕农二字连言,正是"农"作动词使用的一个佳证。其实"农"字最初很可能就是一个动词。《说文》:"辰(农),耕也。"这大约就是讲的"农"字古义。段玉裁据玄应《一切经音义》卷十一在"耕"下补一"人"字。但今人所见各本包括北宋大徐本均无"人"字,故段氏所补未必正确。清人徐颢曰:"耕谓之农,因名其人曰农,故农训为耕。《一切经音义》所引作'耕人也',或即玄应所妄增,不宜据以轻改也。"(《说文解字注笺》)按徐氏所言甚是。

"隶农"既非一个名词,则讨论其为奴隶抑或农奴自然成为多余。不过值得注意的是,这条材料倒可以成为当时奴隶(按把"隶"说成是奴隶当无大的问题)也从事农业生产的一个有力的佐证。

(原载《历史教学》1989年第5期)

《周礼》胥徒考

一

《周礼》六官("冬官"阙，实只有五官)的"序官"部分，概述属于这一官的各种职名，在标举职名、任职者的爵称员数之后，总要提到此职的属员府、史、胥、徒有若干名。府是主管典藏之吏，史是主管文书之吏，这是没有什么问题的；胥、徒是干什么的？他们的身份究竟怎样？似乎还有进一步探讨的必要。[①]

郑玄注"胥徒"云："胥读如谞，谓其有才知，为什长。"按郑以"胥"为字之假借，本字当作"谞"，义为有才知之人；"为什长"云者，盖因《周礼》中凡胥、徒并出之处，率皆一胥十徒(只有极少数例外)，故以胥为徒之小头目(犹今人之所谓领班)，本质上依然是徒。郑玄对"徒"的解释则是："此民给徭役者，若今卫士矣。"这里有两点值得注意：一是指出了胥徒的身份是"民"，亦即"庶民"，这应当就是当时的农民大众；二是指出了在宫廷及官府中充任胥徒乃是"民"的一种徭

[①] 旧时学者谈到《周礼》中的"胥徒"，大多从郑玄之说，以为是"给徭役"之民。现代学者在古史分期的讨论中，曾对先秦及汉代"徒"的身份多有探讨，可参看郭沫若《奴隶制时代》、尚钺《中国历史纲要》以及杨伟立、魏君弟、杜金铭、黄烈等先生的论文(分别载《历史研究》1956年第2期、第11期，1957年第6期)。至于具体到《周礼》中的"胥徒"，管见所及，似乎还没有专文进行研究。

役义务。所谓徭役,是古代统治者强加在民众身上的一种力役负担,即每一个"民"都有义务在一生中的某一段时间或一年中的某一些时间内为统治者无偿地提供劳役,这在《周礼》中被称为"力政(征)"。《周礼·乡大夫职》云:"国中自七尺以及六十,野自六尺以及六十有五,皆征之。"郑司农云:"征之者,给公上事也。"这是说征发力役的对象,国(都城及都城之近郊)、野(远离都城的农村)稍有不同。七尺、六尺,旧说是指男子二十岁、十五岁,看来国中的力役,要比野中为轻。但不管是国中还是野中,"民"都是被征服役的对象。又据《周礼·均人职》文:"凡均力政,以岁上下。丰年则公旬用三日焉,中年则公旬用二日焉,无年则公旬用一日焉。"旧读旬为均,"公旬三日"就变成了"公均三日",一个农民在丰收年景有三日之役,此说与《礼记·王制》的"用民之力,岁不过三日"、《大戴礼记·王言》"使民之力,岁不过三日"之说正相合。如果说先儒这种说法未免把统治者说得太仁慈了些,恐怕未必与实际相符,那么我们不妨把这个"旬"读如字,丰年"旬用三日",全年就是一百余日的力役,这应当算是很繁重的力役了。但不管是哪种情形,这样的徭役负担与《周礼》中的胥徒职事都是很难对得上号的。因为民众服徭役既是有期限的,到期就须轮换,如按旧说,一人一年只用三日、二日、一日,则胥徒的轮换必不胜其烦,宫廷及官府中的政务将因此而无法正常开展,连统治者的生活怕都会成为问题。即使"旬"字不读为"均",一般胥徒三四个月也就需轮换。被使役的人这样走马灯似地换来换去,统治机构必不堪其扰。而且,从《周礼》所述若干胥徒的职掌来看,其专业性甚强,有些技艺甚至是世代相传,远非短期内就可以学会的。例如《天官冢宰》的膳夫、庖人、内饔、外饔、亨人五职,掌管王、后、世子等人的日常饮食,以及宗庙、祭祀、宾客等各种典礼饮宴活动所需的膳馐饮食,膳夫等五职总共有徒四百一十人,其所掌似甚为繁剧:"凡王之馈,食用六谷,膳用六牲,饮用六清,羞用百有二十品,珍用八物,酱用百二十瓮"[1],所有这些食物,从选料到烹调,应当都是由这四百一十个"徒"完成的(当然其中有一部分人还要执其他各种杂役)。这类的职掌显然是不适宜由服短期徭役的"民"来承担的。又如《春官宗伯》当

---

① 《周礼·膳夫》,《周礼注疏》卷四,中华书局影印《十三经注疏》本。

中，有大师、小师、典同、磬师、钟师等十几种职官都是掌管朝廷乐事的，从乐器的制作、调试到乐队的练习、演奏，都是他们的职责。这些职官共有徒三百九十人。尽管担任歌唱、演奏的可能主要是大师、小师所辖的"瞽矇"三百人，但有相当数量的徒是直接参与了与乐事有关的种种工作的。而这类的工作，往往需要有较多的专业知识，使用频繁轮换的"给徭役"的民，恐怕是不相宜的。

郑玄注《周礼》的"胥徒"，所说"若今卫士矣"，是以汉代的"卫士"为况的。他在另一个地方还说："《周礼》所谓皆征之者，使为胥徒，给公家之事，如今之正卫耳。"①如淳注《汉书》引《汉仪注》云："民年二十三为正，一岁而以为卫士，一岁为材官骑士，习射御骑驰战阵。"②按平民充卫士是汉代的一种徭役，当时称为"戍卒"，役期为一年。汉代还有一种徭役称为"更卒"，是到各级政府去服劳役，文帝时定为一年一次，每次为期一个月，称为"更"。即使是戍卒的一年的役期，对于《周礼》的胥徒来讲，也未免嫌其轮换之太促，更不用说役期为一个月的"更卒"了。何况讲《周礼》中的胥徒，自应对照《周礼》中所记述的徭役制度，从《均人职》所述力役负担来看，《周礼》中的"胥徒"很难与之相合。因此，《周礼》中的胥徒不应当是所谓"给徭役之民"，而应当是服务于宫廷及官府中的一个相对稳定的群体。

那么，胥徒在朝廷及各级各类统治机构中充当着什么样的角色呢？

二

在《周礼》中，胥徒的地位虽低于府史，但胥徒与府史一样，都属于统治阶级的工具，这一点是没有疑问的。统治权力的行使，通常是要通过最基层的爪牙和仆役来实现的，府史胥徒就是这一类的爪牙和仆役。《周礼·宰夫职》云："掌百官府之征令，辨其八职：一曰正，掌官法以治要；二曰师，掌官成以治凡；三曰司，掌官法以治目；四曰旅，掌官常以治数；五曰府，掌官契以治藏；六曰史，掌官书以赞治；七曰胥，掌官叙以治叙；八曰徒，掌官令以征令。"这里的正、师、司、旅、

---

① 《礼记·王制》孔疏引郑玄《驳五经异义》。
② 《汉书·高帝纪上》颜师古注引。

府、史、胥、徒，是"百官府"内的各级官吏和属员，前四项可以说是各级头目，王引之云："宰夫掌叙群吏之治，正也，师也，司也，旅也，皆群吏之待征令者。正非必六官之长，师非必六官之贰，与《大宰职》所云建其正立其贰者不同。彼专指六官之长与贰，此则泛指百官府言之，谓百官府各有正、师、司、旅，故不曰掌六官之征令，而曰百官府也。"①至于府史胥徒，则是官府中的办事人员，胥的职责是"掌官叙以治叙"，"叙"指"秩次"而言，所谓"治叙"，据郑玄说就是"次序官中，如今侍曹伍伯传吏朝也"。贾疏云："须人驱役之处，则科次其徒，故云次序官中也。"又云："言传吏朝者，传在朝群吏诸官事务于朝也。"侍曹是汉代官府中的一种称谓，郑玄认为"胥"与汉代的侍曹相类。孙诒让说："《三国志·杜琼传》云：'自汉以来，名官尽言曹，吏言属曹，卒言侍曹。'是侍曹即随侍曹吏之卒也。"②这样看来，"胥"在官府中起的是一种传达、侍从的作用。徒的职责是"掌官令以征令"，郑玄注云："趋走给召呼。"惠士奇不赞成，他说："征令者，传王之令也。"③实际上这两说差不太多，都相当于今俗所谓跑腿的。

上述胥徒所谓"次序官中"、"趋走给召呼"等职掌，只是就一般情况而言的，实际上由于各类官府职责不同，胥徒所做的活计及所提供的服务差异很大，他们不仅是统治阶级维持政权机器运转的工具，同时也是统治阶级役使的对象，宫廷及官府中的许多苦役、杂役都是由他们来完成的。以下略举数例以说明之。

属于天官的甸师职，官长为下士，并非高官，但其属下有"胥三十人，徒三百人"，在《周礼》诸官中拥有胥徒的数量应该算是很大的了。该职文云："甸师掌帅其属而耕耨王藉，以时入之，以共齍盛"。郑玄云："其属，府史胥徒也。"这是说甸师的职责是率人耕种天子的藉田。所谓藉田，据说是天子自己的田产，数量大约是千亩，其收获物是用来祭祀祖先（即"共齍盛"）的。每年春天，天子都要举行藉田典礼，这是一种象征性的亲耕仪式，"及期……王裸鬯，飨醴乃行，百吏、庶民毕从……王耕一坺，班三之，庶人终于千亩"。④ 最终耕种这千亩藉

---

① （清）王引之：《经义述闻》卷八，上海书店 1988 年影印《清经解》本。
② （清）孙诒让：《周礼正义》卷六，中华书局 1987 年点校本。
③ （清）惠士奇：《礼说》卷一，上海书店 1988 年影印《清经解》本。
④ 《国语·周语上》，上海古籍出版社 1978 年点校本。

田的自然是庶人了，据郑玄说，"庶人谓徒三百人"。贾疏云："徒三百人特多者，天子藉田千亩，藉借此三百人耕耨，故多也。"可见徒是直接从事农业生产的。《甸师》职文又云："帅其徒以薪蒸役外内饔之事。"按薪蒸是指木柴，郑玄注云："大木曰薪，小曰蒸。"是甸师所率之徒还有砍柴的任务。贾疏云："其徒三百人，耕耨藉田千亩，其事至闲，故兼为外内饔所役使，共其薪蒸。"外内饔即前面提到过的掌管王室外内饮食膳馐职官，单是属于此二职的徒就有二百多人，可以想见这个大厨房的规模。供给这个大厨房的柴草之需，恐怕也不能不说是一种苦役。

天官的䱷人职也有"胥三十人，徒三百人"。按"䱷"即古"渔"字，䱷人即渔人，掌为王室捕鱼，兼掌渔税之征。贾疏云："徒亦三百人者，马融云：池塞苑囿取鱼处多故也。"则这三百徒中，至少有一部分是从事捕鱼作业的。

属于地官的牛人职，有"胥二十人，徒二百人"。该职职文云："牛人掌养国之公牛以待国之政令。"郑玄注云："主牧公家之牛者。"贾疏认为公家之牛甚多，"故徒有二百人牧之也"。是则牛人职之众徒，是直接从事于放牧的。

稻人职有"胥十人，徒百人"，贾疏云："胥徒多者，以其并遣营种稻田。"此亦胥徒用于农业生产之例。

廪人职之长官为下大夫二人，共有"胥三十人，徒三百人"。其职文云："廪人掌九谷之数，以待国之匪颁、赒赐、稍食。"看来掌管的是国家粮库。贾疏云："此官使下大夫为官首，徒三百人又多者，以其米廪事重，出纳又多故也。"大型粮库之中，粮食的出纳、储藏、搬运，端赖这三百个徒的劳作了。

山虞、林衡、川虞、泽衡诸职都拥有大量胥徒。这些职官是专门管理山林川泽的，禁止盗伐林木、偷渔偷猎之事，故其胥徒主要用于巡行。林衡之胥徒多于山虞，贾疏云："以其林麓在平地，盗窃林木者多，故须巡行者众，以是胥徒特多也。"川虞的胥徒也很多，贾疏云："以其川路长远，巡行劳役故也。"

地官中还有一职，称为舞师，此职的"徒"有点特别。《序官》云："舞师，下士二人，胥四人，舞徒四十人。"据郑玄注，"舞徒"即徒中之能舞者。舞师之职掌教兵舞、帗舞、羽舞、皇舞，这些都是祭祀山川、社稷之类时的舞蹈,舞者就由徒来充任。

春官之冢人、墓大夫二职共有徒三百二十人。此二人掌墓地,包括王室墓地和民众族葬墓地,辨方正位,营葬守墓,与此相关的杂役甚多,故其徒有三百之众。

典祀一职掌外祀(祭于四郊),有"胥四人,徒四十人"。其职文云:"若以时祭祀,则帅其属而修除,征役于司隶而役之。及祭,帅其属而守其厉禁而跸之。"郑玄注云:"其属,胥徒也。修除,芟扫之。征,召也。役之,作使之。"这是说在外祀的时候,胥徒要承担洒扫粪除之事,同时还有戒严清道的任务。

巾车一职,是车官之长,管理王室的各种车辆(王之五路、后之五路等),包括车辆的制造、保管、使用、报废等事项,有"工百人,胥五人,徒五十人"。其中的"工",当是制车之匠,其余各项杂役恐怕就都是胥徒之事了。

属于夏官的虎贲氏,掌管王的护卫之事,其属下有"胥八十人,虎士八百人"。郑玄注云:"不言徒,曰虎士,则虎士徒之选有力者。"至于为什么郑玄直认"虎士"为徒,贾公彦解释说:"以其在胥下,例皆是徒,今不言徒而曰虎士,明先是徒之选有勇力者乃为之,以当徒处。"这说明徒中的有勇力者,可以被选充王的卫兵。

秋官是刑狱之官,所属各职大多都有不少胥徒,这些胥徒除了少数侍候长官之外,恐怕多数还是使用在刑讯狱讼方面。例如司圜职,中士六人,下士十二人,共拥有"胥十有六人,徒百有六十人"。圜即圜土,乃是当时的监狱,看来这一百多个徒在这里充当了监狱的看守。

从以上所引诸例来看,《周礼》中的胥徒发挥的作用十分广泛,他们有的从事农牧业生产,有的侍候王室及贵族的生活起居;有的像是跑腿传令的随从,有的则是鞍前马后的侍卫;有的只干些粗重的杂活,有的则可以算是国家的暴力机器。但总的来看,他们是王室及各级官吏役使的对象。

三

《周礼》的作者既然使用"胥徒"这两个字来指称宫廷、官府中这被役使的人群,那么搞清这两个字在历代文献中的实际含义及使用情况就成为十分必要的了。按照郑玄的解释,"胥"乃"谞"字之假借,在《周礼》中是指徒之有才知者,故这里单说"徒"字。

《说文》:"徒,步行也。从辵,土声。"是知徒步而行是其本义。《周易·贲卦》初九:"舍车而徒",用的就是本义。将此义用在军事上,区别于车兵的步卒,也就称徒。《诗·小雅·黍苗》:"我徒我御,我师我旅。"《小雅·车攻》:"之子于苗,选徒嚣嚣","徒御不惊,大庖不盈"。御是车兵,徒是步卒。《禹鼎》:"武公乃遣禹率公戎车百乘,厮驭二百,徒千",徒与厮驭对举,徒也是步卒。由于步卒的数量往往要远大于战车的数量,故徒亦成为军队的代称。《鲁颂·閟宫》"公徒三万",其中的"徒"就是泛指军队。

在《左传》《国语》中,也有"徒为步行"的这一基本用法,例如,"彼徒我车"(《左传》隐公九年)、"徒行从公"(昭公二十年),徒就是指步行。但在《左》《国》中徒字最大量的用法是指步卒、军队,或由此引申而来的党羽、随从、私人武装,例如:

> 故以三公子之徒作乱。(僖公九年)
>
> 赵婴齐使其徒先具舟于河。(宣公十二年)
>
> 故五族聚群不逞之人因公子之徒以作乱。(襄公十年)
>
> 臣帅徒以讨之。(襄公二十九年)
>
> 栾、高、陈、鲍之徒介庆氏之甲。(襄公二十八年)
>
> 因四族之徒以入楚。(昭公十三年)
>
> 其徒与华氏战于鬼阎。(昭公二十年)
>
> 华貙以车十五乘、徒七十人犯师而出。(昭公二十一年)
>
> 午以徒七十人门于卫西门。(定公十年)
>
> 以徒五百人宵攻郑师。(哀公二年)
>
> 私属徒七百人三踊于幕庭。(哀公八年)
>
> 弥庸不可,属徒五千。(哀公十三年)
>
> 三公子之徒将杀孺子。(《国语·晋语二》)
>
> 寡人之师徒不足以辱君矣。(《国语·越语上》)

从上述诸例中可以看到,《左》《国》中的"徒"多与军事、武力有关,这些用法都与"徒是步兵"这一意思相距不远。

"徒"字由专指步卒,进而泛指军队,再进一步引申,可有"众"、

"众人"之义。例如《逸周书·芮良夫》："饰言事王,实蕃有徒",徒即有人数众多之义。《大雅·棫朴》："淠彼泾舟,烝徒楫之",这里的徒就是指众人。《墨子·非攻中》："人徒之众未至有数十万人也",《荀子·王制》："衣服有制,宫室有度,人徒有数",这里的"人徒"大体与"民众"相当。战国晚期,"徒"字常用来指称服劳役的民众,例如《韩非子·外储说右上》云:

> 季孙相鲁,子路为邱令。鲁以五月起众为长沟,当此之为,子路以其私秩粟为浆饭,要作沟者于五父之衢而飡之。……季孙使者至,让曰:"肥也起民而使之,先生使弟子令徒役而飡之,将夺肥之民耶?"

按肥是季孙之名,"肥之民"即鲁"起众为长沟"的"众",也就是子路"使弟子令徒役而飡之"的"徒役"。又如《睡虎地秦墓竹简》中的《徭律》:①

> 兴徒以为邑中之红(功)者,令结(缚)堵卒岁,未卒堵坏,司空将红(功)及君子主堵者有罪,令其徒复垣之,勿计为徭。
>
> (征发徒众作城邑的工程,要对所筑的墙担保一年。不满一年而墙坏,主持工程的司空和负责该墙的君子有罪,令原来修墙的徒众重新修筑,不得算入服徭役的时间。)
>
> 县葆禁苑、公马牛苑,兴徒以斩(堑)垣离(篱)散及补缮之,辄以效苑吏,苑吏循之。未卒岁或坏陕(决),令县复兴徒为之,而勿计为徭。
>
> (县应维修禁苑及牧养官有牛马的苑囿,征伐徒众为苑囿建造堑壕、墙垣、藩篱并加补修,修好即上交苑吏,由苑吏加以巡视。不满一年而有毁缺,令该县重新征发徒众建造,而不得算入服徭役的时间。)
>
> 度攻(功)必令司空与匠度之,毋独令匠。其不审,以律论度者,而以其实为徭徒计。
>
> (估算工程量,必须有司空和匠人一起估算,不得单令匠人估算。如所估不实,对估算者依法论处,再按实际情况计算所需

---

① 睡虎地秦墓竹简整理小组:《睡虎地秦墓竹简》,文物出版社 1978 年版,第 76、77 页。为便于理解,括号内采用该书所附之译文。下同。

服徭役徒众的数量。）

按 1975 年在湖北云梦秦墓出土的这批竹简,简文大部分是战国晚期到秦始皇时代的法律文书,很能够反映这个时期的社会状况。从这几段律文可以看到,其中的"徒"确是指服劳役的民众,"兴徒"即征发民众,"徭徒"即服徭役之民。

郑玄也许正是基于这样的事实,才对"徒"做出了"民给徭役者"这样的解释。但从湖北云梦这批秦简中我们还可以看到,"徒"字除了指服徭役的民众之外,还指官吏手下的一些从事贱役的随从。例如《法律问答》中有这样一条:

> "使者(诸)侯、外臣邦,其邦徒及伪吏不来,弗坐。"可(何)谓"邦徒""伪使"? 徒、吏与偕使而弗为私舍人,是谓"邦徒""伪使"。[1]
>
> ("出使到诸侯国、秦之属国,随同出使的邦徒和伪吏不归来,使臣不连坐。"什么叫"邦徒""伪使"? 与使臣一起出使的本国随从和吏,不是使臣自己的舍人的,称为"邦徒""伪使"。)

按这条材料意在解释什么叫作"邦徒""伪吏"。看来使臣之出使,是有徒、吏随同前往的。有些徒、吏是使臣的私属,被称为"舍人";有些则不是,属于国家的徒和吏,被称为"邦徒"和"伪吏"。其实不惟使臣,一般官员手下都有徒。《秦律杂抄》云:[2]

> 省殿,赀工师一甲,丞及曹长一盾,徒络组廿给。省三岁比殿,赀工师二甲,丞、曹长一甲,徒络组五十给。
>
> (考查时产品被评为下等,罚工师一甲,丞和曹长一盾,徒络组二十根。三年连续被评为下等,罚工师二甲,丞和曹长一甲,徒络组五十根。)
>
> 大车殿,赀司空啬夫一盾,徒治(笞)五十。
>
> (所造大车评为下等,罚司空啬夫一盾,徒各笞打五十下。)
>
> 漆园殿,赀啬夫一甲,令、丞及佐各一盾,徒络组各廿给。
>
> (漆园评为下等,罚漆园的啬夫一甲,县令、丞及佐各一盾徒

---

① 睡虎地秦墓竹简整理小组:《睡虎地秦墓竹简》,第 229 页。

② 睡虎地秦墓竹简整理小组:《睡虎地秦墓竹简》,第 136、137、138 页。

络组各二十根。)

按这几条都是官长受罚、他的下属及徒也跟着受罚的例子。《厩苑律》中还有一例:

> 今课县、都官公服牛各一课,卒岁,十牛以上而三分一死;不〔盈〕十牛以下,及受服牛者卒岁死牛三以上,吏主者、徒食牛者及令、丞皆有罪。[1]

> (现在每年对各县、各都官的官有驾车用牛考核一次,有十头牛以上的,一年间死了三分之一;不满十头牛的以及领用牛的一年间死了三头以上,主管牛的吏、饲牛的徒和令、丞都有罪。)

我们可以把这一条材料与《周礼·牛人》职文作一对照,就会发现《周礼》作者对牛人职的设计、叙述绝不完全是凭空编造,必有相当的事实作为基础。比较而言,《周礼》中的"徒"更接近于《睡虎地秦墓竹简》中所见的这一类在官吏手下服贱役的徒。不仅如此,《周礼》中的"府史"在上述秦简中也可以找到踪迹,不过不称"府史",而称"佐史"。在秦简中,"佐""史"作为各级官长的属员,起着爪牙与帮办的作用,这一点表现得至为明显。因此,说《周礼》的作者与秦简的时代相去不远,大致是不错的。

到了汉代,"徒"字似乎有了特定的含义,用来专指"刑徒"了。《论衡·四讳篇》:"被刑谓之徒。"对"徒"字的此种用法在汉代文献里甚为常见。有学者专门对《居延汉简》中的"徒"做过研究,指出汉代的"徒"通常系指被判罪的人,刑满或免刑之后即可恢复其庶民的身份,这一点是与奴隶不同的。[2]

四

在《周礼》中,胥徒所发挥的实际作用已如上述,种种迹象表明,胥徒的地位是很低下的,可以说与奴隶十分接近。《周礼·夏官》有关于养马的人员安排,据《序官》,每乘(四马)设圉师一人,其下有徒二人,每匹马再置圉人一名。圉人是养马者,这没有问题;《国语·周

---

[1] 睡虎地秦墓竹简整理小组:《睡虎地秦墓竹简》,第33页。
[2] 黄烈:《释汉简中有关汉代社会性质诸例》,《历史研究》1957年第6期。

语下》云："绝后无主，湮替隶圉"，知圉与隶之身份必相仿佛。徒的地位，看似比圉人为高，但实际上可能也高不了多少。地官有牧人，有徒六十人，据郑注，是"养牲于野田者"；夏官又有牧师，有徒四十人，注云"主牧放马而养之"。这些徒所做之事，很难说与"圉"有多大的区别。从天官各职对徒的使用来看也是这样。属于天官的职官有好多都与王室的生活相关，是为王室的生活服务的。如亨人（亨读如烹，主煮肉）、兽人（主供兽肉）、渔人（主供鱼类）、鳖人（主供龟鳖之属）、腊人（主供干肉）、酒人（主造酒）、浆人（主造饮料）、凌人（主供冰）、笾人（主供竹编之器）、醢人（主供酱类）、盐人（主供食盐）、幂人（主供巾幦等物）等等。这些职官役使的对象，凡用男性的，都称有胥徒若干人；而专用女性的，则称有奚若干人。奚为女奴之称，自古无异辞；此种男徒女奚的对应，分明暗示着徒与奚的地位相去不远。天官宫人职"掌王之六寝之修，为其井匽除其不蠲，去其恶臭。共王之沐浴。凡寝中之事，扫除、执烛、共炉炭，凡劳事"，有徒八十人。这些通常都是由生活奴隶所做之事，在《周礼》中是由徒来完成的，可以想见徒的地位。此外，夏官隶仆职，"掌五寝之扫除粪洒之事"，有徒四十人，据郑玄说隶仆所掌是五庙之寝的洒扫之事。不论是王寝还是庙寝，"扫除粪洒"毕竟都属于贱役。秋官司隶职掌管"五隶"，这五隶包括罪隶、蛮隶、闽隶、夷隶、貉隶。其中的罪隶，是有罪而被罚为奴隶者，或罪人家属被没入为奴者；其余四隶，则为征伐少数族所获俘虏。司隶之职，在于"帅其民而搏盗贼，役国中之辱事，为百官积任器，凡囚执人之事。邦有祭祀、宾客、丧纪之事，则役其烦辱之事"。这里的民，按郑玄的说法，是指"五隶之民"。司隶职下的五隶，每种一百二十名，一共有隶六百名。其中蛮、闽、夷、貉四隶，主要的职责是"守王宫与野舍之厉禁"，故上述"搏盗贼"、"役辱事"云云，应该是针对"罪隶"来说的。所谓烦辱之事，郑玄曾引《士丧礼》下篇"隶人涅厕"[1]为例加以说明[2]，罪隶的职事可以概见。但从《周礼》全书来看，罪隶所做的这些事，在其他诸职里，都由"徒"来承担；而且司隶职下除"五隶"之外，也还有胥二十人，徒二百人，这大量的胥徒只能是与

---

① 语在今本《仪礼》之《既夕礼》中，郑《目录》云："《士丧礼》之下篇也。"

② 《周礼·司隶》郑注。

五隶一起被役使的。因此，说《周礼》中"徒"的地位比"隶"也高不了多少，应该是不错的。

《周礼》中反映的这些情况，与战国的历史实际大致相合。《墨子·尚贤中》："古者圣王……贤者举而上之，富而贵之，以为官长；不肖者抑而废之，贫而贱之，以为徒役。"按"徒""役"连言，战国文献恒有；"役"字的古义，据《说文》乃"戍也"，段玉裁说："引伸之义，凡事劳皆曰役"，可见徒是承担苦役的贱民。在《战国策》里，徒是军队中的最下层，《韩策》云："卒不过三十万，而厮、徒、负、养在其中矣。"《公羊传》宣公十二年有所谓"厮役扈养"，何休注云："艾草为防者曰厮，汲水浆者曰役，养马者曰扈，炊烹者曰养。"是"厮役扈养"均为军队中执贱役者，《韩策》中的"厮徒负养"亦当如是。《商君书·垦令》云："以商之口数使商，令之厮、舆、徒、重（通'童'）者必当名，则农逸而商劳。"意思是说对商人家中的"厮舆徒童"要登录于名册，作为商人家中的人口，来征发他们服徭役。"舆"当即《左传》"皂舆隶僚仆台"[1]之"舆"，"童"即"僮仆"或"家僮"，于《史记》中习见。[2] "徒"与"厮""舆""童"等列，也应当是商人家中役使的奴仆。前面提到的秦律中有这样一条，说所制造的大车如果被评为下等，主管此事的官员要被罚盾，而徒则要受笞刑。而在这条材料的前面还有一条，是说城旦（一种刑徒名）做工而被评为下等，每人要被笞一百下[3]，可见徒与城旦相去亦不甚远。睡虎地秦简《日书》有云："闭日可以劈决池，入臣徒马牛它生（牲）。"[4]这里的"入"当是指买入，看来徒与臣、马牛等一样，都可以买卖。秦简中还有一篇《为吏之道》，中有"徒隶攻丈"语[5]，徒与隶连言，正反映了两者地位的接近。

---

① 《左传》昭公七年："士臣皂，皂臣舆，舆臣隶，隶臣僚，僚臣仆，仆臣台。马有圉，牛有牧。"中华书局影印《十三经注疏》本。

② 《史记·货殖列传》：白圭"与用事僮仆同苦乐"；《吕不韦列传》："不韦家僮万人"。中华书局点校本。

③ 睡虎地秦墓竹简整理小组：《睡虎地秦墓竹简》，第137页。

④ 转引自于豪亮：《秦简中的奴隶》，见《云梦秦简研究》，中华书局1981年版，第137页。

⑤ 睡虎地秦墓竹简整理小组：《睡虎地秦墓竹简》，第286页。

五

《周礼》这部书,自古以来争议甚多。远的就不必说了,现代学者中,对这部书的时代,就有很多不同的意见。但有一些看法,是为多数学者所认同的,即《周礼》绝非周公所制的周代典制,它所编制的六官系统,完全是一种理想化的制度,是作者为行将出现的统一大帝国所做的政权结构设计,是一部"理想国的蓝图"①,而非周代官制的实录。或以为既然如此,对《周礼》那些虚拟的制度,对由《周礼》作者设计出来的胥徒的职掌及其地位,也就没有深入考索的必要了,其实不然。

《周礼》的作者绘制这一理想国蓝图的时候,并不是空无依傍的,他了解一些历史上的真实情况,或得之传闻,或采诸简册,这些东西往往成为他创作《周礼》的素材。同时,《周礼》的作者也不可能不受到他所生活的那个时代的现实制度的影响。现代学者发现,《周礼》中所述的某些职官名称及其职掌,与考古发现的西周金文资料有惊人的相合之处,这说明《周礼》作者肯定利用了某些可靠的前代资料。但《周礼》中也确实有相当多的内容与西周实际不相合,是西周那个时代所不可能有的。所以会出现这种情况,或许是因为受到了作者生存的那个时代的影响。这其间有些东西,不是凭空想能够想象得出来的。特别是一些名词概念,往往有历史的依据,或者就是现实的反映,很难想象会是作者凭空创造出来的。就拿本文所论"胥徒"而言,如果历史及现实的官府中从来就没有过被称为"胥徒"的这样一种仆役,作者恐怕是很难设计出每官之下都有胥若干人、徒若干人这样一种模式来的。反过来,我们可以通过研究《周礼》中的记载,例如研究《周礼》中的胥徒,来探求《周礼》作者生活的时代。因为我们既已弄清了"徒"在《周礼》中的真实意义,同时又了解了"徒"这一概念在不同历史时期内涵的变化,把两者加以对照,就可以大致推断《周礼》作者生活在哪一个历史时期。前面说过,汉代"徒"的主要意义是指"刑徒",是所谓"被刑之人",这在当时是一种通行的用法,因此《周

---

① 参阅彭林:《周礼主体思想与成书年代研究》,中国社会科学出版社1991年版,第20页。

礼》作者是汉人的可能性就不是很大了。睡虎地秦简中"徒"字的若干用法与《周礼》最为接近,而这批竹简主要反映的是战国末期到秦代的社会状况,因此,说《周礼》是战国晚期的作品似乎更为可信一些。

当然,判断《周礼》的时代是一个非常复杂、需要从多方面多角度深入研究的课题,远非一篇论文所能最终解决的。本文只是从"胥徒"这一个点上,贡献一得之愚,倘有助于研究《周礼》的学者做进一步的思考,则幸莫大焉。

(原载《中国史研究》2000 年第 4 期)

《周礼》中的正月为夏正说

《周礼·大宰》职云:"正月之吉,始和,布治于邦国都鄙,乃县治象之法于象魏,使万民观治象,挟日而敛之。"《大司徒》《大司马》《大司寇》职文亦有类似的话,只是其中的"始和布"之下的"治"字分别改成了"教""政""刑",其中的"治象"分别改成了"教象""政象""刑象"。此外,《乡大夫》职文有"正月之吉,受教法于司徒,退而颁之于其乡吏",《州长》职文有"正月之吉,各属其州之民而读法",《布宪》职文有"正月之吉,执旌节以宣布于四方"等语。

这里的"正月"是用夏正还是周正? 也就是说,是建寅还是建子? 有可讨论的余地。郑玄注《大宰》云:"正月,周之正月。"这是明言《周礼》中的"正月"系用周正。孙诒让《周礼正义》引《唐会要》所载干宝注云:"正月,周正建子之月",与郑说同。清儒夏炘云:"大宰、大司徒、乡大夫、州长、大司马、大司寇、布宪皆言正月之吉,郑皆以周正朔日解之……此自来相传之古训也。"[①]夏氏此说,其实也只是推测之辞;对郑玄的根据,贾公彦做过解说,疏云:"知正月是周之正月者,下文'乃县'是建寅,明上云正月是周正月。"原来郑注在"正月,周之正月"之后,还有几句话云:"吉谓朔日。大宰以正月朔日,布王治之事于天下,至正岁,又书而县于象魏,振木铎以徇之,使万民观焉。"郑玄

① (清)孙诒让:《周礼正义》卷四,中华书局1987年点校本,第119页。

所以说"至正岁,又书而县于象魏"云云,盖因接下来的《小宰》职文有"正岁,帅治官之属而观治象",于是就认为这是两回事,后者既然是在"夏之正月"(建寅),那么前者之"正月"也只能是周月(建子)了。看来郑玄所说,不过是对《周礼》职文分析的结果,未必是依据什么"古训"。

清儒戴震对郑玄的说法做了进一步的论证,并批驳了以"正月之吉"为夏时之说,他说:

> 如"正月之吉"亦夏时,是无别于"正岁"。而《大司徒》:"正月之吉,始和布教于邦国都鄙",又曰:"正岁,令于教官。"《乡大夫》:"正月之吉,受教法于司徒,退而颁之于其乡吏,使各以教其所治。""正岁,令群吏考法于司徒,以退,各宪之于其所治之国。"《州长》:"正月之吉,各属其州之民而读法","正岁则读教法如初"。异正月、正岁之名而事不异,其为二时审矣。凡言"正月之吉",必在"岁终""正岁"之前,未尝一错举于后。其时之相承,"正月"为建子之月,"岁终"为建丑之月,"正岁"为建寅之月也。[①] 周之以建子为正月,一王正朔之大,不可没焉者也。使有夏无周,周焉用改正朔哉?《周礼》所志,于官事无不备;曾谓一王正朔之大,可以空其事、没其文,而使后人之读是书,疑若周未尝改正朔也者,则周正为大不美而不可存也,岂周之书哉?[②]

按戴氏此说,实际上预设了一个前提,即"《周礼》重别'岁'、'年'之名",也就是说,在《周礼》中,使用"岁""年"两个字有严格的区别,凡使用"岁"的时候,都是用夏正为言,使用"年"字则指周正。这一前提的根据是什么呢?不过是《尔雅·释天》:"夏曰岁,商曰祀,周曰年。"现代学者已经证明,《尔雅》成于汉人之手,这种严格的用语差别并非

---

① 按在《周礼》职文中,凡"正月""岁终""正岁"三者俱全的地方,其顺序确如戴氏所说,但这三者事实上并不构成在一年之内的叙事时间序列。一般是说"正月"如何布置,"岁终"如何考核,这两者是照应着的,说详后;而"正岁"云云,则往往有"另起"之意,即重新开始一个新的循环。故戴氏以这三者的顺序为据,来证"正月"之为建子,是没有说服力的。

② (清)戴震:《周礼太史正岁年解二》,《戴震文集》卷一,中华书局 1980 年点校本。

三代的实际情况,因此《周礼》的作者也不应该有"用'岁'字即表示夏正,用'年'字即表示周正"这样的观念。而戴震是从"三正"的角度来理解"岁""年"之别的,他说:"《周礼》之书,曰'岁终',曰'正岁',曰春、夏、秋、冬,皆夏时也。夏数得天,以夏时经纪庶事,斯顺而易明。然周之颁朔,必从周正。故用夏谓之岁,用周谓之年。太史按其从夏时所行之事,合以周之历日,此之谓'正岁年以序事'也。"①戴震以为"夏之岁,周之年,不同而兼用,不可弗正之,以序别其行事",这样的理解未免过于拘泥。《周礼·大史》云:"正岁年以序事,颁之于官府及都鄙,颁告朔于邦国。"郑玄注云:"中数曰岁,朔数曰年。"孙诒让对"正岁年以序事"的解释是:"此掌治历授时之事。"他并引《礼记·月令》孔颖达疏云:"中数者,谓十二月中气一周,总三百六十五日四分日之一,谓之一岁。朔数者,十二月之朔一周,谓三百五十四日,谓之为年。此是岁、年相对,故有朔数、中数之别。若散而言之,岁亦年也。"孙诒让进一步解释说:"中数者,谓自前年冬至,数至今年冬至,日行天一周,是为一岁二十四气之数。……朔数者,谓自今年正月朔,数至后年正月朔,月会日于十二次一周,是为一年十二月之数。"可见"岁""年"的区别,古人尚有这样一解,即以三百六十五日又四分之一日为一岁(即今所谓太阳历),以月圆十二次为一年(即今所谓太阴历)。因此,以岁、年作为夏时与周时相区别的标志,实际上是靠不住的。

那么《周礼》中的"正月",究竟是建寅呢,还是建子呢?由于材料的限制,这个问题并不是很好回答。不过若对《周礼》本身进行考索,以《周礼》证《周礼》,就会发现,《周礼》中的"正月"是夏正即建寅的可能性似乎要更大一些。

支持此说的一个最有力的证据,就是《周礼·凌人》职文:"凌人掌冰,正岁十有二月,令斩冰,三其凌。"郑玄注云:"正岁季冬,火星中,大寒,冰方盛之时。……故书'正'为'政'。郑司农云:'掌冰政,主藏冰之政也。'杜子春读'掌冰'为主冰也,'政'字为'正',正谓夏正。"按从郑玄注中可以看出,《周礼》古本(故书)中"正"字作"政",上属为读,郑众(郑司农)就是这样理解的。然而杜子春改"政"为"正",

---

① (清)戴震:《周礼太史正岁年解二》。

下属为读，就成了"正岁十有二月"云云。郑玄以杜氏为是，认为"正岁"是说"夏正"。但在《周礼》中，"正岁"一词并不少见，《凌人》之外，都是表示"一岁之正"，即岁之正月，没有一例是像杜子春所改读的《凌人》那样用法的。故段玉裁在《周礼汉读考》中说："考《周礼》全书，言'正岁'者皆谓寅月……凡言'岁'者，皆谓夏正也。言'岁十有二月'，则为夏正已显明，不必加'正'字以混于全书内之谓寅月者。(郑)司农从故书'掌冰政'为长。"①也就是说，《周礼》原文当作"凌人掌冰政，岁十有二月，令斩冰，三其凌"。除去"正岁"这一因素，单从"令斩冰，三其凌"云云来看，这个"十二月"也应当是夏正的十二月（建丑）。因为贾公彦说得很清楚，若是周的十二月（建亥）、殷的十二月（建子），则"冰未坚"，只有夏的十二月，才是"冰坚腹厚之时"，此时"令入山斩冰"，方能"三其凌"。三其凌者，谓"三倍纳冰"，以备消释之耗也。既然《周礼》中的"十二月"是指夏正而言，那么"正月之吉"的正月自也应当是指夏历的正月。

前人以"正月之吉"的正月为周正，大多是因为看到了《周礼》中尚有"正岁"一语，而且"正岁"与"正月"有时同时出现，而郑玄注云："正岁，谓夏之正月。"（按郑玄此说，为大多数学者所接受，是正确的。）一般的思路是，既然"正岁"已是夏之正月，则"正月之吉"的"正月"就不应当还是夏历之正，而只能是周历之正了（建子）。但考之《周礼》职文，这样的推论是难以成立的。

《周礼·大宰》云："正月之吉，始和，布治于邦国都鄙，乃县治象之法于象魏，使万民观治象，挟日而敛之。"《小宰》云："正岁，帅治官之属而观治象之法，徇以木铎，曰：不用法者，国有常刑。"按"始和"的和字，或以为"宣"（王引之说），或以为"言始和者，若改造云尔"（郑玄注），或以"始和"为"始协调之"（戴震语），关系不是很大。这里的关键是"县（悬）治象之法"，"使万民观治象"。这样的"县法"，大约仅维持十天，十天以后就要将这"法"收起来，藏入于明堂（贾公彦说）。小宰是大宰的辅贰，大宰"县治象之法于象魏"之后，小宰率领众属官前往"观法"，是再自然不过的事；而且小宰"徇以木铎"，即"奋木铎（铎，大铃也）以警众"（郑玄语），其"警"的

---

① （清）段玉裁：《周礼汉读考》卷一，《清经解》本。

对象显然也是万民。故《小宰》的"正岁"应该就是《大宰》的"正月"。或以为"正月"是周正建子之月,"正岁"是夏正建寅之月,大宰于建子之月"县法",两个月后又再次"县法",这种解释站不住脚。一方面《小宰》职文中并没有二次"县法"的明文,另一方面,先"悬"出法来让"万民"观览,两个月后才再次"悬"出来供百官"观法",此种做法无论如何于理难通。

《大宰》职文在"正月之吉,始和,布治于邦国都鄙……"之后,分别记述了"乃施典于邦国……"、"乃施则于都鄙……"、"乃施法于官府……"种种职掌,最后说"岁终,则令百官府各正其治,受其会,听其致事,而诏王废置。三岁,则大计群吏之治,而诛赏之"。按"正其治"、"受其会"均有总结工作的意思,故这里的"岁终",显然是相对应于前面的"正月之吉"发布治法云云而言的。《大司徒》职文在"正月之吉,始和,布教于邦国都鄙……"之后,记述了"令五家为比,使之相保……"、"颁职事十有二于邦国都鄙……"、"以乡三物教万民而宾兴之……"、"以乡八刑纠万民……"、"以六乐防民之情……"等等具体的职事,最后说:"岁终,则令教官正治而致事。"这也表明"岁终"是与"正月"相对为言的。《乡大夫》职文云:"正月之吉,受教法于司徒,退而颁之于其乡吏,使各以教其所治,以考其德行,察其道艺。以岁时登其夫家之众寡,辨其可任者。……此谓使民兴贤,出使长之;使民兴能,入使治之。岁终,则令六乡之吏皆会政致事。"从这段职文来看,乡大夫于"正月"受教法之后,"颁之于其乡吏",让"乡吏"们去做他们该做的事,"岁终"则让这些"六乡之吏"皆来"会政",显而易见,这里的"正月",是与"岁终"相对应的。《州长》职文亦云:"正月之吉,各属其州之民而读法,以考其德行道艺而劝之,以纠其过恶而戒之。若以岁时祭祀州社,则属其民而读法,亦如之。春秋以礼会民而射于州序。凡州之大祭祀、大丧,皆莅其事。若国作民而师田行役之事,则帅而致之,掌其戒令与其赏罚。岁终,则会其州之政令。"这段职文,也如乡大夫一样,先从"正月之吉"说起,历数州长该做的若干职事,然后说"岁终"时要"会其州之政令"。其"正月"与"岁终"相对应而言,至为明显。而在《周礼》的其他部分,还可以看到"岁终"有很多是与"正岁"相终始的,例如《视祲》职文云:"正岁则行事,岁终则弊其事。"此外,王引之还引了《内宰》《小司寇》等职文,说明"岁终"确是与

"正岁"（即夏历之孟春）相对应的①，因此，"正月"与"正岁"所指应该是同一个月，即同为夏历的孟春。

《大司马》职文在"正月之吉，始和，布政于邦国都鄙……"之后，分述"中（仲）春教振旅"、"中（仲）夏教茇舍"、"中（仲）秋教治兵"、"中（仲）冬教大阅"等操练军队、演习战阵之事，据王引之考证，《周礼》中的春夏秋冬，"俱用夏时"②，这是完全正确的。《大司马》的"正月"若是夏正，则此月为孟春，领起以下的"四仲"（中春、中夏、中秋、中冬）叙事，显得顺畅而自然；倘若是用周正，则正月相当于夏历的仲冬，与下面的"四仲"叙事就很不谐调了。因此，这也可以算是"正月之吉"是用夏正之一证。

党正之职，也如乡大夫、州长一样，也有"属民读法"之责，不过党正"属民"，似更频数，其职文云："及四时之孟月吉日，则属民而读邦法以纠戒之……岁终，则会其党政，帅其吏而致事。"《周礼》中的"四时"既是夏时，则春之孟月当然即夏历正月；而且党正已不单是"正月吉日"读法，此外四月、七月、十月之吉都要属民读法，到了"岁终"，也要"会其党政"，"帅其吏而致事"。这里虽说强调了"四时之孟月吉日"，其中春季之"孟月吉日"显然就是《乡大夫》《州长》的"正月之吉"，由此例亦可见《乡大夫》、《州长》的"正月"，必是夏历建寅之月。

《周礼》中的"正月"既是夏正，那么如何解释与"正月"并存的"正岁"呢？这的确是一个难题。《周礼》中的"正岁"，也是指夏历之正月，这有好多证据可以说明。同是指夏历之正月，《周礼》的作者或称"正月"，或称"正岁"，这是为什么呢？这个问题目前尚难给出一个圆满的解答。"正岁"这个词，除了《周礼》之外，在目前所知的其他先秦典籍及出土的简帛等类文献中均极罕见，可能是《周礼》作者的一个较为个性化的语汇，也可能是某一特定地区的人的某种习惯语汇。但从在《周礼》中所表达的文意来看，"正岁"应该就相当于一岁中之首月。至于为什么称"正岁"，前人有不少解释。郑玄云："正岁，谓夏之正月。得四时之正，以出教令者，审也。"③元人毛应龙《周官集传》

---

① （清）王引之：《经义述闻》卷八"岁终"条。
② （清）王引之：《经义述闻》卷八"岁终"条。
③ 《周礼·小宰》郑注。

云:"正岁,建寅之月,得四时之正,以成岁功也。"①清儒戴震说:"正岁者,犹曰岁之正始也。"②这是以"正岁"为夏历正月的人的说法。古人也有主张"正岁"是周历之正月的,他们的解释则是:"所谓正岁者,则正是以十一月为岁首,故唤作正岁。"③在今日看来,这些说法都很难视为定论。或者"正岁"本来只是"岁之正月"的意思,顺着说应当是"岁正",而颠倒言之,则成了"正岁"。这种情况在古人那里并不乏其例,如"月朔"或谓之"朔月",《诗》所谓"朔月辛卯"④是也。"月吉"或谓之"吉月",《论语》所谓"吉月必朝服而朝"⑤是也。值得注意的是,"正月"一词在《周礼》中虽然七见,但都是以"正月之吉"这种形式出现的,其他谈到正月的地方,《周礼》作者统统用"正岁",这表明作者在区别使用这两个词的时候,或者遵循着某种规则,或者出于某种习惯,或者如前人所说,这只是《周礼》作者的"变文"⑥,也未可知。总之显然并非随意为之。宋人《六经奥论》有云:"谓之正月之吉者,正月朔日也;谓之正岁者,正岁之中,非必朔日也。"⑦这话固然也可以算是一种解释,但若进一步探究《周礼》作者区别使用这两个词的深层意图,恐怕就不那么容易了。

实际上先秦时期人们所使用的表示时间的概念,有许多我们至今尚不是十分清楚。就拿"正月"来说,固然在相当多的场合都是作为"一年中第一个月"这样的意思来使用的,但也有的不是这样,例如《诗经》中有《小雅·正月》,头一句是"正月繁霜,我心忧伤",自来说《诗》者,都以为此"正月"是夏之四月,周之六月,是所谓"纯阳用事"。而在东周金文中,也有几处"正月"一词显得很特别,李学勤先生曾提到以下三例:

> 正月季春元日己丑(《书也缶》)
> 惟正月仲春吉日丁亥(《者旨於赐钟》)

---

① (元)毛应龙:《周官集传》卷二,《四库全书》本。
② (清)戴震:《周礼太史正岁年解一》,《戴震文集》卷一,中华书局 1980 年点校本。
③ (元)王充耘:《读书管见》之《伊训》"元祀十有二月"条,《四库全书》本。
④ 《诗经·小雅·十月之交》。
⑤ 《论语·乡党》。关于"正岁"或为"岁正"之倒,请参阅(宋)林之奇《尚书全解》。
⑥ 毛应龙《周官集传》卷二即以"正岁"为"正月"之"变文"。
⑦ (宋)郑樵:《六经奥论》卷四,《四库全书》本。

惟正月初冬吉(《□儿罍》)

按这三处"正月"都不是表示年之首月的意思,而当有另外的意义在,李学勤先生说这里的"正月"仅表示"夏正",而非一般意义的正月[①],是很有可能的。明明字面上是"正月",却用来表示某种历法,这让生当今日的我们很难做出合理的解释;同样的道理,明明字面上是讲岁、年的"正岁",却被《周礼》的作者用作了一年中的首月之称,其中的缘故,目前也是很难说清的。

完稿于 2005 年 9 月

---

① 李学勤:《由蔡侯墓青铜器看"初吉"和"吉日"》,《中国社会科学院研究生院学报》1998 年第 5 期。

《荀子》引《诗》考

《荀子》全书 32 篇，引《诗》83 处，分布在除《乐论》《性恶》《成相》《赋》《哀公》5 篇之外的 27 篇之中。兹先将引《诗》内容抄录如下：

《周南·卷耳》：

> 采采卷耳，不盈顷筐。嗟我怀人，置彼周行。

《邶风·柏舟》：

> 忧心悄悄，愠于群小。

《邶风·雄雉》：

> 瞻彼日月，悠悠我思。道之云远，曷云能来。

《卫风·淇奥》：

> 如切如瑳，如琢如磨。（今本《毛诗》"瑳"作"磋"。）

《齐风·东方未明》：

> 颠之倒之，自公召之。

《秦风·小戎》：

言念君子，温其如玉。

《曹风·鸤鸠》：

尸鸠在桑，其子七兮。淑人君子，其仪一兮。其仪一兮，心如结兮。（今本《毛诗》"尸鸠"作"鸤鸠"。）

淑人君子，其仪不忒。其仪不忒，正是四国。（《荀子》三引。）

《豳风·七月》：

昼尔于茅，宵尔索綯。亟其乘屋，其始播百谷。

《小雅·出车》：

我出我舆，于彼牧矣。自天子所，谓我来矣。（今本《毛诗》"我舆"作"我车"。）

《小雅·鱼丽》：

物其有矣，唯其时矣。
物其指矣，唯其偕矣。（今本《毛诗》"唯"作"维"。）

《小雅·鹤鸣》：

鹤鸣于九皋，声闻于天。

《小雅·节南山》：

天方荐瘥，丧乱弘多。民言无嘉，憯莫惩嗟。
尹氏大师，维周之氏。秉国之均，四方是维。天子是庳，卑民不迷。（今本《毛诗》"庳"作"毗"，"卑"作"俾"。）

《小雅·十月之交》：

百川沸腾，山冢崒崩。高岸为谷，深谷为陵。哀今之人，胡憯莫惩！
下民之孽，匪降自天；噂沓背憎，职竞由人。

《小雅·小旻》：

噏噏呰呰，亦孔之哀。谋之其臧，则具是违；谋之不臧，则具是依。（首四字今本《毛诗》作"潝潝訿訿"。）

不敢暴虎，不敢冯河。人知其一，莫知其它。战战兢兢，如临深渊，如履薄冰。（今本《毛诗》"它"作"他"。）

《小雅·何人斯》：

为鬼为蜮，则不可得。有靦面目，视人罔极。作此好歌，以极反侧。（《荀子》凡两引。）

《小雅·大东》：

周道如砥，其直如矢。君子所履，小人所视。眷焉顾之，潜焉出涕。（今本《毛诗》"眷"作"睠"。）

《小雅·北山》：

普天之下，莫非王土；率土之滨，莫非王臣。（今本《毛诗》"普"作"溥"。）

《小雅·无将大车》：

无将大车，维尘冥冥。

《小雅·小明》：

嗟尔君子，无恒安息。靖共尔位，好是正直。神之听之，介尔景福。

《小雅·楚茨》：

礼仪卒度，笑语卒获。（《荀子》凡两引。）

《小雅·裳裳者华》：

左之左之，君子宜之；右之右之，君子有之。

《小雅·采菽》：

匪交匪舒，天子所与。（今本《毛诗》作"彼交匪纾，天子所予"。）

平平左右，亦是率从。

《小雅·角弓》：

雨雪瀌瀌，宴然聿消。莫肯下隧，式居屡骄。（今本《毛诗》

"宴然聿消"作"见晛曰消","下隧"作"下遗","屡"作"娄"。)

民之无良，相怨一方。受爵不让，至于己斯亡。

《小雅·黍苗》：

我任我辇，我车我牛。我行既集，盖云归哉。

《小雅·绵蛮》：

饮之食之，教之诲之。

《大雅·文王》：

济济多士，文王以宁。

《大雅·大明》：

明明在下，赫赫在上。（《荀子》两引此诗，其中一处只引"明明在下"四字。）

《大雅·棫朴》：

雕琢其章，金玉其相。亹亹我王，纲纪四方。（今本《毛诗》"雕琢"作"追琢"，"亹亹"作"勉勉"。）

《大雅·思齐》：

刑于寡妻，至于兄弟，以御于家邦。

《大雅·皇矣》：

不识不知，顺帝之则。

《大雅·下武》：

媚兹一人，应侯顺德。永言孝思，昭哉嗣服。

《大雅·文王有声》：

自西自东，自南自北，无思不服。（《荀子》三引。）

《大雅·既醉》：

朋友攸摄，摄以威仪。

孝子不匮，永锡尔类。（《荀子》两引，其中一处只引"孝子不匮"四字。)

《大雅·泂酌》：

恺悌君子，民之父母。（今本《毛诗》"恺悌"作"岂弟"。）

《大雅·卷阿》：

颙颙卬卬，如珪如璋，令问令望。恺悌君子，四方为纲。（今本《毛诗》"珪"作"圭"，"令问"作"令闻"，"恺悌"作"岂弟"。）

《大雅·民劳》：

惠此中国，以绥四方。

《大雅·板》：

我言维服，勿用为笑。先民有言，询于刍荛。（今本《毛诗》"用"作"以"。）

价人维藩，大师维垣。（《荀子》凡两引。）

《大雅·荡》：

匪上帝不时，殷不用旧。虽无老成人，尚有典刑。曾是莫听，大命以倾。

《大雅·抑》：

无言不雠，无德不报。（《荀子》两引。）

不僭不贼，鲜不为则。

温温恭人，惟德之基。（《荀子》三引，另两处"惟"作"维"，与今本《毛诗》同。）

《大雅·桑柔》：

维此良人，弗求弗迪。维彼忍心，是顾是复。民之贪乱，宁为荼毒。

《大雅·烝民》：

既明且哲，以保其身。

德輶如毛，民鲜克举之。

《大雅·常武》：

> 王犹允塞，徐方既来。
>
> 徐方既同，天子之功。

《周颂·天作》：

> 天作高山，大王荒之。彼作矣，文王康之。（《荀子》凡两引。）

《周颂·时迈》：

> 怀柔百神，及河乔岳。

《周颂·执竞》：

> 钟鼓喤喤，管磬玱玱，降福穰穰。降福简简，威仪反反。既醉既饱，福禄来反。（今本《毛诗》"管磬玱玱"作"磬管将将"。）

《商颂·那》：

> 温恭朝夕，执事有恪。

《商颂·长发》：

> 受小共大共，为下国骏蒙。（今本《毛诗》"骏蒙"作"骏厖"。）
>
> 受小球大球，为下国缀旒。
>
> 武王载发，有虔秉钺。如火烈烈，则莫我敢遏。（今本《毛诗》"载发"作"载旆"，"敢遏"作"敢曷"。）

逸诗：

> 如霜雪之将将，如日月之光明。为之则存，不为则亡。
>
> 国有大命，不可以告人，妨其躬身。
>
> 礼义之不愆，何恤人之言兮。
>
> 凤凰秋秋，其翼若干，其声若萧。有凤有凰，乐帝之心。
>
> 墨以为明，狐狸其苍。
>
> 长夜漫兮，永思骞兮。大古之不慢兮，礼义之不愆兮，何恤人之言兮。
>
> 涓涓源水，不雝不塞。毂已破碎。乃大其辐。事已败矣，乃重大息。

《荀子》所引《诗经》，与今本《毛诗》相比，文字全同者约占三分之二，文字小异者占三分之一。二者文字上的差异，大多是同音异形或者声近通假，例如"惟""唯"之与"维"，"彼"之与"匪"，"雕"之与"追"，"玱玱"之与"将将"，"卑"之与"俾"，"发"之与"旆"，"遏"之与"曷"等等，少数为同义异形，例如"舆"之与"车"。差异较大的如《荀子》引《角弓》"宴然聿消"，与《毛诗》"见晛曰消"四字之中相差三个字。然而"聿""曰"二字古通用，其例甚多；又据清儒马瑞辰说，"见"本当作"嘛"，与"晏"音义相近，"晛""嘛"又为同一字之异体，故"宴然聿消"与"见晛曰消"音义亦并无不同。①

今考《荀子》引《诗》与《毛诗》相同者，有些与《三家诗》相异。例如：《荀子》引《小雅·小明》"无恒安息，靖共尔位"，《齐诗》"无恒"一作"毋常"，"靖共"作"静恭"，一作"静共"；《韩诗》作"静恭"。《荀子》引《小雅·小旻》"噏噏呰呰"，《韩诗》"噏"作"翕"；《鲁诗》作"翕"，又作"歙"。《荀子》引《小雅·楚茨》"礼仪卒度"，《韩诗》"仪"作"义"。《荀子》引《大雅·皇矣》"不识不知"，《鲁诗》"不"作"弗"。《荀子》引《小雅·采菽》"平平左右"，《韩诗》作"便便左右"。《荀子》引《周颂·执竞》"钟鼓喤喤"，"喤"字《三家诗》俱作"锽"。诸如此类的异文还有一些。《荀子》引《诗》与《毛诗》相异者，其中也有少数与《三家诗》正合。例如《荀子》引《卫风·淇奥》"如切如瑳"，《毛诗》"瑳"字作"磋"，而《三家诗》俱作"瑳"，与《荀子》同；《荀子》引《商颂·长发》与《毛诗》相异之处，恰与《韩诗》一致。②

二

荀子在论辩中引《诗》，有时是直接把诗句作为说明自己观点的论据的，例如《礼论》云：

> 君之丧所以取三年，何也？曰：君者，治辨之主也，文理之原也，情貌之尽也。相率而致隆之，不亦可乎？《诗》曰："恺悌君子，民之父母。"彼君子者，固有为民父母之说焉。父能生之，不

① （清）马瑞辰：《毛诗传笺通释》卷二十三。
② 参见（清）王先谦：《诗三家义集疏》。

能养之;母能食之,不能教诲之。君者,已能食之矣,又善教诲之者也,三年毕矣哉!

按荀子是主张臣民为君主服三年之丧的,他除了提出"君者,治辨之主也,文理之原也,情貌之尽也"的理由外,又引《诗》为证,说君主是"民之父母",人既然应为父母服三年之丧,那么对于恩等于父母(甚至超过父母)的君主,自然也应该服丧三年了。在《荀子》全书中,像这一类的直接引诗句作为自己的论据的例子比较少,而书中大量的引《诗》,是有着一套大体固定的格式的,即先发一通议论,然后引《诗》曰如何如何,最后加上一句"此之谓也"。很显然,这样的引法,是把《诗》看作是有崇高权威的不容置疑的经典训诫,引在文中是为了加强作者论证的说服力的。此种做法在战国以及西汉颇为盛行。对于当时人的这种引《诗》,后人往往一概视之为"断章取义",认为与《诗经》的本义无甚关联。其实所谓《诗经》的本义,可以有不同层面的理解。今人从文学史的角度出发,探寻作为古代庙堂乐歌或者民间歌谣的《诗》三百篇的创作本意,区分哪些是祭祖敬神的献辞,哪些是男欢女爱的恋歌,拂去历代儒者经师堆在《诗经》头上的政教尘埃,还上古诗歌以本来面目,固然是十分重要的工作。但是从另一方面来看,自春秋以来,《诗经》成为上流社会中贵族交流思想的一种工具,"赋诗断章"成为贵族表达意志的一种常用手段。久而久之,逐渐形成了一些也许是远远脱离《诗》的创作本意的"诗义"。入战国以后,随着学术的下移以及儒家学派的提倡,《诗》更为士人所熟知,而且逐渐有了经典的意义。由于师弟相传,对《诗经》中的诗篇以及诗句形成了具有家派性的相对固定的理解。这种理解,在家派中人看来,也许正是《诗》的本义。

荀子没有专门阐释《诗经》的著作。因此,探索荀子的《诗》学,一是可以根据《荀子》书中对《诗经》的一些片断的议论,二就是根据《荀子》的引《诗》。荀子在自己的著作中大量引《诗》,固然体现了他对《诗》的尊崇,同时也使我们看到了荀子究竟是怎样利用《诗》的。引什么样的诗,来说明什么样的道理,从中可以看出荀子对《诗》的理解和他对《诗》所作的诠释,以及他是怎样赋予《诗》以特定的"义"的。

《荀子》引《诗》,如果从议论与诗的本义(这里指创作本意)的关系这个角度来分析,大致有如下几种类型:

（一）议论与所引《诗》的本义完全契合

《荀子·君子》云：

> 天子无妻，告人无匹也。四海之内无客礼，告无适也。……天子也者，势至重，形至佚，心至愈，志无所诎，形无所劳，尊无上矣。《诗》曰："普天之下，莫非王土；率土之滨，莫非王臣。"此之谓也。

按《荀子》这段议论，正是要说明天子是至尊无上的这样一个意思，所引《小雅·北山》的这几句诗，其含义是十分明显的。因此，引《诗》所要表达之义与此诗的创作本意可以说是完全契合。又如《荀子·致士》云：

> 川渊深而鱼鳖归之，山林茂而禽兽归之，政刑平而百姓归之，礼义备而君子归之。故礼及身而行修，义及国而政明，能以礼挟而贵名白，天下愿，令行禁止，王者之事毕矣。《诗》曰："惠此中国，以绥四方。"此之谓也。

按荀子此论是说统治者需从修身治国做起，才能使天下归心。而所引《大雅·民劳》的"惠此中国，以绥四方"，从原诗的上下文来看，正是说天子欲行德政，必须由近及远，"中国"得惠，自会吸引"四方"来归。所引《诗》完全符合《荀子》文义。

《荀子·君道》云：

> 晓然独明于先王之所以得之所以失之，知国之安危臧否若别白黑，则是其人也，大用之，则天下为一，诸侯为臣；小用之，则威行邻敌。纵不能用，使无去其疆域，则国终身无故。故君人者，爱民而安，好士而荣，两者无一焉而亡。《诗》曰："价人维藩，大师维垣。"此之谓也。

按荀子的这一段议论，强调人君应当"爱民"与"好士"，这里所谓"士"，是指那些"明于先王之所以得之所以失之，知国之安危臧否若别白黑"的能人。所引诗出自《大雅·板》第七章，此章全文是："价人维藩，大师维垣，大邦维屏，大宗维翰。怀德维宁，宗子维城。无俾城坏，无独斯畏。"通观全章，诗的意思是强调价人、大师、大邦、大宗、宗子五者对于国家来说，都有着类似城墙一般的捍御功能。《毛诗》训"价"为"善"，价人即善人，是很正确的。引"价人维藩"，正是用来证

"好士而荣"的。"大师"据清儒的研究,当解作"大众","大师维垣"正所谓众志成城,乃是用来论证"爱民而安"的。① 这样看来,荀子引《大雅·板》这两句诗,既自然又贴切。在《诗经》已具有权威地位的时代,这样的引《诗》确可以增强论证的说服力。

但总的来说,《荀子》引《诗》与《诗经》创作原意完全契合者并不是很多,大量的引《诗》实例则是对《诗》的原意进行了引申、改造,或者刺取诗句的字面上的意义,加以自己独特的诠释,或用其比喻义,或用其扩展义。

(二)议论与所引《诗》的本义只有部分相合

《荀子·正名》云:

> 有兼听之明,而无奋矜之容;有兼覆之厚,而无伐德之色。说行则天下正,说不行则白道而冥穷,是圣人之辩说也。《诗》曰:"颙颙卬卬,如珪如璋,令问令望。恺悌君子,四方为纲。"此之谓也。

按荀子此言是说所谓"圣人"在"辩说"中应有的态度,即"有兼听之明,而无奋矜之容;有兼覆之厚,而无伐德之色"。所引诗出自《大雅·卷阿》,旧说此诗为召康公所作,寓有讽切之意。今观此诗的内容,以为周王颂德祈福为主,所引几句诗,是歌颂周王的容止、品格、声望足以为四方之纲。"颙颙",《毛传》训"温貌","卬卬"训"盛貌",把引诗与那段议论作一比较,就会发现这几句诗中只有形容周王容止的"颙颙卬卬"与那段议论中的"有兼听之明,而无奋矜之容;有兼覆之厚,而无伐德之色"相合,荀子引用此诗正是着眼于君子容止风度这一点的,其余几句诗与文义并不相干。

《荀子·天论》云:

> 治乱天邪?曰:日月星辰瑞历,是禹桀之所同也,禹以治,桀以乱,治乱非天也。时邪?曰:繁启蕃长于春夏,畜积收藏于秋冬,是又禹桀之所同也,禹以治,桀以乱,治乱非时也。地邪?曰:得地则生,失地则死,是又禹桀之所同也,禹以治,桀以乱,治乱非地也。《诗》曰:"天作高山,大王荒之;彼作矣,文王康之。"

---

① (清)马瑞辰:《毛诗传笺通释》卷二十五。

> 此之谓也。

按《荀子》这段名言，说的是吉凶由人不由天的道理。所引诗出自《周颂·天作》，原诗似为一首祭祀先公先王的乐歌，称颂的是大王迁岐、文王安岐的历史功绩。原诗虽没有"吉凶由人不由天"的意思，但它歌颂了在"天"所提供的自然条件下大王、文王等人的业绩，也就是强调了"人"的作用，在这一点上与前引荀子的那一段议论是有相通之处的，荀子也正是在这个意义上引《周颂·天作》为证的。引诗只在这一点上与议论相契合。但从另一方面来说，正是通过这样的引用，在荀子的《诗》学中，《天作》诗也就具有了说明"吉凶由人不由天"道理的含义。

《荀子·富国》云：

> 故墨术诚行，则天下尚俭而弥贫，非斗而日争，劳苦顿萃而愈无功，愀然忧戚，非乐而日不和。《诗》曰："天方荐瘥，丧乱弘多。民言无嘉，憯莫惩嗟。"此之谓也。

按《荀子》这段话是攻击墨家的，说是如果天下施行"墨术"的话，则会出现更严重的贫困和争乱。所引诗与墨家的学说毫不相干，但这诗描写了周王任用佞臣尹氏，造成的"丧乱弘多"的严重后果。而这种衰败混乱的局面与采用"墨术"所形成的乱局正相符合，《荀子》正是在这一点上引用此诗的。这样的引《诗》，除了能使人对墨学流行可能产生的后果有一较为具体的认识之外，对于论证墨学之无益于治，显然是没有什么作用的。

（三）征引具指的诗句来论证普遍的道理

《诗经》中的某些篇章，本来是有歌咏、描写的具体对象的，但荀子引《诗》时，往往并不考虑这些具体的对象，而是直接拿来作为论说的根据。这样，某些本来是具指的诗句，一下子变得具有普遍意义了。《荀子·君道》云：

> 故人主无便嬖左右足信者谓之闇，无卿相辅佐足任者谓之独，所使于四邻诸侯者非其人谓之孤，孤独而闇谓之危。国虽若存，古之人曰亡矣。《诗》曰："济济多士，文王以宁。"此之谓也。

按这一段是论君主得人的重要性。倘若没有足够多的人来辅佐，君主的统治便会岌岌可危。为了说明这个道理，荀子引了《大雅·文王》。但"济济多士，文王以宁"这两句诗原本只是称颂文王得人之盛的，经荀子这样一引，这两句诗似乎就有一种普遍的道理蕴含其中了。

又《君道》云：

> 故上好礼义，尚贤使能，无贪之心，则下亦将綦辞让，致忠信，而谨于臣子矣。如是则虽在小民，不待合符节别契券而信，不待探筹投钩而公，不待衡石称县而平，不待斗斛敦概而啧。……夫是之谓至平。《诗》曰："王犹允塞，徐方既来。"此之谓也。

按荀子之意，盖谓君主若能处处循"礼义"行事，则会收到境内安定、百姓顺从、政令统一、远方来归这样的效果。所引诗出自《大雅·常武》，原诗是描写、歌颂某位周王（旧说是宣王）针对徐方发动的一场战争的。在这场战争中，周王大获全胜，徐方从此归顺。"犹"字或训"谋"（《毛传》），或训"道"（《汉书》颜注），似以训"道"于义为长。不管怎样，"王犹允塞，徐方既来"二句，总是一种写实，是对某种具体现象的描述。荀子这样的引用，遂使这二句诗具有了普遍性的品格。

《荀子·议兵》载孙卿子答孝成王问兵，主张仁人之兵无敌于天下，其议论云：

> 故仁人用国日明，诸侯先顺者安，后顺者危，虑敌之者削，反之者亡。《诗》曰："武王载发，有虔秉钺。如火烈烈，则莫我敢遏。"此之谓也。

按所引诗出自《商颂·长发》，是歌颂商人先祖的史诗。其中"武王载发"数句，专指商汤对夏桀的征伐；而荀子的引诗，则是用此数句来论证一个普遍的真理了。

（四）引《诗》用诗句的比喻义

《荀子·儒效》云：

> 故曰：贵名不可以比周争也，不可以夸诞有也，不可以势重胁也，必将诚此然后就也。争之则失，让之则至，遵道则积，夸诞则虚。故君子务修其内而让之于外，务积德于身而处之以遵道。如是则贵名起如日月，天下应之如雷霆。故曰：君子隐而显，微

> 而明,辞让而胜。《诗》曰:"鹤鸣于九皋,声闻于天。"此之谓也。

按这段议论是讲君子如何才能有大名声,所引为《小雅·鹤鸣》之诗,原诗第二章云:"鹤鸣于九皋,声闻于天。鱼在于渚,或潜在渊。乐彼之园,爰有树檀,其下维谷。它山之石,可以攻玉。"这四句话其实是四个比喻,原诗喻意何在,今日已难确知;荀子引此诗,显然是要说明"君子隐而显,微而明"这层意思。

《荀子·大略》云:

> 君人者不可以不慎取臣,匹夫不可以不慎取友。友者,所以相有也。道不同,何以相有也? 均薪施火,火就燥;平地注水,水流湿。夫类之相从也,如此之著也,以友观人何所疑! 取友善人,不可不慎,是德之基也。《诗》曰:"无将大车,维尘冥冥。"言无与小人处也。

按此言取友当慎的理由。物以类聚,人以群分,若与小人为友,别人就会把你看作是小人,这就是所谓"以友观人"。为了说明这个道理,引《小雅·无将大车》为证。原诗似乎是一首抒发苦闷忧思之作,所引二句字面意思是说不要去推大车,免得被沙尘障目(招一身尘土)。荀子在这里显然是用作一种比喻,"言无与小人处也",正是揭示其中的喻意。应该说通过这样的引用,荀子已经给这两句诗注入特定的意义了。

《大略》又云:

> 人之于文学也,犹玉之于琢磨也。《诗》曰:"如切如瑳,如琢如磨。"谓学问也。

这当然也是比喻,荀子通过这种引用,把"切瑳琢磨"四个字的意思固定在"学问"之事上了。

(五) 所引《诗》只在字面上与文意有关联

《荀子·大略》云:

> 不富无以养民情。不教无以理民性。故家五亩宅,百亩田,务其业而勿夺其时,所以富之也。立大学,设庠序,修六礼,明七教,所以道之也。《诗》曰:"饮之食之,教之海之。"王事具矣。

按这里是在议论统治者治民的两大任务——"养民情"和"理民性"。前者是指发展生产,使民富裕起来;后者是指推行教化,使民明白道理。引诗出自《小雅·绵蛮》,原诗似为借黄鸟之口,表达微贱者劳苦之情,希望有人能够"饮之食之,教之诲之",以纾解他们的苦难。荀子以这两句诗在字面上与议论中的"富之""道之"云云正相合,于是引以为证;而这两句诗因此也就被赋予了"王事具于斯"的高度概括意义。

《荀子·富国》云:

> 古者先王分割而等异之也,故使或美,或恶,或厚,或薄,或佚乐,或劬劳,非特以为淫泰夸丽之声,将以明仁之文,通仁之顺也。故为之雕琢刻镂黼黻文章,使足以辨贵贱而已,不求其观;为之钟鼓管磬琴瑟竽笙,使足以辨吉凶合欢定和而已,不求其余;为之宫室台榭,使足以避燥湿养德辨轻重而已,不求其外。《诗》曰:"雕琢其章,金玉其相。亹亹我王,纲纪四方。"此之谓也。

按荀子的本意,是承认等级的差别,承认在上者安富尊荣的合理性;但他认为统治阶级的追求享受,不可过分,"雕琢刻镂""钟鼓管磬""宫室台榭"等等都要适度而止。所引诗出自《大雅·棫朴》,原诗"追琢其章,金玉其相"二句,似乎是赞美周王为政的,可能是一种比喻,至少与荀子所说的"辨贵贱而已,不求其观"云云毫无干系。荀子只是因为这两句诗与文中"雕琢刻镂黼黻文章"在字面上有一定的联系,遂引以为证,从而使这两句诗在荀门《诗》学中有了特定的含义。类似这样的引《诗》,距离《诗》的创作本意甚远,是典型的"断章取义"。不过这种引法在《荀子》书中并不多见。由于它赋予了诗句原来根本没有的一些特定含义,虽然对于探讨《诗经》的创作本意毫无价值可言,但对于研究荀子的《诗》学还是有帮助的。

三

荀子是战国晚期传授经学的一个重要人物。从荀子引《诗》中,还可以探寻汉代《诗》学与荀子《诗》学的关系。西汉《诗》学有齐、鲁、韩三家,都曾立于学官。又有毛公的《诗》学,属于古文系统,在西汉一直没有立于学官,但东汉以后,经过郑玄作笺,竟大行于世了。《毛诗》的来历，自来有不同的说法。《汉书·艺文志》云："又有毛公之学，自谓子夏所传，而河间献王好之，未得立。"是则《毛诗》似出自子夏。至于毛公是谁，郑玄《诗谱》云："鲁人大毛公为训故传于其家，河间献王得而献之，以小毛公为博士。"说得还不大清楚。三国时吴人陆玑作《毛诗草木虫鱼鸟兽疏》，曰："荀卿授鲁国毛亨，毛亨作训诂传以授赵国毛苌，时人谓亨为大毛公，苌为小毛公。"这才明确说出《毛诗》与荀子有关。陆德明《经典释文》引或说云："一云子夏传曾申，申传魏人李克，克传鲁人孟仲子，孟仲子传根牟子，根牟子传赵人孙卿子，孙卿子传鲁人大毛公。"但《经典释文》又引吴人徐整曰："子夏授高行子，高行子授薛仓子，薛仓子授帛妙子，帛妙子授河间人大毛公，毛公为故训传于家，以授赵人小毛公。"这里又没有荀卿的位置了。由于说法过于纷歧，而晚出之说每每又详于早出之说，故学者于上述《毛诗》的传授系统多不肯深信。不过《毛传》宗荀还是有迹可寻的，研究《荀子》的引《诗》，可以很清楚地看出《毛诗》与荀子《诗》学的渊源关系。《荀子·儒效》云：

> 故明主谲德而序位，所以为不乱也；忠臣诚能然后敢受职，所以为不穷也。分不乱于上，能不穷于下，治辨之极也。《诗》曰："平平左右，亦是率从。"是言上下之交不相乱也。

按荀子以"平平左右"的诗句来论证"治辨之极"，《毛传》解"平平"二字，正云"辨治也"，足见《毛诗》对荀子的继承。

又《荀子·儒效》云：

> 鄙夫反是：比周而誉俞少，鄙争而名俞辱，烦劳以求安利其身俞危。《诗》曰："民之无良，相怨一方。受爵不让，至于己斯亡。"此之谓也。

按荀子所引诗出自《小雅·角弓》，而此诗的《毛传》云："爵禄不以相让，故怨祸及之。比周而党愈少，鄙争而名愈辱，求安而身愈危。"荀子引诗以证"比周""鄙争"等之害，《毛传》解诗，竟直接用《荀子》原文，《毛传》师承荀子的痕迹至为明显。

又《荀子·臣道》云：

> 仁者必敬人。凡人非贤，则案不肖也。人贤而不敬，则是禽

兽也；人不肖而不敬，则是狎虎也。禽兽则乱，狎虎则危灾及其
身矣。《诗》曰："不敢暴虎，不敢冯河。人知其一，莫知其它。战
战兢兢，如临深渊，如履薄冰。"此之谓也。故仁者必敬人。

按《荀子》引诗是要说虽"不肖"的人不可"不敬"。而《毛传》解此诗
"莫知其他"（《荀子》引诗"他"作"它"）的"他"字，竟直说"他，不敬小
人之危殆也"，很显然是用荀子之义。

类似这样的例子在《荀子》引《诗》中可以看到许多，清楚地表明
《毛传》与荀子确有师承关系。然而也有个别的地方，《毛传》对《诗》
的理解与荀子又有明显的区别，例如《荀子·劝学》云：

骐骥一跃，不能十步；驽马十驾，功在不舍。锲而舍之，朽木
不折；锲而不舍，金石可镂。螾无爪牙之利，筋骨之强，上食埃
土，下饮黄泉，用心一也。蟹六跪而二螯，非蛇蟺之穴无可寄托
者，用心躁也。……行衢道者不至，事两君者不容。目不能两视
而明，耳不能两听而聪。……《诗》曰："尸鸠在桑，其子七兮。淑
人君子，其仪一兮。其仪一兮，心如结兮。"故君子结于一也。

按从《荀子》的整段议论来看，这是在讲心志专一才能有成的道理。
文末引《曹风·鳲鸠》为证，其中的"一"，自应作"专一""专心不贰"来
理解。可是《毛传》解此诗云："鳲鸠之养其子，朝从上下，莫从下上，
平均如一。"《毛传》显然是把"一"理解作"均一"了。"专一""均一"固
然都可以称为"一"，但其差异是明显的。又如《荀子·君道》《议兵》
两引《大雅·常武》之"王犹允塞，徐方既来"，从《荀子》这两段文义来
看，"犹"字当从《汉书·严助传》解作"道"，"王犹"即"王道"，荀子显
然是把"犹"字作"道"来理解的。然而《毛传》却云："犹，谋也。"以
"谋"解"犹"，于《大雅·常武》固然可通，然于《荀子》引诗却有不合，
这也是《毛传》不完全同于荀子《诗》义的一证。

《毛传》出自荀卿，个别解说却与荀义不同，这种情况是正常的。
从战国至秦汉，学术在师弟相传中不断地发展和分化，尽管有所谓师
法、家法，但在实际的传授过程中，学生对老师的学术，总不会是全盘
地接受和复制，总免不了有偏离，有侧重，有发挥，有修正，免不了受
到其他家派的影响，免不了出现一些与师说不同的歧见。否则我们
便无法解释为什么儒分为八，墨分为三，也无法解释传自田何的

《易》，会有施、孟、梁丘、京氏之学，传自伏生的《尚书》，会有欧阳、大小夏侯的分化。

《鲁诗》与荀卿的关系，典籍中也有记载。据《汉书·楚元王传》，作为《鲁诗》之祖的申公曾受《诗》于浮丘伯，而浮丘伯正是荀子的门人，对此刘向《别录》也有明确的记载。刘向世传《鲁诗》，其所述当可信据。是则说《鲁诗》也出自荀卿，当无大的问题。

《韩诗》与荀卿的渊源亦甚深。《三家诗》中，《韩诗》最后亡，唐宋之间，《韩诗》内外传犹俱存，《新唐书·艺文志》称："《韩诗》二卷，卜商序，韩婴注。"是则《韩诗》也有可能出自子夏。今考《韩诗外传》，采自《荀子》之文甚多，有的段落几乎是全抄《荀子》。至于《韩诗外传》的引《诗》，其手法与《荀子》如出一辙，有的引诗亦与《荀子》全同。例如《外传》卷六第八章云：

> 仁者必敬其人。敬其人有道：遇贤者则爱亲而敬之，遇不肖者则畏疏而敬之。其敬一也，其情二也。故夫忠信端悫而不害伤，则无接而不然，是仁之质也。仁以为质，义以为理，开口无不可以为人法式者。《诗》曰："不僭不贼，鲜不为则。"

按把上述文字与《荀子·臣道》"敬人有道"那一段做一比较，其行文、文义及引诗竟是如此雷同，其间继承的痕迹是十分明显的。通观《外传》全书，其征引诗句同于《荀子》者共有三十多处。在这三十多处引诗中，大多数韩义是与荀义相同的。例如韩氏引《曹风·鸤鸠》，《小雅》之《小明》、《楚茨》、《角弓》，《大雅》之《皇矣》、《泂酌》、《文王有声》，《周颂》之《执竞》，《商颂》之《长发》等所要说明的"义"，与荀子引这些诗所要说明的"义"完全一致或者非常接近。当然，二者不同之处也是有的，例如《大雅·烝民》之"德輶如毛，民鲜克举之"，《荀子·强国》引之以"明积微至著之功"（杨倞语），《韩诗外传》则引之以证"德之至精而妙"，两者的差异非常明显。又如《大雅·抑》之"无言不雠，无德不报"，《荀子》两引之，或取得瓜得豆之义（《富国篇》），或取叶落粪本之义（《致士篇》），总之不出果报的范围。《韩诗外传》引此诗，似乎重在"无言不酬"上，用以证辩士应对的得宜。不过总的来看，就可以进行比较的材料而言，《韩诗》的诗义有相当多的部分是来自荀子的。

近人刘师培论齐、鲁、韩、毛四家《诗》，以为四家同源，至荀子时尚未分派。[①] 其说有一定的道理。只是有关《齐诗》的材料太少，如果仅据《荀子》引《诗》，似乎尚不足以证明荀子也是《齐诗》的先师。

（原载《南开学报（哲学社会科学版）》2000 年第 2 期）

① 刘师培：《诗分四家说》，《左庵集》卷一。

先秦文献中的"以数为纪"

清人姚鼐在谈到《逸周书》的制作时代时这样说：

> 吾意是《周书》之作，去孔子之时又远矣，文武之道固坠矣。庄子言圣人之法，以参为验，以稽为决，其数一二三四是也。此如箕子陈九畴，及《周礼》所载庶官所守，皆不容不以数纪者。若是书以数为纪之词，乃至烦复，不可胜记，先王曷贵是哉？吾固知其诬也。（《惜抱轩文集·辨逸周书》）

朱右曾的看法与姚氏不同，他说：

> 愚观此书虽未必果出文武周召之手，要亦非战国秦汉人所能伪托。何者？庄生有言：圣人之法，以参为验，以稽为决，一二三四是也。周室之初，箕子陈畴，周官分职，皆以数纪，大致与此书相似，其证一也。（《逸周书集训校释序》）

朱氏之论显然是针对姚氏的意见而发的。二氏的意见虽然相左，但他们都注意到了《逸周书》里广泛存在的"以数为纪"的现象。二氏所说的"以数为纪"，是指像《尚书·洪范》及《周礼》中那样对数目字的使用。按《洪范》中记载着箕子向武王献"九畴"，即人们通常所说的九条大法，包括："初一曰五行，次二曰敬用五事，次三曰农用八政，次四曰协用五纪，次五曰建用皇极，次六曰乂用三德，次七曰明用稽疑，次八曰念用庶征，次九曰向用五福，威用六极"。《周礼》中在谈到庶官职掌的时候,也每每使用数目字来概括,例如大宰之职,"掌建邦之六典,以佐王治邦国","以八法治官府","以八则治都鄙","以九职任万民","以九赋敛财贿"等等。姚、朱二氏将此类对数词的使用称之为"以数为纪"。这种"以数为纪",在不少先秦文献中都可以看到。"纪"字的本义是指丝缕的端绪,《说文》:"纪,别丝也。"段玉裁注云:"别丝者,一丝必有其首,别之,是为纪;众丝皆得其首,是为统。统与纪义互相足也。……《礼器》曰:众之纪也,纪散而众乱。注曰:纪者,丝缕之数有纪也。此纪之本义也。"由这个本义引申开去,纪则可以有事物的端绪之义,用作动词,则有整理、统驭之义。明白了这一点,我们就可以对姚鼐、朱右曾所说的"以数为纪"有更为清晰、准确的理解了。

先秦文献中的"以数为纪",从形式上看,都是一些数词与名词(或动词)的组合。在上古语言中,数词直接与名词结合,以表示事物的数量,是一种非常常见的语法现象。例如金文中的三有司、三事、三左、三右、四方、四或(域)、百生,《尚书》中的三宅、三俊、百姓、三王、十夫、五刑,《诗经》中的二国、万邦、三后、百辟、四牡、八鸾等等都是。在这些组合中,有的只表示事物数量的多少,如二国、四牡、八鸾之类,其中的数词并没有什么"纪"的意义。但另外一些组合,除了表示数量的多少之外,已经起到了总括事物端绪的作用。例如三有司,盖指周王以及邦君政权中的司徒、司马、司空,这是三个管理具体政务的官职,他们各掌一面,都是政权中最烦剧重要的职位,同时也常常联手处理政事,于是周人用了"三有司"这么一个数词词组,就把这三个官职统括在一起了。又如"四方",东西南北各为一方,用四方这样一个词,就把这四个方面都提到了。这里数字"四"就起了"纪"的作用(就好像整理丝缕抓住了头儿)。《论语·季氏》中也有一些数词与名词(或动词)的组合:

孔子曰:"益者三友,损者三友。友直,友谅,友多闻,益矣。友便辟,友善柔,友便佞,损矣。"

孔子曰:"益者三乐,损者三乐。乐节礼乐,乐道人之善,乐多贤友,益矣。乐骄乐,乐佚游,乐晏乐,损矣。"

孔子曰:"侍于君子有三愆:言未及之而言谓之躁,言及之而不言谓之隐,未见颜色而言谓之瞽。"

　　孔子曰:"君子有三戒:少之时,血气未定,戒之在色;及其壮也,血气方刚,戒之在斗;及其老也,血气既衰,戒之在得。"

　　孔子曰:"君子有三畏:畏天命,畏大人,畏圣人之言。"

　　孔子曰:"君子有九思:视思明,听思聪,色思温,貌思恭,言思忠,事思敬,疑思问,忿思难,见得思义。"

按上述《论语》中所见的三友、三乐、三愆、三戒、三畏、九思,就已是典型的"以数为纪"了。在这里所以用了"典型的"这样的字眼,是因为有些数词与名词的组合是没有或很少有"以数为纪"的意义的。《论语·阳货》就有这样一段对话,可以帮助我们理解什么是"以数为纪":

　　子曰:"由也,女闻六言六蔽矣乎?"对曰:"未也。""居,吾语女。好仁不好学,其蔽也愚;好知不好学,其蔽也荡;好信不好学,其蔽也贼;好直不好学,其蔽也绞;好勇不好学,其蔽也乱;好刚不好学,其蔽也狂。"

按这句话里的"六言"与"六蔽"同样是数词与名词的组合,其逻辑意义却有不同。"六言"即"六个字"(这六个字指愚、荡、贼、绞、乱、狂),单纯表示字的数量;而"六蔽"则是一种概括,孔子认为愚、荡、贼、绞、乱、狂都属于"不好学"的弊病(即蔽),因此用"六蔽"对这些弊病总括了起来。"六蔽"可以认为是"以数为纪",而"六言"则不是,因为它没有像"六蔽"那样的提纲挈领的作用。

　　"以数为纪"实际上是一种逻辑思维的方法,是对事物的分析、综合的过程。人类认识事物,总是从简单到复杂。认知的对象变得复杂了,分类思想也就随之产生。分类,是人们认识深化的表现。但分类的结果,又会使人们产生概括的要求。先秦文献中的"以数为纪",实际上就是一种概括方法。司徒、司马、司空,因为都是"有司",故用"三有司"来概括;墨、劓、刖、宫、大辟都是刑罚,故可以用"五刑"来概括;愚、荡、贼、绞、乱、狂,因为都是"不好学"之"蔽",故可以用"六蔽"来概括。这种基于分类基础上的表现为"以数为纪"的概括方法,在战国时期的著作中得到了非常广泛的应用。《左传》中此类材料极多,姑举二例:

　　隐公三年:"贱妨贵,少陵长,远间亲,新间旧,小加大,淫破义,所谓六逆也;君义,臣行,父慈,子孝,兄爱,弟敬,所谓六顺也。"

僖公十四年:"背施,无亲;幸灾,不仁;贪爱,不祥;怒邻,不义。四德皆失,何以守国?"

按前一例中,"贱妨贵"等等是对人间"逆行"的分类,在此基础上用"六逆"来加以概括;而君义臣行等等是不同社会角色的六种道德规范,都属于"顺行",故用"六顺"来概括。后一例中的"四德",是从反面概括出来的,其基础也是对"德"的分类。此外,如"武有七德"(宣公十二年)、"狄有五罪"(宣公十五年)、"楚有六间"(成公十六年)、"臣获五善"(襄公四年)、"和戎有五利"(襄公四年)、"大适小有五美……小适大有五恶"(襄公二十八年)、"天有六气,降生五味,发为五色,征为五声,淫生六疾"(昭公元年)、"晋有三不殆"(昭公四年)、"取国有五难"(昭公十三年)等等,都是"以数为纪"的表达方式。在战国诸子中,这种表达方式特别盛行。《墨子·非乐上》云:"民有三患:饥者不得食,寒者不得衣,劳者不得息。"民的痛苦主要就是这三者,"三患"的概括,一定是在分析的基础上进行的,只是在叙述的时候,先总括,后分述。《墨子·尚贤中》云:"是以必为置三本。何谓三本?曰:爵位不高则民不敬也,蓄禄不厚则民不信也,政令不断则民不畏也。"是则把高爵、厚禄、严肃政令概括为"三本"。此外,在《墨子》一书中,诸如"五兵"、三江、五湖、五行、七患、五刑、五官、六府、五谷、六畜、八狄、七戎、九夷、九有、九州、四政、三表、三晋、三苗等数词与名词的组合不一而足。《孟子》中有"以六律正五音"(《离娄上》)、"五谷者种之美者也"(《告子上》)、"五霸三王"(《告子下》)、"君子有三乐"(《尽心上》)等提法。《庄子·齐物论》云:"有左有右,有伦有义,有分有辩,有竞有争,此之谓八德。"这是庄子所总结的儒、墨争是非时的八种做法,而以"八德"概括之。《庄子·天运》云:"丘治《诗》《书》《礼》《乐》《易》《春秋》六经。"这里把儒家典籍做了分类概括,这也是今日所见先秦古书中最早出现"六经"字样的地方。此外,《庄子》一书中还有五纪六位、八极、三苗、三光、八疵、四患、六通四辟、四夷九州、三皇五帝、六极五常等种种提法。荀子在议论的时候也很善于使用分类概括的方法。《荀子·非相》云:"人有三不祥。幼而不肯事长,贱而不肯事贵,不肖而不肯事贤,是人之三不祥也。"《王霸》云:"用国者,得百姓之力者富,得百姓之死者强,得百姓之誉者荣。三得者具而天下归之,三得者亡而天下去之。"《礼论》云:"礼有三本:天地者生之本也,先祖者类之本也,君师者治之本也。"此外,荀子在谈到为将之道时,有所谓六术、五权、三至之说,谈到为君之道时有所谓三欲、三恶、四统之说,谈到对人的分类时有三材、五仪之说,谈到人的本能时有五綦之说,这些都是"以数为纪"的显例。《韩非子》在这方面表现得就更为突出了,仅篇名中就有二柄、八奸、十过、三守、六反、八说、八经、五蠹等属于上述那种数词结构,正文中还有五壅、五奸、四拟、六慎、六微、七术、八术、三亡、二患、三劫等种种提法。

以上我们看到了先秦文献中的"以数为纪"的许多例证,对此我们还可以做一些进一步的分析。对事物先进行分类,然后找出各类的共同点,再用所分"类"的数目来加以概括,这是一种以简驭繁的方法。如果这个数目字后面所连接的是名词性的东西,则又可以大体上分为两种情况:一种情况是作为"纪"的数词后面所统驭的属于具体的事物,另一种情况则是数词后面所统驭的是抽象的事物或者属于观念形态的东西。前者如百姓、三王、万邦、五刑、五谷、六畜、八法、九夷等等,后者如六蔽、三愆、八疵、五权、六术、十过、五常等等。检视先秦文献中"以数为纪"的种种材料,人们不难发现,这种"以数为纪"的表达方法虽然早已出现,但其广泛流行,却是春秋战国以后的事情。比较可信的春秋以前的文献中,较少使用这种方法,即使有,也大多是数词与表示具体事物的名词的组合,绝少在数词之后连接表示抽象事物或观念形态的名词。例如《尚书》,其中的《盘庚》《大诰》《康诰》《酒诰》《洛诰》《召诰》《君奭》《梓材》《多方》《多士》等十余篇,学界的意见比较一致,大多认为是周室东迁以前的作品,在这些篇里,就只有四方、四辅、四国等可以算得上是"以数为纪",而概括抽象事物或观念形态的数词组合则一例也找不到。而在《尧典》《皋陶谟》《洪范》等篇里,这种组合则多见,而这些篇的著作时代恰恰都是有争议的。有不少学者认为《尧典》《皋陶谟》《洪范》等篇写定于战国时期,因此,这几篇里的"以数为纪"可以说是战国文风的体现。《立政》篇里有三宅、三俊的提法,其中还有一个地方谈到了"九德"。虽然这一篇被许多人当作西周材料来使用，但也有学者曾对它的成书时代提出过怀疑。① 《吕刑》也是这样，其中有五刑、五罚、五过、三德等种种提法，但这一篇的时代就更可疑了。② 这两篇即使可以算是西周文献，其文字恐怕也很可能经过春秋战国时人的润色。再如《周易》，时代较早的卦辞、爻辞中，就只有"田获三品"、"田获三狐"、"跻于九陵"等几处有这种数词与名词的组合，而且这种组合主要是用来表示事物的数量，其中不一定有"以数为纪"的意义（"九陵"的含义不明，或者可能只是地名，或以为指九重之陵，极言其高）。然而在成书于战国时代的《易传》里，"以数为纪"的现象则很常见，三极、三才、四德、四营、四象、六虚、八卦等都是。从用数字单纯表示事物的数量，到用数字来概括抽象事物及观念形态的东西，这无疑是一种进步。实际上，周人的思维方式与逻辑概括能力也有一个进化的过程，因此，如果说"以数为纪"这种表达方式是春秋战国以后才流行开来的，应该是符合实际的，也是容易理解的。

用这样的观点回过头来看本文开头所引姚鼐和朱右曾的那两段话，就可能会有一些新的认识。姚鼐把《逸周书》与《洪范》《周礼》做了比较，发现这三部书都存在着"以数为纪"的现象，但他并不据此去怀疑《洪范》与《周礼》，却断言《逸周书》的时代"去孔子之时又远矣"。这是因为在他看来，箕子当年向武王"陈九畴"，《周礼》述六官的职掌，"皆不容不以数纪者"，而《逸周书》中的"以数为纪"，实在是太多太滥了，"先王曷贵是哉"？看来姚氏虽然还不敢公然怀疑《洪范》非周初的作品，同时他对《周礼》的看法也有很大的局限性③，但他无疑

---

① 顾颉刚在《论今文尚书著作时代书》（《古史辨》第一册，上海古籍出版社1982年版，第200页）中把《今文尚书》二十八篇分为三组，《立政》与《牧誓》《洪范》《金縢》《无逸》等分在第二组，"这一组，有的文体平顺，不似古文，有的是人治观念很重，不似那时的思想。这或者是后世的伪作，或者是史官追记，或者是真古文经过翻译，均说不定，不过决是东周间的作品"。

② 郭沫若曾怀疑《吕刑》"是春秋时吕国的某王所造的刑书，而经过后来的儒者所润饰过的东西"，见所著《十批判书》，人民出版社1954年版。张西堂亦疑《吕刑》是东周间的作品，见所著《尚书引论》，陕西人民出版社1958年版，第196页。

③ 姚鼐认为《周礼》非周公之书，但亦非战国作品，而是"东迁以后，周之君子取百职司所有之典职集而载之"，"盖周公定天下之制存于斯焉"。见所著《惜抱轩九经说·周礼说一》。

已经隐约看到了大量地使用"以数为纪",乃是战国时代的风尚,绝不是"先王"时代所应有的。朱右曾的那段话意在对姚氏的意见做一些修正,认为在"以数为纪"这一点上,《逸周书》与《洪范》《周礼》二书十分相似,因此《逸周书》的制作时代当与二书相去不远。这样的认识本来是正确的,但他有《洪范》与《周礼》是周初的作品这样一种成见在胸,因而断定《逸周书》"虽未必果出文武周召之手,要亦非战国秦汉人所能伪托"。尽管他出言谨慎,没有将春秋时代排除在外,但看他那言外之意,分明是把《逸周书》的时代定在了西周。因此,姚、朱二氏的意见,都只有部分的真理性。与前人相较,今日的学者对《逸周书》的研究是更加深入了,一般以为,《逸周书》中各篇的制作时代是很不一致的,应当分别观之。有少数几篇成书时代比较早,例如《克殷》《世俘》《商誓》《祭公》《皇门》《芮良夫》《尝麦》等篇,很可能作于西周时期(也不能排除有后人增饰的成分)[①],而大多数篇章恐怕都是春秋战国时期的作品。值得注意的是,在那大家认为成书较早的诸篇里,极少看到"以数为纪"的现象;而被姚鼐称为"至烦复不可胜记"的"以数为纪之词",绝大多数都在那些成书时代较晚的作品里。把先秦诸种文献中"以数为纪"的现象做一番综合的考察后,我们对这种逻辑概括方法风行于什么时代就会有一个正确的认识了。反过来,对"以数为纪"现象的考察,又可以帮助我们判断某些文献成书的时代。例如《周礼》和《洪范》,人们尽可以从各个角度对它们的时代做出推测,但文中大量出现的"以数为纪"的现象,至少可以成为做出判断时的重要参考。

（原载《文献》1999 年第 4 期）

---

① 参见《逸周书汇校集注》李学勤序,上海古籍出版社 1995 年版。

先秦“志”书考

在先秦典籍中，常见称引一种叫作“志”的书。《左传》昭公三年：“小邾穆公来朝，季武子欲卑之，穆叔曰：‘不可。……其如旧而加敬焉。《志》曰：“能敬无灾。”又曰：“敬逆来者，天所福也。”’”襄公二十五年：“仲尼曰：‘《志》有之：言以足志，文以足言。’”《国语·晋语九》：“《志》有之曰：‘高山峻原，不生草木；松柏之地，其土不肥。’”《孟子·滕文公上》：“且《志》曰：丧祭从先祖。”准诸最常见的《书》曰、《诗》曰、《易》曰等说法，这“志”也当是一种书名。有时强调这书属于先代旧籍，则有“前志”之称（《左传》文公六年、成公十五年）；有时强调书的国别，则有“周志”之号（《左传》文公二年）。那么，“志”是一种什么样的书呢？

据《国语·楚语上》，楚庄王就太子的教育问题访于申叔时，申叔时对曰：“教之春秋，而为之耸善而抑恶焉，以戒劝其心；教之世，而为之昭明德而废幽昏焉，以休惧其动；教之诗，而为之导广显德，以耀明其志；教之礼，使知上下之则；教之乐，以疏其秽而镇其浮；教之令，使访物官；教之语，使明其德，而知先王之务用明德于民也；教之故志，使知废兴者而戒惧焉。”韦昭注云：“故志，谓所记前世成败之书。”这当然也是一种史书了。《周礼·春官·小史》：“小史掌邦国之志。”是则这种“志”书归“小史”掌管。“志”的作者，很可能也就是各国的史官。《左传》成公四年：“《史佚之志》有之曰：非我族类，其心必异。”这里的"史佚",当是《志》的作者。按史佚旧说是"周武王时大史",杨伯峻说即《尚书·洛诰》的"作册逸"①,甚是。这位史佚看来是周初一位重要的史官,深受周人的尊敬。春秋时人还每每引用他的言论,这些言论很可能均出自他所作的"志"。②

"志"字古训"记"。郑玄注《周礼·保章氏》云:"志,古文识。识,记也。"《广雅·释诂》云:"记、志,识也。"先儒对于典籍中所引的"志",有两种解释。杜预注前引《左传》襄公二十五年"孔子引志"云:"志,古书也。"韦昭注《国语》、赵歧注《孟子》皆云:"志,记也。"高诱注《吕氏春秋·贵当篇》亦云:"志,古记也。"这两种解释并不矛盾,杜说强调了"志"是一种"古书",韦、赵、高等则强调了这是一种"记事"的书。两者合在一起,"志"的史书性质就很明显了。

"志"既是记事的史书,所记当然主要是政事。从上引《楚语》那条材料可知,学习"志"可以明了历代王朝的"兴废",从中得到历史的借鉴。《吕氏春秋·务大篇》云:"尝试观于《上志》,三王之佐,其名无不荣者,其实无不安者,功大故也。俗主之佐,其欲名实也与三王之佐同,其名无不辱者,其实无不危者,无功故也。"按"上"字通"尚",表示古代,"上志"即古代之志,犹《书》之或亦称"尚书"。观"上志"而知王佐之荣辱,则"上志"必记有古代政事可知。据《楚语上》记载,楚灵王城陈、蔡、不羹,使人问利弊于范无宇,范无宇对曰:"其在《志》也,国为大城,未有利者。昔郑有京、栎,卫有蒲、戚,宋有萧、蒙,鲁有弁、费,齐有渠丘,晋有曲沃,秦有征、衙。……皆志于诸侯,此其不利者也。"所举郑卫宋鲁诸例,皆诸侯国内强宗大夫据大城危害国君之例,而这些事迹是都"志于诸侯"的,也就是说在《志》上都有记载。

先秦时代,史书已有不同的体裁。"志"属于哪一种?郑玄注《周礼·外史》"掌四方之志"云:"志,记也。谓若鲁之《春秋》、晋之《乘》、楚之《梼杌》。"按《孟子·离娄下》云:"晋之《乘》、楚之《梼杌》、鲁之《春秋》,一也。"是知三书属于同一类型。《乘》与《梼杌》今已不传,但鲁之《春秋》依然可见。我们试将先秦典籍中所引"志曰"十数条辑

---

① 杨伯峻:《春秋左传注》,中华书局1981年版,第359页。

② 史佚的言论分别见于《左传》僖公十五年、文公十五年、宣公十二年、襄公十四年、昭公元年及《国语·周语下》。

出，与今本《春秋》做个比较，其间差别真不可以道里计。而且前引《楚语上》申叔时所说的那一段话中，"教之春秋"与"教之故志"并举，显然这是两种不同的书，知郑玄所说绝不可信。"先郑"则另有一种说法。郑众注《周礼·小史》"掌邦国之志"云："志谓记也。《春秋传》所谓《周志》，《国语》所谓《郑书》之属是也。"他的意见，《周礼》中提到的"志"，就是《左传》中的《周志》和《国语》中的《郑书》那类的东西。《周志》属于《周礼》所谓"志"，这恐怕没有什么问题；但今本《国语》中却不见有"郑书"字样。这有两种可能。或者今本《国语》有脱简；或者如孙诒让所说，《左传》曾两引《郑书》，"疑先郑误记《国语》也"。①《左传》襄公三十年："《郑书》有之曰：'安定国家，必大焉先。'"昭公二十八年："《郑书》有之：'恶直丑正，实蕃有徒。'"杜预注"郑书"云："郑国史书。"这种《郑书》很可能是与《周书》体裁相同的史书。《左传》九引《周书》，除两例逸《书》外，其余所引均见今本《尚书·康诰》。《尚书》中的《周书》，内容很杂，主要的不是记事文字，而像是政治文件的汇编。《郑书》如果类同于《周书》，当也具有这种性质。故先郑说《周礼》"邦国之志"是《郑书》这类的东西，未必十分可信。盖"志"之与"书"及"春秋"，都可以说是邦国史册，然侧重点可能有所不同。"春秋"编年纪事，自不必说；"书"则主要是典谟训诰，属于文件的汇编。"志"的体裁，有异于这两者。论者或以为先秦文献所称的"周志"即今所见之《逸周书》，此说也靠不住。《左传》文公二年："《周志》有之：'勇则害上，不登于明堂。'"此话又见于《逸周书·大匡篇》。但不能因此就说《周志》等于《逸周书》。因为《逸周书》的情况很复杂，成书年代也颇参差，除少数几篇外，大多是战国时代的作品，焉知不是战国人采《周志》中语入自己的著作？《左传》昭公元年："故《志》曰：'买妾不知其姓则卜之。'"《礼记·曲礼上》："取妻不取同姓，故买妾不知其姓则卜之。"我们当然不能说"志"就是《曲礼》。研究"志"的体裁，恐怕还要从春秋时人对"志"的议论和称引着眼。这样虽不免管窥蠡测之讥，在今日也只能如此。从前引《吕氏春秋》"尝试观于《上志》"云云以及《国语》"范无宇论大城之害"来看，"志"书中都有关于史事的记载，这是没有问题的。此外恐怕还有不少史官根据以往的政治

---

① （清）孙诒让：《周礼正义》。

实践总结的经验教训或者提出的为政者应当遵循的原则。我们试将先秦文献所引"志"辑出,可以约略看清其面目:

> "非我族类,其心必异。"(《左传》成公四年)
>
> "能敬无灾。""敬逆来者,天所福也。"(《左传》昭公三年)
>
> "多行无礼,必自及也。"(《左传》襄公四年)
>
> "骄惑之(是)事,不亡奚待?"(《吕氏春秋·贵当篇》)

以上几条都可以看作是史官总结的经验教训。

> "乱者取之,亡者侮之。"(《左传》襄公三十年)
>
> "敌惠敌怨,不在后嗣。"(《左传》文公六年)
>
> "买妾不知其姓则卜之。"(《左传》昭公元年)
>
> "丧祭从先祖。"(《孟子·滕文公上》)

这几条则是史官提出的贵族行为应当遵守的原则。在西周春秋时期,史官一般属于文化修养最高的人,他们熟悉古代圣君贤臣的治国方略和事迹,也熟悉本国本族的传统、规矩。他们一方面记录国家大事与君主的言行,一方面也对历史以及现实的成败得失做出自己的分析、评价与说明,或者还提出他们认为理想的行为方式,这些都写在了"志"书之中。他们的见解每每精当而深刻,有些简直就是警句和格言,因此常被人们所引用。我们也正是从当时人的称引中见到了这些"志"的吉光片羽。

春秋时代,人们对这种"志"书非常重视,把它看作是治理国家的工具。《晋语四》:"夫先王之法、志,德义之府也。夫德义,生民之本也。"按"法""志"是两种东西。治民的根本在于德义,而德义就存在于先王的法与志里。也就是说,学习先王的法和志,可以掌握治民的方法。这也正是对太子要"教之故志"的原因。《晋语六》:"赵文子冠……见智武子,武子曰:'成、宣之后而老为大夫,非耻乎! 成子之文,宣子之忠,其可忘乎! 夫成子导前志以佐先君,导法而卒以政,可不谓文乎!'"按韦昭训"导"为"达",当有"通晓"之义。赵成子(文子曾祖父赵衰)之所以为"文",就因为他通晓"前志"以辅佐晋文公,通晓"法"而最终成为执政。可见学习"志"对于从政有多么重要。

但这种堪称治国宝典的史书命运却甚为不佳。至迟到了汉武帝的时代,先秦各种"志"书均已不传。司马迁撰《史记》,在他实际引用过的或者他曾自述读过的多种先秦典籍中,就没有"志"。东汉班固撰《艺文志》,也不曾著录任何一种"志"书。之所以会有这种现象,大概主要还是由于秦火。司马迁说:"秦既得意,烧天下《诗》《书》,诸侯史记尤甚,为其有所讥刺也。《诗》《书》所以复见者,多藏人家,而史记独藏周室,以故灭。惜哉!惜哉!"这里的"史记",当是泛指各种体裁的史书,"志"书是应该包括在内的。秦人的一把火,几乎把历代史官的心血结晶烧个精光,当时可资太史公参考的,"独有《秦记》,又不载日月,其文略不具"。① 这所谓"秦记"显然不是秦的编年史,是不是秦国的"志"?没有实据,不敢说。到东汉时,连这"秦记"也亡佚了。

除此之外,先秦文献中还有两种专门的"志",一曰"军志",一曰"礼志"。《左传》僖公二十八年:"《军志》曰:'允当则归。'又曰:'知难而退。'又曰:'有德者不可敌。'此三志者,晋之谓矣。"这种"军志"似乎是属于兵书那类的东西。《晋语四》:"《礼志》有之曰:'将有请于人,必先有人焉。欲人之爱己也,必先爱人。欲人之从己也,必先从人。无德于人,而求用于人,罪也。'"这种"礼志"属于什么性质的书,由于仅此一条材料,目前还很难说清楚。

(原载《古籍整理研究学刊》1990 年增刊)

---

① 《史记·六国年表》。

《吴世家》史源检讨

一 《左传》以外的记事史料

《吴世家》记事部分最主要的史料来源就是《左传》。不过有的时候如果能够得到较《左传》更为原始或者更为可靠的史料，司马迁当然不会放过。例如关于诸樊元年吴楚交战，《左传》襄公十三年有记载："吴侵楚，养由基奔命，子庚以师继之。……战于庸浦，大败吴师。"而《吴世家》记云："秋，吴伐楚，楚败我师。"这里《世家》依据的就不是《左传》，而可能是某种原始的吴国史记。"我师"应是吴国史官记事之辞，本不宜出现在汉人的著作里，也许是司马迁偶有疏失，没有将人称更改，遂使后人得以略窥其史料的来源。《吴世家》："（阖闾）十年春，越闻吴王之在郢，国空，乃伐吴。……楚昭王乃得以九月复入郢。"此事在《春秋》《左传》中都有记载。定公五年《春秋经》云："夏，於越入吴。"《传》云："夏……越入吴，吴在楚也。……冬十月，楚子入于郢。"按《世家》与经传一为春，一为夏；一为九月，一为十月。可见《世家》这段记事不是依据《春秋》《左传》，当别有所本。这里最大的可能是依据吴国自己的史记。因为当时各国史官记事，都采用本国所奉行的历法，或用周正，或用殷正、夏正，不能一律。《春秋》用周正，这是没有问题的。《左传》虽杂采各国史记，亦多改用周正。而吴国可能行用夏正或殷正（以九月、十月之差来看，吴国很可能用殷正)。《世家》既采取吴国的史记材料,故所记事件的时间与《春秋》《左传》容有不同。又如有关黄池之会的记载,《世家》云:"(夫差)十四年春,吴王北会诸侯于黄池。"而《左》哀十三记云:"夏,公会晋侯及吴子于黄池。"这也同样说明《世家》此条记载不是依据《左传》而是采自吴国史记。

关于诸樊及余眜的年世,据《春秋经》,自襄公十三年诸樊立为君至昭公十五年"吴子夷末(即余眜)卒",共历三十四年。《世家》所记与此契合无间。但各王的历年,两者却有不同。据《春秋经》,诸樊(遏)十三年,余祭四年,余眜十七年;而《世家》则作诸樊十三年,余祭十七年,余眜四年。所以会有这个差别,据《史记索隐》说是"《世家》倒错二王之年",即误将余祭与余眜的历年弄颠倒了。但实际上未必这么简单。如果《春秋》《左传》上仅仅有这么两个年数而没有其他相关记载,倒还可以说是《史记》倒错;但襄二十九《春秋经》明言"阍杀吴子余祭",《左传》对此有更详细的叙述,襄三十一《左传》记载吴使屈狐庸聘于晋,赵文子问屈,有"巢陨诸樊(指诸樊死于攻巢,见襄二十五《左传》)、阍戕戴吴(即余祭)"语,这些司马迁不容不见。因此《世家》记诸王历年与经传不同,当是另有所据。至于所据是否吴国史记,今已无从得知,当然是不能排除这样的可能性的。

对于《左传》失载的某些重要史事,司马迁更要兼采其他的史源。《世家》云:"寿梦有子四人,长曰诸樊,次曰余祭,次曰余眜,次曰季札。"《左传》于此四子的事迹都有记载,但对于他们之间的关系却没有明确的说明。而襄二十九《公羊传》曰:"谒(即遏,诸樊)也,余祭也,夷眜也,与季子,同母者四。"《世家》的说法显然是依据《公羊》的。又《世家》云:"十三年,王诸樊卒。有命授弟余祭,欲传以次,必致国于季札而止,以称先王寿梦之意,且嘉季札之义,兄弟皆欲致国,令以渐至焉。"这段话除"以称先王寿梦之意"一句外,余皆约《公羊》文而成。知者,襄二十九《公羊传》曰:"季子弱而才,兄弟皆爱之,同欲立之以为君。谒曰:'今若是迮而与季子国,季子犹不受也。请无与子而与弟,弟兄迭为君,而致国乎季子。'皆曰:'诺。'"

此外,《世家》也从诸子书中取材。"(王僚)九年,公子光伐楚,拔居巢、锺离。初,楚边邑卑梁氏之处女与吴边邑之女争桑,二女家怒相灭。两国边邑长闻之,怒而相攻,灭吴之边邑。吴王怒,故遂伐楚,取两都而去。"按《左传》昭二十四年记有吴灭巢与锺离事,但没有交代缘由。《世家》插叙一段吴楚边邑女争桑事,既交代了动武的缘由,又颇能使人想见当年边境之情势,此事当取自诸子传说。《吕氏春秋·察微》曰:"楚之边邑曰卑梁,其处女与吴之边邑处女桑于境上,戏而伤卑梁之处女。卑梁人操其伤子以让吴人,吴人应之不恭,怒杀而去之。吴人往报之,尽屠其家。卑梁公怒,曰:'吴人焉敢攻吾邑!'举兵反攻之,老弱尽杀之矣。吴王夷昧闻之怒,使人举兵侵楚之边邑,克夷而后去之。吴楚以此大隆(借为閧)。"所记之事与《世家》小有异同。虽不敢说《世家》必取自《吕氏》,要之这一类的诸子传说也是《世家》的一个史源。

二 《左传》记吴晋争长事有误

《世家》记黄池之会吴晋争长事云:

> (夫差)十四年春,吴王北会诸侯于黄池,欲霸中国以全周室。六月丙子,越王勾践伐吴。乙酉,越五千人与吴战。丙戌,虏吴太子友。丁亥,入吴。吴人告败于王夫差。……七月辛丑,吴王与晋定公争长。吴王曰:"于周室我为长。"晋定公曰:"于姬姓我为伯。"赵鞅怒,将伐吴,乃长晋定公。

这段记载全本《左传》。然《左传》记此事实有讹误。哀十三年《左传》曰:

> 秋七月辛丑盟,吴晋争先。吴人曰:"于周室我为长。"晋人曰:"于姬姓我为伯。"赵鞅呼司马寅曰:"日昃矣,大事未成,二臣之罪也。建旗整列,二臣死之,长幼必可知也。"对曰:"诸姑视之。"反,曰:"肉食者无墨。今吴王有墨,国胜乎?大子死乎?且夷德轻,不忍久,请少待之。"乃先晋人。

若依《左传》,吴晋争长的结果,还是晋占了先的。但《吴语》的记载与此不同:

> 吴晋争长未成,边遽乃至,以越乱告。吴王惧,乃合大夫而谋曰:"越为不道,背其齐盟。今吾道路修远,无会而归,与会而先晋,孰利?"王孙雒曰:"……二者莫利。……必会而先之。"

按这段吴王与大夫的对话虽不见于《左传》，但吴国内有越人入侵这一背景与《左传》所记是相合的。吴王与大夫商议，提出两个方案：或者放弃盟会回国；或者妥协，让晋先歃。但决议是两者都不可行，一定要争取"会而先之"。《吴语》又云：

> 董褐（按即司马寅）……乃告赵鞅曰："臣观吴王之色，类有大忧。小则嬖妾、嫡子死，不则国有大难，大则越入吴。将毒，不可以战，主其许之先，无以待危。……"吴公先歃，晋侯亚之。

按董褐所说大意与《左传》同，但最后的结果《左》《国》却截然相反。比较起来，《吴语》所述的结局更符合当时双方的形势和事情发展的逻辑。《公羊传》义同《吴语》，哀十三《公羊》曰：

> 公会晋侯及吴子于黄池。吴何以称子？吴主会也。

这段虽然不是记事文字，但《公羊》的传义是以记事材料为基础的（只是公羊家没有将这些材料著之竹帛）。而根据我的研究，《公羊》所据记事材料与《左传》基本上是同源的（参看拙撰《〈公羊〉〈左传〉记事异同考》），那么照理说《左传》也应该有吴先于晋歃的记载。为什么今日所见之《左传》恰好相反呢？我以为这当是《左传》编者的偶误，将"乃先吴人"误为"乃先晋人"了。这样说不是没有理由的。

理由之一，"乃先某人"这样的提法还见于《左传》襄公二十七年：

> 晋楚争先。晋人曰："晋固为诸侯盟主，未有先晋者也。"楚人曰："子言晋楚匹也，若晋常先，是弱楚也。且晋楚狎主诸侯之盟也久矣，岂专在晋？"叔向谓赵孟曰："诸侯归晋之德只，非归其尸盟也。子务德，无争先。且诸侯盟，小国固必有尸盟者，楚为晋细，不亦可乎？"乃先楚人。

我们把哀十三与襄二十七这两段传文做个比较，会发现其叙事结构基本相同，都是说两国争先，一国的谋臣有见识，劝说本国的首脑不必争先。襄二十七的发展是：叔向劝说赵孟不必争先后，就让楚人先歃了（"乃先楚人"）。哀十三是司马寅劝说赵鞅不必争先，因为他看出来吴可能遇到了什么麻烦，急于结束盟会回国，因此说不必跟他们争先（"请少待之"，杜注：少待无与争）。按照同样的逻辑，下面应该说"乃先吴人（于是就让吴人先歃了）"才对。

理由二,《左》哀十三在记述了吴晋争先一事之后,紧接着还有一段记事:

> 吴人将以公见晋侯,子服景伯对使者曰:"王合诸侯,则伯帅侯牧以见于王;伯合诸侯,则侯帅子、男以见于伯。自王以下,朝聘玉帛不同,故敝邑之职贡于吴有丰于晋,无不及焉,以为伯也。今诸侯会,而君将以寡君见晋君,则晋成为伯矣。⋯⋯且执事以伯召诸侯,而以侯终之,何利之有焉?"吴人乃止。

从子服景伯的话来看,吴人确是"以伯(伯即诸侯之长)召诸侯"的。只有会盟时吴人先歃,子服景伯这些话才有着落。若是晋人先歃,本来晋就是盟主,怎么会有"今诸侯会,而君将以寡君见晋君,则晋成为伯矣"这一番话呢?

司马迁对于《左传》的说法似乎也不全信,在《晋世家》《赵世家》中提到此事,所述结局是"卒长吴",在《秦本纪》中也说"卒先吴",都是从《吴语》及《公羊》的,唯独在《吴世家》中从《左传》。对此现象,前人多以司马迁"存异说"解之。其实《左传》的字误至为明显,实在算不上是什么异说的。

三 司马迁误读《左传》

《世家》记专诸刺王僚一事云:

> (王僚)十三年春,吴欲因楚丧而伐之,使公子盖余、烛庸以兵围楚之六、灊。使季札于晋,以观诸侯之变。楚发兵绝吴兵后,吴兵不得还。于是吴公子光曰:"此时不可失也。"告专诸曰:"不索何获!我真王嗣,当立,吾欲求之。季子虽至,不吾废也。"专诸曰:"王僚可杀也。母老子弱,而两公子将兵攻楚,楚绝其路。方今吴外困于楚,而内空无骨鲠之臣,是无奈我何。"光曰:"我身,子之身也!"

这段话里的"母老子弱"是指谁? 我们细审上下文意,知司马迁认为指王僚的母与子,专诸先说了一句"王僚可杀",然后从母老子弱、两公子在外、外困内空来说明可杀的理由,最后说"是无奈我何(他们拿我们没办法)"。但如果这样理解,那么公子光所说的"我身,子之身也"就显得十分突兀,与上文的意思很不连贯。《左》昭二十年原文是这样的：

> 吴公子光曰："此时也，弗可失也。"告鱄设诸曰："上国有言曰：不索，何获？我，王嗣也，我欲求之。事若克，季子虽至，不吾废也。"鱄设诸曰："王可弑也。母老、子弱，是无若我何？"光曰："我，尔身也。"

原来专诸所说只有"王可弑也。母老子弱，是无若我何"，而没有见于《世家》的"两公子将兵攻楚，楚绝其路。方今吴外困于楚，而内空无骨鲠之臣"数语。如据《左传》，公子光所说"我，尔身也"紧承专诸所说"母老子弱是无若我何"之后，则"母老子弱"是专诸谈自己后顾之忧的意思至为明显，因此才引出公子光"我身即尔身"的保证。服虔注云："母老子弱，专诸托其母子于光也。"此解确然无误。然司马迁却误读《左传》，以为这里的母老子弱是说王僚的孤立无援，于是根据当时情势，又加上了"而两公子将兵攻楚……"数语。究其致误之由，在于误解"是无若我何"一语。司马迁按原句的词序来理解，遂稍变为"是无奈我何"，即"他们拿我们没办法"，那么"母老子弱"就只能是说王僚了。然而杜预的理解是正确的，他说："犹言我无若是何（我拿他们没办法），欲以老弱托光。"则"是无若我何"实为"我无若是何"之倒，此与《左》僖九"入而能民，土于何有"实为"入而能民，何有于土"之倒很相似。由于司马迁有此误读，遂使本来密合无间的一段对话变得前言不搭后语了。

（原载《古籍整理学刊》1992 年第 5 期）

论王弼《易注》

五经是儒家的煌煌经典。对五经的注释、疏解，构成了两千年经学的主要内容。由汉至晋，老师宿儒对《周易》的注解不下数十种，但只有王弼的《易注》完整地流传了下来，而且自唐代被钦定为标准的儒学教科书以来，至清代仍居于《十三经注疏》之首。照理说这位作注者应该是像郑玄那样的"醇儒"了。但王弼却是以开魏晋一代玄风的清谈家标炳史册的。这个现象很有趣，值得研究。王弼的《易注》，自问世以来，毁誉参半。毁之者骂他"罪深于桀纣"，誉之者则捧他"独冠古今"。但不管怎么说，这部书毕竟在中国的历史上发生过不容忽视的影响，这也就是我们要对这部书加以研究的原因。

一　王弼《易》学的家法渊源

《周易》与《诗》《书》《春秋》等诸经不同，在秦代没有遭到火焚的厄运。史载始皇焚书，"所不去者，医药、卜筮、种树之书"（《史记·秦始皇本纪》）。因为《周易》本是卜筮之书，因此没有被焚毁，《汉书·艺文志》云："及秦燔书，而《易》为筮卜之事，传者不绝。"也许正是因为这个缘故，《周易》在汉代传授的源流是比较清楚的。对此，《汉书·儒林传》有较详细的记载。《隋书·经籍志》又据以概括云："汉初，传《易》者有田何，何授丁宽，宽授田王孙，王孙授沛人施雠、东海孟喜、琅琊梁丘贺。由是有施、孟、梁丘之学。又有东郡京房，自云受

《易》于梁国焦延寿,别为京氏学。尝立,后罢。后汉施、孟、梁丘、京氏,凡四家并立,而传者甚重。"《汉书·艺文志》云:"讫于宣、元,有施、孟、梁丘、京氏列于学官,而民间有费、高二家之说。"总括起来看,汉代《易》学大体上可分为六家。其中施、孟、梁丘三家同出于一源,属于田何一支的分化。京氏的来源较为模糊,据说可能是焦延寿"独得隐士之说"(《汉书·儒林传》)。这四家都曾列于学官,也就是说都曾经是被汉代统治阶级认可的"官学"。在民间私相传授的是费、高二家。费指费直,东莱人。他曾经因"治《易》为郎,至单父令。长于卦筮,亡章句,徒以彖象系辞十篇文言解说上下经。"高指高相,他大约与费直同时,"其学亦亡章句,专说阴阳灾异"(《汉书·儒林传》)。

如果从今古文的角度来划分,则施、孟、梁丘、京氏四家属于今文学,费氏则属于古文学。"汉初,又有东莱费直传《易》,其本皆古字,号曰古文《易》"(《隋书·经籍志》)。但《易》与其他诸经不同,今古文版本文字上的差异甚小,"刘向以中古文《易经》校施、孟、梁丘经,或脱去'无咎'、'悔亡',唯费氏经与古文同"(《汉书·艺文志》)。这大概是因为"《易》既以卜筮故,遭秦火而全,故今古文经本无大差异也"。[①]

总之,费氏所传的《易经》,应该是最接近于先秦《易经》的本子。东汉以来虽然六家《易》并行,但是最为兴盛的还得数费氏《易》。《隋书·经籍志》云:"后汉陈元、郑众,皆传费氏之学。马融又为其《传》,以授郑玄。玄作《易注》,荀爽又作《易传》。魏代王肃、王弼,并为之注。自是费氏大兴,高氏遂衰。"郑众、马融、郑玄、荀爽诸人都是东汉的大儒,他们的《易》学,都属于费氏系统,可见当时费氏《易》学有多大的势力。王弼为之作注的《易经》,也正是这个费氏《易》的本子,或者可以说,王弼的《易》学,也是属于费氏系统的。因此王弼的注《易》,也受到了费氏"家法"("以彖象系辞文言解说上下经")的影响。不过经学的传授,虽然有一定的"家法",在传授的过程中,却往往因经师本身条件(包括思想方法、见识、知识水平等等)的不同而产生很大的歧异,最终可以形成新的家派,正如田何一派后来演变为施、孟、梁丘三派一样。费氏《易》经由马融作传、郑玄作注、荀爽作传,直到

①　蒋伯潜:《十三经概论》,上海古籍出版社1983年版,第45页。

王弼作《易注》，恐怕也已面目全非，只是我们无法确定费氏《易》原本是什么样子的罢了。

二　王弼《易注》的出现

在王弼注《易》之前，《易》的注本已不下数十种。姑不算《易传》中已包含的若干对经文的注解，就以汉人而论，《汉志》中著录的就有周氏、服氏、杨氏、蔡公、韩氏、王氏、丁氏、京氏、施氏、孟氏、梁丘氏等十数人所作的传；东汉以来为《易》作注的人，就有马融、荀爽、郑玄、刘表、宋衷、虞翻、陆绩、王肃等十余家。但所有这些注本，都没有保存下来。唯有王弼的注传了下来，成了今天所能见到的最古的完整的《周易》注本。这不是偶然的，这是由于王弼的注本自有它超迈前人、启迪后人的地方。

汉代经学的发展，自武帝以后，逐渐走上了神秘主义的道路。经学渐与阴阳五行学说相结合，渐与专讲鬼神术数的方士相结合。经师讲阴阳灾变之风盛行，经学成了一种"天人之学"。皮锡瑞说："汉有一种天人之学而齐学尤盛。《伏传》五行，《齐诗》五际，《公羊春秋》多言灾异，皆齐学也。"①这种齐学逐渐成了西汉经学的主流，最终发展为谶纬神学。《易》本来就是卜筮之书，卜筮就是预言吉凶的。因此，比较起来，《易》应该比其他诸经更为接近谶纬神学。在《春秋》这种当时典型的政治学著作也已经谶纬化了的时代里，《周易》之流于专讲阴阳灾异的术数，是完全可以理解的。

汉代的《易》学六家，我们今天已经难以知道它的全貌，这主要是因为这些《易》学著作都已失传了。但从有关的历史记载来看，从后人著作中所引证的汉人《易》说的只言片语来看，似乎也可以大致勾画一下各家《易》学的轮廓。蒋伯潜氏曰："施、孟、梁丘三家之《易》虽均已亡失，而《汉书·儒林传》惟言孟喜得《易》家候阴阳灾变书，诈言田王孙将死时独传之，同门梁丘贺谓无此事云云；《艺文志》著录《易》类之书，亦有《灾异孟氏京房》六十六篇；则三家除孟氏以言灾异见长，其别传为焦、京一流外，施及梁丘二氏，盖长于言哲理矣。"②其余

① （清）皮锡瑞：《经学历史》，中华书局 1959 年版，第 106 页。
② 蒋伯潜：《十三经概论》，第 47 页。

高、费二家,据《汉书·儒林传》,高氏"专说阴阳灾异",显然也是焦、京一流;费氏"长于卦筮,无章句,徒以彖象系辞十篇文言解说上下经",也不是那种专讲哲理的学派。

谶纬本是一种荒诞迷信的东西。它或许能风行于一个错乱了的历史时代,但终不能给人类的知识宝库增添任何新鲜的内容,久之必遭人厌弃。《易》学既与之合流,自然不会有什么光明的前途。汉人说《易》,多主象数。"象数"这个词,最早出自《左传》。僖公十五年韩简子曰:"龟,象也;筮,数也。"杨伯峻注云:"卜用龟,灼以出兆,视兆象而测吉凶,故曰龟象也。筮之用蓍,揲以为卦,由蓍策之数而见祸福,故曰筮数也。"①后来人们用《周易》占筮,也讲究"象数"。象则主要是指卦象,也就是八卦以及六十四卦所象征的事物,如乾象天、坤象地、震象雷、巽象风等等,数则主要指天地之数、大衍之数、分二、挂一、七八九六等等。据金景芳先生说,占筮的本质就是数。筮法不管具体究竟是怎样的,最终都是为了得出一定的数字来。因此,汉儒说《易》主象数,显然仍旧是把《周易》主要看作卜筮之书,这样就容易与专言灾异的阴阳术数合流。

到了西汉的末年,大约是由于王莽时期的战乱,简编散亡,学统中断,传统的象数说大多失传了。东汉的儒者虽然知道该用象数解《易》,但对真正的《易》象却多已不甚了了。《说卦》上记有一些卦象,但事实上《周易》的卦象绝不止那些,如果单用《说卦》中的卦象来解《易》,难免捉襟见肘。于是郑玄、虞翻等人只好滥用卦变、爻变、互卦、爻辰、纳甲、飞伏之说,穿凿附会,把《易经》引入了荒诞不经的歧途。《周易》作为儒家的经典,是有一定的社会政治功能的,汉儒"淫于象数之末流而离其宗",妨碍了这种功能的发挥。就在这个时候,王弼的《易注》出现了。王弼《易注》尽扫象数,专以义理说《易》,确实使当时的人们耳目一新。《四库提要》评论王注曰:"《易》本卜筮之书,故末派寖流于谶纬。王弼乘其极敝而攻之,遂能排弃汉儒,自标新学。"陈振孙论王注曰:"自汉以来,言《易》者多溺于象占之学,至弼始一切扫去,畅以义理,于是天下后世宗之,余家尽废。"(《直斋书录解题》卷一)这些议论,恰如其分地点明了王弼《易注》产生的时代背

---

① 杨伯峻:《春秋左传注》,中华书局 1981 年版,第 365 页。

景。那么,这位开一代《易》学新风气的王弼,究竟是个怎样的人物呢?

王弼,字辅嗣,生于魏黄初七年(226),卒于嘉平元年(249),只活了二十四岁。史称"弼幼而察慧,年十余,好老氏,通辩能言"。① 当时在思想界及政界很有影响的何晏对他十分赏识,赞叹说:"仲尼称后生可畏,若斯人者,可与言天人之际乎!"王弼一生短促,没有做什么大官,他的著作主要是一部《老子注》和一部《易注》。他是一个喜欢高谈阔论的人,而且所谈可能多为空论,没有什么实在内容。据说他刚补台郎的时候,觐见正专朝政的曹爽,"请间,爽为屏左右,而弼与论道移时,无所他及,爽以此嗤之"。这是一个才华横溢、然而有点书呆子气的人物。在历史上,他与何晏通常被人们看作是魏晋清谈的开山,好像是个专讲老庄之学的人物。其实,王弼的儒学修养也很深,《三国志》上说"弼好论儒道辞才逸辨"(《锺会传》),他的父亲是王业,王业是名儒刘表的外孙。据说"蔡邕有书近万卷,末年载数车与(王)粲,粲亡后……邕所与书悉入业"。因此,一方面王弼可能有些家学的渊源,同时也曾有机会博览群书,从而促成了他在学问上的早熟。这样一个超群的才子,可惜在二十四岁的时候便"遇疠疾亡"。但他所著《老子注》《易注》却历千年而完整地保存了下来,且得到了后人的重视。命运对于他,真可以说是厚于此而薄于彼了。

三 王注与郑注之比较

郑玄是东汉的大儒,他所撰《易注》,在汉末很有影响。自王弼《易注》出,在《易》学上形成了郑、王两派,此消彼长,互有轻轩。《北史·儒林传》云:"大抵南北所为章句,好尚互有不同。江左,《周易》则王辅嗣……河洛……《周易》则郑康成。南人约简,得其英华;北学深芜,穷其枝叶。"比较起来,郑玄往往被人看作是汉代儒学的正宗,而王注则被看作是"玄学"著作。南朝学者陆澄主张并立王、郑:"元嘉建学之始,玄、弼两立。逮颜延之为祭酒,黜郑置王,意在贵玄,事成败儒。今若不大弘儒风,则无所立学;众经皆儒,惟《易》独玄,玄不可弃,儒不可缺。谓宜并存,所以合无体之义。"(《南齐书·陆澄传》)

---

① 关于王弼的事迹,具见《三国志·锺会传》注。

这是一种折中的主张:要想"弘儒",郑注不可废;但从时尚来看,"玄"亦不可弃。这里显然是把郑注看作是儒学的正宗了。但这种"正宗"的儒学,恰恰断送了儒学的前途;倒是非正宗的王注,给《易》学注进了新的生命。因此,隋唐以后,王注盛行,郑学衰微,也就是很自然的了。

郑玄《易注》的原本已佚,宋王应麟有辑本。清儒惠栋进而增补考订,完成了一个更好的辑本,我们可以从中窥郑注之崖略。

郑注《周易》主卦象。我们先以豫卦为例。豫卦卦辞曰:"利建侯行师。"郑玄云:

> 坤,顺也。震,动也。顺其性而动者,莫不得其所,故谓之豫。豫,喜佚说(悦)乐之貌也。震又为雷,诸侯之象。坤又为众,师役之象。故利建侯行师矣。

按豫卦☷☳是由下卦坤☷与上卦震☳组成的。坤的卦象为顺,震的卦象为动,整个豫卦象"顺其性而动",所以这一卦取名为"豫",豫有"喜佚悦乐"之义。同时,震的卦象又为雷,雷是诸侯之象;坤的卦象又为众,众是军队之象。所以这卦的卦辞是"利建侯行师"。

除了这种直接从下、上两卦的卦象来解释之外,郑注还大量地运用"互体"。例如鼎卦之郑注云:

> 鼎,象也。卦有木火之用,互体乾、兑。乾为金,兑为泽。泽(疑衍)锺金而含水,爨以木火。鼎,亨(烹)孰(熟)物之象。鼎亨孰以养人,犹圣君兴仁义之道以教天下也,故谓之鼎矣。

按鼎卦☴☲是由下卦巽☴与上卦离☲组成的。巽的卦象为木,离的卦象为火,所以郑玄说鼎卦"有木火之用"。接着他运用了"互体"。所谓"互体",是指一卦当中,除下三爻与上三爻分别组成两个"经卦"(乾、坤、坎、兑、离、艮、震、巽这八个由三爻组成的卦称为经卦)外,第二爻至第四爻、第三爻至第五爻还分别组成两个经卦,这两个经卦与卦、爻辞的意思也有关系。郑注说鼎卦互体乾、兑,是说鼎卦之二、三、四爻组成了一个乾卦卦形,三、四、五爻组成了一个兑卦卦形。乾的卦象为金,兑的卦象为泽(泽中自然有水),再加上"爨以木火",于是"鼎"就有了"烹熟物"之象。郑玄的《易注》基本上就是按照这样的路子来解释卦爻辞的。

王弼的《易注》，将这些"象数之说"一切扫去，专门说之以"理"，形成了自己独特的风格。我们将王、郑两注做一对照，便可看出其间的区别。例如既济卦䷾之九五爻辞是："东邻杀牛，不如西邻之禴祭，实受其福。"郑玄注云：

> 互体为坎，又互体为离。离为日，坎为月。日出东方，东邻象。月出西方，西邻象。

王弼注云：

> 牛，祭之盛者。禴，祭之薄者。居既济之时而处尊位，物皆济矣，将何为焉？其所务者，祭祀而已。祭祀之盛，莫盛修德。故沼沚之毛，蘋蘩之菜，可羞于鬼神。故黍稷非馨，明德惟馨。是以东邻杀牛，不如西邻之禴祭实受其福也。

按郑注着眼于爻辞中的东、西二字。为了说明这里何以要有东、西，遂借助于"互体"：既济之二至四爻构成坎卦，三至五爻构成离卦。坎之卦象是月，离之卦象是日。日出东方，月出西方，于是东、西二字便有了着落，爻辞与卦象也就联系了起来。这样的注解，除了能证明卦、爻辞确是从卦象中来，从而对用《周易》进行占筮也许有些帮助之外，对于发挥儒家经典的社会政治功能可以说是甚少裨益的。

王注则不同。王弼不理会"东""西"这一类字面上的方位差异，而是从爻辞的总体入手，试图从义理上解释为什么"杀牛"反不如"禴祭""实受其福"。他先讲明了"杀牛"与"禴祭"在厚薄上的不同，然后抬出了"明明德"的理论："祭祀之盛，莫盛修德。故沼沚之毛，蘋蘩之菜，可羞于鬼神。故黍稷非馨，明德惟馨。"这一段注文，是说鬼神之是否佑助生人，不在其祭品是否丰盛，而在其是否具有"明德"。《左传》僖公五年载有虞国贤者宫之奇的一段著名的议论："鬼神非人实亲，惟德是依。故《周书》曰：'皇天无亲，惟德是辅。'又曰：'黍稷非馨，明德惟馨。'又曰：'民不易物，惟德繄物。'如是，则非德民不和、神不享矣。神所冯依，将在德矣。"王弼的注解，完全是从《左传》中化来的，他巧妙地把儒家对于祭祀鬼神的基本立场融入"东邻杀牛"那一句爻辞之中，于是《周易》作为儒家的经典似乎表现出了十足的说教的性质——尽管《周易》的原作者可能根本就没有王注所说的那些意思。

我们再看一条爻辞。渐卦☶☴九三：“鸿渐于陆，夫征不复，妇孕不育，凶。”郑玄注云：

> 九三上与九五互体为离，离为大腹，孕之象也。又互体为坎，坎为丈夫，坎为水，水流而去，是夫征不复也。夫既不复，则妇人之道颠覆，故孕而不育。

郑玄看到爻辞中有孕育字，于是就从卦象中找孕育之象，这只能依赖互体：三、四、五三爻适成离卦，离之卦象为大腹。再用互体，二、三、四三爻适成坎卦，而坎卦之象既为丈夫又为水，水又流去，于是“夫征不复”也有了。他的解释到此为止。而王弼注云：

> 陆，高之顶也。进而之陆，与四相得，不能复反者也。夫征不复，乐于邪配，则妇亦不能执贞矣。非夫而孕，故不育也。三本艮体，而弃乎群丑，与四相得，遂乃卜反，至使妇孕不育。见利忘义，贪进忘旧，凶之道也。

王弼则主要是从爻位上来解释爻辞。九三阳爻，阳爻一般代表阳性事物；这段爻辞既是讲的夫妇间的事，则阳爻自然代表丈夫。“三本艮体”，是说九三这一爻属于艮卦（渐之下卦）与初、二两阴爻，则它们本是一家。现在九三“与四相得”，就是“夫征不复，乐于邪配”，那么“妇亦不能执贞矣”。王弼对这一爻完全从人事上作解，最后得出“见利忘义，贪进忘旧，凶之道也”的结论，这就是他要通过这一爻告诉人们的“义理”。

我们比较郑、王两注，且撇开是否符合《周易》原意这一点不说（事实上两家可能都距《周易》作者原意甚远，都属于郢书燕说者流），哪一个更能发挥儒家经典的社会政治功能呢？无疑应当说是王注。

四　王弼《易注》之思想倾向

王弼《易注》中所发挥的义理，却历来颇遭人的非议。在魏晋时代，就已有人提出驳难，《隋书·经籍志》载晋扬州刺史顾夷难王弼易义四十余条。晋人孙盛说王弼的《易注》“虽有可观者焉，恐将泥夫大道”。[①] 宋人对王注的批评也很多。朱震说王弼“尽去旧说，杂之以

---

① 孙盛的议论转引自《三国志·钟会传》注。

庄老之言"①；司马光说："常病辅嗣好以老庄解《易》，恐非《易》之本指，未足以为据也。"②郭雍则说"辅嗣祖述虚无，其辞虽美而无用于天下国家"。③ 程颐虽然主张初读《易》者先看王注，但他也说："王弼注《易》元不见道，但只以老庄之意解说而已。"④清人李光地说："弼所得者乃老庄之理，不尽合于圣人之道。"⑤看来历代学者所不满于王注的，主要并非他的废象阐理，而是他所阐之理乃"老庄之理"，不合儒家的教义。但如果真是这样，那么为什么唐孔颖达撰《五经正义》，独主王注，且赞之为"独冠古今"？而孔氏乃唐代醇儒，绝非喜好老庄之徒，对于当时所存有关王注的义疏，孔氏评论曰："其江南义疏十有余家，皆辞尚虚玄，义多浮诞。"⑥可见他根本反对"以老庄解《易》"。而且自唐而宋，明经取士，皆奉《五经正义》为圭臬，明清以后，虽然科举专用四书，但《五经正义》仍被遵从，可见历代封建统治者对王弼的《易注》都是推崇备至的。如果王注专"以老庄解《易》"，则不当有此。我以为，如果对王弼《易注》加以客观的分析，则应当承认，其中是有一些老庄的思想，但同时也有大量的儒家思想。两相比较，其主要的思想倾向，毋宁说是儒家的。说王注"但只以老庄之意解说而已"，恐怕不符合事实。

我们先看一看王注中宣扬儒家思想的例子：

家人☲☴卦九五："王假有家，勿恤吉。"王注云：

> 假，至也。履正而右，处尊体巽，王至斯道以有其家者也。居于尊位，而明于家道，则下莫不化矣。父父，子子，兄兄，弟弟，夫夫，妇妇，六亲和睦，交相爱乐而家道正。正家而天下定矣。故王假有家，则勿恤而吉。

按此卦之上卦为巽，九五以阳爻居正位且与六二阴阳相应，所以说"履正而右，处尊体巽"。于是由爻辞"王假有家"出发，阐发家族人伦

---

① （宋）朱震：《汉上易传表》。
② （宋）司马光：《答韩秉国书》，见《传家集》卷六十三。
③ （宋）郭雍：《郭氏传家易说》自序。
④ （宋）董楷：《周易传义附录》卷首，《四库全书》本。
⑤ （清）李光地：《周易折中·凡例》。
⑥ （唐）孔颖达：《周易正义序》。

的"义理"。由"齐家"而"治国平天下",完全是纯正的儒家理论。

王弼《易注》中对君臣上下的主从关系的议论,也完全符合儒家的政治伦理。王注云:"坤为臣道"(坤卦注),而《文言传》说:"坤道其顺乎,承天而时行",因此王弼注晋卦之《象传》云:"顺以著明,臣之道也。"由于臣道贵顺从,因此主张为臣者"不为事始,顺唱乃应,待命而发","不为事主,顺命而终"(坤卦注),"阴之为物,不能先唱,顺从者也"(革卦注)。在君与臣发生矛盾的时候,王注尊君抑臣的立场至为鲜明。大有卦☲☰九四辞云:"匪其彭,无咎。"王注对九四的爻位做了政治上的形象发挥,说九四"上近至尊(谓五位)之威,下比分权之臣(谓九三)"。那么九四应当怎么办?"三虽至盛,五不可舍;能辩斯数,专心承五,常匪(按即非)其旁(旁谓三也),则无咎矣"。就是说,在君主与权臣对立的时候,不要趋附权臣的炎势,而应"专心承五"(五指君主),方可无咎。在另外一些地方,王弼更从反面说明了君臣关系不正常是"凶",如小畜卦注:"臣制其君,虽贞近危。"随卦九四注:"居于臣地,履非其位,以擅其民,失于臣道,违正者也,故曰贞凶。"

至于治国治民之道,则强调"德治",强调"教化",强调以"信"治国。例如临卦《象传》注:"相临之道(按临指临民),莫若说(悦)顺也(按临卦☱☷兑下坤上,故曰悦顺)。是以君子教思无穷,容保民无疆也。"观卦注云:"统说观之为道,不以刑制使物,而以观感化物者也。"又注九五云:"上之化下,犹风之靡草,故观民之俗以察己道。百姓有罪,在予一人。君子风著,己乃无咎。"中孚卦注云:"信立而后邦乃化也。""争竞之道不兴,中信之德淳著,则虽微隐之物,信皆及之。"这些显然都是十分标准的儒家思想。

王注中还有一些内容涉及"君子"个人的道德修养、出处之道,所言义理也基本属于儒家。困卦注云:"水在泽下,困之象也。处困而屈其志者,小人也。君子固穷,道可忘乎!"这完全是孔子所说"君子固穷,小人穷斯滥矣"的翻版。乾卦注云:"升降无常,随时而用,处则乘潜龙,出则乘飞龙,故曰时乘六龙也。"这不禁使人想起孔子说过的"天下有道则见,无道则隐"。但王弼可能是受老庄的影响,似乎更同情隐者。遁卦☰☶上九云:"肥遁,无不利。"王注云:"最处外极,无应于内,超然绝志,心无疑顾。忧患不能累,矰缴不能及,是以肥遁无不利也。"按遯即遁之本字,有隐遁之义。遯卦之外卦为乾,上九与内卦之九三不应,故注云"最处外极,无应于内"。"超然绝志"云云,显然是作注者对隐者的赞美,颇有老庄的味道。不过,王弼并非一味提倡遁世,他是主张依"时"而行的。丰卦上六注云:"处于明动尚大之时,而深自幽隐以高其行,大道既济而犹不见,隐不为贤,更为反道,凶其宜也。……治道未济,隐犹可也;既济而隐,以治为乱也。"又云:"可以出而不出,自藏之谓也。非有为而藏,不出户庭,失时致凶,况自藏乎?凶其宜也。"这显然是不赞成在能有所为时隐遁,其精神实质是入世的,与儒家在此问题上的立场是基本一致的。

当然,王弼《易注》中也有一些明显的老庄思想。最主要的,恐怕要算是老子的"以无为本"。复卦《彖传》注云:

> 复者,反本之谓也。天地以本为心者也。凡动息则静,静非对动者也;语息则默,默非对语者也。然则天地虽大,富有万物,雷动风行,运化万变,寂然至无,是其本矣。故动息地中,乃天地之心见也。

按这是王弼在讲复卦的"复"字之含义。复卦卦形是䷗,是由剥卦䷖中之阳爻返回初位形成,所以王弼说这是"反本"。那么"本"是什么?"寂然至无,是其本矣"。复卦下震上坤,坤是地,震是动,故曰"动息地中"。在王弼看来,动与静、语与默,并非是两种对立状态,而应看作一个是另一个的"本",即静是动的本,默是语的本。因此他说:

> 夫静为躁君,安为动主。故安者上之所处也,静者可久之道也。(恒卦上六注)

由此出发,自然要导致在政治上的清静无为思想:

> 处屯之初,动则难生,不可以进,故盘桓也。处此时也,其利安在?不唯居贞建侯乎?夫息乱以静,守静以侯,安民在正,弘立在谦。屯难之世,阴求于阳,弱求于强,民思其主之时也。

但是王弼并非无条件地主张"清静无为",他还是特别强调依"时"而行。而根据《彖传》,"屯"有"难"义,在这种时候,"动则难生",因此主张"息乱以静"。显然,这与一般地主张在政治上无所作为是不一样的。《庄子》中有"焚符破玺,而民朴鄙;剖斗折衡,而民不争;殚残天下之圣法，而民始可与论议"(《胠箧》)的话，《老子》也是"法令滋彰，盗贼多有"(五十七章)。可见，老、庄对维持社会生活的法律制度、契约衡器等等都是持否定的态度的。王弼《易注》却与此不同。讼卦《象传》注云：

> 听讼，吾犹人也，必也使无讼乎。无讼在于谋始，谋始在于作制，契之不明，讼之所以生也。物有其分，职不相滥，争何由兴？讼之所以起，契之过也。故有德司契而不责于人。

这里把争讼的由起归罪于"契之不明"。试看这样的言论，与老庄焚符破玺的"无为"，不是大异其趣吗？

总起来说，王弼的《易注》中确实杂有一些老庄的思想，使得他所阐发的"义理"显得不那么纯粹。魏晋以后的儒者，站在卫道的立场上，自然要对王注中的玄学因素多所指摘。但是平心而论，《易注》中老庄思想远不如儒家思想为多，从整体倾向上来看，王弼《易注》还应该被看作是一部经学著作，而不是玄学著作。这也就是为什么孔颖达作《五经正义》选中了王注的原因。

五　王弼《易注》的体例与义例

汉代的经典注释学非常发达。五经皆有经注，且往往不止一种。汉人注经，大抵做两方面的工作。一是做文字的训诂，二是进行对经文"大义"的解说。东汉以来，经注的趋势是日益烦琐钉饾，这已是为学人所熟知的事实。

《易经》的情况与其他各经还稍有不同。《易》本是卜筮之书，其功用自然主要在于卜筮，其中的"义理"应该是在似有似无之间，是捉摸不定的。汉人的《易》注，也大多从卜筮方面(即卦象)入手，着重解释卦辞、爻辞在卦象上的依据。我们在前面征引过的郑玄的《易注》，可以作为汉人《易》注的代表。

王弼《易注》既尽扫象数不谈，又当时谈玄风气的影响，在体例及说经义例上自然具有自己的特色。

一、虽然也有文字的训诂，但数量很少。粗略算来，全经六十四卦的注释中，只有二三十处文字的训诂。除了个别在魏晋间也属于不常见字如"頄""虩"等要加解释外，其余文字的训诂，大多讲该字在

《易经》中的意义，如："鸣者，声名闻之谓也"，"秭者，杨之秀也"，"凝者，严整之貌也"，"与，辞也，犹皆也"等等。这些字的字义不明，显然对理解卦爻辞有重大妨碍，因此不得不释。比起汉人的经注来，特别是与郑玄的《易注》相比较，文字训诂在全经中所占比例要小得多。

二、往往要指出一卦"成卦之义"在哪一爻。王弼在《周易略例》中说："夫象者何也？统论一卦之体，明其所由之主者也。"在王弼看来，每一卦都有其成卦的"主义"，例如"家人之义，各自修一家之道，不能知家外他人之事也"，又如"处尊以柔，居中以大，体无二阴以分其应，上下应之，靡所不纳，大有之义也"，"遯之为义，遯乃通也"等。这一卦的"主义"，则要由六爻中的一爻体现出来，所谓"六爻相错，可举一以明也"（《周易略例·明象》）。故王弼往往在注释中指出这体现了卦义的主爻。例如履卦注云："成卦之体在六三也。"同人卦注云："二为同人之主。"小畜《象传》注云："谓六四也。成卦之义，在此爻也。"比卦九五注云："为此之主。"需《象传》注云："谓五也。信乎天位用其中正，以此待物，需道毕矣。"

三、王弼解经，多以十篇《易传》为据。这一点颇为旧时某些学者所称赞，说他"守家法"。前面说过，王弼的《易》学，渊源于费氏，而费氏解经就是"以彖象系辞十篇文言解上下经"的。费氏的经说今已不传，王弼的据传解经，也只能说是在方法上同于费氏。凡《易传》解释较为完备的，王氏就不再加注；《易传》中虽有解释但不够清楚的，则加注说明。例如乾卦初九"潜龙勿用"，王弼只注了四个字："《文言》备矣。"这是因为《文言》对此已有说明，王氏认为不必再多说了。而对九二"见龙在田"一语，则注云："出潜离隐，故曰见龙；处于地上，故曰在田。"这是因为《文言》对"见龙在田"的"见"字、"田"字都没有解释，故而有如上的注解。[1]

在某些卦爻辞之下，王弼的注解乍看起来似乎有点让人莫名其妙，待到看了《象传》，才明白王注的说法是根源于《象传》的。例如泰卦的初九爻辞是："拔茅茹，以其汇，征吉。"王注云："三阳同志，俱志在外。"初读此注，不知这"三阳俱志在外"是从何说起。原来《象传》说："拔茅征吉，志在外也。"王注根据《象传》故有"三阳俱志在外"之

---

① 参看(清)陈澧：《东塾读书记》，上海书店1988年影印《续清经解》本。

说。又如贲卦六四："贲如皤如，白马翰如，匪寇，婚媾。"王注有云："（六四）欲静则疑初之应"，光读这句很难理解所"疑"何来。再读《象传》，原来有这样一句："六四当位，疑也。"才知王注之所谓"疑"是据《象传》而言的。此类例甚多，不胜枚举。

由于王弼解经以《易传》为据，因此特别注重从爻位上来解说卦、爻辞，这样注解中自然就大量地谈到乘、承、比、应。所谓"乘"，指一爻居于另一爻之上。阴爻居于阳爻之上，称为柔乘刚，反之则为刚乘柔。王注则往往从这刚柔相乘中找出卦爻辞之所以有吉凶悔吝来。例如大有卦䷌上九："自天佑之，吉无不利。"王注云："余爻皆乘刚，而己（按指上爻）独乘柔顺也。……以刚乘柔，思顺之义也。"从这一卦来看，上九阳爻居于阴爻之上，故曰"以刚乘柔"；而其他各爻（初爻除外），均居于阳爻之上，故曰"余爻皆乘刚"。上九爻辞之所以"吉无不利"，正在于这"刚乘柔"上。又如大壮卦䷡六五："丧羊于易，无悔。"王注云："居于大壮，以阳处阳，犹不免咎，而况以阴处阳、以柔乘刚乎？"按第五爻本为阳位，阳爻居此方为当位。今乃以阴爻居此，且凌于阳爻之上，故王注作如是解。所谓"承"，则指一爻居另一爻之下。小过卦䷽："飞鸟遗之者，不宜上，宜下，大吉。"王注云："上则乘刚，逆也；下则承阳，顺也。"按上指六五，居于九四之上，故曰乘刚；下指六二，居于九三之下，故曰承阳。乘刚、承阳是有逆顺之别的。除乘、承两种说法外，两爻相邻近，还有一种说法，就是"比"。例如屯卦䷂六三注云："三既近五，而无寇难，四虽比五，其志在初。"指四、五两爻相邻近。贲卦䷕六二注云："得其位而无应，三亦无应，俱无应而比焉，近而相得者也。"指二、三两爻之相邻。讲"比"的时候，一般不再强调爻与爻之间关系的"逆"还是"顺"。

"应"也是王注从爻位解经的一个主要的义例。所谓应，是指上卦一、二、三爻分别与下卦一、二、三爻阴阳对应，就是说，九四与初六、六四与初九，九五与六二、六五与九二，上九与六三、上六与九三偶叫作"应"，而九四与初九等等则为"不应"。例如解卦䷧上六注云："初为四应，二为五应，三不应上。"就是因为初与四、二与五都是一阴一阳，故曰"应"；而三与上都是阴爻，故曰"不应"。王注中谈到应与不应的地方非常多，要之是用来解释卦爻吉凶悔吝的重要依据。

四、王弼注《易》多从人事上进行解说。李鼎祚在《周易集解序》

中评论郑注与王注云:"郑则多参天象,王乃全释人事",确是的评。在王弼《易注》中,有这样一个通例,即"以爻为人,以位为时"(乾卦《文言》注)。就是说,把爻看作是人,爻的升降、承应,就是人的升降、承应。同时把爻位看作是人所处的不同的"时"。例如屯卦初九:"盘桓,利居贞,利建侯。"王注云:"处屯之初,动则难生,不可以进,故盘桓也。处此时也,其利安在? 不难居贞建侯乎?"这显然是把初九看做了处于屯难之时的最高统治者。又如师卦六三:"师或舆尸,凶。"王注云:"以阴处阳,以柔乘刚,进则无应,退无所守,以此用师,宜获舆尸之凶。"这是把"六三"这一爻直说成是"用师"之人。又如比卦初六:"有孚比之,无咎。有孚盈缶,终来有它,吉。"王注云:"处比之始,为比之首者也。……处比之首,应不在一,心无私吝,则莫不比之。著信立诚,盈溢乎质素之器,则物终来无衰竭也。"这里显然是把"初六"一爻比做了以诚信服民的统治者了。他如"二处中而与初、三相得"(习坎九二注)、"三虽至盛,五不可舍,专心承五"(大有九四注)、"二以不耕而获,三为不顺之行"(无妄六三注)之类的说法在王注中比比皆是,"爻"完全被人格化了。

五、王弼注《易》虽说依据《易传》,但《易传》有时过于简略,除了"得位"、"得中"、"上下应"、"柔乘刚"之类意思比较明确之外,传文含义往往并不十分清楚,这就给注《易》者以发挥的很大空间。王弼有时在这方面就走得太远,以致被人讥为"失汉儒注经之体"。但在我们看来,这一点虽有异于汉儒,却也正是王弼《易注》的一个特色。

朱熹说:"汉儒解经依经演绎,晋人则不然,舍经而自作文。"(《朱子语类》卷六十七)王弼的注释,有的地方就颇像是"自作文"。例如颐卦䷚初九爻辞为"舍尔灵龟,观我朵颐,凶"。王注先是说:"朵颐者,嚼也。以阳处下而为动始,不能令物由己养,动而求养者也。"这还基本上是按爻位解释爻辞。但他接着说:"夫安身莫若不竞,修己莫若自保。守道则福至,求禄则辱来。居养贤之世,不能贞其所履以全其德,而舍其灵龟之明兆,羡我朵颐而躁求,离其致养之至道,窥我宠禄而竞进,凶莫甚焉。"这真无异于自作了一篇文章,所发挥的义理纵然堂堂正正,可惜恐怕并不是真正的"易理"。

像这样的"自作文"还有不少。例如谦卦,在分别注完六爻之后,再加注文曰:"夫吉凶悔吝,生乎动者也。动之所起,兴于利者也。故饮食必有讼,讼必有众起。未有居众人之所恶,而为动者所害;处不竞之地,而为争者所夺。是以六爻虽有失位、无应、乘刚而皆无凶咎悔吝者,以谦为主也。谦尊而光,卑而不可逾,信矣哉。"

再如家人一卦,上九辞为"有孚,威如,终吉"。王弼抓住"威如终吉"几个字,自作论文云:"凡物以猛为本者,则患在寡恩;以爱为本者,则患在寡威。故家人之道,尚威严也。家道可终,唯信与威。身得威敬,人亦如之。反之于身,则知施于人也。"

此外如我们在前面曾征引过的讼卦注,也是"舍经而自作文"的好例。王弼先是引孔子"听讼吾犹人也"的话,讲到了"无讼",又从"无讼"讲到"谋始",再从"谋始"讲到"作契",结论是"有德司契而不责于人",应该说这已离开讼卦经文很远了。

六　从王弼《易注》到程颐《易传》

我们已经看到,王弼的《易注》力图挖掘出《周易》"吉凶悔吝"之中所包蕴着的人事之理,它把《周易》从阴阳术数的象占迷宫中解脱出来,使之重新贴近社会生活。"《易》有圣人之道四"(《系辞》),即所谓辞、变、象、占。王弼则有意把《易》的卜筮功能忽略到最低限度,使《周易》重新成了一种讲哲理的书,从而达到了荀子所谓"善为《易》者不占"(《荀子·大略》)的境界。这样做,对于《周易》作为儒家经典来发挥社会政治功能,是完全必要的。

不管对王弼《易注》是毁是誉,有一点是可以确定的,即"辅嗣《易》行无汉学"。①《易》学中的汉学传统至此中断,王注开创了以理说《易》的一代新风气。如果站在汉学的立场上,像清代的乾嘉诸老那样,对这扼断了汉学血脉的王弼《易注》,自然是要痛加挞伐的;但在我们今人看来,王弼《易注》的出现只是经学发展过程中的一个引人注目的现象,说不上有什么功或者罪。重要的倒是要弄清王弼《易注》对后世的影响。

自唐代刊行《五经正义》以来,在《易》学方面,王注成了唯一的准绳,加以唐、宋科举都以《五经正义》为取士的标准,王注在士人中的影响日益加深。到了宋代,说《易》切近人事、以义理为主,已成为

---

① 《四库提要》(王弼《易注》)引宋人赵师秀诗。

《易》学中的主流。宋人胡铨曰：

> 孔子既没，《易》道微矣。自汉魏迄今，学《易》者不知几人，欧阳子(按指欧阳修)独称王弼，何也？余尝考东坡、横渠、伊川学，亦求其说，又尝闻龟山、文定、紫巘、寂照、了翁、汉上诸老先生謦欬，然后知欧阳子之学盖本于弼。……欧阳子凡说《易》必祖弼。……且曰：《易》无王弼，其沦于异端之说乎！[1]

欧阳修宋代大儒，其受王弼《易注》影响如此。清人李光地曰：

> 至王弼始纯以理言《易》，而后之谈经者宗焉。……其余(宋代)儒者所得有浅有深，然大要承辅嗣之意，皆以《易》为言理之书而已。[2]

程颐《易传》的出现，就是这种以理说《易》的风气在新的社会条件下所产生的最突出的成果。

程颐完全继承了王弼扫象数、言义理的说《易》路子。元人马端临说："伊川之《易》，精于义理而略于卜筮象数。"(《文献通考·经籍考》)明人郝敬说："程正叔《易传》大抵因王辅嗣之旧廓而充之，于象数阙略。"(朱彝尊《经义考》卷二十)程颐自己也说："吉凶消长之理，进退存亡之道，备于辞。推辞考卦，可以知变，象与占在其中矣。"(《易传序》)他又说："有理而后有象，有象而后有数。《易》因象以知数。得其义，则象数在其中矣。必欲穷象之隐微，尽数之毫忽，乃寻流逐末，术家所尚，非儒者之务也。"(《程氏遗书·答张闳中书》)[3]在程颐看来，义理是《易》的根本，儒者首先应该抓住这个根本，义理明，则象数可不究而自明。

不用说，在儒者看来，程颐《易传》所阐发的义理，比起王弼《易注》来，是要纯正得多了。王注虽说将象占之学一概扫去，畅以义理，但其中毕竟杂有一些老庄之说；这些老庄之说是向来被儒者目为"异端"的。至程颐作《易传》，方始"粹然一归于正"。王、程义理上的这种差异，我们可举复卦的注释为例。前面说过，复卦☷☳由剥☶☷极变化

---

① (宋)胡铨：《李仲永〈易解〉序》。
② (清)李光地：《周易通论》卷一。
③ 参看(清)皮锡瑞《经学历史》，中华书局1959年版，第232页周予同注。

而来,剥卦五阴一阳,这一阳爻已处于极端,再进一步发展,阳爻返回初位就成了"复"。故"复"有复反、回归之义。王注说:"复者,反本之谓也。……寂然至无,是其本矣。""故为复则至于寂然大静。"这样来解释"复"义,显然是受了老子虚无思想的影响。程氏《易传》则说:"复者,阳反来复也。阳,君子之道,故复为反善之义。""复者,复于礼也。复礼则为仁。初阳复,复于仁也。"两相比较,程传显然比王注更符合"圣人之道",因此,"自程传出而弼说又废"(李光地《周易折中·凡例》)。

尽管如此,王弼的《易注》仍可以说为《周易》的研究开辟了一条新路,在《易》学发展史上有着特殊重要的意义。顾炎武说:"王弼之注虽涉于玄虚,然已一扫《易》学之榛芜而开之大路矣。"(《日知录》卷一)这是公允恰当的评价。

1989 年 10 月改定

(原载《哲学研究》1990 年增刊)

谈谈刘逢禄的《论语述何篇》

　　刘逢禄是清代嘉、道时期重要的今文学者,他一生致力于表章董仲舒、何休之学,企图复兴西汉的今文经学,在《春秋》学上做出了重大贡献,成为清代常州公羊学派的旗手。他的《春秋》学著作,例如《春秋公羊何氏释例》《左氏春秋考证》等,由于被龚自珍、魏源、康有为等人所继承和发挥,因而广为人所熟知。他还有一部《论语述何篇》,似乎不大被人重视。其实此书特别能够反映一个今文学者怎样维护和论证董、何的公羊学说,怎样试图用《春秋公羊传》统领其他经典,建立自己的学说体系,因此很有研究的价值。

　　刘逢禄生活的时代,以戴、段、二王为代表的乾嘉汉学已经发展到了顶峰,治学重小学、重训诂、重考据早已蔚为一时风气。而刘逢禄却认为,讲"汉学"不应当仅仅是讲东汉之学,也应当包括西汉之学。东汉之学以贾、马、许、郑等人为代表,西汉之学则以董仲舒、何休为代表。而要继承汉学,则要发掘汉儒的经说,特别要注重汉儒那些具有系统性的解说,也就是所谓"条例"。刘逢禄在通盘考察了两汉之学后指出:

　　　　余尝以为,经之可以条例求者,惟《礼·丧服》及《春秋》而已。经之有师传者,惟《礼·丧服》有子夏氏,《春秋》有公羊氏而已。汉人治经,首辨家法。然《易》施、孟、梁丘,《书》欧阳、大小夏侯,《诗》齐、鲁、韩师说,今皆散佚,十七二三。世之言经者,于先汉则古《诗》毛氏,后汉则今《易》虞氏,文辞稍为完具。然毛公详故训而略微言,虞君精象变而罕大义,求其知类通达、微显阐幽,则《公羊传》在先汉有董仲舒氏,后汉有何邵公氏,《子夏传》有郑康成氏而已。先汉之学,务乎大体,故董生所传非章句训诂之学也;后汉条理精密,要以何邵公、郑康成二氏为宗。①

刘氏以为,汉人的经说虽多,然传于后世者殊少。施、孟、梁丘之《易》,欧阳、大小夏侯之《书》,齐、鲁、韩之《诗》,这些早已亡佚,自不必说;人们津津乐道的毛《诗》与虞氏《易》,丝毫无关于微言大义。汉儒经说之最有系统性而又传于后世的,只有郑玄所传之《丧服传》与董、何所传之《春秋公羊传》。尽管刘氏将何休与郑玄并列,同尊为后汉学术之"宗",但他事实上对二者是有所轻轩的。他虽然肯定郑玄所传为子夏的礼学,但丧礼毕竟只是五礼之一,并不完整,是无法与《春秋》相提并论的:"然《丧服》于五礼特其一端,《春秋》文成数万,其旨数千,天道浃,人事备,以之贯群经,无往不得其原;以之断史,可以决天下之疑;以之持身治世,则先王之道可复也。"②比较而言,《春秋》学应该是汉代经学的核心与主干。而汉代传《春秋》学的人,前有董仲舒,后有何休。在刘逢禄看来,清代学者要讲究复古尊汉,就一定要回归董仲舒,回归何休,这才是真汉学。这样,他就在庄存与、孔广森之后,继续高揭《公羊》的大旗,在乾嘉诸儒的汉学园地里另辟出了一条新路。

刘氏的学术工作,固然主要集中在《春秋》经传上,但对其他的经典,也有深湛的研究。这部《论语述何篇》,就是他以今文家的立场对在当时影响最为广泛的一部经典——《论语》所做的解读和发挥。

所谓"述何",是指纂述何休对《论语》的见解与论说。据《后汉书·儒林传》,何休"精研六经,世儒无及者。……乃作《春秋公羊解诂》,覃思不窥门,十有七年。又注训《孝经》、《论语》、风角七分,皆经纬典谟,不与守文同说。又以《春秋》驳汉事六百余条,妙得《公羊》本意。……作《公羊墨守》《左氏膏肓》《穀梁废疾》"。可见何休的学术,是以《公羊春秋》为主,他同时也注解过《孝经》《论语》等书。但何休

---

① (清)刘逢禄:《公羊春秋何氏解诂笺叙》,《刘礼部集》卷三,道光思误斋刻本。

② 《清史列传》卷六十九《刘逢禄传》,中华书局1987年点校本。

的著作，今尚传于世者，唯《公羊解诂》一书，其他的均已亡佚。今日我们对于何休的了解，也仅限于他的公羊学，至于他所注《论语》究竟是怎样一部书，已很难考索了。据刘逢禄说，《北堂书钞》中尚有一条何休注《论语》的佚文。今检《北堂书钞》卷九十六，有《论语》"为君子儒，为小人儒"一条，引何休注云："君子儒将以明道，小人儒则矜其身。"刘逢禄称此条注文"大类董生正谊明道之旨"。按董仲舒在对策中曾提出"夫仁人者，正其谊不谋其利，明其道不计其功"，何休认为这种"仁人"正是所谓"君子儒"。何休对《论语》的所谓"注训"，今所见者，也仅此而已。不过从他所撰《公羊解诂》来看，确实吸收了董仲舒《春秋繁露》的许多内容。可见，何休的学术与董仲舒颇多一致之处。因此，刘逢禄的"论语述何"，实际上并无多少何氏《论语》注的佚文可为据依，而只能钩稽何氏的其他著作，同时参考董仲舒的《春秋繁露》等书，他在自序中说："今追述何氏《解诂》之义，参以董子之说，拾遗补阙，冀以存其大凡。"

此书取札记问答的形式，共七十条，分为上、下两篇。每一条基本上都是先引《论语》，然后设一问，"何谓也"、"何也"之类，接着则是作者自答，一般是对所引《论语》文进行解说，多是发掘这一条《论语》的微言大义，与《春秋》经义相联系。表面上看起来颇为松散，条与条之间并不联属，但若从总体上看，全书主旨亦很突出，就是要证明《论语》与《春秋》公羊之义是完全相合的。

既然何休的《论语》注已不存于世，而且即使用辑佚的方法恢复其大致的面貌都很困难，那么刘氏为什么要作这部《论语述何篇》呢？他的作意，恐怕主要还不在于要复原何休的《论语》注。刘逢禄从事学术活动的年代，正是在嘉庆年间及道光的前期。此时东汉许、郑、贾、马之学已盛极而衰，开始走下坡路了，而今文经学则已呈复兴之兆。刘氏的外祖父庄存与，生当乾隆盛世，当时学者多以汉学（东汉之学）相标榜，沉潜于训诂考据之中，而存与则独究心于举世不为之学，是那个时候少数精于《春秋》公羊之学的学者。但庄存与的学术，在当时影响的范围很有限，只限于家人亲属之间。真正使今文经学发扬光大的则是他的外孙刘逢禄。刘逢禄与其外祖庄存与、前辈孔广森等的不同之处，就在于他的今文经学家派意识很强，他自觉地站在今文经学的立场上，以阐发董、何之说为己任。孔广森虽治《公羊》，但他并不守公羊家法，与董、何之说多有异同。刘逢禄则力图恢复董、何公羊学的原貌，而且认为董、何一体同源，是不应分别对待的。刘逢禄对何休的"三科九旨"说深信不疑，以为"无三科九旨则无《公羊》，无《公羊》则无《春秋》"，故在刘逢禄的著作中，对何休的三科九旨说的阐发不遗余力。不过今文的经典、经说，数量实在有限，因此除了大力阐发董、何的有关著作之外（为此他有一系列撰著），如何发掘其他经典中的今文经义，便成了当务之急。

刘逢禄写作此书，就是要把《春秋》与《论语》这两部本不相干的经典整合在一起。因此，他首先做的，就是要努力寻找两部经典的共同点。例如孔子说"君子务本，本立而道生，孝弟也者，其为仁之本与"（《学而》），刘氏就说："《春秋》明王道，始元终麟，大本端，仁道备矣。尧舜之行，本乎孝弟。夫子志在《春秋》，行在《孝经》，其致一也。"①又如在《论语》中，孔子表达了强烈的爱民、重民思想，有"道千乘之国，敬事而信，节用而爱人，使民以时"（《学而》）之类的议论。刘氏则挖掘《春秋》讥"初税亩"、"用田赋"，"城筑必书"诸义，说明《春秋》与《论语》是相通的。在《论语》中，有子夏表章躬行实践的人的话，说："贤贤易色；事父母，能竭其力；事君，能致其身；与朋友交，言而有信。虽曰未学，吾必谓之学矣。"（《学而》）刘逢禄就把这话与《春秋》"损文用忠"之义结合起来，证明《春秋》与《论语》的经义是一致的。②

《论语》记载孔子言行，有相当多的部分是讲为人、为学之道的，与政治并无直接的联系。刘氏为了将《论语》与《春秋》整合，便有意识地对一些本来毫无政治色彩的言论加以曲解，把它们引到《春秋》学上来。例如对孔子的"温故而知新，可以为师"（《为政》）一语，他解释说："故，古也。六经皆述古昔、称先王者也。通其大义而得之于心，则能以斟酌后世之制作。若汉初经师，以《春秋》决事，以三百五篇当谏书，庶乎不愧已。"③这样就把通常理解为一般学习知识的过程的一句话，提升到对《春秋》等经典的政治运用的层面上来了。他

---

① 《论语述何篇》上篇之二，《刘礼部集》卷二。
② 《论语述何篇》上篇之四。
③ 《论语述何篇》上篇之七。

还将孔子所说的"其为人也，发愤忘食，乐以忘忧，不知老之将至"（《述而》），硬说成是"此谓作《春秋》也"，并把此处的"发愤"解释成"吴楚猾夏，乱贼接踵，所以发愤著书也"。①

刘氏撰著此书的另一个目的，就是从《论语》中寻找孔子作《春秋》的证据，来论证《春秋》确为孔子的"制作"。

此书开篇第一条，即论《论语》的"托始"问题，也就是《论语》为什么以"学而时习之"章开始。在公羊家看来，《春秋》存在"托始"问题，即《春秋》为什么要始于隐公元年。在这个问题上，公羊家说得很复杂，例如何休认为"十二"为天数，《春秋》十二公，就是取法于天。他还有三世的理论，所谓昭、定、哀为所见世，文、宣、成、襄为所闻世，隐、桓、庄、闵、僖为所传闻世，隐公以前，则已超出了"所传闻"的范围了，故《春秋》必自隐公始。《论语》既与《春秋》相通，《论语》之始于"学而"章，也应该存在着"托始"问题。他说："篇首盖言删定六经之事，所谓说心研虑，乐而忘忧者也。其曰人不知而不愠者，夫子述《诗》《书》《礼》《乐》，文辞有可与人共者，不独有也；至于作《春秋》，笔则笔，削则削，子夏之徒不能赞一辞。"②按刘氏给"学而"章赋予了独特的含义，特别是与作《春秋》联系起来，称"人不知而不愠"的"不知"即"子夏之徒不能赞一辞"。这样人们极为熟悉的《论语》第一章就成了孔子作《春秋》，笔则笔、削则削的证据了。关于孔子作《春秋》之义，刘氏还在讲解"五十而知天命"时发之，他说："夫子受命制作，垂教万世。《书》曰'文王受命惟中身'，子曰'文王既没，文不在兹乎'，知天命之谓也。"③在讲解"其为人也，发愤忘食，乐以忘忧，不知老之将至"章时，也发此义，他说："上章言《易》《诗》《书》《礼》，此谓作《春秋》也。吴楚猾夏，乱贼接踵，所以发愤著书也。"孔子作《春秋》，与孔子所自称的"述而不作"，表面上看起来是有一些冲突的，刘氏设问云："'述而不作，信而好古，窃比于我老彭。'夫《诗》《书》《礼》皆述古，《易系辞》《春秋》则夫子所作，不纯乎'述'，何也?"他自己作答云："有改制之名，无易道之实。其义则祖述尧舜，宪章文武尔。"④意思是

①　《论语述何篇》上篇之三十一。
②　《论语述何篇》上篇之一。
③　《论语述何篇》上篇之六。
④　《论语述何篇》上篇之二十七。

说,孔子的作《春秋》,从"义"上来讲,并非是"作",依然属于"述",即"祖述尧舜,宪章文武",尧舜文武之道,为列圣相传,是不可改变的。这样就解决了今文家所谓"孔子作《春秋》"与《论语》中"述而不作"的矛盾。

公羊家均认为《春秋》中有大量的微言。刘氏以为,关于《春秋》中有"微言"这一事实,《论语》中已有所交代。刘氏在解释"夫子之文章"章时说:"《诗》、《书》、执礼,子所雅言;性与天道,备《易》《春秋》,则微言也,中人以下难以语上也。"①至于孔子作《春秋》为什么会有如公羊学派所说的那样多的微言,刘氏则从《论语》"多闻阙疑,多见阙殆"(《为政》)一章发之。他把"多闻"解释成"如《春秋》采百二十国宝书","阙疑"则是"于史文阙者,则信以传信,疑以传疑,慎之至也";而对"多见",则说成是"谓所见世也"。他解"殆"字为"危",说"《春秋》定、哀多微辞,上以讳尊隆恩,下以避害容身,慎之至也"。②在刘氏看来,不仅《春秋》中有微言,《论语》这部经典,也如《春秋》一样,存在着微言大义,他说:"《论语》总六经之大义,阐《春秋》之微言,固非安国、康成治古文者所能尽。"因此,这部《论语述何篇》,实际上是对《论语》中微言大义的剔发。《论语》中的微言大义明,今文经学的地位自然会得到加强。

至于什么是《论语》中的微言,刘逢禄举"子入太庙每事问"章(《八佾》)为例说:"鲁自僖公僭禘于太庙,用四代之服器官,其后大夫遂僭大礼。每事问者,不斥言其僭,若为勿知而问之,若曰此事昉于何时,其义何居耳,以示天子之事,鲁不当有也。"③又如"尔爱其羊,我爱其礼"章(《八佾》),刘氏指出也是微言,他说:"经书文公四不视朔,有疾犹可言;自是无疾亦不视朔朝庙,大恶不可言也。故于饩羊发之。凡《论语》与《春秋》相表里者,皆圣人口授之微言,不著竹帛者也。"④

公羊学里有所谓"通三统"之义,是用来解释王朝递嬗的,即夏、商、周三代是分别得黑、白、赤三统的,这三统周而复始若循环。代周

---

① 《论语述何篇》上篇之二十二。
② 《论语述何篇》上篇之八。
③ 《论语述何篇》上篇之十九。
④ 《论语述何篇》上篇之二十。

而立的，就应该是重得黑统。而依据公羊家说，孔子作《春秋》，是绌夏、故宋、亲周，以《春秋》当新王的，因此，《春秋》继周得黑统。"统"的变化，固然标志着王朝的改变，也即所谓"改正朔"、"改制度"、"易服色"，但根本的原则"道"却是不变的。这种三统理论，在《论语》中是看不到的，但《论语》中有一些关于文、质关系的论述，例如《雍也》"质胜文则野，文胜质则史。文质彬彬，然后君子"之类。公羊家认为，王朝的"文"与"质"也是循环的，代文者必为质，代质者必为文。这样，三统的循环与文质的循环是可以结合在一起的。刘逢禄则努力地从《论语》中寻找可以作为三统说证据的材料。他在讲解上引《论语》文时说："文质相复，犹寒暑也。殷革夏，救文以质，其敝也史。殷周之始，皆文质彬彬。《春秋》救周之敝，当复反殷之质，而驯至乎君子之道。故曰如用之，'则吾从先进'，先野[人]而后君子也。"①孔子在谈到夏、商、周三代在"礼"这一方面的继承关系时说过："殷因于夏礼，所损益可知也。周因于殷礼，所损益可知也。其或继周者，虽百世可知也。"（《为政》）刘氏把孔子所谓礼之"损益"解释为"文""质"的互变，亦即公羊学中的"改制"；把"百世可知"解释为不变的"道"，亦即公羊学中的"为万世立法"。他说："殷受夏，周受殷，有改制之名，无易道之实。故《春秋》立百王之制，通三统之义，损周之文，益夏之忠，变周之文，从殷之质，百世以俟圣人而不惑者也。"②这样一来，三统循环，质文互变，《春秋》绌夏、故宋、亲周、王鲁，这些就仿佛出自孔子之口了。但孔子又确曾说过"周监于二代，郁郁乎文哉，吾从周"（《八佾》）的话，表明孔子对周制的欣赏。怎样来弥缝"从周"与"变周"的矛盾呢？刘氏只好曲为之说云："正朔三而改，文质再而复，如循环也。故王者必通三统。周监夏殷，而变殷之质，用夏之文。夫子制《春秋》，变周之文，从殷之质，所谓从周也。乘殷之辂，从质也。服周之冕，从文也。"③

《论语》有与《公羊》传义冲突之处。春秋末期，卫国有内乱，卫灵公将与他有矛盾的太子蒯聩逐出国外。灵公死后，卫人立蒯聩之子

---

① 《论语述何篇》上篇之二十五。原本脱"人"字，今据《论语》补。
② 《论语述何篇》上篇之十。
③ 《论语述何篇》上篇之十八。

辄为君。辄做了卫君之后，蒯聩率人返回卫国，驻扎在戚，而卫君辄则派石曼姑带领军队围戚，要把蒯聩赶走，从此开始了父子之间对君位的争夺。对此事《公羊》的传义是倾向于辄的，对辄之拒父持肯定的态度。哀公三年《公羊传》云："曼姑受命乎灵公而立辄，以曼姑之义为固可以距之也。辄者曷为者也？蒯聩之子也。然则曷为不立蒯聩而立辄？蒯聩为无道，灵公逐蒯聩而立辄。然则辄之义可以立乎？曰：可。其可奈何？不以父命辞王父命；以王父命辞父命，是父之行乎子也。不以家事辞王事；以王事辞家事，是上之行乎下也。"但从《论语》来看，孔子明显地不赞成辄之所作所为。① 所以，从何休那时候开始，今文家就试图弥缝这两者之间的差异。何休注上引《公羊传》文云："是王法行于诸侯，虽得正，非义之可者也。"他接着引《论语》中"夫子为卫君乎"一章（《述而》）为证。刘逢禄则在何休的基础上对《公羊》传义重新做出解释，他说："《春秋》绝蒯聩之出奔，又不与其入卫，而先齐国夏以明伯讨，许石曼姑以强王义，非许卫辄也。辄固不得拒父，然受命于灵公，亦不得背祖，而私逊父以其位。故为辄之义，止当不为丧主，避位以谢父而已。……其祸启于灵公不立公子郢而立辄。故夫子于《春秋》绝蒯聩，于《论语》不为辄，以为于义皆非也。"②这是说《公羊》传义只是谴责了蒯聩，并没有同时肯定卫辄；孔子对蒯聩、卫辄都不赞成，只是对前者于《春秋》发之，对后者则于《论语》见之。这样一来，《公羊》的经说与《论语》便不存在不一致之处了。对齐桓公与晋文公的评价，《公羊》也有与《论语》不同之处。《论语》称"晋文公谲而不正，齐桓公正而不谲"，这应该是扬齐桓而抑晋文。可是《公羊传》认为齐桓、晋文这两位霸主都有美有恶，《春秋》为晋文讳本恶，却不为齐桓"讳本恶"，乃是因为齐桓享国时间长，而晋文享国时间短的缘故。③ 于是刘逢禄就对《论语》中的"谲"字另做解释，他说："谲读如'主文谲谏'之谲，二伯无所优劣也。"④按"主文谲谏"出自《诗序》，"谲"在这里有委婉、巧妙之义，如这样解释《论语》中的"谲而不正，正而不谲"，则孔子对晋文、齐桓也就真的无所轻轩了。

---

① 参看《论语·述而》"夫子为卫君"章。
② 《论语述何篇》上篇之二十九。
③ 参看《公羊传》庄公九年和僖公十年。
④ 《论语述何篇》下篇之十一。

刘逢禄主要是以《春秋》学名家的,特别强调《春秋》学在儒家诸种经典中的地位。例如他说:"圣人之道,备乎五经,而《春秋》者,五经之筦钥也。"①他还声言:"不明《春秋》,不可与言五经。"②但在记载孔子言行最为详核的《论语》中,竟不见有一语提及《春秋》,这不能不说是治《春秋》学者的一大缺憾。刘氏作此书,就是有意识地拉近《论语》与《春秋》的距离,以《论语》来证《春秋》(当然是证《公羊春秋》),同时,也用《春秋》来解说《论语》,使这两种经典形成相互配合的关系。他努力揭示《论语》与《春秋》的相通之处,特别指出,《春秋》中有大量的"微言",《论语》里也有"微言",而且《论语》中的"微言"有许多正是为《春秋》而发的。这样就极大地提高了今文学在整个经学中的地位,为日后今文经学的发展做了理论上的铺垫。

(原载《中国经学》第三辑,广西师范大学出版社 2008 年版)

---

① (清)刘逢禄:《春秋公羊释例序》,《刘礼部集》卷三。
② (清)刘逢禄:《释三科例中》,《刘礼部集》卷四。

国学、儒学与经学

一 国学到底是什么

"国学"自从在中国大陆上重新被人说起、被人提倡以来，就一直存在着争议，究竟什么是国学，国学都包括哪些内容，国学的定义是什么，该不该设置国学这个学科，诸如此类的争论不绝于耳。我在这里为什么说"重新"被人提起呢，这是因为 1949 年以前，"国学"这个名称其实很流行，而在 1949 年之后相当长的时间里，这个词就在中国大陆销声匿迹了。直到 20 世纪 80 年代，"国学"才又有了复活的迹象。1949 年以前在高校里，在学术界，国学这个词虽然常见，但那个时候人们对国学所下的定义也不一致，章太炎、王国维、胡适、钱穆、陈独秀、成仿吾、朱自清等等名人，都曾给国学下过定义或者有过一番议论，这些定义和议论也是很有分歧，并不都是一样的。不过尽管说法很多，但在一般人的心目中，却有着比较一致的理解，只要看一看那时以"国学"或者"国粹"等为名的刊物都登些什么样的文章，看一看号称国学的著作的研究内容，就知道什么是国学了。一般说来，那时人们所说的国学，大多是指中国旧有的学问，经史之学，诸子之学，版本、目录、校勘等文献之学，文字、音韵、训诂等小学，古典文学，以及传统的星占卜筮、天文历法、地理博物等等学问。或者可以说，古书经、史、子、集四部都在国学的范围之内。这就是那时人们对国学的普遍的看法。拿这个标准来看今天的各种学术刊物,比较最接近于国学的,应该说是《文史》。台湾地区则是《史语所集刊》《汉学研究》等。所以比较起来,章太炎对国学的理解,似乎更具有普遍性,与旧时多数人对国学的理解相契合。看来国学的内容或曰研究对象其实是比较确定的,那就是传统的中国学问,经、史、子、集诸种学问。所以准确地说来,国学是中国旧有的学术,或者说是中国的旧学,它有相对固定的研究对象、研究范围,甚至有相对固定的研究方法、研究范式(旧时以征实的考证式研究为主)。

但是在 20 世纪 80 年代国学被重新提起之后,人们对国学的理解却出现了巨大的歧异。也许是因为弃用这个名词时间过久了吧,很多人已不知国学为何物,往往做一些想当然的解释,产生了一些对国学的误解,我以为亟待纠正。

首先我要强调,不能把"国学"理解为一种成体系的理论或者思想,国学不是一种"主义",不是一种学说、"意识形态",也不是一种信仰,它只是中国旧有的学术,研究国学,是指研治那些中国旧有的典籍、历史、语言、文字等等东西。有的人一提国学,就以为是指儒、释、道,或者再加上先秦诸子,这就把国学意识形态化了,是非常片面的。儒、释、道等等固然可以算是国学的研究内容,但也只是国学研究范围中的一个部分而已,中国的旧学中包括有对儒释道、先秦诸子等意识形态的研究,但不能说国学就是这些研究对象本身。有人以为提倡国学了,就是要用中国的传统思想(主要是儒家思想)来改造社会,治理国家,张口就是"天人合一",闭口就是"和而不同",那是很不恰当的。

依我看,国学对于现代人来说,其实在很多时候主要表现为一种修养,一种学术功底。在学术圈子内,我们常常听说某人的国学功底深厚,某人的国学素养极佳,意思无非是说此人古文底子好,古书读得多,对古典文献、历史典故之类的东西很熟悉,并不是指他信奉、坚守儒家的或者道家的或者什么家的思想,这与他的信仰无关,可见国学并不是一种理论形态的东西。

国学也不等同于传统文化,它只是传统文化中的一部分。有人说国学包括了中华传统文化的各个方面,蒙学读物、衣冠文物、礼仪习俗、书法绘画……都是国学,这种说法是不对的。"传统文化"是个很大的概念,包括的内容十分丰富,要比"国学"涉及的面广阔得多。不过国学确是传统文化中很重要的骨干部分。在我看来,国学是传统文化中比较高端的一个部分,是不适宜普及的,也不大可能会普及,它始终只是少数学者研治的东西,是象牙之塔里面的东西。有些文化知识是可以谈普及的,但学术则很难谈普及。而对于一个健全的社会来说,这种高端的学术研究又是不可缺少的。所以在一个健全的社会里,总会有少数人埋首于故纸堆中,从事这种高端的学术研究。国学跟社会的总体文化水平正相关,提倡国学,为国学争一席之地,对提高整个社会的文化水平大有好处。

二　儒学与国学有质的不同

中国古代思想中,儒家思想占有极其重要的地位,甚至可以说,儒学是中国古代思想的主体。于是有学者说,儒学是国学的主流。我想对这种说法做一点修正,这种说法似乎还是把国学限定在意识形态方面了,我要强调的是,儒学或者儒家思想毫无疑问是国学研究的重要对象,但国学并不是儒学或者儒家思想本身。旧时人们研治国学,经史之学是其中最为基本的东西,这"经"自然指的是儒家的经典。不过,经史子集嘛,经只是四部之一。比方说研究文字、音韵、训诂,研究诗词歌赋,无疑也都是标准的国学,但那些都不属于儒学。有的人由于不喜欢儒学,于是迁怒于国学,对提倡国学持严厉的批评态度。其实搞清楚国学与儒学这两个概念的确切含义以及两者之间的关系,恐怕就不会对国学这样反感了。

儒学与国学最主要的不同点在于,儒学是一种成体系的思想、学说,也可以说是一种"主义",甚至成了某些人的信仰,它可以影响人的行为和社会生活,小到个人的道德操守,大到治理国家、经世济民,也就是从修身、齐家乃至于治国平天下,儒学无所不在地发挥着教化与指导的功能,而国学则没有这样的功能。两千多年来,儒学一直是中国封建社会主流的意识形态,对中国人的思想和行为影响至为深远。今天我们研究儒学,就应该对孔子的思想、学说做全新的更为深入的剖析和探讨,看看有哪些应该继承,哪些必须抛弃。在这个问题上,学者间的主张也不一致。有的人极力赞美儒学,把儒学看作是救世的良方,其片面性是显而易见的。也有的人由于厌恶专制政治,而全面否定儒学,把儒学说成是完全为君主专制服务的,是中国积贫积弱的根源,这种看法也有可商。其实只要深入地研究下去,你会发现不完全是这么回事。当然,儒学的问题,是一个很大的题目,本文无力做全面的阐述,但大致说来,儒学服务于专制政治不假,但绝不主张极端专制,"汤武革命,顺乎天而应乎人","闻诛一夫纣矣,未闻弑君也","民为贵,社稷次之,君为轻",经典中此类的精彩议论,今天的人们耳熟能详。所以即便是儒学里的政治思想,也不必全盘否定,其中也有可以吸取的地方。但在今天,还是要对儒学里的政治思想保持高度审慎的态度,毕竟它所对应的专制政体与今天的社会及价值观有着过远的距离。清末有人主张"中学"为体,"西学"为用,今天也还有人提出类似的主张,但依我看,至少在政治方面是绝不能提倡"中学"为体的。眼前放着更好的、更先进的思想、体制,我们何必从古典里去挖掘呢?

如果我们跳出政治领域之外,情形就不同了。孔子的思想包罗甚广,在道德、人格修养、思想方法等许多方面,都有很多好的东西。现在提倡国学的人,很多都是着眼于道德上,着眼于传统的价值观上,试图用传统道德来纠正世风。这用意是很好的,也应该是一条正路。中国人的传统道德观,大多体现在儒家的经典里,例如仁义礼智信,忠孝,礼义廉耻,诚信,等等。如何批判地继承,如何加以改造,可以讨论。20世纪60年代初,曾有过一次关于道德继承问题的讨论,但那个时代是以阶级斗争为纲,讨论的结果可想而知。中国人缺乏宗教信仰,传统道德可以部分弥补信仰之不足,把这些都统统批倒,那后果不堪设想。没有信仰的民族是很可怕的。今天我们终于可以平心静气地来讨论这个问题了。说孔子影响了世世代代的中国人,这确是事实;但其实也应该看到,孔子这个人,也只有在中国才可能出现,他其实是中国人之民族性的产物,也就是说,像儒学这种东西,也只能产生在中国的土壤。所以我们想躲也躲不过的。不管我们怎么骂儒家,我们的血液里也是有儒家思想的因子的。现代人比古人高明的地方,就是有自觉性,因为我们的见识多了,跟别人来往多了,有可能进行比较,有比较就有鉴别,知道孰优孰劣了。对于传统儒学中优秀的东西,我们要继承、发扬,而对于那些劣质的、不如别人的地方,我们就要自觉地抛弃。另外,有的东西,恐怕也很难说优劣,也许只是侧重点不同。比方说我们常说"百善孝为先",不知道外国人有没有类似的话,我想很可能只有中国人才这样说。这就是我们骨子里所固有的东西,我们判断人的时候,往往不自觉地就会使用这样的标准。其他民族的人们,自然也会有他们各自的标准。像这种东西,无所谓优劣,不妨互相借鉴、互相吸收。而重要的,则是做清醒的判断,哪些好,哪些不好,哪些过时了,该丢掉了,哪些还应该大力发扬,哪些还可以加以改造。其实这也正是今天研究国学者的一个任务。往大里说,也可以说是国学研究者的社会责任。

1949年以后,孔子以及儒家的学说大起大落,时而被捧上了天,时而被踩在脚下。为什么会是这样,这里的原因很复杂,不是一两句话能够说清楚的。但近些年来,一些人对儒学的推崇和提倡,却可以看出有一个明显的目的,那就是要用儒学来与西方的理论、思想、价值观相抗衡。这是最值得警惕的。改革开放以来,思想界渐趋多元化,许多人看到现在的社会出了不少问题,信仰的,道德的,精神归属的,价值取向的,制度层面的,规则层面的,秩序的,等等,有识之士都在寻求救治的良方。西化既然行不通,于是转而求之于古代,竟然发现传统的东西里有颇多可取之处,于是大家就提倡,你说我也说,不仅坐而论道,而且起而行之。这是不少人提倡所谓"国学"的真实动机。不是说传统的东西不值得提倡,而是说我们应克服盲目性,避免狭隘的民族主义情绪,放下身段来学习世界各民族先进的东西(不管是西方的还是东方的)。儒家的思想和学说,是完全植根于中国传统社会的,特别是其中的政治思想和政治理论,是服务于君主制度的,在许多方面与现代文明社会扞格不入,对此我们要有清醒的认识。

三 经学与儒学之异同

还有一门学问,叫作"经学",最近十几年来也渐渐进入了学界的视野。在封建社会,经学是一门很"高大上"的学问,因为经典被人们奉为神圣之物,是人们的行为以及社会生活的最高准则,经学当然被人重视。那时学者都以治经为正业,像大家所熟知的清代学者赵翼,他所著《廿二史札记》堪称名山之业,在自序里,他说自己"资性粗钝,不能研究经学",只能治史。这虽系谦辞,却也反映了在当时经学地位的崇高。随着清王朝的寿终正寝,君主专制制度以及伴生的科举制度土崩瓦解,新的学术体系逐渐形成,经学也就渐趋没落,逐渐退出了历史舞台。虽然在 20 世纪的早期还不断有学者主张"读经",但那毕竟是一种过时的声音,不久就被淹没在滚滚前进的历史洪流之中了。时代已经发生了巨变,君主制度灭亡,与君主制度相适应的理论大厦也跟着轰然倒塌。在全新的学校制度以及学术体系之中,已经没有了经学的位置。1949 年以后,经学作为封建主义的意识形态,更是被彻底地扫进了"历史的垃圾堆",没有哪个学者敢说自己是研究经学的了。一般的说法是,"五四"以后,经学已经死亡,今天只研究"经学史"就足够了,不必再研究"经学"。这种观念,在很长一段时间里,支配着学人的思想,直到近些年才有所改变。经学是漫长的中国封建社会中的主流学术,对中国古代政治、经济、社会、文化各方面影响极为深远,对中国人的思维方式、思想感情、道德情操、民族性格、文化传统的形成,所起的作用是无论怎样估计都不会过分的。经学固然是统治阶级的意识形态,但又不完全是统治阶级的意识形态,经学是一种综合性的学问。毫无疑问,经学以经典为核心,同时也包括围绕经典而产生的对经典所做的解释、发挥、考订、改编等种种学问。经学的内容所包极广,几乎囊括了古代中国的各门类学术。天文、地理、社会、人生、政治、经济、哲学、文学、史学、文字、训诂、风俗、礼制,甚至鸟兽草木虫鱼等等,都在其中。例如《春秋》学,其中固然包括有旧时人们所说的种种经义,也有在今日看来属于历史学、政治学、文献学、语言学甚至古天文学等领域的问题。所以在今天笼统地说经学已经死亡,并不十分准确。我们只能说经学已经退出了政治舞台,已不再担负指导人们政治行为的任务,已不再是人们必须对之顶礼膜拜的最高准则和教条。经学本身的综合性不容我们轻易地将其抛弃。而且,就算作为封建统治阶级的主流意识形态的经学已成为历史陈迹,陈迹也有陈迹的价值,陈迹就不值得研究吗? 历史学研究的对象哪一个不是陈迹? 活生生的动物、植物固然是科学研究的对象,死去的动植物的遗骸,甚至它们的化石也都有研究的价值。何况传统的经学,其中也许还有若干在现代社会中仍能发挥积极作用的东西,正待我们去深入发掘。所以,经学研究还是有其存在的理由的。同时,我们也应该看到,所谓经学与经学史,有时是很难严格分开的。例如我们考察《周易》的象数之学,你说是做经学史当然不错,但说是研究经学问题也未尝不可。这就好像古典文学之与文学史，同样是研究楚辞，研究杜诗，我们可以说是研究文学史，未尝不可以说是研究古典文学，这两者有时并不是很容易分别清楚的。所以只承认"经学史"值得研究，而不赞成研究"经学"，恐怕是站不住脚的。

儒学与经学有联系也有区别。两者有许多相互交叉的内容，在许多情况下这两个词甚至可以互换。不过两者也有一些区别。"儒学"涵盖的面似乎比"经学"要宽一些，经典确立之前，可以说有儒学，而很难说有经学；而且像"孟荀比较"之类的课题，可以说是属于儒学的范围，却不能算是经学。另外"儒学"似乎更侧重于形而上，例如分析"仁礼一体"，讨论儒家的天道观等等，多属于精神层面的东西，故研究儒学的人，以哲学、思想史方面的学者为多；而经学则似乎更侧重于经典，对经典的训解、阐发、整理、考证，除了形而上的方面，也做形而下的研究。再有，对于今天的人来说，"儒学"这个概念似乎更中性一些，而"经学"则信仰的意味更浓。所以现在号称自己研究儒学的人很多，而自称做经学研究的则比较少。

这样看来，将"经学"纳入今人学术研究的视野，是完全适宜的。问题的关键是怎样去研究，抱着什么态度去研究。有学者指出，经学的内容分为两个层面，学术的与信仰的。我想经学的研究也是这样。古人对经学的研究，固然有不少是属于"学术的研究"，但不可否认也有相当一部分是属于"信仰的研究"。那么什么是信仰的研究呢？拿《尚书》学来说，把《大禹谟》里的"人心惟危，道心惟微，惟精惟一，允执厥中"说成是"虞廷十六字"，是尧、舜、禹、汤、文、武、周公代代相传的圣人心法，这就应该算是信仰的研究；而考辨《古文尚书》的真伪，则显然是学术的研究。又例如《春秋》学，探求《春秋》为什么能使"乱臣贼子惧"，"春王正月"四个字里蕴含着什么大义，这一类的问题，恐怕就应该算是信仰的研究；而考订《春秋》中的历法，则是学术的研究。古人将经典视为圭臬绳范，自觉地用经典指导自己的言行举止，所以他们对经典的钻研，很容易带有信仰的意味。今天的我们，早已摆脱了封建正统思想的桎梏，我们不盲目崇拜所谓的先圣先贤，我们也不把经典看得多么神秘，我们只是把经学作为一种文化现象来加以审视。对于我们来说，古人的"治经"，不管是学术的还是信仰的，都应该成为我们研究的对象。就算"春王正月"四个字中的大义对于今人已无任何意义,但我们可以从中看出古人思想的脉络,看出古人的思维方法,看出不同时代的古人是如何利用现成的经典为他们自己那个时代的统治者服务的,而这些对于认识我们自己并非毫无意义。因此,经学在今天仍是值得我们花大气力去研究的一个领域,只不过我们今日的研究应该是一种学术层面的研究,而无须再做信仰的研究了。

四　我们应该怎样做

以上我对国学、儒学、经学这三个概念做了一些辨析,主要是想使人们对当前的"国学热"有一个清醒的认识。那么我们应该怎样做呢? 我想提两点看法,供各位参考。

第一,是要保持警惕。

正是因为提倡国学的人想法是多种多样的,人们对国学的理解也各不相同,议论很多、很杂,所以我们要保持警惕。我觉得现在最值得警惕的,就是有人借提倡国学,来抵御西方的先进的思想。我们提倡国学,并不是要用国学去对抗其他民族的优秀的文化和学术。说得更明白些,不是要拿"国学"来和"西学"抗衡。中西学术各有特点,各有所长,在今日的中国,更宜提倡兼收并蓄。当然,收蓄的前提,是要懂得取舍。前面说过,国学不等于儒学,但与儒学关系很深。对于儒学,我们一定要加以分析,哪些确实是好的东西,哪些是糟粕,一定要区别对待。像政治上的专制思想,与今日中国之社会完全不相容,就应该摒弃。历代明君贤相的治国安邦之策,就目前的情况来说,还是少讲一些为好。今天我们研究国学,提倡国学,是因为以前国学被忽略了,在很长一段时间里,国学受到了不应有的打压和轻视,以致目前国民的整体国学素养已甚为低下,现在是给国学以应有地位的时候了。但不管怎么说,不要让国学负载太多的东西,不要指望用国学来治国平天下,因为国学只是一种旧有的学术,它不具备这样的功能。

第二,大学的文科学生特别要打好国学功底。

前面说过,国学属于高端学术,很难在一般民众当中普及,但在大学里却不一样。今天的大学生、研究生,特别是文科的大学生、研究生,国学基础知识缺乏,国学素养亟待提高。举例来说,中文系、历史系的学生,缺乏汉字的基本知识,对许多单个汉字,只知其现代用法,不明古义、本义,不知汉字之流变,甚至不识繁体字,这样怎么能读懂古书? 许多同学喜欢古典诗词,却缺乏这方面的常识,以为只要四句就是绝句,八句就是律诗,却不知什么是平仄,什么是对仗,什么是用典,不知古今声韵的区别,也就不明白古诗如何押韵。你们看看现在报刊上发表的所谓旧体诗,有几首勉强合乎格律? 有同学写文章喜欢用些文言的词语、句法,这本不是坏事,但往往是一"转(读zhuai,上声)文"就出错。学位论文里常出现对古文献的理解错误,有的甚至把意思完全说反了。给引证的古文胡乱添加标点,造成断句错误,更是司空见惯的事。有人根据《尚书》谈论古代思想,却全然不顾(或者根本不知道)清代学者的辨伪成果。如此种种,都是国学功底欠缺的表现。其实这也不光是学生的问题,教师的情况也不乐观。1949 年以后,国学在长时间里受到打压和轻视,可以说已经出现了断层。做中国学问,可贵的是要有新思想、新方法、新材料,同时还要有旧学的功底,像我的老师辈,他们是在 20 世纪 30—40 年代接受的大学教育,就具备这样的条件,他们做中国学问,就显得游刃有余,成就也就大。而今天的大学文科学生,新思想、新方法有余,而国学的功底则显得不足,这样就限制了聪明才智的发挥。所以我很赞成"振兴国学"的口号,特别是在大学的文科学生中,加强国学教育,提高国学素养,已经是刻不容缓的事了。我劝同学们踏踏实实地读点古书,国学都在古书里。研究国学,说得极端一点,就是研治古书。不过现在劝人读古书,比任何时候都难,社会的浮躁,信息传播的便捷,外界诱惑的多种多样,已经使臀下的冷板凳越来越难安置了。尽管如此,我想,该说还是要说,中国文化的前途毕竟是在青年人身上。当然,大学生的国学素养缺乏,根子还在中小学教育。所以依我的浅见,应该大幅度地提高中小学教材中的国学基本知识的比例。只是人微言轻,这已经接近于废话了。

总之,用不着搞什么国学的普及;使我们的国民对国学有充分的尊重(实际上是对祖先的尊重,对传统的尊重),有研究的空间,让一小部分学者能够做潜心的研究(不受政治形势与经济大潮的冲击和干扰),这就足够了。

(本文系根据 2011 年为博士生授课之讲稿整理而成)

《中国上古史纲》再版序言

先师王玉哲先生所撰《中国上古史纲》，初版于1959年，至今已有近六十年了。明年适逢南开大学建校100周年，南开大学出版社计划再版先生的这部著作，这是令人十分高兴的事。先师的女公子兰珍、公子兰仲要我为此书写一篇序，自忖学力、识见均不足以当此重任，心中惴惴，犹豫再三。然而作为弟子，将老师的著作向世人做一介绍，却又感到责无旁贷。于是鼓起勇气，不避浅陋之讥，将我读过先生此书的一点认识和体会写了下来，就教于当世学者。至于出版社编辑提出的要对这部书做出"专业评价"，则吾岂敢。

先师讳玉哲，字维裔，河北深县（今深州市）人。生于1913年，卒于2005年。先生系农家子弟，早年曾接受过当时的所谓新式教育，在高中阶段，就对文史发生了浓厚的兴趣。1936年，先生考入北京大学历史系。在北大期间，受顾颉刚、钱穆等先生的影响，逐步走上了古史研究的道路。不久，平津沦陷，北大、清华、南开三校南迁，合组为长沙临时大学（后改为西南联大）。先生先是与同学历尽千辛万苦，辗转来到长沙，后又参加"步行团"，随校迁往昆明，在西南联大完成了他的大学学业。先生自述，在联大期间，曾广泛修习文史各类课程，学中国哲学史于冯友兰先生，学《庄子》于刘文典先生，学《诗经》《楚辞》于闻一多先生，学声韵、训诂于罗常培、魏建功先生，学甲骨、金文于唐兰、陈梦家先生。正是由于有这些学术前辈的指引、教导，先生的学术功底日益深厚宽博，为他日后的古史研究打下了坚实的基础。1940 年，先生在西南联大毕业，旋即考取了北大文科研究所的研究生，导师是唐兰先生。经过三年刻苦学习，1943 年，先生研究生毕业，他的硕士论文《猃狁考》获得了答辩委员的一致肯定和赞赏。

1943 年以后，先生先后在华中大学、长沙国立湖南大学教书数年，其间所撰论文《鬼方考》曾获当时教育部 1945 年度学术发明奖金。1948 年，先生北上天津，侍疾于父亲病榻之侧，此时接受了南开大学的聘书。仅仅半年之后，天津解放，从此先生再没有离开过南开。他在这里教书、治学，兢兢业业，成为中国享有盛誉的先秦史专家，同时也为南开历史学科的建设和发展做出了杰出的贡献。先生一生，淡泊名利，勤勉刻苦，直至耄耋之年，仍旧笔耕不辍，可以说他把毕生的精力都献给了学术和教育事业。

这本《中国上古史纲》（以下简称《史纲》），就是王玉哲先生根据在南开大学历史系讲授中国上古史的讲义整理而成的。当年先生讲中国上古史，是作为中国通史课程的一个段落来讲授的，故《史纲》虽断代于秦，其实具有通史的性质。通史贵在贯通，贵在全面，而且立论要求尽量稳妥，今观《史纲》，正是具有这样的特点。本书从原始社会讲起，历夏、商、西周、春秋、战国，直至秦的统一，举凡中华文明的起源、华夏民族的形成、各时期历史发展的大事件、重要的历史人物，以及各个历史时期的经济生活、政治制度、社会形态、民族关系、思想观念、文化发展、科技成就，均有涉及。内容虽然丰富，全书却仅有二十余万字，我想这与此书本来是为大学生授课的讲稿有关。作为上课用的讲义，必须简明，不能枝蔓太多，不能论证过细，先生当年命名此书为"史纲"，大约就有这层意思吧。

先生为文，求真求实，从来不发空论，而且心思细密，所见常常出人意表。我看过一些先生早年的作品，大多是考证文章，写得十分精彩，广征博引，追求实证，每立一说，必广泛搜求各方面证据，论证如剥茧抽丝，而结论往往令人信服。这种风格，在先生晚年的文章中依然可以看到。先生说他最欣赏王国维的治学方法，并将这种方法贯穿于他学术活动的始终。

今天我们重读这部《史纲》，可以清楚地感受到作者长于考证、实事求是的特点。许多立论和观点，都是先生精心推寻考证的结果，而且诸如商代的继统法、先秦的民族问题、西周的社会性质、楚族的来源及迁徙路线等问题，都还有相关的研究论文做基础，故全书内容颇显扎实厚重。当然，限于通史教材的体例，有些论点不可能充分展开论证，即使这样，作者往往也要将证据的要点一一列出，以备读者进一步深入研究之用。例如讲到中国上古存在过母系氏族社会，就列举了"上古知其母不知其父"、"族外婚"、"古时婿称岳父母为舅姑，妇亦称夫之父母为舅姑"、"父子不相续相处，而祖孙相续相处"、"古帝王称毓称后"、"图腾痕迹"、"姓的性质"等七个方面的证据，来说明中国上古确曾存在过母系氏族社会。这七项证据，如果详细论证，每一项都可以写成一篇论文，但在《史纲》中，则只做了简要的概述，然而言必有据、论不空发的精神已跃然纸上。

写这种通史性的著作，善于考证，固然是一大优长，但懂得裁断，同样重要。因为事实上在叙述历史的过程中，并不是对每一个史实的认定及提法都要列举出种种证据的，哪些该详，哪些可略，全在作者的裁断。在《史纲》中，作者对一些问题的处理方法，很能给人以启发。例如旧说商人的祖先"不常厥邑"，从契到汤曾有"八迁"。我知道王先生对这个问题曾做过深入的考证，但在《史纲》里，作者只是概括地引用王国维的考证结果，指出八迁之地，"或不出山东、河北与河南之间"，而不是为了炫博，在这个并非重要的问题上浪费笔墨。这就叫作善于裁断。有些问题，受材料的限制，目前尚无法说得十分清楚，如果是写学术论文，进行深入的探索或者据理推测，都还是可取的，但在这类通史性的著作里则不宜详细考论。例如讲商代的职官，《史纲》就仅仅列举见于卜辞的"臣""小臣""多亚""尹"等二十余个官名，并不加深论，理由是"以上这些官名，其具体的职掌及其相互关系，还不很清楚"，既反映了那个时候学者的认识水平，也符合《史纲》的写作体例。这也是一种裁断。有时为求简明，往往将考证的线索放在了页下附注之中。如周初的"三监"，学者间颇多聚讼，至今也难有明确的结论。《史纲》只在正文中略述通行的旧说，然后用附注的形式，介绍了这个问题的症结所在，以及作者所赞成的王国维的考证结果。关于周公称王之事也是如此。武王死后，周公是否践位称王，古来争议甚多，莫衷一是。《史纲》正文对此不做纠缠，直言周公"践天子位",然后在附注中详述立说的根据。此类的处理,都反映出作者具有对史事权衡轻重以及取舍裁断的史识。

先生对自古流传的旧说,每多考而后信。但在没有确实可信的新结论的情况下,则宁肯沿用旧说,也不追新骛奇,不在证据尚欠充足时改立新说,表现出一位治史者应有的审慎态度。当然,不肯矜奇立异,并不意味着盲从旧说。对某些在古代属于非主流的说法,经过细致的辨析,有时也会改从。例如两周之间的"共和行政",自来说者多取《史记》,以为是周公和召公的联合行政;而《竹书记年》记此事,则称是共国之君名和者干王位。先生通过考证,认为《纪年》之说更为合理,遂在叙述此事时摒弃了《史记》的说法,而改用《纪年》之说。又如古人一般视华夏民族之外的"蛮夷戎狄"为四个种族,并将此四者分配于四个方位,即南蛮、北狄、西戎、东夷,这种认识对后世治史者影响不小。王先生经过深入研究,破除了这种成说。先生以为,戎、狄、蛮、夷的含义,其实是随时代而变化的。早在殷商时,东方有夷,北方有狄,而蛮、戎二名尚未兴起。这四名也不是四个种族,《诗经》、金文中均有"百蛮"之名,蛮而有百,其非一族之专名可知。到春秋战国时,四方诸小族统名为"夷",南方之族尚未专有"蛮"称。而且"戎""狄"二名可以互称,文献中多有其例,可见不能把戎、狄理解为两个不同的种族。直到秦统一中国之前,中原诸小族多被驱逐于四塞之地,戎、狄、蛮、夷四个名词才开始被分配于四个方位,"东夷""北狄""南蛮""西戎"之说始正式形成。

先秦史号称难治。难在哪里?首先难在材料的短缺。无米之炊,巧妇难为,故学者每有"文献不足"之叹。商、周两代比较起来,商代问题更为严重,文献资料极少。西周稍好一些,有《尚书》《诗经》等等可资利用,但真正属于西周时代的东西也很有限。所幸近代以来,甲骨文、金文大量出土,为治先秦史者提供了许多珍贵的史料。这就要求治史者除了熟悉文献之外,还要懂甲骨,懂金文,具备考古学方面的知识。王玉哲先生在古文字学上有很高的修养,对甲骨、金文都有精深之研究。在《史纲》一书中,作者在讲商史的部分,利用了大量的卜辞资料,在讲述商代国家的特点、奴隶的状况、社会经济、政治制度、继统法等问题时,卜辞往往被用作起决定作用的骨干材料。其实这也是不得不然,因为非如此则不足以说清商代社会(主要是盘庚以后的商代后期)各方面的实际情况。但在讲西周史的部分,作者则仍然是以文献资料为基础,为骨干。因为一来西周的文献较商代为多,利用文献资料构建西周历史的框架已有可能;二来在王先生看来,青铜器铭文作为史料,有一定的局限性,使用起来必须慎重。例如对铜器的断代,学者间往往歧见甚多,搞不好就有张冠李戴之虞。再有就是青铜器铭文涉及的社会面比较窄,内容比较单调,有些问题如果完全依据金文或以金文为主来论证,还是有一定困难的。此外,金文的文字释读也是个问题。很多铭文当中的关键文字,在释读上往往还有很大争议,字义尚不确定,这材料怎能放心使用? 故按照王先生的说法,对一件铜器铭文,"非有十分之见,不敢轻易利用"。所以我们看到,《史纲》中的西周史部分,还是以传统文献为本,而利用一些意思明确、争议不大的铜器铭文来补苴罅漏。

以传统文献为主来讲古史,其实也不简单。且不说上古文献之文字艰深、佶屈聱牙,单是史学与经学纠缠在一起,就是个不易解决的难题。先秦文献如《尚书》《诗经》《周易》《仪礼》《周礼》等等,同时也是儒家的经典,自汉以来,说解虽多,但大都是以解经为目的,故现代学者利用起来,首先就要廓清经学的迷雾,分辨出古人的解说,哪些是主观的解经,哪些属于客观的述史。这是很能考验治史者见识的事情。《史纲》的作者,在这方面也有其独到的眼光。例如关于周代的宗法制,先秦礼书里有大量的记述,不可否认其中确有些是当时实际的宗法规则,但也有相当部分属于经师的发挥,或者是想当然的理想化的设计。汉以来的历代学者,解说周之礼制、解说宗法的著作可谓汗牛充栋,现代学者必须从大量的说经之作中披沙拣金,挖掘古人之说中那些真正反映了周代历史实际的东西。《史纲》在讲解什么是大宗、小宗,什么是继祖、继祢,什么是百世不迁、五世则迁等等问题时,就基本上以先秦礼书为根据,因为先秦礼书上的这些记述,就我们现在的认识水平来说,可能确乎是周代宗法的主要规则。同时在这一基础上,《史纲》又从现代学者观察的角度,将宗法制的特点归纳为"共同的祀典"、"亲族服丧"、"异居而同财"、"族人会议"、"同宗不婚"等五个方面。这样,所论既有坚实的文献支撑,又有现代学者的理性分析。又如对"井田制"的解释,也特别能反映作者的识见。井田制问题是先秦史上的一个老大难题,究竟有没有井田制,井田制

究竟是什么样子的,时至今日,学者的意见也还没有统一。古人言之
凿凿,甚至把它描绘得十分细致,但是现代学者却总不肯完全相信。
传统文献中不止一处发现有关于"井田"的线索,完全否认上古存在
过井田制,恐怕不是一种科学的态度;但如果真像孟子描述的那样,
"方里而井,井九百亩,其中为公田,八家皆私百亩,同养公田",又无
论如何不能让人相信,因为世间不可能存在那种整齐划一的豆腐干
式的田地制度。《史纲》则从被历代经师搞成了几乎是一团乱麻样的
井田诸说中,抓住了可以称之为井田制本质要素的东西,那就是"劳
役地租"。作者指出,封建领主用劳役地租的方式来剥削农民,"公事
毕然后敢治私事",这种制度在中国历史上确实存在,这不是任何人
可以空想出来的。作者并进一步指出,当时的所谓"公田",实际上就
是"官"的私有田,这样就把井田制与作者所主张的西周实行的是"封
建领主土地所有制"联系起来了。

　　先生是一位从旧社会走过来的知识分子,在他盛年之际,迎来了
旧政权崩塌、新政权建立这样翻天覆地的变化。先生像同时代的绝
大多数知识分子一样,由衷地欢迎这个新的政权,同时也是真心实意
地要学习马克思主义理论。马克思主义关于社会发展形态的学说,
深为他们这一代学者所服膺。先生就是按照马克思主义社会发展阶
段的理论来思考中国上古史问题的。但出于学者的良知,先生又从
来不肯盲从,不肯把教条、原则作为出发点。他信奉"论从史出",在
研究中绝不先给历史带上某种框框,而是主张先去发现历史的真相,
然后从大量的真相中去提炼历史的发展规律,来验证理论指导的正
确性。有时他的观点不为多数人所赞同,但他既自认为是从事实中
来,有坚实的史料依据,则持之益坚,不为潮流所动。在 20 世纪 50
年代,写先秦史著作,最要紧的也是最不能回避的,就是社会形态问
题。王玉哲先生是坚定的西周封建论者,他积极参加了那场关于古
史分期问题的大讨论。在《史纲》中,对于这个问题的论证,首先是着
眼于西周的土地制度。作者认为天子是当时最高等级的领主,他把
王畿以外的土地分封给诸侯,让他们各自为政,各自治理他们的封
地;而诸侯在国内,也同周天子一样,分封卿大夫以采邑,这样形成了
等级制的各级领主的土地所有制。在这一基础上,《史纲》的作者把
考察的重点放在了生产者的身份上面。大量的无可辩驳的事实表

明,西周的主要生产者"民"(或庶人、庶民)不是奴隶,他们有自己的小块耕地,有自己的少量劳动工具,他们一方面受劳役地租的剥削,同时也有自己的经济,这样的劳动者已经与奴隶有了本质的区别。因此,西周的社会已不可能是奴隶社会了,按照作者的说法,西周"已经进入初期的封建社会"。为什么要加上"初期"二字呢?因为作者实际上也注意到了西周社会还存在着许多奴隶社会的遗迹,例如《逸周书》上所反映的周初对敌人"重俘虏而不重杀戮"的现象,某些金文中还记载有奴隶买卖的实例等等,作者认为,"一种社会形态的阶段之划分,绝对不是像刀切斧砍得那样整齐","两个阶段之间,有着一个相当长的时间,新旧两种社会形态交错存在"。这种认识,在今天看来,依然是十分精当的。

关于商代的社会性质问题,先生的见解也与多数学者的看法不一样。先生不否认商代存在着奴隶制,但他说,盘庚以后的商代才能说是奴隶社会,而商代初叶,距原始公社的末期还不甚远,应当处于从原始社会向阶级社会过渡的阶段。经过长期的发展,至盘庚时期,商人才进入奴隶社会,国家机构才正式形成。先生的这一结论,是对盘庚前后的社会经济状况做了深入分析的结果,其中也包括对盘庚迁殷的原因的探索。在先生看来,商人屡迁与当时的粗耕农业直接相关,而盘庚以后273年不再迁都,则是由粗耕农业转为半精耕农业的证明。所以,盘庚迁殷,称得上是商代历史发展中的一个重要的转捩点。这个观点,虽然未被主流学界所接受,先生却直到晚年仍在坚持。我想,今日的学者,即使不完全赞同先生此说,亦不妨认真看一看先生的论证,或许能够从中得到一些启发。

《史纲》一书的初稿,实际上在1955年前后已经完成了,故此书可以看作是20世纪50年代前期的作品。毋庸讳言,在今日看来,此书的有些内容确实已经过时或者应该修正了。例如原始社会部分,近几十年来,考古学突飞猛进的发展,使这一部分的许多内容都显得陈旧了。甲骨学、金文学的长足进步,也为先秦史研究增添了不少新的史料。此外,如今思想的解放,理论的创新,也是当年的学者无法想象的。尽管如此,今日再版此书,仍然有其重要的意义。这本书在不长的篇幅之中,讲述漫长的先秦历史,脉络清晰,史实准确,史料精而不繁,论证约而有法。既有学术界普遍接受的成说,又有作者的创见,对于治中国史的学人来说,不失为一种重要的参考书。而且此书所体现出来的作者的严谨学风、朴实文风,对今日浮躁的学术空气不啻一剂对症的良药。特别应该指出的是,本书是老一辈学者在当时的历史条件下,运用新的理论指导先秦史研究的可贵实践。这种实践有哪些地方值得继承,有哪些地方还可加以改进,值得今日的年轻学者深长思之。

先生晚年,曾发宏愿,要写一部百万字以上的《先秦史稿》,将自己毕生研究的心得总结出来。然而当时已年近七旬,精力渐衰,加以手头还有另一部书稿待完成,而且其他如培养研究生等项工作并不稍减,故写作之事,时续时停,进展缓慢。八十以后,身体更不如前,眼见全书之告竣遥遥无期,先生颇感焦虑。后来,在出版社方面的建议下,先生将已写成的截至西周的积稿,重加整理,冠以"中华远古史"的书名,先行出版,其时距先生之离世,也只有五年了。《先秦史稿》的后一半,也就成了先生的、同时也是我们这些学生们的永远的遗憾。尽管如此,《中华远古史》毕竟已写到了西周,与今日再版的《史纲》正好后先辉映,对于后之治先秦史者,这已经是幸事了。

赵伯雄拜手恭撰

2018 年 11 月 18 日

附录　怀念我的老师王玉哲先生

5月5日下午，已经住院三个多月的王玉哲先生，病情突然恶化，陷入了昏迷状态，医生已是一筹莫展，于是下了病危的通知。我赶到医院时，只见先生平躺在那里，眼睛半闭着，鼻子里插着管子，口张着，已没有了意识，只剩下喘气了。先生双颊凹陷，骨瘦如柴。眼见着先生正在耗尽他生命的最后一点能量，不由得想到了燃烧将尽的蜡烛。晚上九点，李院长等来了，看到情形十分危殆，嘱我赶紧回去整理一些给先生办后事的文字材料，我只好先行离开。临走前，我再次走近先生床头，久久地望着先生，心中想着，此一去，也许就是与先生的永诀了。想到这里，不觉一阵心酸。第二天早晨，果然传来噩耗，说先生已于凌晨一时四十分驾鹤西去了。

先生今年九十有三，享寿不可谓不永。先生一生，著述宏富，桃李满园，子女孝顺，且都事业有成，功德不可谓不圆满。先生累了，辛苦工作了一辈子，读书，著书，教书，这么多年，现在他要去休息了，按说也不为过。但我还是不愿意让他走。虽然他早已不是我们背后的靠山，也已不是我们借以乘凉的大树，但他的恩德，早已渗入了我们的成长过程之中，他的心血，早已融入了我们所取得的点滴成绩里。他活着，我就觉得很温暖，很幸福。但他还是走了。抛开了爱他的子女家人，抛开了爱他的学生，永远地离开了。

我拜在先生的门下，是在 26 年以前。那时我是内蒙古大学 77

级的学生,大学只上了一年,因为当时刚恢复高考,允许学生提前报考研究生,我就动了考研的念头。但说实际的,那时的我,对于学术,完全是一个门外汉。为什么报了王先生呢？只是因为在此前看过先生的一两篇文章,感到先生的文章立意与众不同,他的观点我很认同,他的文风我很喜欢,于是就贸然报了名,此外,关于先生的其他方面,一概不知。这次考试,可以说改变了我的人生。据说先生对我的答卷也很欣赏,结果当然是我从此就走进了南开大学的校门。想起来,这真是一种缘分。

我初次见到王玉哲先生,是在研究生的开学典礼上。那时研究生不多,典礼就在行政楼的会议室里举行,导师们都坐在前面。有同学指给我,说那就是王先生。先生那时六十六岁,好像头发还很黑,很精干的样子。散会后见了一面,感到他很和蔼可亲。过了几天,我和另外两个同学一起到他家里去,正式与先生见面。那时先生家还住在东村,房间少,住得很局促。写字台的旁边就是床,桌上、地上堆满了书报。我们围坐在桌旁,听先生给我们上第一课。他先是让我们每个人谈了谈自己读书的经历,然后给我们讲了讲研究生阶段学习的要点。大意是强调要多读古书,做学问如造金字塔,底子打得越宽,盖的才能越高。他嘱咐我们一定要做通儒,不要做陋儒。又说研究生的三年中,要用一年半的时间读书,后一年半作论文,但在前一半时间内也应该写一点东西,只读不写,提不起学习的兴趣。他发给我们每人一份培养计划,好几页,是先生亲手刻钢板油印的,详细开列了这三年应读的主要书目以及时间安排。他反复强调了两点非智力因素,就是勤奋和韧劲。这虽然似乎是老生常谈,但只有过来人方能够真正体会得个中三昧。如今二十多年过去了,我对此也已稍稍有所领悟,但可惜学业未精,韶华已逝,想起当年先生对我们的期许,也只有惭愧而已。

我就这样开始了南开的读书生活。先是读《尚书》,接着是《周礼》,然后是《诗经》《左传》,就这样一部书一部书地读下去,同时读《说文》,学金文。王先生就是这样逐渐引领我走入了学术殿堂。那时我们是隔两三个礼拜到先生家里去一次,汇报一下学习情况,请教一些问题。有时写点小东西,誊清以后给先生送去,下次再去时,刚一坐定,先生准会起身拉开抽屉,拿出那篇文章,说一说他看过以后的意见。先生是一位宽容的学者，他从不要求学生一定持与老师一样的观点，你如果有与他不同的看法，他会鼓励你把它发表出来。他还鼓励我们向其他的老师学习。有一次我写了一篇谈《尚书》中政治思想的论文，先生就建议我去找刘泽华先生请教。还有一次，我写了篇关于民族问题的文章，在讨论当中，我和先生的个别观点不大一致，先生就说，你不妨去找杨志玖先生谈一谈，杨先生是少数民族学者，你可以听听杨先生是什么感受。后来我真的去找过杨先生，杨先生也给了我热心的指导。有时，先生会来参加我们的学术讨论会。所谓学术讨论会，其实只有我们两届学生五个人，就在我们的宿舍里，一般是在晚上，凳子都不够，有人就坐在床边上。王先生也来，大家议论纷纷，气氛非常随便、融洽。在我的印象里，先生似乎没有那样正儿八经地在教室里给我们开过什么课，只是有两次讲座，是在教室里举行的。一次是讲古音韵，上过几节课，他强调说这是口耳之学，是一定要面授的，否则不易学会，所以要上课。另一次是讲他的几篇论文。一上来他就在黑板上抄了金人元好问的那首著名的诗："鸳鸯绣了从教看，莫把金针度与人"，他说他就是要反其道而行之，让人看绣好的鸳鸯倒在其次，要紧的是"把金针度与人"，也就是说让我们学到做学问的方法。例如他讲商族的迁徙，从几个方面寻求证据，然后证成一种说法，给我的印象很深。许多年后，我也挤进了教授的行列，我就对研究生院的所谓课程"规范化"大不以为然，总是拿王先生教我们的那种方式来说事，当然，没有人会理睬我的这些意见，也许今天的情况真的与那时完全不同了。

　　王先生对待学生，总是和颜悦色，我从没见他疾言厉色过。他对我们有不满意的地方，总是说得十分委婉，虽然委婉，但很明确。也许这就是他的性格。不仅是对学生，好像对任何人他都这样和善。《左传》里有一个典故，说有人评论赵衰和赵盾，将他们分别比作"冬日之日"和"夏日之日"，杜预注云："冬日可爱，夏日可畏。"我感觉王先生就有如"冬日"，他总是使人觉得温暖，乐于与之亲近。当然，他也不是没有原则，有时候讲起原则来，迹近乎迂。1985年春，王先生首次招收博士生，那时我在内蒙古大学工作，很想报考，但发现招生简章上规定外语只准考英、日两门，而我是学俄语的，于是就写信给先生，问能否对简章上的这一规定作一变通。信发出以后，久久没有接到回信。以前我给先生写信,先生是每信必回的,这次不知是什么缘故,就是没有回音,那些日子急得我如热锅上的蚂蚁一般。没奈何,只好给在南开的凤瀚兄写信询问。不久凤瀚兄来信,说王先生让他转告我,出简章时因为疏忽,忘了写上"俄语"一项了,现在木已成舟,只好等下一次报考,好在秋天还要招生。并说他之所以不回信,是因为试题已出,按规定就不能再与考生有任何联系了。这件事表明了先生的认真,虽然不免认真得有些刻板,却也刻板得可爱。

20世纪90年代后期,王先生的身体明显衰老了。一次骨折,使他的行动大受限制。但即使这样,他也没有停止工作,那部《中华远古史》,就是在他卧病期间完稿的。由于行动不便,他已很少下楼。每次我去看他,他都显得特别高兴,紧紧拉着我的手,让我坐在他的身边,问这问那。他关心着我那在国外读书的女儿,也关心着历史学院大大小小的事情。看得出来,他渴望了解外界的情况,渴望像过去一样与人交流,他的脑筋还很清楚,只是耳力是越来越不济了。最近几年,他已不再工作,开始实现他那"怡情于书画之间"的夙愿。有一回我对他说,希望他给我写一幅字,先生痛快地答应了,他说一定给我写,但是他得先"练习练习"。我总以为来日方长,也就没有催问他"练习"得怎么样了。去年他得了一场肺炎,此后就益发衰弱,今年春节前住进了医院,谁知竟至不起。先生欠我的那笔"账",今生今世,看来是无法还我的了!呜呼!过去读古书,看到孔子死后,弟子们说"泰山其颓,则吾将安仰;哲人其萎,则吾将安放",总觉得十分隔膜,这次我算是有了切实的体会了!安息吧,我亲爱的老师!

2005年5月

后　记

　　2019年秋天，接到历史学院的电邮，说学院拟编辑出版"南开史学家论丛"第四辑，并附有入选者名单，我的名字也忝列其中。当时我已经退休六年，也久已不参加各类学术活动了，我原来服务的单位居然还想着为我出版文集，心中充满了感激之情。中国古人夙有编文集的传统，特别是明清以来，学者、文人常于暮年将自己的平生著述汇为一编，为的是不至散失，并期望能够传之后世。老实说，我在年轻时也曾有过这样的计划，想着将来的某个时候，出版一本个人的论文集。但是随着年龄的增长，越老越了解"学海无涯"这话的真实意义，越老越知道自己的无知、少知，所以对于出版文集之事，反而不那么热衷了。及至年逾古稀，仍然感觉自己火候未到，与我所景仰的一些学术前辈相比，其间的差距，真不可以道里计，因此也就断了出版论文集的念头。然而这次学院将我纳入资助出版文集的名单，又唤醒了我年轻时的那个梦想，反复思之，觉得趁这个机会把自己的治学成果和心得做一个总结，让青年学者看一看我们这一代人都做了哪些工作，未始不是一件有意义的事。

　　我自幼受父亲的影响，喜读古典文史类的书，但只是想以此作为一种业余的爱好，并不打算从事这方面的工作，要是没有那场史无前例的"浩劫"，还说不定我会从哪个行业里退休呢。人生真是充满了变数。1977年恢复高考，改变了我生活的轨迹。我是"老三届"中的

"老高三"，在内蒙古农村插队将近十年，进入内蒙古大学读书时，已经 31 岁了，是内蒙古大学的老师给了我学术的启蒙，这先河后海之义，我永记心头。后来我有幸进入了南开大学，随王玉哲先生学先秦史，是王先生引领我走上了学术研究的道路。先生的道德文章，仰之弥高，钻之弥深，成了我终生学习的楷模。

我们这一代学人，曾经耽误了最佳读书时间，起步太晚，一旦获得读书的机会，普遍地异常努力，我也是这样。几十年来，攻苦力学，不敢有丝毫的懈怠，只是成绩却远远低于预期。今天编选个人的文集，搜罗起来，也不过如此，回想起当年曾经发愿，每年要写三四篇有质量的论文来，不胜今昔之感。事经做过，方知其难。在学术上要解决一个问题，提出一个创见，发前人所未发，还要有合理的论证，以我这中人之资，真不是一件容易的事。当然，要是发一些泛泛之论、趋时之言，那又另当别论了。

我的学术兴趣比较广泛，除了先秦史，在经学史、历史文献的整理研究方面都曾下过一番功夫。由于内容比较杂，这本论文集的取名颇费斟酌，最后只好名之曰"经史文存"。"文存"者，在我，不过是希望这些文章能够得以保存，至于能不能够留存下来，只有天知道了！君不见，古今学者的文集，成千累万，即使目前仍存于天壤之间，能够常被人提起，仍被人利用的，又有几本！不过话又说回来，学术研究需要积累，尤其是做中国学问的更是如此。积累有两层含义，一是对学者个人来说，需要不断地读书学习，积累丰富的知识，才有可能厚积薄发，取得一点成绩；二是就学术这个整体来说，要靠积累，有积累才会有学术的进步。就是说，总要有研究者不断地提供一些新知，哪怕是一点一滴的细小的新知，也是为学术大厦的构建增高添砖添瓦。但愿我的这本小书中，能有几篇成为这样的"砖"和"瓦"，能够为后来的研究者提供一点点帮助，果真如此，则庶几可以免除"敝帚自珍"之诮了。

本书的编辑出版，在搜罗、录入、造字、编排等许多方面，多蒙陈絜、高艳、李晶、赵庆淼、王旭东等几位学生辈的年轻友人大力帮忙，谨此致谢。

赵伯雄记于香河果岭墅

2021 年 10 月 31 日